民革中央

对口贵州开展脱贫攻坚民主监督工作文献汇编

民革中央社会服务部 编

团结出版社

图书在版编目（ＣＩＰ）数据

民革中央对口贵州开展脱贫攻坚民主监督工作文献汇
编／民革中央社会服务部编. -- 北京 ：团结出版社，
2021.10
ISBN 978-7-5126-9171-1

Ⅰ．①民… Ⅱ．①民… Ⅲ．①扶贫－民主监督－工作
－文献－汇编－贵州 Ⅳ．①F127.73

中国版本图书馆CIP数据核字(2021)第189705号

出　　版：团结出版社
　　　　　（北京市东城区东皇城根南街84号　邮编：100006）
电　　话：（010）65228880　65244790
网　　址：http://www.tjpress.com
E-mail：zb65244790@vip.163.com
经　　销：全国新华书店
印　　装：三河市东方印刷有限公司

开　　本：170mm×240mm　　　16开
印　　张：45.25
字　　数：575千字
版　　次：2021年10月　第1版
印　　次：2021年10月　第1次印刷

书　　号：978-7-5126-9171-1
定　　价：128.00元

序 言

万鄂湘

　　中共十八大以来，中国共产党领导人民打响了声势浩大的脱贫攻坚战，这是人类历史上亘古未有的伟大创举，是对困扰中华民族几千年的绝对贫困问题的一次大决战。经过八年的艰苦努力，在中国共产党成立一百周年之际，我国脱贫攻坚战取得了全面胜利，实现了贫困人口全部脱贫的目标，区域性整体贫困得到解决，完成了消除绝对贫困的艰巨任务，谱写了人类反贫困历史的崭新篇章，为全球减贫事业贡献了中国智慧和中国方案。脱贫攻坚带来了全国特别是脱贫地区整体面貌的历史性巨变，人民群众精神面貌焕然一新，为新时代贯彻新发展理念，构建新发展格局，推动高质量发展奠定了更加坚实的基础、创造了全新的发展机遇。脱贫攻坚充分彰显了中国共产党领导的政治优势和中国特色社会主义的制度优势，充分体现了中国共产党为中国人民谋幸福、为中华民族谋复兴的初心和使命。作为中国共产党的亲密友党和中国特色社会主义参政党，民革对中国共产党领导人民打赢脱贫攻坚战感到无比振奋，为民革全党积极参与脱贫攻坚、为打赢脱贫攻坚战贡献了绵薄之力感到自豪和欣慰。

民革是脱贫攻坚伟大事业的亲历者、参与者、见证者。根据中共中央的统一安排，民革中央承担了对口贵州省纳雍县的定点扶贫任务，受中共中央委托对口贵州省开展了脱贫攻坚专项民主监督。贵州原是全国贫困人口最多、贫困面最大、贫困程度最深的一个省份，经过贵州全省各族干部群众艰苦奋斗，66个贫困县全部摘帽，923万贫困人口全部脱贫，减贫人数、易地扶贫搬迁人数均为全国之最，在国家脱贫攻坚成效考核中连续5年为"好"，被誉为中国脱贫攻坚的"省级样板"。民革始终与贵州各级党委、政府站在一起、想在一起、干在一起，为贵州省打赢脱贫攻坚战作出了贡献，与贵州省干部群众结下了深厚的情谊，也在参与脱贫攻坚的实践中提高了思想政治素质和履职能力，为在中国共产党领导的多党合作事业中作出新的更大贡献增添了新的力量、进一步夯实了基础。

2016年，中共中央赋予民革中央对口贵州开展脱贫攻坚民主监督的政治任务。在中央统战部和国务院扶贫办及中共贵州省委、省政府的支持下，经过不断探索完善，民革逐步建立了特色鲜明的脱贫攻坚民主监督工作机制和工作模式，调集党内优秀专家和工作骨干深入贵州开展调查研究，不仅向中共中央、国务院提出了推动脱贫攻坚决策部署落地见效的政策建议，也针对贵州省及各个市州落实中央决策部署的各项工作提出改进意见。同时，民革中央提出"寓监督于帮扶之中，寓帮扶于监督之中"的工作原则，积极助力贵州脱贫攻坚和产业发展，大量具体的帮扶工作也取得了实实在在的成效，赢得了贵州省各级干部和广大群众的欢迎和赞誉。

为全面反映、生动记录对口贵州省开展脱贫攻坚民主监督工作的历史过程，民革中央社会服务部整理编辑了《民革中央对口贵州开展脱贫攻坚民主监督工作文献汇编》一书。这本书收录了中共中央召开专题会议部署脱贫攻坚民主监督工作情况，读者可以从中了解中共中央部署推动民主党派开展脱贫攻坚民主监督的特别历程和丰富精神内涵。人们可以看到，民主党派脱贫攻坚专项民主监督工作之所以能够发挥积极作用，关键在于坚持中国共产党领导。习近平总书记高度重视民主党派脱贫攻坚民主监督工作，多次对各民主党派开展的相关工作给予肯定和鼓励，作出重要指示、提出要求。事实充分证明，中国特色社会主义最本质的特征是中国共产党领导，中国特色社会主义制度的最大优势是中国共产党领导，在中国共产党坚强领导下，多党合作事业取得了巨大成就，还将作出更大的贡献。

本书系统回顾了民革中央开展脱贫攻坚民主监督工作的安排部署和具体做法，及贵州省与各市州为支持配合脱贫攻坚民主监督工作作出的精心安排，通过相关文件和图片资料，较为全面地呈现了民革中央在贵州开展脱贫攻坚民主监督工作的全貌，客观反映了工作从启动、部署到推进、见效的整个过程。民革一直把开展专项民主监督与自身建设紧密结合，参与这项工作的民革党员、机关干部，都在思想上精神上受到了深刻的教育和洗礼，在工作能力上得到了极大的锻炼和提高。本书也收录了许多亲历者撰写的亲身感受和工作体会，相信读者可以从他们的所闻所见、所感所悟中，得到对这项工作更加深入、生动的理解。

脱贫攻坚民主监督是包括民革在内的各民主党派受中共中央委托，第一次对重大决策部署落实情况开展专项民主监督，认真总结脱贫攻坚民主监督的宝贵经验，对于民革开展其他内容的专项民主监督工作，加强自身建设，积极履行参政党职能，都具有一定的参考价值；对于学习研究民革党史、学习继承民革优良传统也会是一份难得的文献资料。最重要的是，希望读者通过了解民革对口贵州开展脱贫攻坚民主监督的这段历史，更加深入了解多党合作制度的优越性、更加深刻地认同多党合作制度，更加自觉地投身中国共产党领导的多党合作事业，为实现中华民族伟大复兴中国梦作出新的贡献。

　　是为序。

目　录

序　言

第一部分　中共中央多次召开专题会议部署脱贫攻坚民主监督工作情况

3　各民主党派中央开展脱贫攻坚民主监督工作启动会暨培训会（2016 年）

4　各民主党派中央脱贫攻坚民主监督工作座谈会（2017 年）

6　各民主党派中央脱贫攻坚民主监督工作座谈会（2018 年）

8　各民主党派中央脱贫攻坚民主监督工作座谈会（2019 年）

10　各民主党派中央脱贫攻坚民主监督工作座谈会（2020 年）

12　各民主党派中央脱贫攻坚民主监督工作座谈会（2021 年）

第二部分　民革中央文献

民革中央主要领导同志讲话

18　万鄂湘主席在民革中央脱贫攻坚民主监督工作座谈会上的讲话（2016 年）

21　万鄂湘主席在民革中央对口贵州脱贫攻坚民主监督工作座谈会上的
　　讲话（2017 年）

27　郑建邦常务副主席在安顺市脱贫攻坚民主监督工作座谈会上的讲话
　　（2018 年）

32　万鄂湘主席在黔东南州脱贫攻坚民主监督调研座谈会上的讲话（2019 年）

36　郑建邦常务副主席在民革中央脱贫攻坚民主监督 2019 年第一次工作推进
　　会上的讲话

41   郑建邦常务副主席在六盘水市脱贫攻坚民主监督工作座谈会上的讲话（2019 年）

46   郑建邦常务副主席在民革中央脱贫攻坚民主监督 2020 年第一次工作推进会上的讲话

52   郑建邦常务副主席在民革中央脱贫攻坚民主监督工作总结会上的讲话（2020 年）

民革中央有关工作文件和会议文件

61   民革中央开展脱贫攻坚民主监督工作方案

66   民革中央脱贫攻坚民主监督调研组组建及监督工作实施意见

71   何丕洁副主席在民革中央脱贫攻坚民主监督 2016 年工作培训会上的讲话

74   李惠东副主席在民革中央脱贫攻坚民主监督 2017 年第二次推进会上的讲话

80   李惠东副主席在 2017 年民革全国脱贫攻坚民主监督工作交流会上的讲话

87   民革中央脱贫攻坚民主监督 2018 年度工作计划

92   李惠东副主席在民革中央脱贫攻坚民主监督 2018 年第一次工作推进会上的讲话

98   李惠东副主席在民革中央脱贫攻坚民主监督 2018 年第二次工作推进会暨全国脱贫攻坚民主监督工作交流会上的讲话

108   民革中央脱贫攻坚民主监督 2019 年度工作计划

112   2019 年第一轮重点调研工作安排

124 2019 年第二轮重点调研工作安排

133 李惠东副主席在民革中央脱贫攻坚民主监督 2019 年第二次工作推进会暨
全国脱贫攻坚民主监督工作交流会上的讲话

142 民革中央脱贫攻坚民主监督 2020 年度工作计划

146 2020 年第一轮重点调研工作安排

158 2020 年第二轮重点调研工作安排

民革中央有关工作新闻报道

172 民革中央赴贵州开展脱贫攻坚民主监督工作

174 民革中央推进脱贫攻坚民主监督工作

176 民革中央向贵州反馈 2016 脱贫攻坚民主监督情况

178 民革中央脱贫攻坚民主监督工作会议在贵阳召开

180 为脱贫攻坚注入民主监督之力——各民主党派中央脱贫攻坚民主
监督工作综述

184 万鄂湘率队赴贵州开展脱贫攻坚民主监督工作

187 黔贵大地变样了

192 民革中央开展脱贫攻坚民主监督一年间

196 民革中央聚焦精准扶贫 开展脱贫攻坚民主监督

202 在贵州六盘水，民革中央这样开展脱贫攻坚民主监督

205 寓监督于帮扶 寓帮扶于监督

213 万鄂湘率队赴贵州开展脱贫攻坚民主监督，要求：和贫困群众坐在一起
     聊聊真实情况

217 民革企业助力贵州产业招商发展大会在贵阳举行

220 民革中央对口帮扶贵州：寓监督于帮扶之中 寓帮扶于监督之中

224 民革："双寓"助推贵州脱贫与高质量发展

229 扶贫干部的决心

233 民革中央脱贫攻坚民主监督工作总结会召开 郑建邦出席并讲话

234 5年来，脱贫攻坚民主监督成色几何？

第三部分　贵州省文献

251 《关于印发〈民革贵州省委关于积极参与民革中央脱贫攻坚民主监督的
     工作方案〉的通知》

261 《中共贵州省办公厅、贵州省人民政府办公厅关于配合民革中央做好脱
     贫攻坚民主监督工作的通知》

267 《关于进一步配合民革中央做好脱贫攻坚民主监督工作的通知》

269 《关于印发〈贯彻落实各民主党派中央脱贫攻坚民主监督工作座谈会
     精神要点〉的通知》

275 《关于进一步支持配合民革中央开展脱贫攻坚民主监督工作的通知》

279 《谭炯副省长在民革中央脱贫攻坚民主监督工作总结会暨专项民主监督
     专题研讨会上的致辞》

283 《中共遵义市委关于成立遵义协助民革中央开展脱贫攻坚民主监督工作领导小组的通知》

285 《中共六盘水市委办公室六盘水市人民政府办公室关于配合民革中央做好脱贫攻坚民主监督工作的通知》

第四部分　工作成果汇编

民革中央历年工作报告

294 民革中央关于2016年贵州省脱贫攻坚民主监督工作的报告

304 民革中央关于2017年上半年贵州省脱贫攻坚民主监督工作的报告

311 民革中央关于2017年贵州省脱贫攻坚民主监督工作的报告

320 民革中央关于2018年上半年贵州省脱贫攻坚民主监督工作的报告

329 民革中央关于2018年贵州省脱贫攻坚民主监督工作的报告

336 民革中央关于2019年上半年贵州省脱贫攻坚民主监督工作的报告

343 民革中央关于2019年贵州省脱贫攻坚民主监督工作的报告

350 民革中央关于2020年上半年贵州省脱贫攻坚民主监督工作的报告

359 民革中央关于2020年贵州省脱贫攻坚民主监督工作的报告

各调研组、联络组调研报告选登

370 民革中央脱贫攻坚民主监督第一调研组2017年调研报告

383 民革中央脱贫攻坚民主监督第二调研组2016年调研报告

393   民革中央脱贫攻坚民主监督第三调研组 2020 年调研报告

398   民革中央脱贫攻坚民主监督第四调研组 2020 年调研报告

405   民革中央脱贫攻坚民主监督第五调研组 2019 年调研报告

412   民革中央脱贫攻坚民主监督第六调研组 2017 年调研报告

421   民革中央脱贫攻坚民主监督毕节联络组 2018 年调研报告

428   民革中央脱贫攻坚民主监督黔西南联络组 2018 年上半年调研报告

民革中央及各调研组、联络组五年工作总结

436   民革中央脱贫攻坚民主监督五年工作总结

442   民革中央脱贫攻坚民主监督第一调研组五年工作总结

451   民革中央脱贫攻坚民主监督第二调研组五年工作总结

457   民革中央脱贫攻坚民主监督第三调研组五年工作总结

470   民革中央脱贫攻坚民主监督第四调研组五年工作总结

477   民革中央脱贫攻坚民主监督第五调研组五年工作总结

495   民革中央脱贫攻坚民主监督第六调研组五年工作总结

500   民革中央脱贫攻坚民主监督毕节联络组五年工作总结

506   民革中央脱贫攻坚民主监督黔西南联络组五年工作总结

514   新实践 新探索 助推决战决胜脱贫攻坚

第五部分　工作心得体会

523　参与黔东南州脱贫攻坚民主监督工作有感

529　"寓帮扶于监督"结硕果

532　脱贫攻坚民主监督的新探索

537　功崇惟志，业广惟勤

543　"现在的日子好多了"

547　为助脱贫多献策

551　民主党派脱贫攻坚专项民主监督的工作机制、特点、作用及相关建议

569　用民主监督助力绘就遵义七彩梦

573　民革中央脱贫攻坚民主监督工作亲历记

581　孜孜不倦，久久为功，当好作脱贫攻坚同路人

586　安顺市西秀区"脱贫幸福村"调研报告

593　坚定政治领导、围绕脱贫大局、提升履职能力、增强合作共识

598　脱贫路上 监督同行

602　脱贫密码解读

609　夯实民主监督新机制，助力脱贫攻坚显成效

614　在脱贫攻坚民主监督实践中学习和成长

619　参加脱贫攻坚民主监督工作的体会和想法

625　向驻村干部致敬！

627　转变观念振兴乡村

629　参加脱贫攻坚民主监督工作的总结和体会

634　不忘合作初心，做好中国共产党的"好参谋、好助手、好同事"

638　扣好"督"与"战"将民主监督体现在脱贫一线

643　民主党派专项民主监督长效机制研究

659　聚焦脱贫攻坚融合产业发展

664　关于"双寓理论"的一点感想

669　参与脱贫攻坚民主监督工作体会

第六部分　工作剪影

675　民革中央领导调研

684　民革中央会议

687　调研组调研

附录

706　民革中央脱贫攻坚民主监督领导小组、工作小组、调研组和联络组历任
　　　成员名单（2016—2020）

第一部分

中共中央多次召开专题会议部署脱贫攻坚民主监督工作情况

2016 年以来，中共中央多次召开专题会议，对各民主党派中央开展脱贫攻坚民主监督工作作出部署。民革中央社会服务部根据权威媒体发布的信息，辑录了历次会议基本情况。

各民主党派中央开展脱贫攻坚民主监督工作启动会暨培训会

（2016年）

2016年6月21日，各民主党派中央开展脱贫攻坚民主监督工作启动会21日在京召开，中共中央政治局委员、中央统战部部长孙春兰出席会议并讲话。

孙春兰指出，各民主党派中央开展脱贫攻坚民主监督工作意义重大，体现了中共中央对多党合作的高度重视，是各民主党派发挥民主监督作用的有益探索，是各民主党派服务大局的充分体现。孙春兰强调，开展脱贫攻坚民主监督工作的出发点和落脚点是帮助党和政府打赢脱贫攻坚战，要明确工作目的，突出工作重点，选准工作方式，真正将监督的过程变成共同发现问题、研究问题、解决问题的过程，变成推动政策落实的过程。她指出，开展脱贫攻坚民主监督是一项开创性的工作，任务艰巨、涉及面广，需要各相关方面精心组织、周密部署，密切配合、形成合力，确保取得实实在在的效果。

严隽琪、万鄂湘、陈竺、万钢、林文漪、罗富和、陈晓光、马培华出席会议。民主党派中央、对口省份代表和国务院扶贫办负责同志分别发言。

开展脱贫攻坚民主监督工作是支持民主党派履行职能的新形式。中央扶贫开发工作会议后，中共中央明确 8 个民主党派中央分别对口 8 个中西部省区，重点就贫困人口精准识别、精准脱贫等情况开展民主监督。这项工作由中央统战部与国务院扶贫办共同牵头协调。

各民主党派中央脱贫攻坚民主监督工作座谈会

（2017 年）

2017 年 3 月 27 日，脱贫攻坚民主监督工作座谈会在京召开。中共中央政治局常委、全国政协主席俞正声主持会议并讲话，强调要深入贯彻习近平总书记系列重要讲话精神和治国理政新理念新思想新战略，充分认识开展脱贫攻坚民主监督的重要性，不断增强脱贫攻坚民主监督的针对性和实效性，为打赢脱贫攻坚战作出更大贡献。

俞正声指出，民主监督是社会主义监督体系的重要组成部分，也是多党合作的重要制度安排，这项工作搞好了，对于彰显我国多党合作和政治协商制度的优势和特色、发展社会主义民主政治，具有重要意义。特别是在脱贫攻坚决战决胜阶段，开展民主监督是推动以习近平同志为核心的中共中央决策部署贯彻落实的重要举措，是人民政协献计出力的生动实践，是各民主党派履行职能的着力重点。

俞正声强调，脱贫攻坚民主监督的性质是政治监督，本质上是一种协商式监督。要坚持正确政治方向，树立"公、和、诚、实"的理念，通过开展脱贫攻坚民主监督，深切感受中国共产党心系群众、改善民生的决心和努力，进一步增强"四个意识""四个自信"，更加坚定地走中国特色社会主义政治发展道路。开展脱贫攻坚民主监督，要坚持鲜明问题导向，直面现实问题，做到敢监督、真监督，围绕精准识别、精准施策、精准脱贫等重点工作，力求把情况摸清、把政策吃透、把问题看准。要提出管用的意见建议，针对带有地区性特点的问题和贫困地区带有普遍性的问题，从不同层面加强研究，提出解决的思路和对策。

俞正声强调，相关地方党委政府要从讲政治的高度，虚心听取人民政协的意见建议，积极对待民主党派的批评监督，认真研究解决工作中存在的问题，推动政策落实。统战部门要搞好协调和服务，会同有关部门做好政策解读、情况介绍、意见反馈、调研保障等工作。全国政协和各民主党派中央要立足自身特点，选取监督的重点内容，加强与有关方面的沟通商量，共同研究解决问题，推动工作高质量高水平开展。

会上，严隽琪、万鄂湘、张宝文、陈竺、韩启德、万钢、林文漪、马培华做了发言，就开展好脱贫攻坚民主监督工作提出意见建议。

孙春兰、汪洋出席会议并讲话，杜青林、张庆黎出席会议。

各民主党派中央脱贫攻坚民主监督
工作座谈会
（2018 年）

　　2018 年 3 月 31 日，各民主党派中央脱贫攻坚民主监督工作座谈会在京召开。中共中央政治局常委、全国政协主席汪洋出席会议并讲话。他强调，要深入学习贯彻习近平新时代中国特色社会主义思想和中共十九大精神，全面落实习近平总书记在打好精准脱贫攻坚战座谈会上的重要讲话精神，准确把握脱贫攻坚的新形势新任务，认真总结开展脱贫攻坚民主监督的成果经验，充分发挥多党合作制度优势，不断提高民主监督的针对性和实效性，为全面建成小康社会贡献力量。

　　汪洋充分肯定了脱贫攻坚民主监督工作取得的阶段性成果。他指出，民主党派开展脱贫攻坚民主监督，是丰富民主监督形式、提升多党合作制度效能的成功探索，是对脱贫攻坚工作的有力促进和极大支持。当前，脱贫攻坚已经进入攻坚拔寨、啃硬骨头的关键阶段，希望各民主党派中央根据中共中央脱贫攻坚的新要求，聚焦监督重点、明确监督导向、创新监督方式，紧紧围绕深度贫困地区和特殊贫困人口脱贫、严格落实现行扶贫标准、加强扶贫领域作风建设、提高脱贫攻坚质量等问题开展民主监督，帮助贫困群众真脱贫、脱真贫。

汪洋强调，脱贫攻坚民主监督是一项系统性工作，相关地区和部门要协调配合、形成合力。希望各民主党派中央敢于监督、善于监督，深入调查研究，摸清真实情况，建真言、献良策、出实招，共同为脱贫攻坚贡献智慧和力量。地方各级党委、政府要积极为民主党派开展工作创造条件，自觉接受监督，营造宽松民主的协商环境，认真研究解决监督中发现的问题。统战部要发挥好牵头协调作用，主动做好沟通、联系和服务工作。国务院扶贫开发领导小组要督促各有关省区和部门做好各民主党派监督中发现问题的整改工作，促进完善相关政策机制，努力为各民主党派中央了解相关政策、掌握有关情况提供帮助。

万鄂湘、陈竺、丁仲礼、郝明金、蔡达峰、武维华、万钢、苏辉及有关省区代表介绍了有关情况，并就进一步开展好脱贫攻坚民主监督工作提出意见建议。

中共中央政治局委员、国务院副总理胡春华出席会议并讲话。中共中央书记处书记、中央统战部部长尤权主持会议。全国政协副主席巴特尔出席会议。

各民主党派中央脱贫攻坚民主监督工作座谈会

（2019 年）

2019 年 4 月 1 日，各民主党派中央脱贫攻坚民主监督工作座谈会在京召开。中共中央政治局常委、全国政协主席汪洋出席会议并讲话。他强调，开展脱贫攻坚民主监督，是中国共产党领导的多党合作制度优势的重要体现，是打好脱贫攻坚战的重要举措。要认真学习贯彻习近平总书记关于扶贫工作的重要论述和全国两会期间在甘肃代表团的重要讲话精神，进一步提高政治站位，把思想和行动统一到中共中央决策部署上来，扎实推动脱贫攻坚民主监督工作高质量高水平开展，为如期打赢脱贫攻坚战作出积极贡献。

汪洋表示，过去一年，各民主党派中央围绕脱贫攻坚认真开展民主监督，有力推动了脱贫攻坚进程，也有效促进了各参政党建设。国务院扶贫办、各对口省区党委和政府大力支持配合民主党派中央民主监督工作，高度重视和积极吸纳各民主党派提出的意见和建议，体现了高度的政治意识和责任意识。

汪洋强调，当前脱贫攻坚进入冲刺期，越是时间紧、任务重，越需要加强民主监督。要明确监督重点，聚焦坚持目标标准、提高脱贫质量、增强脱贫实效开展监督，促进扶贫工作务实、脱贫过程扎实、脱贫结果真实。要在加强民主监督工作的同时加强思想政治引领，为打赢脱贫攻坚战最大限度凝聚人心、凝聚共识、凝聚智慧、凝聚力量。要把摆脱贫困过程真实记录下来，用具体生动的事实，讲好中国共产党为人民谋幸福的故事，讲好中国共产党领导的多党合作的故事。要改进工作作风，真正深入基层、深入一线，把情况摸清、把问题找准，力戒形式主义、官僚主义。

汪洋强调，相关省区党委和政府要加强对民主监督工作的支持配合，完善相关工作机制，虚心听取意见，及时改进不足，真正把民主监督的过程作为推动责任落实、政策落实和工作落实的过程。各级统战部门要进一步担负起牵头协调责任。国务院扶贫开发领导小组相关部门要进一步加强与各民主党派沟通协作，主动做好服务。

中共中央政治局委员、国务院副总理胡春华出席会议并讲话。中共中央书记处书记、中央统战部部长尤权主持会议。万鄂湘、龙庄伟、郝明金、蔡达峰、陈竺、万钢、武维华、苏辉及有关对口省区代表、国务院扶贫办主要负责同志先后发言，就进一步开展好脱贫攻坚民主监督工作提出意见建议。全国政协副主席巴特尔出席会议。

各民主党派中央脱贫攻坚民主监督
工作座谈会
（2020 年）

2020 年 2 月 18 日，各民主党派中央脱贫攻坚民主监督工作座谈会在京召开。中共中央政治局常委、全国政协主席汪洋出席会议并讲话。他强调，要学习贯彻习近平总书记关于统筹做好新冠肺炎疫情防控和经济社会发展的重要指示精神，坚持疫情防控要抓紧、脱贫攻坚不放松，围绕支持打好贫困乡村疫情防控和脱贫攻坚总体战开展民主监督，坚决克服疫情对脱贫攻坚的影响，确保如期完成脱贫攻坚历史性任务。

座谈会上，中共中央政治局委员、国务院副总理胡春华通报了今年脱贫攻坚重点任务。中共中央书记处书记、中央统战部部长尤权主持会议。民革中央主席万鄂湘、民盟中央主席丁仲礼、民建中央主席郝明金、民进中央主席蔡达峰、农工党中央主席陈竺、致公党中央主席万钢、九三学社中央主席武维华、台盟中央主席苏辉介绍了 2019 年脱贫攻坚民主监督工作情况和 2020 年工作打算。

汪洋指出，开展脱贫攻坚民主监督，是以习近平同志为核心的中共中央作出的重大决策部署，是发挥民主监督优势、促进脱贫攻坚任务落实的制度安排。各民主党派和相关方面始终坚持正确的政治方向，准确把握民主监督性质定位，做了大量卓有成效的工作，有力助推了脱贫攻坚，促进了中国特色社会主义参政党建设，彰显了我国新型政党制度集中力量办大事、凝聚共识谋大事、相互监督成大事的优势。

汪洋强调，突如其来的新冠肺炎疫情给决战决胜脱贫攻坚带来了挑战。民主监督工作要坚持寓支持于监督之中，首先要认真分析疫情对深度贫困地区实现脱贫目标的具体影响，督促地方将资金和政策向深度贫困地区倾斜、向受疫情影响大的领域和人口倾斜，防止因疫致贫、因疫返贫。疫情是今年影响脱贫质量的最大因素，精准施策是保证质量的重要举措，要督促地方进一步提高工作的精准性，逐县逐村逐户提出克服疫情影响的具体办法，有针对性地解决好贫困群众外出务工、农畜产品积压、扶贫项目复工等难题。要围绕改进工作作风开展监督，促进驻村工作队更好发挥作用，促进脱真贫、真脱贫。要把民主监督过程真实记录下来，用心用情讲好中国共产党为人民谋幸福的故事，讲好中国共产党领导的多党合作的故事。要发挥民主党派人才荟萃、智力密集优势，深入研究扶贫领域重大问题，向中共中央提出高质量的政策建议。要系统梳理总结脱贫攻坚民主监督实践经验，探索完善专项监督工作制度，推动民主监督工作创新发展。

各民主党派中央脱贫攻坚民主监督
工作座谈会
（2021 年）

2021 年 3 月 24 日，各民主党派中央脱贫攻坚民主监督工作总结会在京召开。中共中央政治局常委、全国政协主席汪洋出席会议并讲话。他强调，要深入学习领会习近平总书记在全国脱贫攻坚总结表彰大会上的重要讲话和关于坚持发展我国新型政党制度的重要论述，总结和发扬脱贫攻坚民主监督的成功做法和宝贵经验，推动专项民主监督工作实现新发展，谱写新时代多党合作事业新篇章。

汪洋指出，脱贫攻坚民主监督是以习近平同志为核心的中共中央作出的重大部署，是中国共产党与各民主党派在新时代团结合作、共襄伟业的重要创举。5 年来，各民主党派中央把做好脱贫攻坚民主监督工作作为重大政治任务，统筹资源力量，深入基层一线，摸实情、出实招、办实事，为打赢脱贫攻坚战作出了重要贡献，开辟了多党合作服务党和国家中心工作的新领域，开启了各民主党派履行民主监督职能的新探索，开拓了中国特色社会主义参政党建设的新途径，开创了彰显我国新型政党制度优势的新实践。

汪洋强调，5 年来的实践，深化了各方面对民主监督性质和内涵的认识，积累了宝贵经验，主要是：必须坚持中国共产党领导，确保民主监督始终沿着正确方向前进；必须找准性质定位，不断提升中国特色协商式监督的质量水平；必须坚持问题导向，把及时发现问题、深入研究问题、推动解决问题贯穿民主监督全过程；必须坚持双向发力，注重建言资政和凝聚共识有机统一；必须立足自身优势，从党派实际出发开展形式多样的民主监督；必须加强统筹协调，营造各方面共同支持民主监督的良好环境。

汪洋强调，要借鉴脱贫攻坚民主监督的经验做法，谋划部署新的专项民主监督工作。要加强民主监督制度建设，创新提升专项民主监督制度效能的路径和办法。要用好民主监督成果，讲好中国共产党为人民谋幸福的故事，讲好我国新型政党制度的故事。要坚持崇实唯实、求真求理，做到秉持公心愿监督、直言不讳真监督、有理有据善监督，不断提高民主监督实效。

中共中央政治局委员、国务院副总理胡春华出席会议并讲话，高度评价各民主党派中央开展脱贫攻坚民主监督取得的显著成绩，希望各民主党派继续发挥优势，围绕巩固拓展脱贫攻坚成果同乡村振兴有效衔接新任务提供支持和帮助。中共中央书记处书记、中央统战部部长尤权主持会议。万鄂湘、丁仲礼、郝明金、蔡达峰、陈竺、万钢、武维华、苏辉介绍了开展脱贫攻坚民主监督的做法经验。各民主党派中央有关负责人，中央有关部门、有关省区党委和政府负责同志参加会议。

第二部分

民革中央文献

民革中央主要领导同志讲话

万鄂湘主席在民革中央脱贫攻坚民主监督
工作座谈会 * 上的讲话（2016 年）

同志们！

刚才大家就脱贫攻坚民主监督工作谈了自己的想法和不少很有价值的意见建议，听了以后感到很高兴。我们今天在这里召开这样一个座谈会，就是要深入学习贯彻习近平总书记系列重要讲话精神，积极参与统一战线凝心聚力"十三五"行动，按照中央统战部、国务院扶贫开发领导小组办公室的统一部署，完成好脱贫攻坚民主监督任务。

习近平总书记在同各民主党派中央、全国工商联负责人和无党派人士代表共迎新春时就曾指出的，要完善民主监督，加强对重大改革举措、重要政策贯彻执行情况和"十三五"时期重要约束性指标等的监督，促进相关工作。对于全面建成小康社会、实现第一个百年奋斗目标，农村贫困人口全部脱贫是一个标志性的指标，在扶贫开发攻克最后堡垒的关键阶段，中共中央在打赢脱贫攻坚战的总体部署下，赋予各民主党派与 8 个省份对接开展脱贫攻坚民主监督工作的新任务，这是各民主党派履行职能，助力党和政府打好脱贫攻坚战的重要形式和崭新平台，更是中共中央对各民主党派长期在扶贫开发、议政建言上发挥重要作用的充分肯定和高度信任。

---

*　此会议 2016 年 9 月 21 日于贵州省贵阳市召开。

同志们，各民主党派中央开展脱贫攻坚民主监督工作意义重大，体现了中共中央对多党合作的高度重视，是各民主党派发挥民主监督作用的有益探索，是各民主党派服务大局的充分体现。面对新形势和新任务，大家要充分发挥自身优势和特色，运用多年来在开展扶贫开发和参政议政过程中积累的经验，积极投身这一多党合作事业的伟大实践和全新创举中去，成为坚持和发展中国特色社会主义的亲历者和推动者。在此，我提几点要求：

一、要勤于思考，提高对脱贫攻坚民主监督工作的思想认识。民主监督一直以来都是民主党派的重要职能，但承担特定专项工作监督任务，还是我们履行民主监督职能的新领域。在工作过程中，民革的同志要时刻站在实践和发展多党合作事业的高度，不断思考这项工作的在国家政治生活中的定位和意义，探索民主党派民主监督职能具体化的形式和途径，深入探究参政议政、社会服务职能与脱贫攻坚民主监督的相互关系和作用。

二、要善于创新，探索脱贫攻坚民主监督工作的方式方法。这项工作既不是直接参与脱贫攻坚、具体实施帮扶项目，也与权力监督、纪检巡视、第三方评估等监督形式有着显著的区别，具有鲜明的党派特色和全新的工作规律。大家要坚持问题导向，牢牢把开展工作的出发点和落脚点放在帮助党和政府打赢脱贫攻坚战上，要明确工作目的，突出工作重点，选准工作方式，大胆创新和吸收借鉴工作方法，在结合贵州省脱贫攻坚整体规划的前提下，围绕精准扶贫各层面、各阶段，有针对性的发现问题、研究问题、解决问题，重点对全局性、普遍性问题提出建议。

三、要密切配合，形成民革脱贫攻坚民主监督工作的合力。开展脱贫攻坚民主监督是一项开创性的工作，任务艰巨、涉及面广，需要各相关方面精心组织、周密部署，确保取得实实在在的效果。这次中央组成的六个调研组，整合了中央各工作部门、相关领域党员专家、贵州及周边省市民革组织等多方力量，可以说是民革党内参与脱贫攻坚工作的精锐队伍，希望大家在民革中央脱贫攻坚民主监督工作小组和六个调研组体制协调下，充分发挥自身优势和特长，密切配合、形成合力；与贵州省有关单位和州市协调对接，加强沟通；希望团结报社和民革各级组织宣传部门，加大对监督工作的宣传报道力度，注重对多党合作制度新发展和贵州省扶贫工作成绩经验的反映。

四、要务求实效，防范脱贫攻坚民主监督工作流于形式。在前不久召开的统一战线社会服务工作领导小组会议就特别强调，在参与脱贫攻坚中，要力戒形式主义，务求精准高效，避免盲目乐观。这就要求大家务必下沉工作重心，科学创设工作机制，多方听取意见反馈，真正把心用到，把力用足，避免"走过场""摆样子"式的调查研究。

同志们，民革中央在贵州开展脱贫攻坚民主监督工作，使命光荣，机遇难得，但任务也很繁重，对我们的能力和水平提出了新的更高的要求。今年是这项工作的第一年，既要建立机制、探索方法，又要开拓局面、有所作为、取得阶段性的成果。希望大家继续贡献自己的智慧和力量，共同为打赢脱贫攻坚战作出民革应有的努力。

谢谢大家！

万鄂湘主席在民革中央对口贵州脱贫攻坚民主监督工作座谈会*上的讲话（2017年）

同志们：

刚才远坤副省长代表中共贵州省委、省政府向我们全面介绍了近期脱贫攻坚工作开展的情况，各职能部门也针对各自分管领域介绍了不少好的经验和做法，特别谈到了一些目前存在的困难和建议。其中有关制度建设、交通基础设施建设投入、医疗保障兜底、同步搬迁资金保障等问题是贵州自己无法解决的，需要民革中央进一步梳理、调研，及时向中共中央反映并提出建议。

一、贵州省高度重视脱贫攻坚工作

十八大以来，以习近平同志为核心的中共中央把脱贫攻坚摆到治国理政的突出位置，把贫困人口脱贫作为全面建成小康社会的底线任务和标志性指标，在全国范围全面打响了脱贫攻坚战。前不久在深度贫困地区脱贫攻坚座谈会上，习总书记再次强调要"以解决突出制约问题为重点，强化支撑体系，加大政策倾斜，聚焦精准发力，攻克坚中之坚"。我们看到，近一段时间以来，贵州省委、省政府认真学习贯彻习近平总书记关于脱贫攻坚重要讲话精神，坚定不移地把脱贫攻坚作为"第一民生工程"，带领

---

*　此会议2017年7月17日于贵州省贵阳市召开。

广大干部群众团结一心，抢抓发展机遇，创新发展模式，采取有力措施，不断提高贫困群众生活水平，大力改善贫困地区落后面貌，为我国全面打赢脱贫攻坚战做出了重要贡献。

二、贵州省在脱贫攻坚战中取得重要阶段性成果

我们认为，贵州省在扶贫攻坚中的积极探索是一场深刻变革，是治理体系和治理能力的提升。通过打好扶贫攻坚战，大大提升了执政党及各级干部的群众观念和群众工作能力，是执政党执政为民的根本体现。在今年春节后贵州省组织发动的脱贫攻坚春季攻势和脱贫攻坚"大比武"中，涌现出了以安顺市平坝区塘约村为代表的一大批脱贫攻坚先进典型和创新的工作模式，这充分体现了贵州省干部队伍的思想认识、责任担当、工作作风及勇气智慧。贵州省在扶贫攻坚战中通过激发贫困群众的内生动力，用改革创新的办法整合一切可以整合的资源，推进政府职能转变，改变地方贫困面貌，很多经验和做法非常值得总结和推广。

三、认真总结贵州省脱贫攻坚工作的先进经验

对于贵州的很多经验做法，要进一步加大宣传力度。前不久，我们在毕节召开了脱贫攻坚民主监督工作交流会，向有脱贫攻坚任务的 21 个省份民革组织介绍了贵州省为打赢脱贫攻坚战探索出的新路子，特别是以下几个方面的经验和做法：

（一）**抓住了产业扶贫这个牛鼻子。**贵州省各地区精准选定有市场需求和有资源条件的产业扶贫项目，不断深化、升级"三变 +"产业扶贫模式，通过多种利益联结模式，确保贫困群众有股可入、有事可做、有利可获。如塘约道路中对"七权"精准确权、赋权，大胆探索"村社一体、合股联营"发展模式就是产业扶贫的生动典型。大企业"包县"的做法效果也非常明显，受益面很大。

（二）找准了易地扶贫搬迁的关键点。贵州省大力推广"五个三"机制，明确提出要向县城、开发区、旅游区等发展潜力大、资源相对集中的地区搬迁，确保移民搬迁贫困户"搬得出、稳得住、能就业、可致富"，把保障搬迁群众稳定收入，增强后续发展能力作为易地移民搬迁的关键点。此外，贵州省在实施贫困家庭搬迁的同时，还关注到了整村同步搬迁，对贫困识别临界点上下政策差异过大问题进行了深入思考，同时统一处理好原有宅基地、责任田，总结出了挖穷根的好办法。

（三）强化了教育医疗扶贫的全覆盖。贵州省严格落实教育扶贫"两助三免""两助一免"等政策，健全基本医疗保险、大病保险、医疗救助、医疗扶助"四重医疗保障"体系，将建档立卡贫困户信息与合作医疗报销信息融合，做到"一站式"服务，有效防止因病致贫、因病返贫。

（四）掌握了精准脱贫和成效考核的大数据。贵州省通过进一步完善建档立卡信息系统，深入开展清错退、清错评、清漏评、清农业户籍人口状况的"四清"工作，还与时俱进地完善了市县脱贫攻坚成效考核办法，采用内部自查、交叉检查、督导检查等多种考核形式，定期进行排名问责、限期整改、责任追究，进一步压实了脱贫攻坚工作责任。

四、民革要适应脱贫攻坚民主监督工作的新要求

民革在贵州省开展脱贫攻坚民主监督工作已经一年时间，从当初提出的"多帮忙、少添乱"开始，围绕精准识别和脱贫实际效果这一头一尾两个问题，边做边看、边学边干，积极调动民革的优势资源在项目对接上多做工作，逐步积累了一些工作经验，摸清了一些工作门路。但与此同时，中共中央、国务院对此项工作的要求也在不断深化。习近平总书记在去年底召开的党外人士座谈会上，就民主党派中央脱贫攻坚民主监督工作再次作出了重要指示。他强调，脱贫攻坚时间紧、任务重，希望各民主党

派中央继续对各项精准扶贫、精准脱贫政策落实情况进行监督，及时提出意见建议。俞正声同志也在今年3月对各民主党派的工作做出了进一步指示。前几天，民革中央按照国务院扶贫办的整体部署首次派员参加了扶贫督查巡查工作，重点督察民革中央去年脱贫攻坚民主监督报告提出问题的整改情况。可以说，中共中央对这项工作的安排越来越实，要求也越来越高了。

五、民革全党要进一步做好做实脱贫攻坚民主监督工作

在开展脱贫攻坚民主监督和参与毕节、黔西南两个试验区建设的过程中，我们也发现了一些具有政策性、全局性、长期性的新问题，需要我们在下一步的工作中细致调研、深入研究。例如如何提高教育扶贫的质量、如何保证产业扶贫的持续性、如何真正发挥贫困群众的主体作用、如何在贫困地区加大农村精神扶贫力度等。

接下来，民革中央将结合贵州省的有关规划和部署，开展新一轮实地调研，对选定的日常调研点持续关注，了解脱贫攻坚政策落实和发挥作用的全过程。下面，我就民革下一步脱贫攻坚民主监督工作谈几点意见。

（一）**认真学习落实习总书记讲话精神，聚焦极贫地区和摘帽县开展调研**。习近平总书记6月23日在深度贫困地区脱贫攻坚座谈会上强调，脱贫攻坚工作进入目前阶段，要重点研究解决深度贫困问题，为打赢这场硬仗中的硬仗，必须给予更加集中的支持，采取更加有效的举措，开展更加有力的工作。贵州省已经研究确定了14个县、20个乡镇、2760个村的极贫地区，分层级制定实施了深度贫困地区脱贫攻坚两年行动计划，民革中央下一步的脱贫攻坚民主监督工作就要重点围绕这些地区展开。另外，贵州今年有16个县要达标摘帽，是较为集中的一年。这些摘帽县的脱贫稳定性强不强，接续政策的保障力度够不够，群众对脱贫出列是否认可、

满意，也是我们下一步民主监督的重点内容。

（二）确定"寓监督于帮扶之中，寓帮扶于监督之中"的工作思路，抓住脱贫攻坚关键环节研究问题。8月份，全国政协将首次召开监督性议政常委会，要求只针对具体问题发言，把问题谈透，问题提得要尖锐，要有辣味，提出的建议要有时效性，能解决问题，这体现了中共中央对脱贫攻坚民主监督的期待和要求。刚才我谈到了几个要进一步调查研究的问题，民革中央各调研组、联络组要围绕这几个题目下功夫、摸情况、提建议，也希望贵州省向我们推荐其他脱贫攻坚中的重点难点问题，共同研究提出破解之策。

（三）充分发挥民革优势与特色，统筹做好脱贫攻坚民主监督工作。民革在农业、社会法制、文化教育、电子商务等领域具有优势和特色，而贵州在农产品方面具有结构性优势，养殖业、蔬菜菌类种植业等方面正在创建品牌，绿色有机的产业特色突出，能够很好地适应城市白领消费结构升级的趋势，土鸡、土猪、肉牛等畜产品品类和订单农业等组织形式都有很好的市场前景。要继续发扬民革在贵州省长期参与扶贫工作的传统，在机制完善、技术引进、人才培训等方面多做工作，多为对口地区助推鼓劲、牵线搭桥。四川、湖北、上海、浙江、江苏、广东等地的民革组织也参与了民革中央在贵州的民主监督工作，有些省份同期开展的对口帮扶项目已经落地，取得了不错的效果，今后民革中央更要加强这方面的统筹和引导。

（四）在重视物质脱贫的同时，也要高度重视精神脱贫问题。民革准备先从纳雍做起，每个暑期把贫困家庭中成绩优秀的留守儿童组织起来，在北上广深等大城市举办夏令营，今后再逐步推广到贵州全省。今年我们准备组织两批儿童到北京，到北京大学、清华大学、航天中心、天安门、故宫等地参观，给孩子们精神激励，增强他们的国家荣誉感，激发他们的奋斗精神，使他们融入整个国家发展建设的进程，这就是一种精神上的扶持。中山博爱基金会今后会持续支持这方面的工作。

　　同志们，脱贫攻坚是关系到全面建成小康社会目标的大事，也是关乎中华民族实现伟大复兴的大事，是一项全社会参与的伟大事业。民革中央在贵州省开展脱贫攻坚民主监督工作，既是完成一项光荣艰巨的任务，又是加强自身建设、提高能力水平的难得机遇。中共十九大即将召开，第一个百年奋斗目标近在眼前。让我们在以习近平同志为核心的中共中央坚强领导下，为打赢脱贫攻坚战、如期实现全面建成小康社会宏伟目标共同努力奋斗！

郑建邦常务副主席在安顺市脱贫攻坚民主监督工作座谈会[*]上的讲话（2018 年）

同志们：

刚才贵州省、安顺市有关方面的同志介绍了近期脱贫攻坚工作开展的情况，对于你们取得的进展和成绩，我感到很振奋，也很欣慰。

中共十八大以来，习近平总书记领导全党全国深入推进精准扶贫、精准脱贫，工作力度之大、规模之广、影响之深前所未有，扶贫工作取得了决定性进展，充分体现了中国特色社会主义的政治优势和制度优势。今年以来，贵州省深入贯彻落实习近平总书记在成都打好精准脱贫攻坚战座谈会和参加中共十九大贵州省代表团讨论时的重要讲话精神，牢固树立起了"贫困不除愧对历史、群众不富寝食难安、小康不达誓不罢休"的坚定信念，建立健全了上下贯通、责任到底的责任体系，通过强力推进"春风行动"，把工作力量集中在产业扶贫、农村公路"组组通"、易地扶贫搬迁、教育医疗住房"三保障"这四场硬仗上，工作取得了显著成效。在强化工作作风建设、扎实推进产业扶贫、全面提升公共服务水平、规范易地扶贫搬迁工程建设、开展党建扶贫和励志教育等方面，贵州省都有不少好的做法，走在了全国脱贫攻坚工作的前列。

---

[*]　此会议 2018 年 9 月 26 日于贵州省安顺市召开。

我来之前就已经对安顺市的"塘约经验"和以龙头企业带动农民合作社、农户的发展模式有所了解，这也是我们这次调研选在安顺市的重要原因。比完成本地区脱贫攻坚任务更为可贵的是，安顺市能够在工作中不断将经验成熟化、制度化，形成可推广可复制的工作模式，今年你们又提出了推进基层社会治理的"五民"工作机制，壮大集体经济的"一村一公司"新路，"秀水五股"利益联结机制，"路沟池一体化"建设喀斯特石漠化地区农业发展新思路，这些经验模式的形成都为全国打赢脱贫攻坚战作出了重要贡献。

贵州省、安顺市取得的成绩和经验，充分体现了干部队伍的思想认识、责任担当、工作作风及勇气智慧。贵州开展的脱贫攻坚工作，不仅对贵州而言是一场深刻的社会变革、一个重大的历史机遇，是对完善国家治理体系、提升国家治理能力的探索，是中国共产党领导的全面深化改革事业的重要组成部分，值得我们深入的了解和研究。

为推动和帮助贵州省打赢打好脱贫攻坚战，中共中央赋予了民革中央对贵州省的脱贫攻坚民主监督任务，从2016年起，按照中央统战部的要求，民革在贵州开展脱贫攻坚民主监督工作。我这次来调研，也是根据民革中央的统一安排，开展脱贫攻坚民主监督调研。

当前，脱贫攻坚已经进入攻城拔寨的关键阶段，打好精准脱贫攻坚战成都座谈会召开以来，习近平总书记多次发表重要讲话、作出重要批示，中共中央通过一系列会议和文件对这一阶段的脱贫攻坚工作作出了有针对性的战略部署。3月30日，汪洋同志在专题座谈会上对各民主党派中央开展脱贫攻坚民主监督提出了新的工作要求。为学习贯彻落实中共中央对脱贫攻坚工作的部署安排，民革中央今年已召开两次工作推进会，进一步聚焦监督重点、明确监督导向、创新监督方式，扎实推进在贵州的脱贫攻坚民主监督工作。

中共贵州省委统战部今年初下发了《关于进一步配合民革中央做好脱贫攻坚民主监督工作的通知》，为民革中央开展脱贫攻坚民主监督工作提供更加有利的条件。在中共贵州省委、省政府的大力支持和配合下，民革中央今年调研更加务实深入，覆盖了28个县78个村，召开各类工作座谈会60次，走访农户247户，考察扶贫项目81个。万鄂湘主席出席统一战线参与毕节试验区建设座谈会后，赴毕节市纳雍县开展了专题调研。目前，今年第二轮调研工作正在进行中，就在召开座谈会的同时，我们就有五个调研组同时在贵州多地调研。

通过调研我们认为，贵州的脱贫攻坚工作取得了重大的、决定性的进展，前几天报道国务院扶贫办经评估确认贵州省14个县符合贫困县退出条件，这是一个突出成绩。但贫困人口多、贫困发生率高、贫困面大、贫困程度深、脱贫难度大仍然是贵州的基本省情、贫情，特别是其深度贫困地区脱贫攻坚任务仍然较重，需要国家给予更加集中的政策、项目和资金支持。据此，我们已经向中央统战部、国务院扶贫办提交了半年度工作报告，提出了进一步改进工作作风、增强产业扶贫的实际效果、加大深度贫困地区医疗保障支持力度、强化对扶贫干部的严管厚爱等意见建议，这个报告也已经反馈给贵州省有关方面。另外，针对脱贫攻坚中的系统性、苗头性风险问题，民革中央还提交了《关于防范和化解脱贫攻坚工作中相关风险的建议》，目前已经得到了李克强总理、汪洋主席、胡春华副总理等中共中央领导同志的批示。

近期，民革中央对下一步脱贫攻坚民主监督工作作出了安排。

目前，脱贫攻坚和脱贫攻坚民主监督工作都进入了新阶段，面临着新形势。2018年3月4日，习近平总书记在参加全国政协十三届一次会议的联组会时，首次提出中国新型政党制度的概念，专门对民主党派参与三大攻坚战进行了论述，要求各民主党派"找准切入点、结合点、着力点，深入一线调查研究""积极开展批评监督""推动各项决策部署落地见效"，这是总书记对民主党派开展脱贫攻坚民主监督工作的新要求。中共中央、国务院对今后三年决胜阶段的脱贫攻坚工作作出了全面部署，提出了具体任务。民革中央下一步做好脱贫攻坚民主监督工作的基础，就是要认真学习、深刻领会、准确把握这些新任务新要求，着力抓好以下几件大事：

一、举民革全党之力，助推贵州打赢脱贫攻坚战。民革在贵州既有定点扶贫的任务，又有脱贫攻坚民主监督的对口安排，可以说民革对贵州省的脱贫攻坚工作参与程度之深、参与力度之大在各民主党派中是十分特殊的。针对这样的工作实际，民革中央确定并将长期坚持"寓监督于帮扶之中，寓帮扶于监督之中"的工作原则。下一步，民革要结合习近平总书记提出的"着力推动绿色发展、人力资源开发、体制机制创新"等要求，继续动员各级民革组织和广大党员，积极发挥智力密集、联系广泛的优势，为贵州省引进资源和项目，力争在发展具有市场竞争力的产业扶贫项目、补齐基本公共服务短板上多发挥作用。前不久，我们支持民革贵州省委会开通了博爱扶贫云商城，专门推介销售有关贫困地区的特色农产品，已经取得了一些成果和经验，但总体来说销售规模还比较有限。下一步，民革中央要进一步加大工作力度，广泛动员方方面面的力量参与进来，力争把这一电商平台做强做大，使之成为贵州贫困地区特色农产业的重要销售渠道，树立起民革在贵州助推产业扶贫的一面旗帜。

二、要进一步改进脱贫攻坚民主监督的工作作风和工作方法。今年是脱贫攻坚领域的作风建设年。"正人先正己"，民革中央脱贫攻坚民主监督工作的作风也要不断改进，调研工作的水平和质量还有很大的提升空间。今年，在中央统战部牵头下，民革中央再次参与了 2018 年国务院督查脱贫攻坚的工作，国务院督查组采取的一些行之有效的工作方法给了我们很大的启发，像分组对县级、乡镇、村干部、农民进行单独访谈，对调研工作提出定性定量要求等。我们已经把这些做法吸收到民革开展的调研中来。民革在监督过程中还要积极发挥专家作用、注重交流研讨研究问题，只有调研工作扎实了，我们才能写出真正有分量、有见地、有针对性的工作报告。

　　三、要强化问题导向，在脱贫攻坚领域拿出过硬的参政议政成果。习近平总书记对各民主党派和党外人士提出：打赢三大攻坚战，"有许多重大任务和举措需要合力推进，有许多问题需要深入研究"。当前贵州省最为关心、最迫切需要解决的问题，就是民革中央需要重点调研、着力研究的问题。这方面我点几个题，一是易地扶贫搬迁能否做到"搬得出、稳得住、能致富"的问题。2020 年之前，贵州省规划易地扶贫搬迁 188 万人，这个人口规模比许多国家的人口还多，如何做好工作是非常值得研究的问题。二是产业扶贫能否真正发挥作用，其中的风险如何防范化解的一系列问题。三是加强基层干部队伍建设，激发贫困人口内生动力的问题。只有在这些重点难点问题上下功夫、出成果，才能真正有助于地方党委政府完成脱贫攻坚任务，才能不负中共中央对民主党派的信任和重托。

　　总之，民革全党要在中共中央领导下，和贵州省广大干部群众一起，为打赢脱贫攻坚战、实现决胜全面建成小康社会的宏伟目标共同奋斗。

　　我就讲这些。我们这次调研，得到了贵州省委、省政府、省政协以及省委统战部，安顺市各方面领导和同志们的大力支持和周到安排，借此机会向大家表示感谢，谢谢大家！

万鄂湘主席在黔东南州脱贫攻坚民主监督调研座谈会[＊]上的讲话（2019 年）

同志们：

刚才贵州省、黔东南州的同志介绍了近期脱贫攻坚工作情况，世杰同志汇报了民革贵州省委会参与民革中央定点扶贫和脱贫攻坚民主监督工作的情况，王红玲主委作为第一调研组组长，介绍了民革湖北省委会参与黔东南州脱贫攻坚民主监督工作的成果和做法。结合这两天调研中我们看到的情况，对贵州省脱贫攻坚工作取得的成就，我感到很振奋，也很欣慰。特别是吴强副省长谈到，贵州省六年累计减少农村贫困人口的数量占到全国的十分之一，易地扶贫搬迁人口占全国搬迁人口的六分之一，这两个数据充分体现从脱贫的幅度和难度来看，贵州省都处在脱贫攻坚战的最前线，你们取得的成就让我们感受到了中国脱贫攻坚战的力度之大以及取得胜利的伟大意义。

习近平总书记在参加中共十九大贵州省代表团讨论时，充分肯定贵州脱贫攻坚"成效显著"，这次我们到四个调研点的见闻，也印证了这四个字，我们切身感受到贵州战斗在脱贫攻坚第一线的各级干部为实现这四个字付出了巨大的努力。刚才黔东南州的同志介绍了州里的情况，有一个表述让我印象深刻，对移民搬迁的提法是"搬得出、稳得住、能致富"，州

＊　此会议 2019 年 7 月 26 日于贵州省黔东南州召开。

里改成了"能脱贫"，这就是实事求是的精神，体现了"两不愁三保障"脱贫标准的基本要求，不超标、不脱靶，聚焦准确。我们不仅看到了移民搬迁小区的建设情况，更从移民群众身上感受到了他们来自内心的满足——我们成了城里人，得到了城市户口，享受到的公共服务与高档小区没有区别，甚至更好。我们看到的食用菌生产和乡村旅游项目，通过产业扶贫，提高农民收入的效果立竿见影，有些已经从脱贫走向了致富。

贵州省、黔东南州取得的成绩和经验，充分体现贵州各级干部政治站位高、担当精神强、工作作风好，很多方面已经成为了全国的榜样，这些情况都要在民革中央年底的监督报告中进行真实的反映。在此我也谈点感受。打赢脱贫攻坚战、消除绝对贫困，是中共中央的一项重要决策部署，充分体现了中国共产党以人民为中心的执政理念。我们在贵州的调研中，听到的是贫困地区对扶贫政策措施的拥护和欢迎，看到的是贫困群众家中的深刻变化和脸上的真诚笑容。我们深深感受到，在世界历史上，没有哪个国家把消除贫困放在如此重要位置上，没有哪个政党以如此坚定的决心和实际行动解决人民群众的贫困问题。贵州已经实现了人人有医保，而且是越贫困，医保报销比例越高。中国共产党领导这么大的一个国家在三四十年之内变强、变富，扶贫工作全国一盘棋的统一调度，没有任何一个国家能做到，这是中国特色社会主义制度特有的政治优势和优越性。可以说打赢脱贫攻坚战的过程，就是我们增强"四个意识"，坚定"四个自信"，做到"两个维护"的过程。

2016年以来，民革中央受中共中央委托对口贵州开展脱贫攻坚民主监督工作，肩负重大而光荣的使命。正如汪洋主席所指出，脱贫攻坚民主监督是民主党派首次对国家重大战略开展专项监督，也是民主党派开展的规模最大、时间跨度最长的专项监督活动，这项工作已经"成为中国共产党领导的多党合作的一个重要品牌"。民革中央高度重视这项工作，将其作为民革履行民主监督基本职能的重要创新实践。

今年以来，民革中央认真学习贯彻习近平总书记在重庆解决"两不愁三保障"突出问题座谈会上重要讲话精神，在贵州扎实开展脱贫攻坚民主监督，上半年共开展调研 38 次，走访了 24 个县 84 个村 531 户，召开座谈会 53 次，访谈县乡村干部 276 人，实地考察产业项目 66 个、搬迁安置点 31 个，提出建议 47 条，已经形成了上半年监督报告，专门向胡春华副总理提出了"关于进一步加强东西部扶贫协作制度建设"的建议。

下一阶段，我们要着力抓好以下几件大事：

一、学深弄懂做实中共中央对脱贫攻坚工作的决策部署。要认真学习领会习近平总书记关于扶贫工作的重要论述，"围绕脱贫攻坚目标任务，按照尽锐出战要求，切实履职尽责、合力攻坚"，对突出问题和共性问题要"全面排查梳理，确保各类问题整改到位"。要进一步坚定决心和信心，不能出现麻痹和松懈的现象，"必须坚持不懈做好工作，不获全胜、决不收兵。"

二、聚焦解决"两不愁三保障"突出问题开展工作。习近平总书记指出，"要把握脱贫攻坚正确方向，确保目标不变、靶心不散"。到 2020 年稳定实现农村贫困人口"两不愁三保障"，是贫困人口脱贫的基本要求和核心指标。总的看，贵州"两不愁"已经基本解决，"三保障"还存在一些问题，需要拿出过硬和切实的办法。教育保障要关注适龄儿童辍学、留守儿童照料问题；医疗保障方面，还有部分村没有村医、卫生室，解决农村居民就近就医问题刻不容缓；住房保障不仅涉及居住问题，还关系到生命安全、身体健康，是一个根本性问题。要把这三个方面作为攻坚的方向，做到习近平总书记所说的"靶心不散"。而"目标不变"就是不要超出"两不愁三保障"，只能雪中送炭，避免锦上添花。我们要拿出过硬和切实的办法，确保脱贫成果经得起历史检验。

三、进一步改进脱贫攻坚民主监督工作方法和作风。近年来民革探索形成了个别访谈、驻村调研、进点入户实地考察等形式。这次我提出要安排与村民座谈，就是要倾听群众的真实想法，了解真实情况。如果从老百姓口中问不出问题，这本身就是个问题。下一步还要进一步改进调研方法，力求把情况摸清、把问题找准，这样才能提出有用的建议。同时要严格执行八项规定，民革调研组到贵州各地，一定要轻车简从，尽量减少基层同志的工作压力和接待负担。这次就是从我做起，参加调研的人员数量、讲话稿字数、会议时间全都减半，依然实现了调研的目的。

四、坚持"双寓"原则，用实际行动助推贵州打赢脱贫攻坚战。民革中央提出了"寓监督于帮扶之中，寓帮扶于监督之中"的工作原则，今年10月下旬，民革中央还将与贵州省联合开展产业项目招商活动，引导更多优秀的民革党员企业家到贵州投资兴业。有关民革组织和民革企业家要以此次招商活动为契机，力争为贵州长远发展发挥作用。也希望贵州积极学习借鉴湖南长沙等地的工作经验，不断优化营商环境。如果贵州的营商环境能够处在全国的前三名，而不仅仅是GDP增速排在前三名，那不仅是民革的企业家，全国的企业家都会到贵州来。贵州的特色民族产品销路还没有完全打开、营销上还缺乏经验，可以通过博爱云商城等民革企业搭建的销售平台、宣传平台，在遵守网络交易规则的基础上，增加销量、扩大影响。

我们在贵州开展的各项工作，得到了中共贵州省委、省政府和各地干部群众的大力支持和帮助，对此我代表民革中央表示真诚的感谢。民革全党一定会在中共中央坚强领导下，和贵州省广大干部群众一道，为贵州打赢脱贫攻坚战、为实现全面建成小康社会的宏伟目标共同奋斗！

谢谢大家！

郑建邦常务副主席在民革中央脱贫攻坚民主监督 2019 年第一次工作推进会*上的讲话

朝君部长，同志们：

今天，我们召开民革中央脱贫攻坚民主监督 2019 年的第一次工作推进会，学习贯彻中共中央对打赢脱贫攻坚战、做好脱贫攻坚民主监督工作新的决策部署。在此我代表民革中央，对中共贵州省委、省政府给予民革工作的大力支持表示衷心的感谢，对参与这项工作的有关民革组织和同志们表示诚挚的慰问！

刚才朝君部长通报了中共贵州省委、省政府对打赢脱贫攻坚战的整体部署，世杰副省长介绍了贵州省近一个时期相关工作进展和具体安排，我听了感到很振奋。在中共贵州省委的坚强领导下，贵州省坚决贯彻落实中央决策部署，以脱贫攻坚总揽全省工作全局，强力推进各项政策措施，脱贫攻坚工作成效显著，农村基础设施明显改善，农民收入和农村公共服务水平不断提升，贫困群众"两不愁"目标和"三保障"中的教育、医疗保障已经实现，住房安全保障基本实现；增收渠道多元化，收入达标指日可待。民革中央对贵州省如期打赢脱贫攻坚战充满信心！

民革中央脱贫攻坚民主监督工作得到了贵州省有关方面的大力支持、

---

*　此会议 2019 年 5 月 14 日于贵州省六盘水市召开。

密切协作。刚才何萍副部长介绍了贵州省支持民革中央开展脱贫攻坚民主监督工作若干举措和下一步打算，对此我深表感谢，民革中央愿与贵州省进一步密切合作，把工作做实做细，切实增强脱贫攻坚民主监督工作的实效。下面，我就推进民革脱贫攻坚民主监督工作讲几点意见。

一、进一步提高政治站位，充分认识民革履行脱贫攻坚民主监督职能的重大意义。正如汪洋主席所指出：脱贫攻坚民主监督是民主党派首次对国家重大战略开展专项监督，也是民主党派开展的规模最大、时间跨度最长的专项监督活动，这项工作已经"成为中国共产党领导下多党合作的一个重要品牌"。2016 年以来，民革中央受中共中央委托对口贵州开展脱贫攻坚民主监督工作，肩负着重大而光荣的使命。习近平总书记在近年来同党外人士共迎新春时，都对各民主党派中央开展脱贫攻坚民主监督的工作给予高度评价，这是对各民主党派的巨大鼓舞。民革全党要认真学习领会习近平总书记关于扶贫工作的重要论述，认真贯彻落实中共中央关于脱贫攻坚民主监督工作的总体要求，深化对脱贫攻坚这一重大战略部署的理解和认同，不断巩固多党合作共同思想政治基础，以此作为 2019 年民革思想政治建设年专题教育活动的重要内容。

民主监督的过程就是各民主党派在中国共产党领导下围绕同一个目标增进共识、共同奋斗的过程。我在与民革的同志交流时了解到，他们参与脱贫攻坚民主监督工作，亲眼目睹贫困地区翻天覆地的变化，亲耳聆听贫困群众对中国共产党和政府的高度评价，亲自体察广大扶贫干部的巨大付出，亲身感受贫困群众的艰辛不易，受到了深刻的思想教育。所以汪洋主席说，民主监督"既是监督别人、帮助别人、建言资政的过程，也是自我学习、自我提高、凝聚共识的过程"。民革参与脱贫攻坚民主监督对于民革加强自身建设具有极其重要的意义。

自 2016 年脱贫攻坚民主监督工作启动以来，民革中央与中共贵州省委、省政府建立了多个层面的日常工作联系机制、信息通报机制和成果会商机制，确立"寓监督于帮扶之中，寓帮扶于监督之中"的工作原则，逐步形成"领导小组＋工作小组＋2 个联络组＋6 个调研组"的"1126"工作架构，摸索出了每半年召开一次工作推进会，开展一轮专题调研，形成一份工作报告，进行一次交流反馈的"四个一"工作机制，可以说已经形成了具有民革特色的工作模式。这些经验表明，脱贫攻坚民主监督不仅丰富了民革建言献策的成果，也为民主党派履行民主监督职能探索了一条新的路径。我们一定要抓住参加脱贫攻坚民主监督的机遇，为进一步加强新型政党制度建设贡献力量。

二、聚焦监督重点，围绕稳定实现"两不愁、三保障"做文章。习近平总书记强调，"脱贫攻坚战进入决胜的关键阶段，务必一鼓作气、顽强作战，不获全胜决不收兵。"中共十八大以来，我国脱贫攻坚取得重大决定性成就，贫困人口从 9899 万减少到 1660 万，贫困发生率从 10.2% 下降到 2% 以下，脱贫攻坚已进入最后冲刺阶段。刚才谈到，2019 年是贵州脱贫攻坚决战之年，全省要减少农村贫困人口 110 万人，18 个县将通过脱贫摘帽考核验收，17 个县要达到脱贫摘帽标准，全年要完成 188 万人搬迁任务，脱贫任务十分艰巨。最后的决战怎么打，习近平总书记已经讲得很清楚，基本要求和核心指标就是"到 2020 年稳定实现农村贫困人口不愁吃、不愁穿，义务教育、基本医疗、住房安全有保障"，这"直接关系攻坚战质量"。民革中央下一步的脱贫攻坚民主监督工作要围绕退出标准和程序展开，"在脱贫标准上，既不能脱离实际、拔高标准、吊高胃口，也不能虚假脱贫、降低标准、影响成色"。我们与贵州省共同的目标，就确保脱贫成果经得起历史检验。

按照汪洋主席"聚焦坚持目标标准、提高脱贫质量、增强脱贫实效开展监督"的部署，民革中央要以"促进扶贫工作务实、脱贫过程扎实、脱贫结果真实"为核心，精心谋划好脱贫攻坚民主监督调研的重点内容。我们今年提出了增强东西部扶贫协作实效、扶贫产业发展和农村基层组织形式创新、易地搬迁农民融入城市等课题，既有我们长期以来关注和研究的老大难问题，又有在近期在各地考察调研中发现的新动向、新苗头，希望各调研组和联络组对这些问题深入调查研究，提出意见建议。

三、改进工作方法，不断增强脱贫攻坚民主监督的实效。 2018 年，民革中央改进工作方法，把对县、乡、村干部的单独访谈作为主要调研方式之一，直接和扶贫一线干部深入交流研讨，量化扶贫项目和贫困农户实地考察要求。全年共组织调研 42 次，覆盖了贵州省 8 个州市 46 个县 147 个村，走访农户 499 户，访谈县乡村干部 131 人次，考察产业扶贫和易地搬迁项目 214 个，工作更加扎实、深入。通过两个工作报告和一个专题报告，民革中央既对贵州省的脱贫攻坚工作作出了整体评价，提出了针对性和可操作性更强的意见建议，又对脱贫攻坚中的普遍性、系统性、苗头性问题进行了研究探讨，提出的意见建议报中共中央、国务院，受到中央领导同志充分肯定和有关方面的高度重视。在坚持 2018 年工作流程和各项工作要求的基础上，我们要进一步改进考察访谈形式，探索驻村调研、随机入户等工作形式，优化考察访谈内容，提高访谈的工作效率和针对性，务求更加切合工作实际、解决实际问题。这次会议之前，大部分调研组已经按照这一要求，开展了今年的第一轮重点调研，刚才世杰副省长和有关调研组、联络组代表已经谈了这一段时间工作的成果和体会，大家普遍感到这些改进和创新很有必要、成效显著，值得我们坚持和发扬。

我们这样的推进会，每半年召开一次，我是第一次参加。这次会议之所定以在六盘水市召开，一方面是因为六盘水市脱贫攻坚成效显著，总结出了很多经验；另一方面正是由于参与对口六盘水市监督的民革四川省委会，在具体的帮扶措施上动手早、效果实，走在了各组的前列，经验值得学习推广。要结合深入开展纳雍县的定点扶贫工作，在 7 省市民革组织对口帮扶纳雍 7 个最贫困乡工作取得实效的同时，也对贵州其他地方提供力所能及的帮扶，这充分体现了民革中央"寓监督于帮扶之中"的要求。可以安排一批短平快项目，在 2020 年即将脱贫摘帽的关键时刻发挥作用，切实推动贵州省脱贫攻坚的进程，助力贵州省脱贫攻坚任务如期完成。

同志们，脱贫攻坚胜利可期，民主监督使命光荣。让我们紧密团结在以习近平同志为核心的中共中央周围，再接再厉、越战越勇，围绕解决"两不愁三保障"突出问题，扎实做好今明两年脱贫攻坚民主监督工作，为如期全面打赢脱贫攻坚战、如期全面建成小康社会作出新的更大贡献，以优异的成绩向中华人民共和国成立 70 周年献礼。

谢谢大家！

郑建邦常务副主席在六盘水市脱贫攻坚民主监督工作座谈会 * 上的讲话（2019 年）

同志们：

很高兴来到著名的中国凉都六盘水。今天上午我们参观了六盘水"三变"改革展示中心，走访了水城县百里猕猴桃产业长廊润永恒俄戛基地和钟山区水月产业园区易地扶贫搬迁安置点，刚刚王忠书记介绍了六盘水市的整体情况，魏雄军副书记重点介绍了六盘水市脱贫攻坚工作开展的情况。可以看出，在习近平新时代中国特色社会主义思想指引下，在中共六盘水市委市政府领导下，六盘水经济社会发展取得了很大成绩，脱贫攻坚工作思路清晰、作风扎实、成果显著，对于你们取得的进展和成绩，我感到很振奋，也很欣慰。

当前，脱贫攻坚战已经进入决胜的关键阶段。中共十九大后，中共中央将打好脱贫攻坚战作为全面建成小康社会的三大攻坚战之一，工作力度之大、规模之广、影响之深前所未有，脱贫攻坚取得了历史性成就。作为全国贫困人口最多、贫困面积最大、脱贫攻坚任务最重的省份，贵州无疑是中国脱贫攻坚的主战场。贵州省委省政府善于"打硬仗"，五年时间减少农村贫困人口 700 多万人，减贫、脱贫成效显著，创造了脱贫攻坚的

---

* 此会议 2019 年 5 月 15 日于贵州省六盘水市召开。

"贵州经验"。今年4月24日，贵州省18个县退出贫困县序列，盘州市和六枝特区位列其中，这是对六盘水市脱贫攻坚工作成效最好的证明。

六盘水市是一个出典型、出示范、出经验的地方，在贵州省乃至全国的脱贫攻坚工作中都走在了前列。发端于六盘水市的"三变"改革，得到了习近平总书记的充分肯定，他多次在讲话中要求全国各地普遍推广。汪洋主席是最早肯定"三变"改革探索的中央领导人。迄今为止，"三变"4次写进中央文件，已成为全国脱贫攻坚、推进乡村振兴的一个典型经验。"资源变资产、资金变股金、农民变股东"，群众有干劲、增收有方法、农村有发展。"三变"改革既是农民增收致富的有效方法，也是推进城乡融合发展、发展现代农业的制度基础，是工商资本入乡的重要通道，是提升乡村治理水平的有效举措。更为可贵的是，你们在总结经验的基础上，继续打造出"三变"改革"升级版"，确立了"两翼先行、中路突破、全面决胜，确保如期实现全面小康"的总体思路，探索运用"先谋后动、先难后易、先快后慢、先内后外、先远后近"的"五先五后"攻坚法，集中资源力量决战脱贫攻坚，创建"216"开放式扶贫试验区，探索以城带乡共同发展的扶贫新模式，聚焦深度贫困地区脱贫问题。这些经验模式的提出和实施，体现了六盘水市委市政府和广大干部敢为人先的责任担当、求真务实的工作作风和迎难而上的勇气智慧，为开拓打赢脱贫攻坚战的有效途径作出了重要贡献。我们也衷心地期望，六盘水作为"三变"改革的发源地，能够进一步完善"三变"的实现形式和路径，为全国各地巩固脱贫攻坚成效、实施乡村振兴战略作出示范。

协助贵州省如期打赢脱贫攻坚战，是民革中央对口贵州开展脱贫攻坚民主监督的根本目标。民革中央按照中共中央的部署开展脱贫攻坚民主监督，主要采取专题调研与日常监督相结合的方式，在深入调查研究的基础上，对贵州省脱贫攻坚工作提出意见建议，既根据贵州的情况为中共中央、国务院提供决策参考，也为中共贵州省委省政府贯彻落实中央决策部署提供支持。我这次调研就是按照前不久汪洋主席在各民主党派中央脱贫攻坚民主监督工作座谈会上的讲话精神和中共中央统战部的要求，按照民革中央的统一安排开展的。刚刚郑学炳同志介绍的调研情况，也是我们专题调研的一种形式。民革中央于2016年成立了8个调研组，分别对口贵州省除贵阳外的其余8个州市开展脱贫攻坚民主监督。2018年，民革中央共组织各类调研42次，赴贵州省8个州市46个县147个村，召开座谈会88次，走访农户499户，访谈县乡村干部131人次，考察产业扶贫和易地搬迁项目214个。在深入调研基础上，我们向中共中央、国务院及中央统战部和国务院扶贫办报送了两篇监督报告，同时提交中共贵州省委、省政府。我们对贵州省的脱贫攻坚工作提出了有针对性的意见建议，由国务院扶贫开发领导小组作为国务院专项督查的依据，为助推贵州省脱贫攻坚工作贡献了民革力量。去年民革中央向中共中央、国务院提交了《关于防范和化解脱贫攻坚工作中相关风险的建议》，得到了李克强总理、汪洋主席、胡春华副总理等领导同志的重要批示。

根据中国特色新型政党制度的规范，民革中央提出了"寓帮扶于监督之中，寓监督于帮扶之中"方针，这是民革中央脱贫攻坚民主监督工作始终秉持的原则。作为民革中央脱贫攻坚民主监督第二调研组的支持单位，民革四川省委会帮助六盘水市对接优势资源，协助六枝特区引进四川318汽车旅馆投资管理有限公司，建立了投资近2亿元的六枝318浪哨缘房车营地项目，作为产业扶贫项目，既助推地区旅游产业发展，又助力脱贫攻坚。同时，民革四川省委会还邀请六盘水市相关部门到四川考察学习，就开展脱贫攻坚和美丽乡村建设的经验和做法进行交流。刚刚郑学炳同志和我们的党员企业家都做了汇报。民革四川省委会在具体的帮扶措施上动手早、效果实，走在了各调研组的前列。

从六盘水脱贫攻坚工作的情况看，贵州省和六盘水市如期完成脱贫攻坚任务可以说毫无悬念、指日可待。当然，从六盘水的情况看，脱贫攻坚工作中也还存在许多困难和问题，需要我们按照中央的决策部署更加扎实地做好工作。下面，我讲几点意见。

一是尽锐出战，确保脱贫攻坚任务如期完成。在今年两会参加甘肃代表团审议时，习近平总书记强调，"脱贫攻坚越到紧要关头，越要坚定必胜的信心，越要有一鼓作气的决心，尽锐出战、迎难而上，真抓实干、精准施策，确保脱贫攻坚任务如期完成。"希望贵州省各级领导机关，按照习近平总书记关于脱贫攻坚工作历次重要讲话特别是近期在重庆"两不愁三保障"突出问题座谈会提出的要求，严把贫困退出关，严格执行退出的标准和程序，确保脱真贫、真脱贫。在贵州省脱贫攻坚战进入最后关键阶段，作为对口开展脱贫攻坚民主监督的参政党，民革组织要切实发挥好参谋、好帮手、好同事的作用，在监督和帮扶两个方面继续发力，积极发挥智力密集、联系广泛的优势，为贵州省完成脱贫攻坚任务再作贡献。

二是聚焦重点，不断增强脱贫攻坚民主监督的实效。2019 年是贵州脱贫攻坚决战之年，习近平总书记明确提出，基本要求和核心指标就是"到2020 年稳定实现农村贫困人口不愁吃、不愁穿，义务教育、基本医疗、住房安全有保障"。2019 年民革中央必须围绕习近平总书记的要求展开脱贫攻坚民主监督工作，"在脱贫标准上，既不能脱离实际、拔高标准、吊高胃口，也不能虚假脱贫、降低标准、影响成色"，我们与贵州省共同的目标，就确保脱贫成果经得起历史检验。为此，我们要进一步加强和改进调研工作，完善考察访谈形式，探索驻村调研、随机入户等工作形式，务求更加切合工作实际、解决实际问题。其次是要明确监督重点，提出建议。按照汪洋主席"聚焦坚持目标标准、提高脱贫质量、增强脱贫实效开展监督"的部署，以"促进扶贫工作务实、脱贫过程扎实、脱贫结果真实"为核心，精心谋划好脱贫攻坚民主监督调研的重点内容。加强对增强东西部扶贫协作实效、扶贫产业发展和农村基层组织形式创新、易地搬迁农民融入城市等课题的研究，只有在这些重点难点问题上下功夫、出成果，才能真正有助于地方党委政府完成脱贫攻坚任务，才能不负中共中央对民主党派的信任和重托。再次是要坚持双寓原则，加强帮扶。在立足长远、建立完善脱贫致富长效机制的同时，也要安排一批短期内能够见效的短平快项目，力争在 2020 年即将脱贫摘帽的关键时刻发挥作用。总之，民革全党要在中共中央领导下，和贵州省广大干部群众一起，为打赢脱贫攻坚战、实现决胜全面建成小康社会的宏伟目标共同奋斗。

刚才，王忠书记和在座的各位同志对我们的工作提出了建议，希望民革中央发挥参政党的优势帮助六盘水市加快发展。我们这次调研之后还可以根据你们的建议进一步深入调研，和你们开展调研协作，一方面把你们的好做法好经验宣传出去，另一方面把你们的意见诉求向有关方面进行反映，也可以以适当方式向中央领导同志提出意见建议。

我就讲这些。我们这次调研，得到了贵州省委、省政府、省政协以及省委统战部，六盘水市各方面领导和同志们的大力支持和周到安排，借此机会向大家表示感谢，谢谢大家！

郑建邦常务副主席在民革中央脱贫攻坚民主监督 2020 年第一次工作推进会 * 上的讲话

同志们：

今天，我们召开民革中央脱贫攻坚民主监督 2020 年的第一次工作推进会，在脱贫攻坚进入决战倒计时的关键时刻，学习贯彻习近平总书记关于统筹做好新冠肺炎疫情防控和经济社会发展的重要指示精神，对做好最后一年的脱贫攻坚民主监督工作再动员、再部署、再落实、再推进，帮助贵州省克服新冠肺炎疫情带来的困难和挑战，夺取脱贫攻坚全面胜利。首先，我代表民革中央，对中共贵州省委、省政府给予民革工作的大力支持表示衷心的感谢，对克服困难积极参与这项工作的有关民革组织和同志们表示诚挚的慰问！

刚才，贵州省有关负责同志介绍了贵州省 2020 年以来决战决胜脱贫攻坚战和支持民革中央脱贫攻坚民主监督工作采取的措施和取得的成果。我们看到，贵州省"两不愁、三保障"、饮水安全和易地扶贫搬迁任务已基本全部完成，就业扶贫、产业扶贫、东西部扶贫协作和重大项目开工进展顺利。大家对疫情带来的影响已经作出了准确研判，采取了一系列很有针对性的措施。民革中央对贵州省今年如期取得脱贫攻坚战的全胜充满信心！

---

* 此会议 2020 年 6 月 3 日于贵州省毕节市召开。

今年以来，新冠肺炎疫情对我国经济社会发展带来前所未有的冲击。面对突如其来的疫情，以习近平同志为核心的中共中央，坚持把人民生命安全和身体健康放在第一位，统筹全局、沉着应对，果断采取一系列防控和救治举措，经过艰苦卓绝的努力，武汉保卫战、湖北保卫战取得决定性成果，疫情防控阻击战取得重大战略成果，统筹推进疫情防控和经济社会发展工作取得积极成效。我国疫情防控和复工复产之所以能够有力推进，根本原因是中国共产党领导优势和中国特色社会主义制度优势得到了充分发挥，这也是我们打赢脱贫攻坚战最根本的保证。

习近平总书记多次强调，在紧绷疫情防控这根弦的同时，决战决胜脱贫攻坚目标任务和进度不变，要努力克服新冠肺炎疫情带来的不利影响，确保如期全面建成小康社会。大家由此可以认识到，打赢脱贫攻坚战，在当前我国经济社会发展全局中处于极端重要的突出地位。今年2月，汪洋主席主持召开了各党派中央脱贫攻坚民主监督座谈会，这是在疫情防控最为关键的时期，唯一一个由中共中央领导同志主持召开、各民主党派中央主要负责同志参加的会议，充分体现了对脱贫攻坚民主监督工作的高度重视。目前2020年时间已经接近过半，民革中央在疫情缓解、全国两会闭幕之后的第一时间就召集大家来贵州开会，就是要全力推动脱贫攻坚民主监督工作扎实开展，实实在在做出成效来，在脱贫攻坚工作中做中国共产党的好参谋、好帮手、好同事。

下面，我就做好今年的民革脱贫攻坚民主监督工作讲几点意见。

一、切实担负起帮助贵州如期高质量打赢脱贫攻坚战的政治责任。习近平总书记在决战决胜脱贫攻坚座谈会上的重要讲话，为决战决胜脱贫攻坚指明了方向。习近平总书记指出："到2020年现行标准下的农村贫困人口全部脱贫，是党中央向全国人民作出的郑重承诺，必须如期实现，没有任何退路和弹性。"2020 年，也是民革在贵州开展脱贫攻坚民主监督的最后一年，"越到最后越要紧绷这根弦，不能停顿、不能大意、不能放松"，也可以说，今年是在民主监督中发现问题、解决问题的最后机会，必须较真碰硬、细查深究，完成好中共中央委托民主党派开展的脱贫攻坚民主监督工作。特别是现阶段，我们提出监督意见针对性要强，问题要讲透，办法要管用，监督的力度要更大一些，这样才能帮助贵州省在脱贫攻坚最后阶段补齐短板、化解风险、完成任务、巩固成果。

刚才惠东同志通报了汪洋主席、胡春华副总理在各党派中央脱贫攻坚民主监督座谈会上的讲话精神，这对我们今年把握政策安排、聚焦监督重点、改进工作方法都具有重要的指导作用。汪洋主席在 2020 年 2 月 18 日在各党派中央脱贫攻坚民主监督座谈会上的讲话中表扬我们，他说："民革中央采取小切口方式，聚焦严守脱贫标准、增强贫困地区发展能力、深化东西部扶贫协作等重点问题，形成了一批高质量调研成果。"汪洋主席在讲话中肯定了各党派的民主监督工作，其中特别肯定了民革中央调研成果质量高，表明我们在脱贫攻坚民主监督工作关键环节上抓得好、抓得实。习近平总书记在 2020 年 1 月 14 日与党外人士共迎新春时说："各民主党派中央深入开展脱贫攻坚民主监督，加大定点监测、驻村调研力度，为打赢脱贫攻坚战发挥了重要作用。"今年民革中央明确提出来也要"加大定点监测、驻村调研力度"，希望大家抓好落实，同时也希望贵州省有关方面给予积极支持与配合。

二、坚持围绕打好贫困乡村疫情防控和脱贫攻坚总体战开展民主监督。

汪洋主席说"新冠肺炎疫情是决战决胜脱贫攻坚的加试题，也是影响脱贫质量的最大不确定因素。"前不久，汪洋主席在云南昭通和贵州毕节调研时指出："克服疫情对贫困群众务工就业的影响是当前的突出问题。""疫情对贫困地区产业发展的最大影响是销售难。"我们也了解到，疫情对贵州组织开展职业技能培训也造成了很大压力。新冠疫情对贵州脱贫攻坚影响的范围和程度，都需要我们通过调研，拿出准确和翔实的数据来。同时，要对贵州应对疫情措施及其相关情况作出评估并提出建议。重点对分区分级精准防控策略的落实情况和支持贫困劳动力务工就业、解决扶贫农畜牧产品滞销各项举措的可行性、有效性开展调研。在疫情防控的过程中，我国经济展现出巨大韧性，复工复产正在逐步接近或达到正常水平，特别是应对疫情还催生并推动了许多新产业新业态快速发展。习近平总书记指出，要"危中寻机、化危为机"，这次的疫情对省际人员流动造成了很大影响，这就暴露出产业集中在东部地区、劳动力输出地位于西部内陆地区，这样的空间布局有一定的系统性风险，贵州的贫困地区能否抓住机遇，在产业布局调整中为未来的发展赢得空间，特别值得民革和贵州的同志共同深入研究。我们还要关注因疫致贫、因疫返贫的动态监测情况，确保兜底保障等帮扶措施到位，贫困群众基本生活不受影响。

贵州省脱贫攻坚战已经基本完成了"两不愁、三保障"和易地扶贫搬迁等多项指标性任务，当前阶段民主监督重点，要转移到脱贫摘帽的质量成色和稳定性上。要研究提升贵州扶贫产业发展水平和能力的问题，要关注易地扶贫搬迁后续帮扶和稳定融入的"后半篇文章"，要对存在返贫风险人群实施针对性预防措施，等等。总之，正如习近平总书记所说的，统筹推进疫情防控和经济社会发展是"双线战役"，我们要助推贵州夺取"双线战役"双胜利。

三、着手针对"后2020"时期的政策安排提出可行建议。习近平总书记在决战决胜脱贫攻坚座谈会上指出："脱贫摘帽不是终点，而是新生活、新奋斗的起点。"做好脱贫攻坚民主监督工作，还要从贵州看全国，着眼于 2020 年我国在消灭区域性贫困、战胜绝对贫困的基础上，进一步全面推进高质量发展的普遍性问题，提出问题和建议。有几个重要问题需要大家关注：一是保持脱贫攻坚政策稳定。中央已经明确现有帮扶政策将保持总体稳定，考虑设置一个精准脱贫政策过渡期，而对于过渡期内相关政策如何延续和退出、如何建立一个解决相对贫困问题的长效机制，这一问题是中央统战部统筹协调各党派脱贫攻坚民主监督调研课题时，确定由民革中央重点研究的重要课题。希望同志们增强使命感和责任感，以更大的热情和更多的精力投入到调查研究中去，围绕过渡期政策延续和退出摸清基层情况、广泛收集各方意见、认真研究思考，为中央决策部署提出实事求是、可行性强的意见建议。二是继续推进全面脱贫与乡村振兴有效衔接。习近平总书记在决胜脱贫攻坚座谈会上的讲话中指出：脱贫攻坚和乡村振兴的衔接，"总的要有利于激发欠发达地区和农村低收入人口发展的内生动力，有利于实施精准帮扶，促进逐步实现共同富裕"。贵州在这方面已经有了不少的探索，积累了不少经验，我们要把这些经验梳理总结出来，提供给中共中央决策部署参考。三是运用好脱贫攻坚的工作经验和工作队伍。经过脱贫攻坚的历练，在基层农村已经形成了一支本领高、战斗力强的基层干部队伍，基层治理体系和治理能力得到了显著提升，积累了大量的工作经验和方法。在这次新冠肺炎疫情防控中，许多驻村工作队拉起来就是防"疫"队、战"疫"队，展现出了极强的战斗力。我们下一步，也要围绕脱贫攻坚取得的经验和锻炼出的队伍如何发挥更大作用，从推进国家治理体系和治理能力现代化的角度提出系统性的建议。

四、注重讲好中国共产党领导的多党合作和脱贫攻坚故事。习近平总书记说："脱贫攻坚不仅要做得好，而且要讲得好。"汪洋主席也指出："要把民主监督过程真实记录下来，用心用情讲好中国共产党为人民谋幸福的故事，讲好中国共产党领导的多党合作的故事。"今年4月，民革中央配合中央统战部开展了"统一战线助力决胜全面小康、决战脱贫攻坚"主题宣传工作。下一阶段，同志们要按照汪洋主席的要求，以参与脱贫攻坚民主监督的切身经历和体会，彰显中国共产党领导和我国社会主义制度的政治优势。同时，脱贫攻坚战即将奏凯，我们民革参与的定点扶贫、脱贫攻坚民主监督工作也已即将完成任务，民革中央拟于今年底对这几项工作作一个整体总结，同志们要早谋划、早着手开展本省、本组的总结工作，把多年来的工作成果和经验体会梳理出来。有些经过实践检验的有益做法，还要提炼上升到理论高度，为开展民主党派专项监督提供借鉴，为新型政党制度的理论创新和实践探索作出贡献。

同志们，脱贫攻坚胜利在望，攻坚克难不容松懈。让我们更加紧密地团结在以习近平同志为核心的中共中央周围，不忘合作初心，牢记参政党使命，充分发挥脱贫攻坚民主监督作用，调查研究察实情，实事求是建诤言，克服困难、顽强奋斗，全力夺取脱贫攻坚战全面胜利！

谢谢大家！

郑建邦常务副主席在民革中央脱贫攻坚民主监督工作总结会[*]上的讲话（2020 年）

谭炯副省长，同志们：

中共十八大以来，以习近平同志为核心的中共中央团结带领全国各族人民，组织实施了人类历史上规模最大、力度最强的脱贫攻坚战。正如习近平总书记在 12 月 3 日中共中央政治局常委会上所指出："经过 8 年持续奋斗，我们如期完成了新时代脱贫攻坚目标任务。"今年 11 月 23 日，贵州省人民政府宣布，包括纳雍县在内的剩余 9 个未摘帽县全部退出贫困县序列，这标志着我国 22 省区市 832 个国家级贫困县全部脱贫摘帽，全国脱贫攻坚目标任务全面完成。听到中央媒体报道这个消息，我们感到非常振奋，尤其是把贵州省宣布贫困县全部退出，作为全国贫困县全部脱贫摘帽的标志，我们民革同志感到无比欣慰，因为这也标志着民革中央定点帮扶纳雍县、对口贵州开展脱贫攻坚民主监督工作，这两项光荣的政治任务也已顺利完成，标志着民革为贵州如期打赢脱贫攻坚战作出了自己的贡献。带着这样的振奋和欣慰，今天我们在这里召开民革脱贫攻坚民主监督工作总结会（明天我们还要在纳雍召开民革定点扶贫工作总结会），就是要深入学习贯彻习总书记重要讲话精神，对 5 年来开展脱贫攻坚民主监督工作

---

* 此会议 2020 年 12 月 24 日于贵州省贵阳市召开。

的成果和经验进行梳理和总结，力求把这些成果和经验运用于民革参与新时代多党合作事业新发展，为民革成为中国共产党的好参谋、好帮手、好同事贡献力量。

刚才，谭炯副省长介绍了贵州省决战决胜脱贫攻坚战采取的措施和取得的成果，回顾了几年来与民革中央紧密配合开展脱贫攻坚民主监督工作的历程；惠东同志对几年来民革脱贫攻坚民主监督工作情况做了总结。自民革中央与纳雍县建立结对帮扶关系以来，特别是最近 5 年民革中央对口贵州开展脱贫攻坚民主监督工作以来，万鄂湘主席和我每年都要到贵州来开展调研，民革各级组织许多同志走遍了贵州 66 个贫困县和大部分非贫困县，我们目睹了贵州坚持把脱贫攻坚作为头等大事，以脱贫攻坚统揽经济社会发展全局，团结带领贵州人民披荆斩棘、水滴石穿的奋斗历程，我们亲历了贵州脱贫攻坚取得历史性胜利、谱写新时代中国特色社会主义精彩贵州篇章的历史进程，我们见证了贵州人民把"天无三日晴、地无三尺平"的穷山恶水变成为金山银山、多彩贵州的许多精彩瞬间，让民革从贵州脱贫攻坚实践中，看到了中国共产党为中国人民谋幸福、为中华民族谋复兴的初心和使命，看到了新时代中国特色社会主义制度无与伦比的政治优势，看到了中国共产党崇高的政治品格和卓越的执政能力。在贵州这样的土地上消除绝对贫困和区域性整体贫困，在世界上其他任何国家、在历史上任何时代，都是无法想象的。民革为贵州人民感到骄傲和自豪，为民革选择接受和坚持中国共产党领导而感到骄傲和自豪，也为我们亲身经历和参与了贵州的脱贫攻坚工作感到庆幸和欣慰。借此机会，我代表民革中央对贵州各级党委政府、向贵州各族人民圆满完成脱贫攻坚任务表示热烈的祝贺，对贵州的发展前景、对贵州人民的未来表达最美好的祝愿！长期以来，特别是最近 5 年来，贵州各级党委政府、广大干部群众，对民革工作，特别是定点扶贫和脱贫攻坚民主监督工作给予了大力支持、热情帮助，在深入贵州开展调查研究和帮扶工作的过程中，所有民革同志也得到了极大的教育和锻炼，与贵州广大干部群众结下了深厚的战友情、同志情，许多民革同志深深地爱上了贵州的山山水水、一草一木，对此，我也代表民革中央对中共贵州省委、省政府以及各有关方面，表示衷心感谢！对民革全党参与脱贫攻坚民主监督工作的各级组织和广大党员，表示衷心感谢！

下面，我对深入学习贯彻落实中共十九届五中全会精神，总结脱贫攻坚民主监督工作经验，巩固拓展脱贫攻坚成果谈几点意见。

一、进一步深刻认识和总结脱贫攻坚民主监督工作的重大意义。

在民革开展脱贫攻坚专项民主监督工作即将圆满收官的时候，相信大家作为脱贫攻坚民主监督工作的亲历者、践行者，都对脱贫攻坚民主监督的理论价值和实践意义有着更深刻的感受和领悟。这里我讲几点认识。

脱贫攻坚民主监督是提升多党合作制度效能的重要举措。民主党派开展的脱贫攻坚民主监督，是中国共产党第一次以中共中央名义邀请民主党派中央实行监督；是民主党派第一次对执政党和国家重大决策部署进行专项监督，也是第一次采用"对口监督"的模式，这在制度设计上是具有原创性、独特性的重大举措。通过开创民主党派开展对脱贫攻坚的专项民主监督，不仅推动民主党派参与国家重大政治活动、为落实像脱贫攻坚这样的重大决策部署贡献力量，同时也推动地方党委政府和社会各方面更加了解和认同多党合作制度，使多党合作制度效能得到了进一步体现。

脱贫攻坚民主监督是推进国家治理体系和治理能力现代化的积极探索。中共十九届四中全会通过的《中共中央关于坚持和完善中国特色社会主义制度　推进国家治理体系和治理能力现代化若干重大问题的决定》中明确提出，要"健全相互监督特别是中国共产党自觉接受监督、对重大决策部署贯彻落实情况实施专项监督等机制"。民主党派开展脱贫攻坚民主监督的实践充分体现了执政党对参政党进一步加强专项民主监督的高度重视。从5年实践来看，民主党派中央每年的年度民主监督报告提交以后，中共中央统战部都要牵头专门召开成果会商会，国务院扶贫办都要将各民主党派中央提出的监督意见转发对口省份整改落实，并作为国务院脱贫攻坚工作专项督查的重要依据。接受监督的地方党委政府，对民主党派在调研过程和年度报告中提出的监督意见都给予高度重视，及时进行反馈和整改，推动了脱贫攻坚工作的开展。将民主党派专项民主监督纳入国家监督体系，发挥了民主党派民主监督的独特作用。民主党派脱贫攻坚民主监督的成功实践表明，民主党派专项民主监督将在推进国家治理体系和治理能力现代化中发挥更大作用。

脱贫攻坚民主监督是民主党派加强自身建设的重要载体和有效抓手。正如汪洋主席所指出，民主监督"既是监督别人、帮助别人、建言资政的过程，也是自我学习、自我提高、凝聚共识的过程"。参加脱贫攻坚民主监督工作，使民主党派成员能够深入了解乃至亲身参与执政党治国理政的过程，体会执政党对国家民族的高度使命感和推进重大决策部署的巨大执行力，增强坚持中国共产党领导的主动性和自觉性，是民主党派加强思想政治建设、培养锻炼成员干部的重要抓手。脱贫攻坚民主监督的制度安排、工作机制、调研形式，有利于加强民主监督制度建设、充分发挥民主监督职能作用。做好脱贫攻坚民主监督，将监督与帮扶相结合，也是民主党派做好参政议政和社会服务工作的重要推力。

二、系统总结民革开展脱贫攻坚民主监督的有益经验

回顾五年来的工作，经过不断探索和改进，民革在工作中形成了不少值得深入总结、应该在今后工作中加以广泛运用的经验做法，主要有以下

几个方面：

一是坚持中国共产党领导，坚决执行中共中央的统一部署。自 2016 年工作启动以来，习近平总书记每年在与党外人士共迎新春时，都对各民主党派开展脱贫攻坚民主监督工作给与肯定和鼓励、对进一步加强脱贫攻坚民主监督提出要求。汪洋主席每年主持召开工作座谈会，对工作提出阶段性的明确要求，中央统战部、国务院扶贫办对工作开展作出具体安排、周密部署。民革中央紧紧围绕中央的政策精神，以中共中央的要求和统一部署为依据，根据脱贫攻坚战各项阶段性任务要求不断调整监督重点，坚持做到"目标不变、靶心不散"。坚持中国共产党领导，是民革开展专项民主监督、履行民主监督职能的根本前提。

二是采取了一系列卓有成效的工作方法。一是始终把"合作"作为开展脱贫攻坚民主监督的切入点。我们提出"寓监督于帮扶之中、寓帮扶于监督之中"，就是要充分体现民革与贵州各级党委政府站在一起、想在一起、干在一起。同时我们也得到了贵州省各级党委政府的大力支持和密切协作，保证了各项工作的顺利开展。二是深入调查研究，着眼于掌握实际情况。全面考察贵州各地贯彻落实中央脱贫攻坚决策部署的全过程，深入了解中央精神与地方工作实际相结合过程中的问题和困难，掌握地方各级政府部门的具体举措和工作进展，做到知情明政。三是始终坚持民主监督的政治属性，着眼于研究解决问题。针对政策执行中机制性、普遍性、前瞻性问题收集情况、查找原因，提出意见建议。民主监督是一种柔性监督，是一种对事不对人的监督，对于具体问题、个别问题，主要采取随时向当地干部群众反馈、推动问题及时得到解决的做法。四是力求反映基层干部和贫困群众的真实想法。农村基层是贯彻执行脱贫攻坚政策的"最后一公里"，我们采取单独访谈的方式，深入了解基层一线干部对政策执行中的问题、改进工作方法的研究思考，了解贫困群众的满意度，以基层干部和贫困群众的所思所想作为民革中央提出意见建议的基础。五是在调研基础上深入研究问题、提炼思路。我们要求各个调研组每次调研结束前都要开会研讨，并安排8个调研组、联络组一起开会研讨，力求精准提出问题、提出精准建议、作出精准表述。这一整套工作机制、工作方法，对于脱贫攻坚民主监督是行之有效的，也可以成为今后开展专项民主监督的重要经验。

三是紧密结合自身建设推进专项民主监督工作。民革开展脱贫攻坚民主监督工作，坚持"硬抽人、抽硬人"的做法，安排优秀的干部、党员专家承担工作任务，同时注重发挥脱贫攻坚民主监督工作的教育意义，使参与这项工作的同志，通过学习了解脱贫攻坚政策和政策执行情况，感受中国共产党脱贫攻坚政策的英明正确，提升坚持中国共产党领导的自觉性；学习贵州各级干部严谨扎实的工作作风和广大干部群众艰苦奋斗的精神，思想上灵魂上得到提升；了解研究贵州省情和工作实际，工作能力上得到锻炼。同时，注重提升干部的合作共事能力，推动建立了民革有关省级组织与对口贵州市州的多层次联系沟通机制。邀请安排相关专家党员参加调研和帮扶工作，使他们能够发挥所长为脱贫攻坚贡献力量，对增强组织凝聚力、提高组织领导能力也大有裨益。今年11月26日民革六盘水市支部召开成立大会，这也是脱贫攻坚民主监督工作带来的一个工作成果。把脱贫攻坚民主监督作为民革加强自身建设的机会和平台，这是具有普遍意义的做法。

以上从三个方面对民革脱贫攻坚民主监督工作的经验做了初步的梳理，同志们可以进一步深入思考交流，把民革脱贫攻坚民主监督的经验总结好，以利于更好地利用这些经验，加强和改进民革民主监督工作。部分省级民革组织，也在同级党委统战部门的统一安排下开展了脱贫攻坚民主监督工作，这些省级组织也要认真总结脱贫攻坚民主监督工作经验做法，以便于更好地承担专项民主监督任务。

三、继续支持贵州巩固拓展脱贫攻坚成果

（一）认真做好脱贫攻坚民主监督收尾工作

习近平总书记 12 月 3 日在中共中央政治局常委会上指出，"我国发展不平衡不充分的问题仍然突出，巩固拓展脱贫攻坚成果的任务依然艰巨。要深入贯彻落实党的十九届五中全会精神，巩固拓展脱贫攻坚成果"。我们要深入学习贯彻习近平总书记重要讲话精神，持续做好脱贫攻坚民主监督后续工作。

1. **继续关注支持贵州巩固拓展脱贫攻坚成果**。前不久召开的中央统战部有关专题会议提出，各民主党派中央要对对口省份巩固拓展脱贫攻坚成果的情况开展调研，提出意见建议。民革中央在 2020 年度脱贫攻坚民主监督报告中已对巩固脱贫攻坚成果提出了一些意见建议，下一步适当时候要继续安排调研工作，支持贵州省在巩固拓展脱贫攻坚成果方面创新思路、扎实推进、取得更大成绩。

2. **以落实助力贵州产业招商工作成果为抓手，助力贵州巩固拓展脱贫攻坚成果**。2019 年民革中央与贵州省委省政府共同举办产业招商活动，取得了签约 1176 亿元的好成绩。据了解，由于突如其来的新冠肺炎疫情的冲击，签约项目落地情况尚不够理想。民革中央社会服务部和企业家联谊会要通过调研了解情况，推动支持民革在贵州帮扶项目、民革企业投资项目尽快落地见效，让这些项目在贵州巩固拓展脱贫攻坚成果、实施乡村振兴战略的过程中发挥积极作用。

（二）探索开展民主党派专项民主监督工作理论研究

按照中共十九届四中全会的部署，中共中央有关部门正在研究民主党派专项民主监督相关问题，近期还要专门开会作出相关部署。我们要从推动和促进新时代多党合作事业发展、制度创新的高度，着眼于运用好民革脱贫攻坚民主监督工作经验，积极探索开展理论研究。同时要按照中共中央的统一部署，讲好民革脱贫攻坚民主监督故事，编辑整理民革脱贫攻坚民主监督工作文献汇编。民革中央下一步还准备召开总结表彰大会，对在脱贫攻坚民主监督工作中作出突出贡献的组织和个人进行表彰。

同志们，打赢脱贫攻坚战，为如期全面建成小康社会、实现第一个百年奋斗目标，为开启全面建设社会主义现代化国家新征程奠定了坚实基础。我们正站在"两个一百年"奋斗目标历史交汇点上，正在经历百年未有之大变局。前不久十九届五中全会胜利召开，中国共产党正在带领我们推进高质量发展，构建新发展格局。作为中国特色社会主义参政党，民革要更加紧密地团结在以习近平同志为核心的中共中央周围，不忘合作初心，继续携手前进，努力为"十四五"规划的制定实施贡献力量，也要继续为贵州发展贡献力量！

谢谢大家！

民革中央有关工作文件和会议文件

民革中央开展脱贫攻坚民主监督工作方案

为贯彻落实《中共中央、国务院关于打赢脱贫攻坚战的决定》，参与统一战线凝心聚力"十三五"行动，根据中央统战部、国务院扶贫开发领导小组办公室《关于支持各民主党派中央开展脱贫攻坚民主监督工作的实施方案》制定本具体工作方案。

一、工作原则

坚持正确的政治方向。开展脱贫攻坚民主监督的出发点和落脚点是帮助党和政府打赢脱贫攻坚战。要坚持中国共产党的领导，以推动中央决策部署落实为核心，围绕脱贫攻坚中的重点难点问题深入考察调研，及时发现和反映存在的问题，提出建议和批评，帮助中共贵州省委和省政府加强改进工作。

坚持鲜明的问题导向。要通过深入调研、考察、座谈等形式，将发现问题与共同研究对策、提出整改办法相统一，真正把监督过程变成发现问题、解决问题的过程，把开展监督作为推动政策落实的过程。

坚持从实际出发，突出工作重点。要全面了解中共中央关于脱贫攻坚的决策部署，深入了解贵州省的贫困实际情况以及省委、省政府脱贫攻坚工作的总体安排与部署，聚焦工作中的重点难点问题和政策落实中的薄弱环节，有针对性地开展工作，不要面面俱到。

坚持与履行参政党职能相结合。要把参政议政、民主监督、参加中国共产党领导的政治协商三项基本职能有机结合，通过开展脱贫攻坚民主监督了解社情民意，形成真知灼见，为开展参政议政、政党协商打好基础。通过政党协商和参政议政的平台提出建设性的意见和建议。

坚持工作公开、科学、规范。主动对接贵州整体扶贫工作规划和进度，充分听取当地对脱贫攻坚民主监督的需求和意见，加强民主监督工作机制建设；充分动员民革党员专家和所联系社会力量，在规划和政策制定等方面提出科学合理的建议。

二、组织领导

脱贫攻坚民主监督工作由民革中央主席办公会议统一领导，社会服务部具体组织落实。形成由社会服务部牵头，中央各工作部门配合，民革各省市级组织特别是民革贵州省委会参与的工作格局，成立由民革中央领导同志挂帅、有关部门、地方组织负责人组成的工作班子，在分管副主席的直接领导下，围绕脱贫攻坚民主监督的工作内容，负责组织开展调查研究、政策宣讲、协调党员专家参与监督评估、与地方党委政府保持畅通联系、建立信息通报机制和成果会商机制，反映意见和建议。具体领导机构组成如下：

（一）领导小组

组　　长：万鄂湘

副组长：齐续春

成　　员：修福金　刘　凡　傅惠民　何丕洁　郑建邦　刘家强

　　　　　李惠东

（二）工作小组

组　　长：何丕洁（兼）

成　　员：王红玲　民革湖北省委会主委、湖北省农业厅副厅长

王世杰　民革贵州省委会主委

边旭光　民革中央社会服务部部长

付悦余　民革中央调研部部长

吴　平　民革内蒙古区委会专职副主委

胡汉平　民革江西省委会副主委、江西省农业厅厅长

张坚勇　民革江苏省委会副主委、江苏省农林厅副厅长

张全国　民革河南省委会副主委、河南农业大学副校长

程　萍　民革广东省委会副主委、广东省农业厅副厅长

谢德体　民革重庆市委会副主委、西南大学资源环境学院院长

郑学炳　民革四川省委会专职副主委

陈　勇　民革贵州省委会副主委

陈有德　民革黔南州委会主委、黔南州人民政府副州长

联络员：徐秋岩　民革中央社会服务部综合处副处长

工作小组职责：

1. 每年开展 1—2 次专题调研；

2. 分析研究各调研组日常调研中反馈的情况，形成意见反馈中共贵州省委、省政府；

3. 每年不定期总结调研中发现的好经验、好做法及存在的涉及全局工作的问题，提出解决问题的办法和建议，向中共中央和有关部门反映。

三、工作重点内容

贫困人口精准识别情况；

贫困人口精准脱贫情况；

贫困县摘帽情况；

落实脱贫攻坚责任制情况；

重大政策措施执行情况；

扶贫资金项目管理使用情况；

以法治为保障，推进村民自治、议事协商，组织群众自觉参与扶贫开发情况；

根据实际情况，其他需要进行民主监督的内容。

四、工作形式

（一）**开展调查研究**。在结合民革中央参与毕节试验区、黔西南试验区建设，以及对口帮扶纳雍县的实际工作的同时，在贵州省除贵阳市外的6个州市按照一定比例确定县、乡、村作为调研基地，充分发挥贵州周边省市民革组织和党员的作用，在民革贵州省委会配合下组建调研组，以调研组为单位，开展日常调查研究工作。每年在贵州50个国定贫困县中结合摘帽退出情况选择重点县，至少开展一次由中央领导带队的重点调研。考察调研要紧密结合贵州整体扶贫工作规划和需求，听取党委和政府有关部门的工作汇报，要深入基层、深入群众，走村入户实地考察，发现了解存在的问题和困难，就其中的重点问题深入研究分析，并及时向中共贵州省委、省政府反馈调研情况。

（二）**提出意见建议**。对调研中发现的问题和情况，充分运用政党协商、参政议政的各类平台和各种渠道，及时反映、提出建议意见，其中涉及全局工作的重要问题和重要建议通过"直通车"等形式专报中共中央、国务院领导同志。

（三）**参与专项监督评估**。推荐专家学者参与有关精准脱贫评估体系建设；推荐专家学者参与有关部门和专业机构就贫困人口精准识别、扶贫资金项目管理使用等情况开展的第三方评估工作。

（四）**加强日常联系**。建立与中共贵州省委统战部、省扶贫办的常态化联系机制和工作规范，及时就贵州省脱贫攻坚工作的进展情况、基层群众的意见和建议、地方党委政府对意见建议的办理情况进行沟通。

（五）**进行政策宣讲**。发挥民革智力密集的优势，在参与扶贫攻坚工作的过程中，注重广泛宣讲中共中央、国务院关于脱贫攻坚的方针政策，帮助贫困地区干部群众知晓政策、落实政策、用好政策，坚定脱贫攻坚的信心和决心。及时总结地方在开展脱贫攻坚工作中的经验做法，发现先进，推广典型。同时，加大对民革开展脱贫攻坚民主监督工作的宣传报道力度。

民革中央脱贫攻坚民主监督调研组组建及监督工作实施意见

　　按照《民革中央开展脱贫攻坚民主监督工作方案》（以下简称《方案》）要求，民革中央将在脱贫攻坚民主监督工作小组（以下简称工作小组）领导组织和中央各工作部门协调服务下组建6个调研组，在贵州省除毕节、黔西南两地和省会贵阳市之外的其他6个市州部分县、乡、村对口开展日常调查研究，提出意见建议。为充分发挥民革地方组织和党员专家作用，切实开展好脱贫攻坚民主监督工作，特制订本方案。

一、工作原则

　　1. 以点带面，解剖麻雀。针对贵州省除贵阳市、毕节市和黔西南州之外的六个市州，参考第三方评估选点比例选取部分县、乡、村开展重点调查研究。根据每个州市扶贫工作特点和进度规划，确定不同的调研主题，实行动态选点，并向边远、困难地区倾斜；

　　2. 全面部署，逐步深入。在工作起步阶段，要采用试点的方式不断探索工作规律；在按照县、乡、村顺序向基层推进的过程中，要合理确定选点比例，在量力而行、务求实效的原则下逐步扩大工作范围；

　　3. 中央领导，地方参与。由民革中央把握整体的工作方向，确定工作机制和对口分工，在征求意见的基础上协商确定各调研组牵头单位和牵头人，给予一定的资金支持；各调研组组织力量、配备人员，研究确定调研主题，与有关州市对接开展监督工作，形成相关意见建议。工作小组将与各调研组建立日常联系机制，根据总体工作的进度，统筹调整各调研组不同阶段的工作重点。

4．齐头并进，形成合力。在各调研组分别就不同主题，在不同地区开展调研，提出专项调研报告的基础上，由工作小组分析整理汇总，形成对贵州省脱贫攻坚工作的整体意见，向贵州省委、省政府反馈。

二、调研组组成

各调研组由民革中央协商在工作组中确定牵头人，由贵州省委会与对口州市民革组织协商派员参加调研工作（没有民革组织的州市，由牵头单位负责调配人员），具体配置如下：

组　　长：2人，由牵头人和中央工作部门负责人担任，牵头人负责总体领导安排工作，中央工作部门负责人负责联系协调工作；

副组长：1人，由牵头单位主要领导担任，主持调研组日常工作；

组　　员：若干，由各调研组自行确定。建议邀请包括农业、教育、旅游、基础设施建设、金融审计等专业，具有一定扶贫工作经验和较强参政议政能力的民革专职干部和专家参与；

调研组秘书：1人，负责联系对接、协调服务工作，作为与民革中央、相关省市级民革组织、对口州市对接的联系人。

三、分工安排

第一调研组

组长：王红玲　叶赞平

副 组 长：陈邦利

牵头单位：民革湖北省委会

对口州市：黔东南苗族侗族自治州

秘书：陈发园（贵州联络员　文西屏）

第二调研组

组长：郑学炳　章仲华

副 组 长：曹丰平

牵头单位：民革四川省委会

对口州市：六盘水市

秘书：崔　羽（贵州联络员　葛永罡）

第三调研组

组长：谢德体　蔡永飞

副 组 长：朱庆跃

牵头单位：民革遵义市委会

对口州市：遵义市

秘书：李光全

第四调研组

组长：张坚勇　董玉环

副 组 长：梅世松

牵头单位：民革安顺市委会

对口州市：安顺市

秘书：宣文坚

第五调研组

组长：胡汉平　周丽萍

副 组 长：陈有德

牵头单位：民革黔南州委会

对口州市：黔南布依族苗族自治州

秘书：罗世斌

第六调研组

组长：张全国　张长宏

副 组 长：杨晓敏

牵头单位：民革铜仁市委会

对口州市：铜仁市

秘书：田　智

四、工作内容

脱贫攻坚民主监督不是直接参与脱贫攻坚，也与权力监督、纪检巡视、第三方评估等监督形式有着显著的区别，要把工作的出发点和落脚点放在发现问题、解决问题上，牢牢把握帮助中共地方党委、政府完成脱贫攻坚任务这一根本目的。工作重点内容以《方案》规定为主，由各调研组结合对口州市脱贫攻坚工作实际，制定调研整体规划和年度重点调研课题，加以细化、分解、落实。在开展好针对《方案》规定各项内容的监督工作同时，各调研组还可结合自身优势和对口地区脱贫攻坚工作开展情况，有针对性和创造性的确定相关监督内容。

五、工作方式

各调研组开展工作要以建立工作联系机制为基础，密切与当地党委政府和民革组织、党员的日常工作联系，及时掌握当地脱贫攻坚工作开展情况的第一手资料。要紧密结合对口州市脱贫攻坚总体规划和工作进度，采用走村入户、问卷调查、研讨座谈、实地考察等多种形式，摸清情况，找出问题，对发现的成绩和亮点，尤其是可复制的发展经验和模式，积极进行总结和宣传；对工作中的问题和短板，及时整理反映，力争在听取以基层干部群众为主体各方面意见的基础上，提出解决问题的办法。民主监督工作中形成的意见建议，及时经工作小组形成意见建议后反馈中共贵州省委、省政府；发现带有全局性、改革性的问题及提出的建议，以专项调研报告的形式上报民革中央。

六、本年度工作计划

9月初，按照方案和本实施意见的要求，各调研组确定人员组成，并报送民革中央；

9月下旬，由民革中央主要领导带队开展 2016 年度脱贫攻坚民主监督专题调研。重点围绕财政扶贫资金县域统筹整合使用等问题，结合贵州省脱贫攻坚工作计划，开展调查研究，了解工作进展情况和重点、难点问题；举办脱贫攻坚民主监督工作培训动员会；

10 月至 11 月，各调研组根据对口州市扶贫工作特点和规划，按照一定比例确定本年度开展调研地区，提出重点调研主题；分赴对口州市开展调查研究，梳理发现的问题及其解决建议并向民革中央报送，11 月初由民革中央向中共贵州省委、省政府反馈调研情况；

11 月下旬，民革中央召开脱贫攻坚民主监督工作年度总结会，各调研组提交本组年度调研报告，由工作小组汇总整理形成民革 2016 年度脱贫攻坚民主监督工作报告报送中共中央。

何丕洁副主席在民革中央脱贫攻坚民主监督
2016 年工作培训会 [*] 上的讲话

同志们！

今天我们在这里举办脱贫攻坚民主监督工作培训会，就是要深入学习贯彻中共中央打赢脱贫攻坚战决策部署，按照中央统战部、国务院扶贫开发领导小组办公室的统一安排，进一步统一思想认识和工作步调，增强工作的规范性和针对性，保证脱贫攻坚民主监督工作科学有序，取得实效。首先我代表民革中央对中共贵州省委统战部、省扶贫办和安顺市有关方面对这项工作的高度重视、密切配合和大力支持表示衷心的感谢，对在繁忙的工作中抽出时间参会的各省市民革同志和专家表示诚挚的慰问。

各民主党派中央开展脱贫攻坚民主监督工作意义重大。对于全面建成小康社会、实现第一个百年奋斗目标，农村贫困人口全部脱贫是一个标志性的指标，在扶贫开发攻克最后堡垒的关键阶段，中共中央在打赢脱贫攻坚战的总体部署下，赋予各民主党派与 8 个省份对接开展脱贫攻坚民主监督工作的新任务，是对各民主党派长期在扶贫开发、议政建言上发挥重要作用的充分肯定和高度信任，体现了中共中央对多党合作事业的高度重视。

---

* 此会议 2016 年 10 月 26 日于贵州省安顺市召开。

　　脱贫攻坚民主监督不仅是助力党和政府打好脱贫攻坚战的新形式，更是各民主党派拓宽民主监督渠道、加强自身建设的重要机遇和有益尝试。承担特定专项工作监督任务是我们履行民主监督职能的新领域，在工作过程中，民革的同志要时刻站在实践和发展多党合作事业的高度，不断思考这项工作在国家政治生活中的定位和意义，探索民主党派民主监督职能具体化的形式和途径，深入探究参政议政、社会服务职能与脱贫攻坚民主监督工作的相互关系和作用。

　　前不久，万鄂湘同志在亲自带队赴贵州开展专题调研期间，对脱贫攻坚民主监督工作做出了重要指示，民革中央主席办公会议就进一步修改完善工作方案进行了专题研究。我们这次培训会的重要任务就是落实民革中央主席办公会议的部署，把工作方案分解细化，树立标准和规范，形成制度性安排，一会惠东秘书长还要做更为具体的说明和布置，在此我只提几点原则性的工作要求。

　　一、把握工作的节奏和分寸。在脱贫攻坚的三个阶段中找准工作的关键点和切入点：一是开局阶段，监督做好精准识别，特别是贫困对象和标准的精准识别，了解群众的认可度和满意度；二是过程阶段，监督做好扶贫政策执行和责任落实，发挥民革优势，重点关注产业扶贫、教育扶贫、心理扶贫等方面的脱贫举措；三是结果阶段，开展调查研究，对脱贫效果和质量进行监督，真正推动脱贫攻坚落到实处。在具体工作中，着力做到万鄂湘主席所提出的"多""少""不"　三个字，"多帮忙，少添麻烦，不添乱、不帮倒忙"，坚持以点带面、解剖麻雀、逐步深入和展开的工作原则。特别需要强调的是，在进行民主监督的过程中，可以结合开展脱贫帮扶工作，但脱贫攻坚民主监督，绝不是民革组织直接实施扶贫攻坚，两者的区别我们已经多次强调，希望大家加以注意。

　　二、力戒形式主义，务求发现和解决问题。各调研组要本着精干高效的原则，适当控制调研团队的规模，组织实际工作经验丰富、政治素质过硬、参政议政能力强的干部和专家参与；在调研课题选择上，要有针对性和科学性，能够反映脱贫攻坚中的重点难点问题和地方发展特点；要深入到基层生产生活第一线了解情况，利用多种渠道听取基层干部和贫困群众的意见，避免仅凭统计数据、书面材料就得出结论；调研中要严格执行中央八项规定，不从事与调研工作无关的事项，轻车简从，厉行节约。

　　三、落实领导责任，形成工作合力。中央为每个调研组都配备了较强的工作力量，几个参与方肩负着不同角度的工作任务，这就需要各位组长、副组长把责任落实，协调处理好相互间的联系、分工、合作，各司其职，各尽所能。特别是近期刚刚参与进来的浙江、江苏、广东、上海四个经济较为发达的省市民革组织，不仅要为脱贫攻坚民主监督工作提供组织支持和智力支持，更希望你们把先进的发展理念和经验带到对口州市，助推当地政府打赢脱贫攻坚战。在各工作组分别就不同课题，在不同地区开展调研，拿出调研成果的基础上，中央工作小组的各位专家还要发挥智库作用，把握分析工作中发现的主要问题，提出意见建议，形成民革中央对贵州省脱贫攻坚工作的整体意见。

　　同志们，新的蓝图已经绘就，新的任务光荣艰巨。希望大家能够进一步贡献自己的智慧和力量，不断丰富探索这一民主党派民主监督的新形式、新渠道，共同为打赢脱贫攻坚战作出自己更大的努力。谢谢大家！

李惠东副主席在民革中央脱贫攻坚民主监督2017 年第二次推进会 * 上的讲话

同志们：

三个月以前，我们在这里召开了第一次工作推进会，就脱贫攻坚民主监督工作总体思路和工作机制做了研究部署。会议之后，各调研组和联络组迅速落实会议要求，汇总整理了各市州脱贫攻坚主要情况和监督意见，在此基础上，民革中央向中共中央、国务院报送了年度监督报告，对贵州2016 年度的脱贫攻坚工作做出了阶段性评价，提出了有关意见建议，同时向贵州省正式反馈了监督意见，得到了中共贵州省委、省政府的高度重视和积极回应，可以说，民革在贵州的脱贫攻坚民主监督工作，已经取得了阶段性成果，实现了工作的良好开局。

民主党派开展的民主监督是社会主义监督体系的重要组成部分，也是多党合作的重要制度安排，充分彰显我国多党合作和政治协商制度的优势和特色，对发展社会主义民主政治具有重要意义。习近平总书记对这项工作高度重视，先后四次在党外人士座谈会、全国政协十二届五次会议民进、农工党、九三学社联组会等会议上作出重要指示。今年初，各民主党派中央的意见建议报送中共中央、国务院后，多位中共中央领导同志作出

---

* 　此会议 2017 年 4 月 22 日于贵州省贵阳市召开。

重要批示。3月27日，俞正声主席亲自主持召开脱贫攻坚民主监督工作座谈会，专门听取中央统战部、各民主党派中央主要领导同志的工作汇报，就深入贯彻习近平总书记系列重要讲话精神和治国理政新理念新思想新战略，充分认识开展脱贫攻坚民主监督的重要性，不断增强脱贫攻坚民主监督的针对性和实效性作出部署。这再次体现出中共中央对统一战线和多党合作事业的高度重视和殷切期待，我们今天召开工作推进会的主要目的，也正是学习贯彻落实好"327"会议精神，扎实做好下一步的脱贫攻坚民主监督工作。

今年以来，民革中央与贵州省有关方面就贯彻落实中央指示精神和最新决策部署进行了密切的沟通协作，4月初，贵州省以省委办公厅、省人民政府办公厅名义向全省下发了《关于配合民革中央做好脱贫攻坚民主监督工作的通知》，从切实增强工作政治意识、准确把握工作主要内容和形式、建立完善工作机制、加大宣传报道力度等方面提出了明确要求和具体举措，为民革中央开展好脱贫攻坚民主监督工作提供了良好条件和有力支持。

下面我结合学习贯彻中央会议精神，就细化落实民革中央与贵州省协商确定的工作机制与具体安排，提几点意见。

一、进一步提高对脱贫攻坚民主监督工作的认识和理解

俞正声主席讲话强调，脱贫攻坚民主监督的性质是政治监督，本质上是一种协商式监督。要坚持正确政治方向，树立"公、和、诚、实"的理念，开展监督必出于公，秉持公心才能坚持真理、敢于担当；必出于和，和合包容才能增进共识、凝心聚力；必出于诚，坦诚相见才能有效沟通、相互理解；必出于实，实事求是才能找准症结、破解问题。通过开展脱贫攻坚民主监督，深切感受中国共产党心系群众、改善民生的决心和努力，

进一步增强"四个意识"、 坚定"四个自信"、做到"两个维护"，更加坚定地走中国特色社会主义政治发展道路。

我们在工作中，要不断深化对中共中央这项重要制度安排的认识和理解，处理好脱贫攻坚民主监督与既有工作内容的关系。孙春兰部长在会议上强调，在履行民主党派工作职能上，其与参政议政的区别在于要把工作重点放在发现、研究政策落实过程中的问题和困难、提出切实可行意见建议上；与传统社会服务工作的区别在于明确的工作任务和时限，在于由各党派主要领导直接负责的工作层次。在协助地方打赢脱贫攻坚战上，脱贫攻坚民主监督与督查巡查、第三方评估等其他监督形式的区别，主要体现在工作性质和重点不同，民主监督的政治性强，是协商式、常态化、跟踪持续的监督，要主动与地方党委政府沟通改进工作，落实中央部署，其监督意见可以与其他监督结果相互印证。需要大家特别注意的是，脱贫攻坚民主监督不能简单混同于直接帮扶，贫困群众脱贫的标准也不能与全面小康、生活富裕的标准划等号，这两个基本概念要做到心中有数。

二、着力增强脱贫攻坚民主监督工作的针对性和实效性

开展脱贫攻坚民主监督，要坚持鲜明问题导向。俞正声主席指出，要把工作的出发点和落脚点放在发现、解决现实问题上，做到敢监督、真监督，围绕精准识别、精准施策、精准脱贫的工作重点，力求把情况摸清、把政策吃透、把问题看准，拿出扎实过硬的数据和事实说明问题的现象、成因、影响。要提出管用的意见建议，针对区域性问题和贫困地区普遍性的问题，从不同层面加强研究，提出切实可行的解决思路和对策。同时，注意帮助清理整改工作中发现的问题，特别是政策规划上需要调整的问题，需要长短结合，长期效果与短期效果标本兼治。

开展脱贫攻坚民主监督，要积极推动双向参与。我在这里需要特别指

出的是，我们开展的民主监督是一种协商式的政治监督，要与贵州省有关方面共同沟通研究工作。要在贵州省各级党委、政府支持下，积极参加有关地方政府脱贫攻坚的工作部署会、经验总结会、情况通报会等，深入了解脱贫攻坚的整体部署、具体举措和工作进展，认真细致研究分析各地开展脱贫攻坚工作取得的经验做法和重要成果，力争做到知情明政，不说外行话，不做无用功。同时，我们开展脱贫攻坚民主监督工作，在制定方案、研究部署、具体实施的各个阶段，要主动邀请地方党委、政府有关领导和部门参与，就工作安排保持密切沟通联系，既能消除顾虑、争取支持，同时也使我们的工作更贴近政府和贫困群众需求，更容易产生实际效果。

开展脱贫攻坚民主监督，要实现工作常态化。虽然我们工作的主要形式是开展调查研究，但仅仅靠每年几次的调研，想要达到中央要求的"看到看不见的情况，听到听不到的声音，想到想不到的办法"的工作效果，还远远不够，这就需要我们把工作重心下沉，采用多种形式深入基层，和贫困地区干部群众建立长期联系，形成常态化的信息收集、情况反映机制，真正掌握第一手资料。要力戒形式主义，去调研点了解情况不一定每次都要领导出席、地方陪同，可以采用多种有效形式，避免走过场。

三、推动形成脱贫攻坚民主监督工作的强大合力

民革中央组建的 6 个调研组、2 个联络组是民革开展脱贫攻坚民主监督工作的主要抓手和依靠力量，经过前一段时间的工作，已经初步证明了这一工作机制的有效性。下一步，我们要继续按照既有工作模式，充分发挥各组组长，特别是市州民革组织配备的副组长（毕节、黔西南联络组为组长）、秘书和中央联络员的作用，各司其职，各负其责，全面铺开下一阶段的监督工作。

今年，各组要根据对口州市脱贫攻坚工作总体情况和阶段性规划目标，

结合当地政府的推荐建议，每年选取二至三个行政村作为调研点。其中，要选择一个上一年度按国定标准实现"摘帽"的贫困村，重点调研精准脱贫的实际效果和巩固脱贫成果的主要举措；选择一至二个本年度计划"摘帽"的贫困村，围绕扶贫政策制定、实施全过程，重点调研国家扶贫政策和责任落实情况、群众参与和满意度情况、脱贫攻坚具体举措执行情况。各组要每半年提交一次调研报告，对当地年初确定的工作规划和相应举措做出阶段性评价，提出相关意见建议，对工作中发现的较为重大、紧迫的问题，随时向民革中央报送。民革中央主要领导同志今年拟继续带队开展有关专题调研，民革贵州省委会也要以贵州省脱贫攻坚民主监督专家工作组为主体参与日常调研工作。民革中央、民革贵州省委会和各调研组、联络组开展的调研活动要相互协调配合，中央领导带队调研的地点原则上就在各组选取的调研点中选择。

习近平总书记在中共中央政治局进行第三十九次集体学习时强调，贫困群众既是脱贫攻坚的对象，更是脱贫致富的主体，如何把贫困群众积极性和主动性充分调动起来，引导贫困群众树立主体意识，发扬自力更生精神，激发改变贫困面貌的干劲和决心，靠自己的努力改变命运，是一个脱贫攻坚的基础性问题。汪洋副总理在"327"会议上也指出，解决内生动力不足问题的主要办法是培育发展基层组织，发现培养致富带头人，培养一支不走的工作队。今年贵州省确定的脱贫攻坚工作重点之一是强化产业、就业等造血式扶贫措施，培育壮大贫困村集体经济，促进贫困群众稳定脱贫。从精准识别、精准施策、精准脱贫的全过程来讲，民革中央今年要把提高扶贫措施有效性作为监督工作重点，其核心是因地制宜、因人因户因村施策，突出产业扶贫，培育带动贫困人口脱贫的经济实体。各组在今年的日常监督和调研中，要把发展集体经济和基层组织，增强产业扶贫的带动作用作为关注重点，集中了解情况、发现问题，把问题研究透，民革中央也将以此为主题向中共中央提出意见建议。

按照中央统战部的整体部署，脱贫攻坚任务较重的 22 个省份正在陆续开展本省内的脱贫攻坚民主监督工作，从民革各省级组织的反馈上看，相当一部份省区工作已经启动。贵州作为民革中央对口工作的地区，全省各级民革组织对这项工作接触时间长、认识理解深、经验积累多，理应在全国民革组织中发挥示范带头作用。前几天，民革江西省委会已经到贵州来学习交流了经验。民革中央也准备在下半年合适的时候召开全国有关省级组织的经验交流会，第一个就要请贵州介绍经验做法，给大家传经送宝，也希望贵州民革的同志边工作边总结，拿出一套行之有效的经验做法来。

同志们，脱贫攻坚工作光荣艰巨，任重道远。民革要坚决贯彻落实以习近平总书记为核心的中共中央关于脱贫攻坚工作的决策部署，统一思想、坚定信心、实事求是、真抓实干，为完成今年的工作任务和目标，为打赢脱贫攻坚战作出自己更大的贡献。

谢谢大家！

李惠东副主席在 2017 年民革全国脱贫攻坚民主监督工作交流会*上的讲话

同志们：

今天，我们在这里召开民革全国脱贫攻坚民主监督工作交流会。首先，我代表民革中央，向中共贵州省委统战部、民革贵州省委会、中共毕节市委、毕节市政府对本次会议的大力支持和积极配合表示衷心的感谢，向民革全国有关省市级组织的参会同志表示热烈的欢迎和诚挚的问候！

中共十八大以来，以习近平同志为核心的中共中央把脱贫攻坚摆到治国理政突出位置，把贫困人口脱贫作为全面建成小康社会的底线任务和标志性指标，全面打响了脱贫攻坚战。在扶贫开发攻城拔寨的重要时间节点上，中共中央赋予各民主党派开展脱贫攻坚民主监督这一新任务，体现了中共中央对多党合作的高度重视，对各民主党派的充分信任。我们召开此次会议的目的，一是学习贯彻中共中央领导同志关于脱贫攻坚民主监督工作的重要讲话精神，特别是习近平总书记在深度贫困地区脱贫攻坚座谈会上的讲话。二是总结 2017 年以来民革中央在贵州省开展脱贫攻坚民主监督的工作情况。三是交流研讨民革省级组织参与地方脱贫攻坚民主监督工作的思路措施。

---

* 此会议 2017 年 7 月 5 日于贵州省毕节市召开。

今年中共中央统战部召开会议，孙春兰部长明确提出22个有脱贫攻坚任务的省要开展脱贫攻坚民主监督工作，万主席在民革十二届十八次中常会上明确要求各有关省级组织要早作准备，根据当地党委政府的统一安排，积极借鉴民革中央工作经验，结合各地实际有效开展工作，并向民革中央社会服务部报送年度工作报告。对于如何具体开展好这项工作，我谈几点意见。

一、正确认识脱贫攻坚民主监督工作

脱贫攻坚是共同富裕的抓手，是中国共产党执政本质的要求，中共中央委托民主党派开展的脱贫攻坚民主监督，其性质是政治监督，体现了多党合作、荣辱与共的共同责任。我们要把工作的出发点和落脚点放在帮助地方党委和政府打赢脱贫攻坚战上来，让贫困群众切实感受到党的脱贫政策的温暖，通过监督达到支持和维护中国共产党执政的目的，这是工作的根本前提。

经过长期的探索实践，我国逐步形成了由党内监督、人大监督、行政监督、司法监督、民主监督、舆论监督组成的一套符合国情的监督体系，同时针对脱贫攻坚工作，还建立了第三方评估、巡查督查、交叉检查等监督机制，各方面的监督是一种相辅相成、互为补充的关系。民主党派开展脱贫攻坚民主监督是一种协商式监督，要坚持发挥优势、明确定位、深入基层、综合分析、坦诚谏言的工作模式，注重发挥民主党派地位超脱、人才荟萃、渠道畅通的独特优势，以问题为导向，在监督建议上下功夫，侧重于政策落实过程中存在的问题深入了解情况、研究解决问题、提出意见建议，与其他监督形式相互配合、形成合力。

二、充分借鉴中央对口贵州开展脱贫攻坚民主监督工作经验

脱贫攻坚民主监督工作启动以来，民革中央一直站在坚持和完善多党

合作制度的政治高度，把脱贫攻坚民主监督作为新时期全党重点工作加以推进。经过深入调研和不断探索，我们认为脱贫攻坚民主监督应该体现统一战线特点和多党合作优势，民革中央据此确定了"寓监督于帮扶之中，寓帮扶于监督之中"的工作原则，并与贵州省委、省政府建立了多个层面的日常工作联系机制、信息通报机制和成果会商机制。今年3月底，贵州省以中共省委办公厅、省人民政府办公厅名义向全省下发了"关于配合民革中央做好脱贫攻坚民主监督工作的通知"，从切实增强工作政治意识、准确把握工作主要内容和形式、建立完善工作机制、加大宣传报道力度等方面提出了明确要求和具体举措，为民革中央在省、市、县各层面依托当地民革组织参与脱贫攻坚工作提供了良好条件和有力支持。目前，根据确定的工作原则和机制，监督工作已经全面展开，各调研组、联络组和有关民革省级组织已经介绍了经验和做法。

民革中央把形成言之有物、重点突出的监督报告作为衡量工作的标准，要求报告既要充分肯定贵州省的成绩经验，体现对贵州省脱贫攻坚工作的总体评价，也要以翔实的数据和实例做支撑，提出有针对性的问题建议，体现民革开展此项工作的作用和价值。在监督过程中，民革中央一方面提出政策上的建议，解决地方政府在落实中央决策部署时遇到的"水土不服"问题；另一方面提出工作上的建议，把监督和帮扶有机结合起来，力所能及地帮助地方解决具体困难、助推经济社会发展，体现多党合作制度优势。上半年，民革中央积极组织邀请民革企业家，协助贵州省在北京召开了产业扶贫招商引资推介会，得到了贵州省有关方面的感谢和好评，增强了地方政府配合监督工作的积极性。经过深入调研考察和认真研究分析，民革中央在与贵州省充分对接沟通的基础上，向中共中央、国务院有关单位报送了2016年度监督工作报告，得到了贵州省委书记陈敏尔和有关方面的高度重视和积极回应，取得了令人满意的反馈效果。在本次会议上，民革中央已经将中央统战部、国务院扶贫办下发的工作方案，贵州省"两办"文件和民革中央 2016 年度监督工作报告印发给有关民革省级组织，供各地学习借鉴。

三、有关省级组织要积极推进脱贫攻坚民主监督工作

按照中央统战部的整体部署，有脱贫攻坚任务的 22 个省份正陆续在本省内启动脱贫攻坚民主监督工作，有关省级组织要按照本地省委统战部的统一部署，找准工作重点，理清工作思路，力争实现工作的良好开局。

一是要领导重视。 去年 6 月脱贫攻坚民主监督工作启动会后，民革中央迅速成立由万鄂湘主席担任组长、齐续春常务副主席任副组长、在京各位副主席为成员的民革中央脱贫攻坚民主监督领导小组。万鄂湘主席多次在常委会、全会上部署工作，两次亲赴贵州进行专题调研，与中共贵州省委、省政府主要领导同志交换意见、共同确定工作思路。有关省级组织要按照当地党委政府的要求，由一把手亲自挂帅，把这项工作作为全省民革的重点工作、整体工作来抓，加强组织领导和人员配备，形成多部门参与和联动机制，全力保障高质量的完成这项重要任务。

二是要认识到位。 要深入领会脱贫攻坚民主监督工作的重要意义和深刻内涵，提高政治站位，体现统一战线特色和多党合作优势。要坚持正确的政治方向，一方面注重广泛宣讲中共和地方扶贫攻坚的方针政策，帮助贫困地区干部群众知晓政策、落实政策、用好政策，进一步坚定脱贫攻坚的信心和决心；另一方面要掌握实际情况、反映重点问题、提出可行方案，为中央和地方决策部署提供真实可靠的参考依据。

三是要制定工作方案。 中央统战部和国务院扶贫办下发的文件中，对

民主监督6项重点内容和5种主要形式做出了明确规定，民革根据自身特色又增加了"以法治为保障，推进村民自治、议事协商，组织群众自觉参与扶贫开发"这一项重点内容，这就是我们开展工作的根本依据和主要优势，民革中央也提出了"以点带面、解剖麻雀，全面部署、逐步深入，地方参与、形成合力"等工作方法。有关省级组织要把握当前脱贫攻坚的具体要求，积极了解各省区整体的扶贫思路与举措，根据本省的工作安排和实际情况，规划好路线图，明确工作方式和渠道，有针对性、因地制宜地制定好工作方案。

四是要建立健全工作机制。要明确工作目的、突出工作重点加强业务培训和工作研讨，明确责任主体、构建工作机制、落实工作任务，建立完善一套务实高效、能出成果的工作机制，扎实有序、事半功倍地推进工作。要与对口地区充分协商，得到各级党委政府理解和支持，形成紧密沟通配合机制，积极参与当地脱贫攻坚的政策制定、落实、检查工作全过程，帮助地方政府加强和改进工作，积极推动中央重大决策部署得到全面、准确、及时地贯彻落实。

五是要强化工作力量。脱贫攻坚进行民主监督不是一项孤立的工作，而是需要和政治协商、参政议政、社会服务、组织建设等职能的履行结合起来，相互融合、协调推进。作为民主党派履行职能新的渠道和舞台，通过开展脱贫攻坚民主监督，有关省级组织要全面提高民主监督的责任意识，着力培养和锻炼一支政治素质高、业务精、能力强，敢于和善于提出意见、建议的队伍。考虑到监督工作的持续性、深入性，要充分调动基层组织、党员的积极性，发挥他们及其所联系社会阶层的专业特长和知情明政优势，拓宽获取信息的渠道，充实各方面的工作力量。

六是要深入调研。只有了解到真实情况，所提建议才能真正解决问题，体现政治大局观念。要根据对口地区脱贫攻坚工作总体情况和阶段性规划目标选取调研点，进村入户掌握贫困户信息，梳理各项脱贫举措，了解群众满意程度，与基层干部座谈收集意见建议。调查研究的形式多种多样，既可以解剖麻雀，深入基层重点走访贫困村贫困户；也可以面上调研，听取汇报，查阅资料和数据，全面了解情况；还可以就某些重点问题开展专项调研。

七是要研究问题。要把握当前脱贫攻坚的具体要求，在工作中坚持问题导向，根据调研获得的情况、资料，组织专家进行归纳分析，重点关注政策、规划的科学性和可行性，以翔实的数据和实例做支撑阐述关键问题，提出的建议方案要有针对性、时效性和可操作性。这是体现民革脱贫攻坚民主监督能力和水平的关键环节。

八是要形成高质量的监督报告。要在与对口开展工作的地方党委政府充分沟通的基础上，形成高水平有特色的监督报告，及时向省委省政府及有关部门反馈报送。同时在民主监督过程中发现的问题建议，也要通过政治协商和参政议政的渠道表达出来，供各级中共党委、政府参考，更好地提高脱贫攻坚的实际效果。

九是要搞好助力支持。打赢脱贫攻坚战是中共中央的重大战略决策和重要政治任务，民革就要是紧紧围绕中心、服务大局开展工作，最终目的是助力地方党委政府顺利完成脱贫攻坚任务。要发挥特色和优势，调动力量、挖掘潜质，将帮扶对口地区与监督工作有机结合起来，对制约其发展的困难和问题，要继续按照"因地制宜、发挥优势、量力而行、持之以恒、注重实效"的社会服务工作原则，采用多种形式给予助力支持。这样我们的脱贫攻坚民主监督工作就会有实实在在的成果，发挥切切实实的作用。

　　同志们，脱贫攻坚是关系到全面建成小康社会目标的大事，也是关乎中华民族实现伟大复兴的大事，是一项全社会参与的伟大事业。脱贫攻坚民主监督是一项长期、系统的工作，需要在实践中深入思考，久久为功。6月23日，习近平总书记在深度贫困地区脱贫攻坚座谈会上指出，要把深度贫困地区作为脱贫攻坚中的重点，必须给予更加集中的支持，采取更加有效的举措，开展更加有力的工作，确保在既定时间节点完成脱贫攻坚任务，这为我们下一阶段的工作指明了方向。

　　中共十九大即将召开，第一个百年奋斗目标近在眼前。让我们在以习近平同志为核心的中共中央坚强领导下，为打赢脱贫攻坚战、如期实现全面建成小康社会宏伟目标共同努力奋斗！

　　谢谢大家！

民革中央脱贫攻坚民主监督 2018 年度工作计划

一、整体工作要求

深入学习贯彻习近平总书记扶贫开发重要战略思想和中共中央对脱贫攻坚工作的部署安排，以习近平总书记在成都主持召开打好精准脱贫攻坚战座谈会时对扎实推进工作提出的 8 条要求为指引，按照汪洋同志在各民主党派中央脱贫攻坚民主监督工作座谈会上提出的聚焦监督重点、明确监督导向、创新监督方式等具体工作要求，坚持"寓监督于帮扶之中，寓帮扶于监督之中"原则，精心谋划、扎实调研、深入研究、务求实效，切实做好今年的脱贫攻坚民主监督工作。

充分发挥贵州各级民革组织常态化监督作用、专家团队的智库作用和贵州省外支持单位的助推作用，整合各方面的资源和力量，积极实现监督工作从整体推进向重点突破转变、从各自为战向统一步调转变。聚焦提高脱贫质量和深度贫困地区脱贫，进一步强化问题导向，把工作力量更为集中到几个关键节点上，实现"点穴式监督"。

（1）围绕脱贫攻坚作风建设年，以正确认识、切实改进和有效防范扶贫领域作风问题为重点展开民主监督，推动国家重大决策部署不折不扣、原汁原味地得到落实。

（2）着眼于脱贫攻坚长效机制建设，重点关注基层组织建设、人才培养、产业发展、公共服务供给等方面问题，聚焦提高脱贫质量和深度贫困地区脱贫提出意见建议。

（3）参与实施乡村振兴战略，注重扶贫与扶志扶智结合，聚焦教育扶贫和精神扶贫领域，着力提升贫困地区长期发展的人才基础和内生动力，造就更多乡土人才，培育文明乡风、良好家风、淳朴民风。

二、工作重点关注问题

课题一：脱贫攻坚中的形式主义、作风问题。针对脱贫攻坚中责任落实到位、政策举措精准、资金管理规范、帮扶工作扎实等问题展开调研。

1. 瞄准现行扶贫标准，深入了解其准确执行情况和相应措施的实际效果。

2. 重点围绕中央政策同地方实际的结合情况，深入分析研究出现形式主义问题的深层次原因，从顶层设计和制度保障方面提出问题和建议。

3. 注意发现地方工作中避免、克服形式主义问题的正面典型案例，及时总结提炼有益经验。

4. 对工作中发现的问题要及时向地方政府反馈，促使其改进和解决，并在调研报告中体现相关过程。

课题二：产业扶贫的实际效果。围绕产业扶贫的市场导向、组织形式、运行机制、资金来源和风险控制等环节展开调研。

1. 关注产业扶贫促进贫困地区持续发展、稳定增加贫困群众收入的工作方式、实际效果，重点了解产业扶贫项目应对市场竞争、防范市场风险的机制和举措。

2. 深入了解产业扶贫的基层组织形式。收集集体经济实体、农村合作社和有关企业的运行机制和经济效益数据，着重掌握所在地贫困户的参与比例、利益联结形式、合同保障和过往实际收益情况。

3. 考察村民自治组织建立、运行情况和其他增强贫困群众参与产业扶贫内生动力的机制，分析其产生效用的原因。

4．至少总结一个产业扶贫带动贫困群众持续稳定脱贫的正面典型案例。注意发现脱贫攻坚民主监督、东西部协作扶贫、万企帮万村等机制中助推贫困地区发展的好经验、好做法。

课题三：易地扶贫搬迁的脱贫质量。针对易地扶贫搬迁中的"稳得住、能致富"问题开展调研。

1．深入了解搬迁前和搬迁后的贫困户实际感受和真实意愿，收集配套产业规划、运行和贫困群众就业状况、收入变化的数据，对未来相关项目的规划实施提出建议。

2．注意发现易地搬迁安置与产业发展相结合的新模式。

三、工作进度安排

年内，万鄂湘主席、郑建邦常务副主席拟分别带队赴贵州开展专题调研。

4月，召开2018年第一次工作推进会，研究部署全年和下一阶段工作。

5月初，正式下发年度工作计划。

5月，各调研组、联络组研究确定固定调研点和具体工作计划，启动日常驻村调研，开展2018年度第一轮重点调研，并于5月底前提交本组半年度调研报告。李惠东副主席拟参加其中一组调研。

6月中旬，形成上半年民革中央脱贫攻坚民主监督工作报告，向有关方面报送和反馈。

7月，召开民革全国脱贫攻坚民主监督工作交流会，组织全国有脱贫攻坚民主监督任务的21个民革省级组织交流工作经验，并开展实地考察。

8月，召开2018年第二次工作推进会，研究部署下一阶段工作。

8月至10月，各调研组、联络组开展2018年度第二轮重点调研，并于10月底前提交本组年度调研报告。

11月，形成全年民革中央脱贫攻坚民主监督工作报告，向有关方面报送和反馈。

四、工作流程

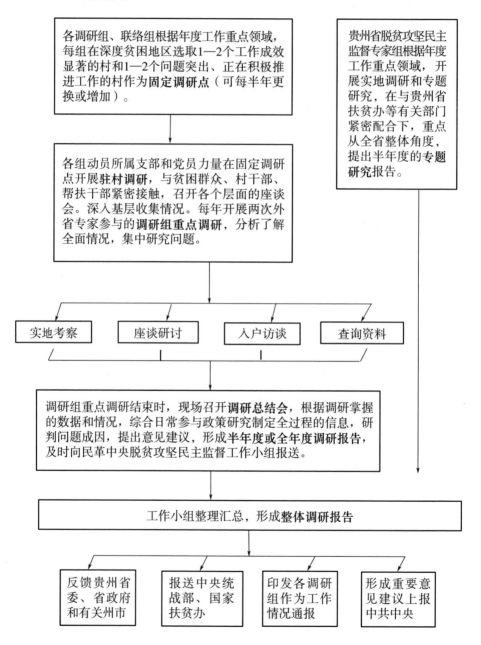

五、调研组、联络组报告撰写提纲

（一）工作情况

1. 固定调研点基本情况

2. 驻村调研和重点调研开展情况，包括调研参加人员、时间，调研主要单位名称和走访总户数，主要调研内容等。

（二）年度工作重点关注问题调研成果

1. 列出有关领域具有代表性的数据和案例

2. 客观评价调研点有关领域现状和存在问题

3. 科学分析问题产生的原因和影响

4. 提出解决问题的建议

（三）对口市州整体工作

对对口市州半年来的脱贫攻坚工作做出阶段性的整体评价，列出主要工作成绩和问题建议。

各组结合对口地区实际开展其他问题调研取得的成果

其他需要反映的重要情况、工作建议

李惠东副主席在民革中央脱贫攻坚民主监督
2018 年第一次工作推进会 * 上的讲话

同志们：

今天，我们在这里召开民革中央脱贫攻坚民主监督 2018 年度第一次工作推进会，会议的主要目的是深入学习习近平总书记扶贫开发重要战略思想，特别是近期对脱贫攻坚所作的一系列重要讲话精神，贯彻落实中共中央对各民主党派中央脱贫攻坚民主监督工作的部署安排，进一步了解贵州省开展脱贫攻坚的情况，研究部署今年及下一步脱贫攻坚民主监督工作。

会前，我向万主席、郑主席做了专门汇报，万主席、郑主席指示，民革一定要把中共中央交给我们的这项重要政治任务完成好、做出成效，为打赢脱贫攻坚战做出民革应有的贡献。

经过近两年对这项工作模式方法、规律机制的探索，我们已经初步摸出了路子、形成了规律。我们每半年召开一次工作推进会，随即铺开新一轮调研，然后形成半年度脱贫攻坚民主监督工作报告向贵州省委省政府反馈，同时向中央统战部、国务院扶贫办报告，中央统战部、国务院扶贫办再汇总各民主党派中央的工作情况之后，把有关问题和建议意见分析汇总

---

*　此会议 2018 年 4 月 21 日于贵州省贵阳市召开。

上报中共中央。可以说，召开工作推进会是民革中央推进这项工作的有效方式，大家对此已有很深的体会，今后我们要继续坚持下去。

刚才肖部长讲了民革中央开展的工作为贵州省带来的一些促进和帮助，同时也表示要继续大力支持、协助民革中央在贵州省开展好对口脱贫攻坚民主监督工作。大家听了之后很受鼓舞！舒主任详细介绍了贵州省今年脱贫攻坚的工作情况和下一步的工作打算。全面了解这些情况对我们知情明政、做好今后工作非常重要和必要。在交流讨论中，各调研组的负责同志做了很好的发言，大家结合实际，总结了脱贫攻坚民主监督工作的好经验好做法，特别是围绕中央最新政策精神对下一步工作重点提出了不少好的意见建议，这些可以起到相互启发、推进工作的有益作用。

下面，我就落实中共中央部署和万主席、郑主席要求，推进脱贫攻坚民主监督工作再讲几点意见。

一、要深入学习贯彻习近平总书记扶贫开发重要战略思想和中共中央对脱贫攻坚工作的部署安排，进一步明确下一步工作的任务和要求。

今天的会议上首先传达了习近平总书记和汪洋同志近期关于脱贫攻坚和脱贫攻坚民主监督工作的重要讲话精神，并将有关资料印发给了大家。大家要着重学习领会习近平总书记在成都主持召开的打好精准脱贫攻坚战座谈会上对扎实推进工作提出的8条要求、中共中央政治局会议听取2017年省级党委和政府脱贫攻坚工作成效考核情况汇报时提出的几点突出问题、汪洋同志在各民主党派中央脱贫攻坚民主监督工作座谈会上提出的聚焦监督重点、明确监督导向、创新监督方式等工作要求，这些部署要求为我们指明了下一步脱贫攻坚民主监督工作的方向和重点，只有"学懂""弄通""做实"讲话精神，才能使我们的工作上接天线、下接地气，紧贴中央部署，紧扣当前形势，切实有效地开展好工作。

民革中央今年的脱贫攻坚民主监督工作，一是要紧紧围绕中共中央的决策部署和目标要求来开展。二是要继续贯彻万主席提出的"寓监督于帮扶之中，寓帮扶于监督之中"的原则，以监督工作为手段和途径，最终达到帮助贵州打赢、打好脱贫攻坚战的目的。中共中央把脱贫攻坚民主监督的任务交给了各民主党派中央，各民主党派中央对对口省份的精准扶贫、精准脱贫工作就负有了重要责任，民革中央、贵州省和参与这项工作的同志们是一个命运共同体、责任共同体，大家对此要有清醒的、高度的认识。具体方法上，就是要通过调研发现问题、深入研究、想出办法、帮助解决，一是要用好民革直通车的政治优势，就重要政策问题直接向中共中央、国务院提出建议；二是要采取具体举措精准帮扶，去年民革中央协助贵州省政府举办了产业扶贫项目对接会取得了良好效果，今年要继续推进"黔货出山"等多种形式的帮扶项目。

二、要认真回顾总结以往的工作经验，查找问题和不足

总结回顾的目的，是更好地开展下一步工作。回顾一年来的工作，有几点经验尤为宝贵：**一是思想认识要到位**。思想是行动的先导。领会不好中共中央的精神，把握不好万主席、郑主席等民革中央领导同志的要求，是不可能开展好这项工作的。**二是与对口省份的密切配合是取得实效的重要前提**。去年民革中央和贵州省通过密切沟通与紧密合作促成省两办下发了关于支持民革中央在贵州省开展脱贫攻坚民主监督工作的有关文件，这是双方共同探索这项工作制度化、规范化取得的重要成果。通过落实文件要求、持续开展工作，民革在贵州全省各地开展的工作逐步得到了地方各级党委政府的理解、支持与欢迎，反过来又促进了这项工作的开展。**三是参与这项工作的各省级民革组织的高度重视是工作不断推进的关键**。民革中央高规格配备了此项工作的领导机构、工作机构，组织部分省份的民革组织直接参与这项工作，这是民革中央开展调研、推进工作的主体。大家不辜负中央的重托，在工作中充分表现出了高度负责、积极参与、用心工作的态度和作为。**四是贵州省各级民革组织和广大党员是深入开展调研的重要依靠力量**。通过工作重心下移、责任层层落实，我们依靠贵州各市州的民革组织和党员，初步构建起了运行有效的民主监督日常工作体系，建立了民革在贵州"不走的工作队"，找到了经常性了解真实情况的抓手。**五是监督与帮扶的有机结合得到了各有关方面的一致认可**。通过贯彻"寓监督于帮扶之中，寓帮扶于监督之中"的工作思路，结合监督中发现的困难和问题，我们开展了一系列扎实有效的帮扶行动，形成了具有民革特色的工作模式，得到了广泛认可与欢迎。

在认真总结工作成果经验的同时，我们更应该及时发现我们工作中的问题和不足，不断提高民主监督的针对性和实效性，在这里我也提几个我认为需要重视的问题，供大家讨论和思考。

1. **仍然存在沟通不充分、两张皮的问题**。虽然民革中央与贵州省的配合越来越密切，但实际工作中仍然存在沟通不及时、不充分的问题，例如省里在脱贫攻坚方面的一些重要决策和工作安排，我们有时还不能及时了解，我们工作的一些想法和建议有时也缺乏与省里及时沟通。希望今后双方进一步加强沟通协调，现在世杰主委到省政府工作了，沟通起来会更加方便，希望下一步更好发挥沟通双方的重要作用。

2. **脱贫攻坚民主监督本身的工作作风也要加强**。今年是脱贫攻坚作风建设年，我们既要加强对脱贫攻坚工作作风的民主监督，同时在开展民主监督工作时也要不断转变作风、加强作风建设，避免出现蜻蜓点水、浮在表面、深不下去、敷衍了事的情况，严防官僚主义、形式主义的苗头。

3. **部分调研中重调查、轻研究的现象要加以重视**。我们调查研究的方式方法还需要进一步改进。我们对调研中获取信息的提炼、分析、研究做得还很不够，提出的切实有效的政策建议和解决办法还不多，而中央最需要的恰恰就是解决问题的建议。

4. **专家团队的作用发挥还不够充分**。为了发挥民革人才智力的优势，我们各级组织都成立了专家团队。从目前工作情况看，专家团队的智库作用还需要进一步加强。专家的参与是深入研究问题的重要方法，是提出科学合理意见建议的重要来源，其作用需要进一步重视和发挥。

三、要精心谋划、认真组织，切实做好今年的脱贫攻坚民主监督工作。

明确了任务和责任，总结了行之有效的经验和做法，找出了存在的问题与不足，那么最终都是为了落实到下一步工作的实际开展中，在此我强调四点：

1. **搞好谋划、定好计划**。今年的工作要力争实现从整体推进向重点突破转变，从各自为战向统一步调转变，把工作力量更为集中到几个关键节点上，进一步强化问题导向，实现"点穴式监督"。下一步，社会服务部要根据大家在会上和会后提出的意见建议，尽快提出选点调研、确定重点课题的原则性要求，鼓励各地创新工作模式和方法，进一步修改完善好会上印发的年度工作计划草案。各调研组、联络组也要抓紧时间，研究确定本组工作计划，尽快启动本年度工作。

2. **扎实调研、深入研究**。要瞄准习近平总书记、汪洋主席提出的重点领域，按照汪洋主席的讲话要求，坚持问题导向开展调研、发现问题，在发现问题的基础上着力深入研究。民革各方面的资源，包括各专委会的工作力量都可以为这项工作所用，贵州省的专家组也要在这方面积极发挥作用。

3. **提好建议、写好报告**。民革中央脱贫攻坚民主监督的成果最终要体现在工作报告上，方方面面都要通过这个报告来了解民革开展工作的情况和提出的意见建议，半年度和全年的工作报告都要写好，既要提出宏观政策建议，也要提出具体工作建议。

4. **寓监于帮、推动脱贫**。监督的目的在于推动工作，要坚持"寓监督于帮扶之中，寓帮扶于监督之中"的原则，把着眼点放在助推贵州省打赢脱贫攻坚战、实现中央部署的精准脱贫任务这一根本目标上来，发挥民革独特优势，作出民革应有贡献。

会前听有的同志讲今年已经开展了三轮调研了，我听了非常高兴。这次会后，今天下午我就和世杰主委等一起到纳雍落实本次会议精神，开展实地调研，推动一系列帮扶项目落地。希望大家抓紧行动，一起努力，共同把今年的脱贫攻坚民主监督工作做深、做实、做好。

谢谢大家！

李惠东副主席在民革中央脱贫攻坚民主监督 2018 年 第二次工作推进会暨全国脱贫攻坚民主监督 工作交流会 * 上的讲话

各位同志：

今天，我们在西畴精神的诞生地——云南省文山州，召开民革中央脱贫攻坚民主监督 2018 年第二次工作推进会暨民革全国脱贫攻坚民主监督工作交流会。刚才，云南省、文山州的领导同志作了热情洋溢的致辞，为我们介绍了云南省和文山州的省情、州情，分享了他们全力打赢和倾情助力脱贫攻坚战的经验做法。中共贵州省委统战部的领导同志介绍了下半年贵州省脱贫攻坚工作部署，再次表达了对民革中央在贵州开展工作的高度重视和大力支持。借这个机会，我代表民革中央，向中共云南省委及省委统战部，中共文山州委、州政府和民革云南省委会对本次会议的大力支持，向中共贵州省委及省委统战部一直以来对民革工作的积极帮助，表示衷心的感谢！向民革各有关省级组织的参会同志表示诚挚的问候！

2016 年 6 月以来，受中共中央委托，各民主党派中央分别对口 8 个脱贫攻坚任务重的中西部省区，开展脱贫攻坚民主监督工作。2017 年，根据中央统战部工作部署，民主党派省级组织的脱贫攻坚民主监督工作也逐步

---

* 此会议 2018 年 8 月 17 日于云南省文山州召开。

在承担脱贫攻坚任务的 22 个省区启动。这项工作启动以来，民革中央万鄂湘主席、郑建邦常务副主席等领导同志高度重视，每年都要赴贵州调研考察，民革中央全会、中央常委会多次研究部署脱贫攻坚民主监督工作。

今天，我们召开会议的目的是进一步加强和改进民革脱贫攻坚民主监督工作，为打赢打好脱贫攻坚战作出民革应有的贡献。这次会议认真学习了习近平扶贫工作重要论述和中央领导同志近期的重要讲话和批示，总结回顾了 2018 年上半年和前一个时期民革中央脱贫攻坚民主监督工作的做法和经验，并将对今年下半年和下一步的工作作出安排，对有关民革省级组织做好这项工作提出要求。

万鄂湘主席、郑建邦常务副主席对开好这次会议作出了指示。希望大家充分利用机会，认真交流经验，深入研究对策，为下半年工作做好准备。下面，我代表民革中央讲几点内容。

一、前一阶段民革中央对口贵州开展脱贫攻坚民主监督工作的做法和经验

自 2016 年以来，民革中央以高度的政治责任感和使命感，将参与脱贫攻坚和脱贫攻坚民主监督工作作为一项重大政治任务，建立健全了一个领导小组、一个工作小组、六个调研组、两个联络组形成的"1162"工作机制，与贵州各级党委、政府建立完善了多层次的联络联系、沟通协调和信息通报工作机制，形成了具有民革特色的工作模式和经验，归纳起来有以下几个方面：

（一）认真学习贯彻习近平扶贫工作重要论述，不断提高对中共中央赋予民主党派脱贫攻坚和脱贫攻坚民主监督任务重大意义的认识。我们在学习中深深感到，中共中央要求民主党派参与脱贫攻坚工作、把民主党派的民主监督纳入脱贫攻坚监督体系，体现了中共中央对多党合作事业、对

民主党派工作的高度重视，丰富了多党合作的实践形式，彰显了中国新型政党制度的优越性。民革组织开展脱贫攻坚民主监督，是积极履行参政党职能、进一步加强自身建设的新机遇、新契机、新平台。今年恰逢纪念中共中央发布"五一口号"70周年，也是民革成立70周年，习近平总书记提出了"多党合作要有新气象、思想共识要有新提高、履职尽责要有新作为、参政党要有新面貌"的"四新"要求和"做中国共产党的好参谋、好帮手、好同事"的"三好"要求。为贯彻落实好"四新""三好"要求，万鄂湘主席在民革中央十三届三次中常会上提出了"全面加强自身建设，努力建设高水平的新时代中国特色社会主义参政党"的工作目标。在现阶段，民革积极参与脱贫攻坚工作、开展脱贫攻坚民主监督，既是助力打赢脱贫攻坚战进而全面建成小康社会的重要举措，又是贯彻落实总书记"四新""三好"要求的重要内容，意义非常重大。民革各级组织和广大党员，一定要按照中共中央关于脱贫攻坚的各项决策部署，以扎扎实实的工作成效，为发挥好中国共产党领导的多党合作制度的优势贡献力量。

（二）根据民革中央和贵州的实际情况，明确提出"寓监督于帮扶之中，寓帮扶于监督之中"的工作方针，精心部署，扎扎实实推进工作。从2016年起，民革中央开始在贵州开展对口监督工作，在工作中逐步探索并理清思路，提出了"寓监督于帮扶之中，寓帮扶于监督之中"的工作方针，形成了民主监督与脱贫攻坚相互促进、相向而行的工作格局。民革中央通过一系列推进会、座谈会和踏踏实实的调查研究，在工作报告中提出了许多贵州省急需解决的问题和有针对性的意见，获得了有关方面的高度重视，为推动贵州省的相关工作发挥了作用。去年，贵州省政府主要领导同志在民革中央上半年的监督工作报告上作出批示，要求有关部门"认真解决存在的问题，落实好相关工作建议"。民革中央还按照这一方针，围绕在脱贫攻坚民主监督工作中发现的问题，在产业扶贫、电商扶贫和教育扶贫方面开展了一系列工作。去年民革中央和贵州省政府联合在北京、广州、杭州举办了贵州省产业扶贫项目推介会，邀请了总共近千名民革党员企业家参加，宣传了贵州产业扶贫政策和优势资源。刚才文淼秘书长介绍的"博爱扶贫云商城"微信公众号，也为助推"黔货出山"取得了良好效果。下一步，我们要坚持将民主监督和脱贫攻坚有机结合，为贵州省完成好脱贫攻坚任务、为全面建成小康社会贡献力量。

（三）推动脱贫攻坚民主监督与参政议政相结合，全面提升民革参政党履职水平和能力。万鄂湘主席多次强调，社会服务和脱贫攻坚民主监督，都要与参政议政工作结合起来。从 2016 年以来，民革中央每年都要在深入调查研究的基础上，形成半年度和全年度脱贫攻坚民主监督工作报告，向有关方面报送，向对口省份反馈，同时还积极研究全国脱贫攻坚工作中具有普遍意义的重点难点问题，并通过参政议政的有关渠道，向中共中央领导同志反映情况、提出建议。2017 年，民革中央向中共中央报送了《关于脱贫攻坚民主监督中发现的问题的建议》，得到了多位中共中央领导同志的重要批示，对推动有关问题的解决起了很好的作用，有关意见也吸收到之后特别是今年以来中央出台的脱贫攻坚有关文件中。民革中央对贵州省脱贫攻坚工作提出的意见，被国务院扶贫办牵头组织的督查组作为依据，要求有关方面据此整改，督查组还邀请民革中央机关的干部参加督查工作。另外，民革地方组织和广大党员通过参与民主监督工作，了解了国情民情政情，锻炼了队伍，提高了参政议政的能力和水平。民革中央今年上半年除了形成半年度工作报告之外，还形成了《民革中央关于防范和化解脱贫攻坚相关风险的建议》。这份建议根据在贵州省以及其他有关省份调研发现的情况，提出了超标准扶贫造成的财政风险，易地扶贫搬迁集中安置带来的社会、民生风险，盲目开展产业扶贫造成的市场、金融、生态风险，贫困群众内生动力不足造成的道德风险四个方面的问题和建议。这四个方面的风险，恰好与汪洋同志近期在讲话中提到的四个风险十分吻合，与今年国务院督查组赴贵州开展督查时提出的意见十分吻合，也体现出民革脱贫攻坚民主监督工作比较贴近实际。我们在前不久召开的全国政协常委会上也作了相应的发言，其中很多都被吸收到全国政协向中共中央报送的有关建议中。万主席明确要求，请与会同志看看这四个方面风险的问题和建议合适不合适，有没有补充，会后进一步汇总后，形成完善的报告尽快报送中共中央。下一步，我们既要做好民主监督工作，也要通过开展这项工作多出参政议政成果，努力为不断提升多党合作制度效能贡献力量。

二、准确把握脱贫攻坚民主监督面临的新形势新任务新要求

目前，脱贫攻坚和脱贫攻坚民主监督工作都进入了新阶段，面临着新形势。我国脱贫攻坚已经取得决定性进展，进入攻坚拔寨、啃硬骨头的关键阶段。截至 2017 年末，全国农村贫困人口从 2012 年末的 9899 万人减少至 3046 万人，贫困发生率从 2012 年末的 10.2% 下降至 3.1%，剩下的 3000 多万贫困人口集中分布在贫困程度深、脱贫难度大的深度贫困地区。中共中央、国务院对今后三年的脱贫攻坚和脱贫攻坚民主监督工作作出了全面部署，提出了具体任务。民革各级组织和广大党员，一定要认真学习、深刻领会、准确把握这些新任务新要求。

下面，结合总书记的新要求和我的学习，点几个关键之处，供大家参考。

（一）"推动各项决策部署落地见效"

习近平总书记多次对民主党派脱贫攻坚民主监督作出论述。2016 年 12 月，习近平总书记在主持召开党外人士座谈会时就指出："希望各民主

党派中央继续对各项精准扶贫、精准脱贫政策落实情况进行监督，提出意见和建议。"当时，各民主党派中央脱贫攻坚民主监督刚刚开展了半年。2018年3月4日，习近平总书记在参加全国政协十三届一次会议的联组会时，首次提出中国新型政党制度的概念，还专门对民主党派参与三大攻坚战、开展民主监督进行了论述，要求民主党派对其中的问题进行调查研究，"推动各项决策部署落地见效。"这是总书记对民主党派开展脱贫攻坚民主监督工作的新要求。因此，民革各级组织和广大党员在开展这项工作的时候，一定要让地方的同志了解，我们是来通过监督协助地方各级党委、政府贯彻落实中央脱贫攻坚的决策部署的，要发现问题、研究问题，但目的是找准问题、解决问题。正如汪洋同志在统一战线参与毕节试验区建设座谈会上讲话时所指出的那样：民主党派要通过参加脱贫攻坚工作，增强拥护中国共产党领导的坚定性，增强参政党自身建设的自觉性，彰显中国新型政党制度的优越性。这就是我们开展这项工作的出发点和目的所在。

（二）"找准切入点、结合点、着力点，深入一线调查研究"

习近平总书记在主持召开党外人士座谈会的时候，每次都要反复强调和肯定各民主党派深入开展调查研究的重要性。在今年3月4日参加政协联组会时的讲话中，习近平总书记对各民主党派和党外人士提出："决胜全面建成小康社会，打赢防范化解重大风险、精准脱贫、污染防治三大攻坚战，有许多重大任务和举措需要合力推进，有许多问题需要深入研究。大家要找准切入点、结合点、着力点，深入一线调查研究。"在近期对毕节试验区工作作出的重要批示中，习近平总书记又提出了一些问题希望民主党派进行调查研究。深入开展调查研究，是民主党派履行参政党职能和开展民主监督工作的主要形式，既是一贯要求，也可以说是新要求。民革各级组织和广大党员，都要根据自身的特点和优势，整合资源，把调查研究做深做实，拿出高质量的调研成果。

（三）"积极开展批评监督"

习近平总书记明确要求民主党派针对打赢三大攻坚战"积极开展批评监督"，不仅仅是开展监督，而且是"批评监督"，这是对民主党派脱贫攻坚民主监督工作的新要求。习近平总书记在3月4日的讲话中明确提出："完善政党协商制度绝不是搞花架子，要做到言之有据、言之有理、言之有度、言之有物，真诚协商、务实协商，道实情、建良言，参政参到要点上，议政议到关键处，努力在会协商、善议政上取得实效。"这就是说，问题不在于民主党派怎么说，而在于说的是什么。批评性的监督也好，一般的意见建议也好，执政党有足够的胸怀接受监督，关键是参政党要拿出真知灼见，体现出应有的水平和能力。在3月30日各民主党派中央脱贫攻坚民主监督工作座谈会上，汪洋主席要求"聚焦监督重点、明确监督导向、创新监督方式"，实际上也是希望各民主党派在提高民主监督的水平和质量上下功夫。

我们一定要牢记习近平总书记的嘱托和对脱贫攻坚民主监督工作的新要求，更加扎实地开展脱贫攻坚民主监督工作，为把我国社会主义政党制度坚持好、发展好、完善好贡献力量。

三、切实做好下一阶段脱贫攻坚民主监督工作

刚才，何萍同志在讲话中表示，贵州省将一如既往地支持和配合民革中央在贵州开展脱贫攻坚民主监督工作。我表示衷心感谢，同时我也表个态，我们一定要认真学习贯彻落实习近平总书记扶贫工作重要论述和中共中央、国务院关于脱贫攻坚的一系列决策部署，一如既往地做好脱贫攻坚民主监督工作，助力贵州省、助力各省各地打赢打好脱贫攻坚战！

民革中央今年上半年在贵州开展的脱贫攻坚民主监督工作已经按计划

完成，下面，我就今年下半年工作提几点具体要求。

一是创新调查研究的方式方法，拿出一份有分量的监督报告。上半年8个调研组和联络组的报告总体上质量较高，这说明大家的调研十分深入，但总体来说我们调研工作的水平和质量还有很大的提升空间。刚才蔡永飞同志通报了参与2018年国务院脱贫攻坚督查工作的有关情况，我听了以后很受启发。国务院督查组的工作和我们民主党派的民主监督工作虽然性质不同，但是有相似相通之处，可以借鉴。国务院督查组采取了一些行之有效的工作方法：一是分组对县级、乡镇、村干部、农民进行访谈，包括县级干部访谈4人（县委书记、县长、分管副县长、扶贫开发局局长），乡镇干部访谈2人（乡镇党委书记、乡镇长），村干部2人（第一书记、村支部书记），每村访谈农户10户（建档立卡贫困户和非贫困户）；二是基本上都是单独访谈；三是到乡村访谈时分成若干小组，每一路两个人入户；四是每天晚上召开碰头会，将访谈情况加以梳理。我们过去对调研工作提过定性要求，但没有定量要求，今后可以增加这方面的要求，比如每到一处要访谈2名县级干部、1名乡镇干部、1名村干部，每一个村访谈6户，这样8个调研组累计起来数量会相当可观，更具有代表性。还要注意邀请专家参与、进行交流研讨。只有工作扎实了，我们才能写出真正有分量、有见地、有针对性的工作报告。

二是聚焦重点和难点问题开展专项调研，拿出几篇高质量的调研报告或者社情民意信息。下半年对贵州的调研要聚焦以下几个问题：一是易地扶贫搬迁能否做到"搬得出、稳得住、能致富"的问题。2020年之前，贵州省规划易地扶贫搬迁188万人，这个人口规模比许多国家的人口还多，如何做好工作是非常值得研究的问题。二是产业扶贫中的风险防范等一系列问题，包括产权问题、产品问题、市场问题、利益分配问题、是否保证农民增收的问题等。三是激发贫困人口内生动力的问题。云南文山的"西畴精神"给了我们很好的启发。四是基层干部队伍建设的问题。这里提了一些问题，大家在调研中还会发现新的问题，加以提炼。

三是继续发力参与脱贫攻坚，争取落地几个有分量的项目。刚才说了，我们的脱贫攻坚民主监督，目的就是助力打赢脱贫攻坚战，一定要在监督与帮扶相结合上发挥作用。在这方面，可能我们民革组织、党员同志比较容易做到的，就是争取联系推动落地一批产业扶贫项目。下一步，我们要结合习近平总书记近期提出的"着力推动绿色发展、人力资源开发、体制机制创新"等要求推动这方面工作。

刚才，一些地方的同志还介绍了本省份开展脱贫攻坚民主监督工作的情况和体会经验，我听了之后，感到他们在开展工作、创新工作方法、提高工作实效上都下了很多功夫。由于时间有限，只有少数省份在大会上作了发言。今天下午还有分组讨论，希望大家畅所欲言。

接下来，我对各有关省级民革组织开展脱贫攻坚民主监督工作再提几点建议。

一是认真学习贯彻习近平扶贫工作重要论述和多党合作理论，在提高认识上下功夫。认识不到位，要想把工作做好，是不可能的。要充分认识民革参与脱贫攻坚、开展民主监督对于多党合作事业发展、对于民革加强自身建设的重大意义，学习借鉴民革中央对口贵州和其他省份对口有关州市开展脱贫攻坚民主监督的好做法好经验。大家在开展工作时，要注意及时向省委、向统战部汇报工作开展情况，有什么意见建议及时提出来，让他们帮助我们更好地开展这项工作。

二是根据当地党委、政府工作部署，因地制宜地开展脱贫攻坚民主监督和参与脱贫攻坚工作。我在今年第一次推进会上就提出来这一点，要与开展脱贫攻坚民主监督的对口地区结成责任共同体，因为我们的目标都是打赢脱贫攻坚战，要形成合力。我们要根据地方党委、政府及相关部门的各项工作部署和具体安排，找准民主监督的着力点，围绕当地的深度贫困县、特殊贫困群体和有可能影响当地脱贫攻坚质量和进度的重点难点问题，重点监督，加大帮扶，扎扎实实地开展工作。

三是抓一些有特色的重点问题开展好参政议政工作。要按照中共中央部署，特别是按照习近平总书记提出的与 2020 年后乡村振兴战略衔接等新要求，依托民革中央在三农、社会服务、社会法制方面的工作基础，注重从调研中发现具体问题、积累素材，形成有价值有见地的建议，及时地报送各地党委和政府。这些建议要及时地报送民革中央，民革中央会及时汇总一些有代表性有普遍性的重要问题，向中共中央反映。

再有，民革中央和各有关省级组织都要做好宣传工作和档案工作。民主党派开展脱贫攻坚民主监督，是一项具有历史意义的开创性工作，我们从一开始就要做好工作记录，收集和保存好资料。要注意发现民革各级组织在脱贫攻坚和脱贫攻坚民主监督工作中涌现出的先进人物和先进事例，及时进行宣传报道，同时也要积累素材，为讲好民革故事提供支撑。

同志们，今天下午我们将进行进一步的研讨交流，明天我们还要实地考察学习云南省对口文山州开展脱贫攻坚民主监督一些做法，希望大家认真交流切磋，相互学习借鉴。会后，民革中央对口贵州的各个调研组、联络组要尽快开展今年下半年新一轮的调研工作，尽早地拿出调研报告，各个省级组织回去以后要把此次会议的情况向班子进行汇报，按照万主席和民革中央提出的要求，特别是"寓监督于帮扶之中，寓帮扶于监督之中"的方针，按照本次会议的具体要求，尽锐出战、务求精准，为助力打赢脱贫攻坚战作出民革应有的贡献！

民革中央脱贫攻坚民主监督 2019 年度工作计划

一、工作整体要求

1. 夯实思想基础。组织民革全党特别是参与脱贫攻坚民主监督的有关组织和党员认真学习习近平总书记有关脱贫攻坚、多党合作和协商民主等方面的重要论述，落实汪洋主席关于"要在加强民主监督工作的同时加强思想政治引领"的要求，以此作为民革思想政治建设年的重要内容，通过宣讲扶贫事业取得的伟大成就，进一步坚定民革全党走中国特色社会主义道路的信心和决心。

2. 明确监督重点。进一步明确监督重点，"聚焦坚持目标标准、提高脱贫质量、增强脱贫实效开展监督"，以"促进扶贫工作务实、脱贫过程扎实、脱贫结果真实"为核心，精心谋划好脱贫攻坚民主监督调研的重点内容，深入扎实开展调研。进一步发挥贵州各级民革组织常态化监督作用、专家团队的智库作用和贵州省外支持单位的助推作用，整合各方面的资源和力量，在监督与帮扶上取得务实成果。

3. 改进工作方法。"要改进工作作风，真正深入基层、深入一线，把情况摸清、把问题找准，力戒形式主义、官僚主义"。在坚持 2018 年工作流程和各项工作要求的基础上，改进考察访谈形式，探索驻村调研、随机入户等工作形式，优化考察访谈内容，提高访谈的工作效率和针对性，务求更加切合工作实际、解决实际问题。

4. 强化研讨宣传。在民革党内开展脱贫攻坚民主监督工作经验交流，从履行参政党职能、加强自身建设的角度开展研讨。适时将各调研组、联络组监督报告和工作经验结集成册、印制成书，作为工作档案和交流材料加以使用。在实施监督的过程中，灵活开展政策宣讲与解读，"把摆脱贫困过程真实记录下来"，注重对脱贫攻坚工作经验和典型案例的总结推广，加强脱贫攻坚民主监督的理论总结和宣传报道，讲好中国共产党领导的多党合作故事。

二、工作进度安排

4 月上中旬，下发年度工作计划。

4 月至 5 月，各调研组、联络组研究确定调研点和具体工作计划，开展 2019 年度第一轮重点调研。

5 月上中旬，在六盘水市召开 2019 年第一次工作推进会，交流调研情况，研究部署下一阶段工作。会议拟请民革中央领导同志出席。会议前后，拟由民革中央领导同志带队在六盘水市开展脱贫攻坚民主监督专题调研。

6 月中旬，各调研组、联络组并提交本组半年度调研报告。

7 月，拟由民革中央领导同志带队赴贵州黔西南州开展脱贫攻坚民主监督专题调研，重点了解黔西南州易地扶贫搬迁工作情况和问题。

7 月中旬，根据民革中央领导同志带队调研及各调研组、联络组、贵州专家组调研成果，形成上半年民革中央脱贫攻坚民主监督工作报告，向有关方面报送和反馈。

7 月，在民革十三届七次中常会后，拟由民革中央领导同志带队赴遵义市开展脱贫攻坚民主监督专题调研。

7 月，继续派员参与国务院脱贫攻坚督查巡查。

8 月至 9 月，各调研组、联络组开展 2019 年度第二轮重点调研（具体要求另发通知）。

9月底前，在贵州周边省份召开 2019 年第二次工作推进会暨民革全国脱贫攻坚民主监督工作交流会，会商年度调研报告，组织全国有脱贫攻坚民主监督任务的 21 个民革省级组织交流工作经验，并开展实地工作考察。会议拟请民革中央领导同志出席。

9月或 10 月，组织有关专家组成专家组，就打赢脱贫攻坚战的重点难点问题开展专题调研，向中共中央、国务院提交专题报告。

10月底前，形成全年民革中央脱贫攻坚民主监督工作报告，向有关方面报送和反馈。

三、重点调研课题

在持续关注脱贫摘帽进度、脱贫标准把握、中央政策支持、工作作风改进、一线干部状态等方面问题的基础上，重点就以下问题开展实地走访、深入访谈和意见收集。

1. 增强东西部扶贫协作实效。这一协作制度发挥了重要作用，但仍存在西部盲目要钱要物、东部盲目给钱给物的现象。针对怎样用好用足这一制度机制，使东部地区的优势资源有机融入西部地区经济社会发展中去，收集意见建议。对提高东西部扶贫协作实效提出建议。

2. 扶贫产业的发展问题。深入了解目前产业扶贫项目中存在的市场生存能力差、带动效果不强、贫困群众参与程度低等问题的原因和对策。重点调研扶贫产业项目规划、组织管理中的系统性、体制性问题，找出制约市场要素向贫困地区流动的关键节点。

3. 易地搬迁农民融入城市问题。把监督重点放在搬迁后的生活就业安置、社会融入上，通过对现状和问题的分析梳理，研究相应管理体制变革的方向。提出根据集中安置点人口规模设立区或街道等行政管理机构，撤并集中迁出地行政机构，将腾出的机构和编制数用于迁入地行政机构的组建，并酌情增加机构和编制等方面建议。

4. 农村基层组织形式创新问题。聚焦集体经济组织、社会组织的现状和问题，探索通过创新村民参与、激励机制，进一步做强农村集体经济，发挥新乡贤的作用，实现农村生产组织方式变革和生产效率提高，在增强集体经济力量的基础上为强化农村地区公共服务提供经济条件的长效发展机制和路径。力争从在家庭联产承包责任制之后再一次实现农村地区生产力的解放，为推进脱贫攻坚和乡村振兴提供强大的内生动力的高度，提出建议建议。

2019 年第一轮重点调研工作安排

一、时间安排

4 月上中旬，各调研组、联络组研究确定调研点和具体工作计划，下发访谈问题并收集回答内容。

4 月至 5 月底前完成 2019 年度第一轮重点调研，有条件的调研组、联络组，可探索开展驻村调研。

5 月上中旬，在六盘水市召开 2019 年第一次工作推进会，交流调研情况，研究部署下一阶段工作。会议拟请郑建邦常务副主席、李惠东副主席出席。

6 月中旬，各调研组、联络组提交本组半年度调研报告。

二、工作要求

（一）现场考察。各组在开展本轮重点调研过程中，至少要赴两个县区开展工作，其中至少包括一个 2019 年拟出列的县区，每个县区具体安排要包含以下内容：

考察一个产业扶贫或东西部扶贫协作项目，并填写考察和访谈记录（附件一）；

考察一个易地扶贫搬迁项目，原则上以安置点为主。并填写考察和访谈记录（附件二）；

选择一个村，采用档案抽取或随机入户的形式走访贫困群众，走访户数为 6—10 户，并填写走访记录（附件三）。有条件的组，还可以要求对口地区提供 2—3 个备选村，在实地考察前一日确定实际考察的村。

（二）座谈访谈。为深入了解精准识别、精准施策情况，本轮调研将进一步加大干部访谈工作力度，具体安排如下：

1. 每轮调研只在市州层面召开一次调研座谈会，县区及以下层面原则上不再召开座谈会。

2. 在所到县区对干部进行访谈。包括县级主要领导 1 人：县委书记或县长；县级分管领导 1 人：分管副县长或扶贫开发局局长；乡镇干部访谈一人：乡镇党委书记或乡镇长；村干部 1 人：第一书记、驻村工作队队长或村支部书记。访谈时由各组委派 2—3 人参加访谈，受访者原则上只有一人在场，要填写好访谈记录（附件四至六）。

3. 结合现场考察对扶贫项目负责人进行简短访谈。主要包括两类：一是产业扶贫、农村基层经济组织、东西部扶贫协作项目的主要实际管理者 1 人，二是易地扶贫搬迁项目安置点的行政管理机构负责人 1 人。访谈时由各组委派 1—2 人作为主要提问者，要填写好访谈记录（附件一至二）。

4. 为了提高工作效率，增强工作实效，本轮调研要求提前把访谈问题下发给访谈对象，请其提前作答并反馈给各调研组、联络组。在实际开展访谈时，访谈人员不再对所有问题提问，主要对前期提供回答中的三类问题进行有针对性、深入性的提问：一是围绕工作中的突出亮点介绍经验思路；二是工作中遇到问题困难的成因分析和对策建议；三是通过开放式问题引导访谈对象谈自身对脱贫攻坚的认识和意见建议。

（三）成果提交。在广泛征求意见的基础上，各组要认真总结概括调研了解到的问题和建议，着力提高调研报告质量。

1. 各组在调研结束前要安排本组成员召开调研总结会，归纳、总结、提炼调研发现的问题，提出意见建议，为起草本组工作报告做好准备。

2. 各组要按照中央下发的调研提纲撰写要求，按时提交工作报告。在反映基本情况和经验成果、对对口地区脱贫攻坚工作作出整体评价的同时，要针对调研重点课题列出有关领域具有代表性的数据和案例，科学分析问题产生的原因和影响，把着力点放在提出解决问题建议上。

3. 各组要完整填写考察记录、走访记录，为每个访谈对象单独填写访谈记录，与调研报告一并提交。

附件：1. 产业扶贫项目考察和访谈记录

2. 易地扶贫搬迁项目考察和访谈记录

3. 走访记录

4. 县级主要领导和分管领导访谈记录

5. 乡镇干部访谈记录

6. 村级干部访谈记录

附件一

产业扶贫项目考察和访谈记录

组别：_____调研组／联络组　　访谈人：_____

时间：_____年__月__日　项目名称：_____

项目组织实施方：_____

投资规模和资金来源：_____

是否为东西部扶贫协作项目：_____东部协作方：_____

主要产品和服务：_____是否使用扶贫信贷：_____

主要销售渠道：_____

发展阶段：□建设投入　　□初见收益　　□发展壮大　　□停滞中止

带动贫困群众参与人数：_____人　　预期人均每年收益：_____元

利益联结方式：_____

受访人姓名：_____受访人职务：_____

访谈内容：

1. 目前项目的市场前景如何？主要销售市场是哪里？如果没有政策优惠和补贴，项目是否还有竞争力？

2. 项目存在主要风险是什么？为了应对各类风险，你们都采取了哪些措施？

3. 贫困群众的实际参与度怎么样？你认为群众愿意参与／不愿意的参与的主要原因是什么？下一步有什么办法？

4. 如是东西部扶贫协作项目，东部地区在这个项目中主要投入了何种资源？项目本身发展的如何，对当地产业发展和农民增收有何影响？

5. 这个东西部扶贫协作项目，能给本地带来哪些变化？是限于项目本身，还是有更加广泛的影响？

6. 你对产业扶贫、东西部扶贫协作还有什么意见建议吗？

附件二

易地扶贫搬迁项目考察和访谈记录

组别：_____调研组／联络组　　访谈人：_____

时间：_____年___月___日　项目名称：_____

项目进度：□规划动员　□安置点建设　□搬迁实施中 □完成入住

迁出地区：_____迁出规模：_____户_____人

移民安置点：_____安置类型：　□集中　　□分散

就业主要企业：_____企业类别：_____

旧房拆除安排和进度：_____

受访人姓名：_____受访人职务：_____

访谈内容：

1. 目前安置点入住进度如何？群众入住有多久了？

2. 入住群众有没有反应什么生活不方便、不适应的问题？

3. 安置点的行政管理和公共服务机构都建立起来了吗？是否有党支部、工青妇等组织？是如何开展工作的？

4. 请介绍一下安置点群众的就业和收入现状，主要在什么行业、地区就业？有哪几家规模较大的重点就业企业？

5. 安置点周围的原住居民或村民对移民安置点的建设和入住怎么看？两者间的交往多吗？有什么不稳定的因素吗？

6. 你对易地扶贫搬迁还有什么意见建议吗？

附件三

走访记录

组别：_____调研组／联络组　**走访时间：**_____年___月___日

走访地点：_____市／州_____乡／镇_____村

序号	户主姓名	致贫原因	计划脱贫年份	走访人

　　备注：如走访户为非贫困户的，在致贫原因一栏填写"非贫困户"，计划脱贫年份无须填写。如走访户为已脱贫户，在计划脱贫年份一栏填写实际脱贫年份。

附件四

县级主要领导和分管领导访谈记录

组别：_____调研组／联络组   访谈人：_____

访谈时间：_____年___月___日   访谈地点：_____

受访人姓名：_____受访人职务：_____

访谈内容：

一、基本情况

1. 全县目前建档立卡贫困户人口数量有多少，贫困发生率是多少，全县计划什么时候脱贫摘帽？

2. 深度贫困地区贫困人口占全县贫困人口的比例有多少？造成这些地区深度贫困的主要原因是什么？

3. 县里对实现"三保障"是怎样安排的，哪一项难度最大，为什么？安全饮用水问题是怎么解决的？

二、主要措施

4. 易地扶贫搬迁有何规划、进展如何？搬迁群众的就业安置主要采取什么方式，稳定性如何？搬迁安置点的公共服务、社会管理和产业接纳能力能否跟上？安置点中，有多大比例新设了专门行政管理机构？

5. 咱们县有什么特色和优势产业吗？县里产业扶贫有哪些措施，有没有整体规划？目前的产业扶贫项目中，正常运行的比例如何？持续盈利的比例如何？对提高项目市场竞争力、防范市场风险是如何考虑的？

6. 产业扶贫项目的实施主体主要有哪些，村集体经济和产业合作社发展的怎样，贫困群众对项目的参与程度如何，利益是如何联结的？

7. 目前县里有东西部扶贫协作项目吗？如有，东部对口地区提供了哪类资源，是如何对接落实的？目前效果如何？东西部扶贫协作为县里带来了那些变化？你对这项制度是如何认识的，对加强和改进东西部扶贫协作制度和机制建设有什么建议？

8．还有其他方面在县里开展帮扶对接吗？如民主党派、社会组织等？

三、意见建议

9．对如期实现脱贫目标特别是稳定脱贫有没有信心？还需要解决哪些问题？主要困难是什么？

10．今年以来，检查、填表、开会的工作压力有没有减轻？一线干部的身体和精神状态怎么样？严管与厚爱相结合是如何落实的？

11．对中央、贵州省的政策有哪些改进的建议？

12．还有什么其他需要谈的体会和情况吗？

附件五

乡镇干部访谈记录

组别：_____调研组／联络组   访谈人：_____

访谈时间：_____年___月___日   访谈地点：_____

受访人姓名：_____受访人职务：_____

访谈内容：

一、基本情况

1. 全乡目前建档立卡贫困户人口数量有多少，贫困发生率是多少，全乡计划什么时候脱贫摘帽？

2. 深度贫困地区贫困人口占全乡贫困人口的比例有多少？造成这些地区深度贫困的主要原因是什么？

3. 乡里实现"两不愁、三保障"有什么困难和问题，哪一项难度最大，为什么？安全饮用水问题是怎么解决的？

二、主要措施

4. 易地扶贫搬迁有何规划、进展如何？咱们乡的搬迁安置点在哪里，周边基础设施和产业配套是否完善？搬迁群众的就业安置情况如何？搬迁群众搬迁意愿强不强，主要顾虑是什么？

5. 产业扶贫有哪些措施，主要靠什么产业？产品能不能保证稳定销路？经济效益怎么样？目前的产业扶贫项目中，正常运行的比例如何？持续盈利的比例如何？

6. 乡里村集体经济和产业合作社发展的怎样？有外来的企业投资或本地能人返乡创业吗？贫困群众是如何参与产业扶贫项目的？

7. 目前乡里有东西部扶贫协作项目吗？如有，东部对口地区提供了哪类资源，是如何对接落实的？目前效果如何？

8．东西部扶贫协作为县里带来了那些变化？你对这项制度是如何认识的？还有其他方面在县里开展帮扶对接吗？如民主党派、社会组织等？

三、意见建议

9．对如期实现脱贫目标特别是稳定脱贫有没有信心？还需要解决哪些问题？主要困难是什么？

10．今年以来，检查、填表、开会的工作压力有没有减轻？一线干部的身体和精神状态怎么样？严管与厚爱相结合是如何落实的？

11．对中央、省、县的政策有哪些改进的建议？

12．还有什么其他需要谈的体会和情况吗？

附件六

村级干部访谈记录

组别：_____调研组／联络组　　访谈人：_____

访谈时间：_____年__月__日　　访谈地点：_____

受访人姓名：_____受访人职务：_____

访谈内容：

一、基本情况

1. 全村目前建档立卡贫困户人口数量有多少，全村计划什么时候脱贫摘帽？

2. 今年以来，村里享受了哪些帮扶政策，有什么政府投入的建设和帮扶项目吗？有其他省区帮扶、社会组织、民主党派帮扶等项目吗？

3. 贫困大病慢性病患者的治疗和费用报销情况怎样？村里因病因残等原因致贫的特殊贫困群体比例大不大？有什么针对这些人的帮扶政策？

4. 村里劳动力外出打工的多不多？留守儿童和老人有没有人照顾？

5. 贫困识别、动态调整操作过程中，有什么困难和问题？贫困户和非贫困户享受政策差异大不大？村民们是怎么看的？

6. 村里主要喝的什么水？安全有保证吗？

二、主要措施

7. 易地扶贫搬迁有何规划、进展如何？咱们村的搬迁安置点在哪里，搬迁群众对搬入新居和就业安置情况是否满意，主要顾虑是什么？

8. 村里已经搬走的村民旧房拆除复垦进展如何，有没有遇到阻力？

9. 村里有没有集体经济、产业合作社或公司扶贫项目？是谁在组织经营？产业是怎么选定的，得到了上级政府的指导和帮助了吗？

10．目前村里的扶贫产业发展得怎么样？产品有没有稳定销路，产生经济效益了吗？主要困难是什么？

11．贫困群众有多少人实际参与到产业扶贫项目中了？采用了什么形式？你们做了哪些动员和宣传工作？

12．已经脱贫销号的贫困户，主要靠的是什么？在现有的扶贫措施中见效最明显的是哪些措施，为什么？

13．村里还有其他新经济、社会组织吗？平时做村民的工作，除了村党委、村委会等，还能通过哪些渠道？效果好吗？

三、意见建议

14．对如期实现脱贫目标有没有信心？还需要解决哪些问题？主要困难是什么？

15．今年以来，检查、填表、开会的工作压力有没有减轻？脱贫攻坚中有没有其他走形式现象？你们作为一线干部有什么困难和建议？

16．对中央和省、县、乡的政策有哪些改进的建议？

17．还有什么其他需要谈的体会和情况吗？

2019 年第二轮重点调研工作安排

一、时间安排

7 月中旬，各调研组、联络组研究确定调研点和工作计划。

7 月下旬至 8 月底前完成 2019 年度第二轮重点调研，有条件的调研组、联络组，可探索开展驻村调研。

7 月下旬，民革中央主要领导同志带队赴贵州开展脱贫攻坚民主监督专题调研。

8 月，继续派员参与国务院脱贫攻坚督查巡查。

8 月中旬，召开 2019 年第二次工作推进会暨民革全国脱贫攻坚民主监督工作交流会，组织全国有脱贫攻坚民主监督任务的 21 个民革省级组织交流工作经验，并开展实地工作考察。会议拟请民革中央领导同志出席。

9 月中旬，各调研组、联络组提交本组年度调研报告。

9 月底，根据民革中央领导同志带队调研及各调研组、联络组、贵州专家组调研成果，形成 2019 年民革中央脱贫攻坚民主监督工作报告。

10 月中旬前，与贵州省进行年度监督成果会商。

10 月底或 11 月初，参加中央统战部举行的各民主党派中央脱贫攻坚民主监督成果会商会。

12 月底前，中央统战部将各民主党派中央年度监督报告统一报中共中央、国务院。

二、重点调研课题

到 2020 年稳定实现农村贫困人口"两不愁三保障"，是贫困人口脱贫的基本要求和核心指标，直接关系攻坚战质量。2019 年下半年的脱贫攻坚民主监督工作要围绕稳定实现"两不愁三保障"展开。

一是严守脱贫标准，确保工作不偏移。"在脱贫标准上，既不能脱离实际、拔高标准、吊高胃口，也不能虚假脱贫、降低标准、影响成色"。重点要摸清对口地区实现农村贫困人口义务教育、基本医疗、住房安全有保障的底数，找到影响如期完成任务的薄弱环节和风险点，聚焦突出问题，了解当地政府解决问题的时间表、路线图，认真研判解决问题的举措和办法是否过硬。针对免费医疗、超标建设住房、对非义务教育阶段补助等过度保障问题，要具体问题具体分析，结合地区和贫困户的实际情况提出监督意见。了解对口地区解决"两不愁三保障"的资金需求是否与财政承受能力相匹配，收集相关问题和建议。

二是围绕巩固脱贫成果，开展前瞻性研究。脱贫攻坚战胜利可期，但消灭贫困仍然是一项长期的工作任务。要结合监督工作开展脱贫攻坚成果巩固的机制研究，如建立健全回头看、动态识别、自然灾害保障等机制，理清脱贫攻坚成果巩固的影响因素。开展脱贫攻坚与乡村振兴战略衔接的研究，进一步厘清两者的关系和有机结合点，收集梳理接续政策的相关建议。重点关注现有扶贫政策退出后，是否能保持"两不愁三保障"稳定持续，收集各地对这个问题的对策、思考和建议。

三是关注贫困地区和贫困群众的自我发展能力的增强。继续关注产业扶贫项目市场生存能力差、带动效果不强、贫困群众参与程度低等问题；易地搬迁农民稳定就业、融入城市、增强公共管理和服务等问题。农村教育、医疗、饮水等公共基础设施建设和公共服务强化的问题。这些问题短期看决定着人均收入达标和"两不愁三保障"目标任务的完成，长期看决定着贫困地区和贫困群众的长期、可持续发展的能力，是拔穷根的根本性项目，事关脱贫攻坚的成败。

三、工作要求

（一）进一步改进工作作风。根据中共中央办公厅印发的《关于解决形式主义突出问题为基层减负的通知》，为了减轻基层工作负担，增强工作实效，各组在调研中，要特别注意以下几个问题：**一是严格执行八项规定，调研中轻车简从、务求实效，避免不必要的接待安排。二是改进调研方式，合理安排调研路线，减少地方的接待压力；精简访谈考察内容，尽量减少对基层干部时间的占用。三是优化反馈方式，在兼顾兼听各类群众的意见和想法的基础上，对于区域性、个案性的问题，可直接在调研过程中向该级党委政府反馈，推动发现的问题就地解决。监督报告要就系统性、政策性的问题，提出意见建议。**

（二）现场考察。各组在开展本轮重点调研过程中，至少要赴两个县区开展工作，其中至少包括一个 2019 年拟出列的县区，每个县区具体安排要包含以下内容：

选择一个村，采用档案抽取或随机入户的形式走访贫困群众，走访户数不少于 10 户，并填写走访记录（附件一）。在进村入户走访中，重点了解干部群众对义务教育、基本医疗、住房安全、饮水安全保障的意见建议。

考察一个产业扶贫项目和一个易地扶贫搬迁安置点，并填写考察记录（附件二）；

（三）座谈访谈。本轮调研将围绕"三保障"问题开展有针对性的干部访谈，具体安排如下：

1. 每轮调研可在市州层面召开一次调研座谈会，县区及以下层面原则上不再召开座谈会。

2. 在所到县区对干部进行访谈。包括单独访谈县级主要负责同志1人：县委书记或县长；小组访谈县级职能部门负责同志各1人：扶贫、教育、卫健、住建部门主要负责人；单独访谈村干部1人：第一书记、驻村工作队队长或村支部书记。访谈时由各组委派2—3人参加访谈，对口地区原则上只有受访者在场，要填写好访谈记录（附件三至五）。

（四）成果提交。在广泛征求意见的基础上，各组要认真总结概括调研了解到的问题和建议，着力提高调研报告质量。

1. 各组在调研结束前要安排本组成员召开调研总结会，归纳总结提炼调研发现的问题，提出意见建议，为起草本组工作报告做好准备。

2. 各组要按照中央下发的调研提纲撰写要求，按时提交工作报告。在反映基本情况和经验成果、对对口地区脱贫攻坚工作作出整体评价的同时，要针对调研重点课题列出有关领域具有代表性的数据和案例，科学分析问题产生的原因和影响，把着力点放在提出解决问题建议上。

3. 各组要完整填写考察记录、走访记录，为每个访谈对象单独填写访谈记录，与调研报告一并提交。

附件：1. 入户走访记录

　　　2. 产业扶贫、易地扶贫搬迁项目考察记录

　　　3. 县级主要负责同志访谈记录

　　　4. 县级职能部门负责同志访谈记录

　　　5. 村级干部访谈记录

附件一

入户走访记录

组别：_____调研组／联络组　　**走访时间：**_____年___月___日

走访地点：_____市／州_____乡／镇_____村

序号	户主姓名	致贫原因	计划脱贫年份	走访人

　　备注：如走访户为非贫困户，在致贫原因一栏填写"非贫困户"，计划脱贫年份无须填写。如走访户为已脱贫户，在计划脱贫年份一栏填写实际脱贫年份。

附件二

产业扶贫、易地扶贫搬迁项目考察记录

组别：＿＿＿＿＿＿调研组／联络组

产业扶贫项目

时间：＿＿＿＿年＿＿月＿＿日　项目名称：＿＿＿＿＿＿＿＿＿＿＿＿＿

项目组织实施方：＿＿＿＿＿＿＿＿＿＿＿＿＿＿＿＿＿＿＿＿＿＿＿＿＿＿

投资规模和资金来源：＿＿＿＿＿＿＿＿＿＿＿＿＿＿＿＿＿＿＿＿＿＿＿＿

是否为东西部扶贫协作项目：＿＿＿＿＿＿东部协作方：＿＿＿＿＿＿＿＿＿

主要产品和服务：＿＿＿＿＿＿＿＿＿＿＿＿是否使用扶贫信贷：＿＿＿＿

主要销售渠道：＿＿＿＿＿＿＿＿＿＿＿＿＿＿＿＿＿＿＿＿＿＿＿＿＿＿＿

发展阶段：　□建设投入　□初见收益　□发展壮大　□停滞中止

带动贫困群众参与人数：＿＿＿＿＿＿人　预期人均每年收益：＿＿＿＿＿＿元

利益联结方式：＿＿＿＿＿＿＿＿＿＿＿＿＿＿＿＿＿＿＿＿＿＿＿＿＿＿＿

受访人姓名：＿＿＿＿＿＿＿＿＿＿＿受访人职务：＿＿＿＿＿＿＿＿＿＿

易地扶贫搬迁项目

时间：＿＿＿＿年＿＿月＿＿日　项目名称：＿＿＿＿＿＿＿＿＿＿＿＿＿

项目进度：□规划动员　□安置点建设　□搬迁实施中　□完成入住

迁出地区：＿＿＿＿＿＿＿＿＿＿＿迁出规模：＿＿＿＿＿＿户＿＿＿＿人

移民安置点：＿＿＿＿＿＿＿＿＿＿＿安置类型：□集中□分散

就业主要企业：＿＿＿＿＿＿＿＿＿＿＿企业类别：＿＿＿＿＿＿＿＿＿

建立的行政管理和公共服务机构：＿＿＿＿＿＿＿＿＿＿＿＿＿＿＿＿＿＿

＿＿＿＿＿＿＿＿＿＿＿＿＿＿＿＿＿＿＿＿＿＿＿＿＿＿＿＿＿＿＿＿＿＿

受访人姓名：＿＿＿＿＿＿＿＿＿＿＿受访人职务：＿＿＿＿＿＿＿＿＿＿

附件三

县级主要负责同志访谈记录

组别：_____调研组／联络组　　访谈人：_____

访谈时间：_____年___月___日　　访谈地点：_____

受访人姓名：_____　受访人职务：_____

访谈内容：

1. 全县目前脱贫攻坚进展如何，还有多少贫困乡镇和贫困村？贫困人口比例还有多少？对脱贫攻坚和乡村振兴政策衔接有什么建议？

2. 对于目前还没有脱贫地区和群众，县里有哪些具有针对性的举措？对非贫困乡村的贫困人口脱贫问题有什么安排？对非贫困县的脱贫攻坚有什么政策建议？

3. 县里对稳定实现"三保障"是怎样安排的，有什么突出的做法和经验？有哪些困难和问题？对脱贫攻坚阶段三保障政策的退出有什么建议？

4. 实现"三保障"的资金来源主要有哪些，扶贫支出占县财政收入的比例是多少？对解决贫困县的三保障资金来源问题有什么建议？

5. 易地扶贫搬迁进展如何？搬迁安置点的公共服务、社会管理和产业接纳能力能否跟上？新设的专门行政管理机构，财政经费和人员从何处来？

6. 咱们县有什么特色和优势产业吗？目前的产业扶贫项目中，正常运行和持续盈利的比例如何？投资主体有哪几类？对提高项目市场竞争力、防范市场风险是如何考虑的？

7. 对中央、贵州省的政策有哪些改进的建议？

附件四
县级职能部门负责同志访谈记录

组别：_____调研组／联络组　　访谈人：_____

访谈时间：_____年___月___日　　访谈地点：_____

扶贫部门受访人姓名：_____　受访人职务：_____

教育部门受访人姓名：_____　受访人职务：_____

卫健部门受访人姓名：_____　受访人职务：_____

住建部门受访人姓名：_____　受访人职务：_____

访谈内容：

1. 全县目前脱贫攻坚进展如何，还有多少贫困乡镇和贫困村？贫困人口比例还有多少？对脱贫攻坚和乡村振兴政策衔接有什么建议？

2. 本县义务教育阶段的辍学率是多少，辍学的主要原因是什么？乡镇寄宿制学校、乡村小规模学校建设情况如何，在校学生数分别有多少？对因学致贫的贫困户有什么政策？对教育扶贫和保障政策退出有什么建议？

3. 贫困人口全部纳入医疗保险和救助制度保障范围了吗？基层常见病、慢性病的诊治是如何解决的，基层医疗机构医务人员配备充足吗，有没有基层机构的接诊数据？对得了大病、重病的贫困户如何保障基本生活？对医疗健康扶贫和保障政策退出有什么建议？

4. 现在居住在C级和D级危房的贫困户还有多少，准备采取哪些措施？贫困户危房改造的补贴标准是多少？全县农村饮水安全都达到标准了吗？请介绍一个典型的改水项目，项目的建设资金和运营资金都是如何考虑的？对脱贫攻坚阶段住房安全保障政策退出有什么建议？

5. 对中央、贵州省的政策有哪些改进的建议？

附件五

村级干部访谈记录

组别：_____调研组／联络组　　访谈人：_____

访谈时间：_____年___月___日　　访谈地点：_____

受访人姓名：_____　受访人职务：_____

访谈内容：

一、基本情况

1. 全村还有多少户没脱贫，主要致贫原因是什么？村里准备怎么解决？对脱贫攻坚和乡村振兴政策衔接有什么建议？

2. 今年以来，村里享受了哪些帮扶政策，有什么政府投入的建设和帮扶项目？效果如何？

3. 村里有辍学的现象吗？村里孩子小学、中学一般去哪上，需要走多远的路？有没有交不起学费或者因为孩子上学致贫的？对他们有什么政策？对教育扶贫和保障政策退出有什么建议？

4. 村里有卫生所吗？平时里面有医务人员吗？都能看什么病？村里有没有得大病重病的，医保给报销多少比例，剩下的费用怎么解决？照顾病人没法工作挣钱的，村里有什么政策？对医疗健康扶贫政策退出有什么建议？

5. 村里主要喝的什么水？安全有保证吗？村里的危房改造村民出不出钱，负担多少？还有多少没有改造的？

6. 咱们村有易地搬迁安排吗？搬迁安置点在哪里，群众愿意搬吗？搬出去的现在主要收入靠什么？原来的房子怎么处理了？

7. 村里有没有集体经济、产业合作社或公司扶贫项目？是谁在组织经营？有多少农户参与了，今年分红了吗？

8. 对中央和省、县、乡的政策有哪些改进的建议？

李惠东副主席在民革中央脱贫攻坚民主监督 2019 年第二次工作推进会暨全国脱贫攻坚民主监督工作交流会 * 上的讲话

各位同志：

今天，我们在这里召开民革全国脱贫攻坚民主监督工作交流会暨民革中央脱贫攻坚民主监督 2019 年第二次工作推进会，目的是贯彻落实中共中央关于打赢脱贫攻坚战和各民主党派做好脱贫攻坚民主监督工作的要求，研究部署民革中央对口贵州省脱贫攻坚民主监督工作，对在本省份承担脱贫攻坚民主监督任务的民革省级组织提出意见建议。

这次会议选择在四川省广元市召开，是因为四川省和广元市脱贫攻坚工作创造了十分丰富的经验，民革四川省委会在定点帮扶和脱贫攻坚民主监督工作方面取得了突出成绩，值得大家学习借鉴。刚才在田副部长介绍了中共四川省委学习贯彻习近平总书记扶贫战略思想、习近平总书记 2018 年视察四川时的重要讲话精神，全力推进脱贫攻坚工作的情况和取得的巨大成绩，我们感到十分振奋，也深受教育、深受感动。冯磊副书记介绍了广元市脱贫攻坚工作的做法和经验，昨天我们实地考察了广元市在脱贫攻坚工作方面有代表性的 9 个单位，留下了深刻印象。学炳副主委介绍了民

---

* 此会议 2019 年 8 月 18 日于四川省广元市召开。

革四川省委会在定点帮扶和脱贫攻坚民主监督等方面的工作情况，成绩突出，亮点纷呈。我们把这次会议放在四川召开，既是对民革四川省委会相关工作的肯定，也是为了宣传、推广四川省和广元市在相关工作中的好思路、好做法、好经验，更好地推动民革全党的定点扶贫和脱贫攻坚民主监督工作。我们这次会议得到了四川省和广元市有关方面的大力支持，在此，我代表民革中央，向中共四川省委及省委统战部，中共广元市委、市政府长期以来对民革工作的关心支持，对你们为这次会议的精心安排和全面保障表示衷心的感谢，也向民革各地参会的同志表示诚挚的问候。

万鄂湘主席、郑建邦常务副主席十分重视本次会议，对开好会议作出了指示。希望大家充分利用本次会议的机会，认真交流经验、深入研究对策，为下半年工作做好准备。

本来这次会议还邀请了贵州省委统战部的同志，由于他们有其他工作安排未能到会。刚才贵州省扶贫办督查专员黄俊明同志介绍了贵州省近一个阶段脱贫攻坚工作的进展和安排，对下半年民革中央对口贵州开展脱贫攻坚民主监督关注的重点提出了建议。今年以来，贵州省有关方面多次向全省下发文件，进一步加大了对民革中央开展脱贫攻坚民主监督工作的支持保障以及建议落实整改的力度，充分体现了中共贵州省委、省政府很高的政治站位和对民革中央在贵州开展脱贫攻坚民主监督和定点扶贫工作的高度重视和大力支持，同时也增强了我们进一步做好工作的信心。

2019 年，民革中央继续高度重视在贵州的脱贫攻坚民主监督工作。万主席、郑主席分别带队到黔东南、六盘水开展了专题调研。截止到 7 月底，民革中央今年在贵州省累计已开展调研 39 次，走访了 25 个县 85 个村 531 户，召开座谈会 54 次，访谈县乡村干部 276 人，实地考察产业项目 68 个、搬迁安置点 32 个，提出建议 47 条。已形成了上半年监督报告和《关于进一步加强东西部扶贫协作制度建设的建议》专题报告。目前，各调研组、联络组的第二轮调研也正在开展中。这次会议之后，各调研组和联络组要尽快开展调研，拿出调研成果。习近平总书记强调今年"脱贫攻坚战进入决胜的关键阶段"，贵州省把今年称为脱贫攻坚"决战之年"，明年是"决胜之年"，民革也要以决战决胜的姿态，做好脱贫攻坚民主监督工作和定点扶贫工作。

我们要从两个层面来把握目前脱贫攻坚民主监督的阶段性特点，**一是脱贫攻坚战已经到了最后的冲刺阶段**。中共十八大以来，我国脱贫攻坚已经取得了重大决定性成就，贫困人口从 9899 万减少到 1660 万，贫困发生率从 10.2% 下降到 2% 以下，脱贫攻坚战进入了最后决胜的关键阶段。习近平总书记强调，在这个阶段"务必一鼓作气、顽强作战，不获全胜决不收兵"，要紧紧围绕"到 2020 年稳定实现农村贫困人口不愁吃、不愁穿，义务教育、基本医疗、住房安全有保障"这一贫困人口脱贫的基本要求和核心指标，摸清底数，聚焦突出问题，明确时间表、路线图，加大工作力度，拿出过硬举措和办法，确保如期完成任务，这就是现阶段脱贫攻坚工作的基本要求，我们的监督工作必须做到"目标不变、靶心不散"。

二是民主党派脱贫攻坚民主监督工作发展到了新阶段。今年 7 月 29 日，中共中央在中南海召开党外人士座谈会，习近平总书记充分肯定各民主党派中央"特别是主要负责同志坚持问题导向，亲自带队赴贫困地区，聚焦坚持目标标准、提高脱贫质量、增强脱贫实效等开展民主监督，为党和政府分忧、为国家发展尽力"。汪洋主席也指出，"脱贫攻坚民主监督是民主党派首次对国家重大战略开展专项监督，也是民主党派开展的规模最大、时间跨度最长的专项监督活动"，这项工作已经"成为中国共产党领导的多党合作的一个重要品牌"。从民革情况看，经过三年多的探索，我们确立了"寓监督于帮扶之中，寓帮扶于监督之中"的工作原则，逐步形成了"领导小组＋工作小组＋2 个联络组＋6 个调研组"的"1126"工作架构，形成了每半年召开一次工作推进会、开展一轮专题调研、完成一份工作报告、进行一次交流反馈的"四个一"工作机制。下一步我们要进一步发挥民革参政党的政治优势，为助力打赢打好脱贫攻坚战作出民革应有的贡献。

针对这些工作的阶段性特点，对开展下一阶段的脱贫攻坚民主监督工作，我讲三点意见：

一、增强紧迫感，高质量完成下一阶段民主监督任务

万主席、郑主席在带队开展脱贫攻坚民主监督专题调研、召开有关会议时，都对下一阶段相关工作提出了明确要求。**首先还是要进一步加强学习**。万主席在黔东南州开展脱贫攻坚民主监督调研时，以及随后在贵阳召开的民革十三届七次中常会上的讲话中，都对如何准确把握"两不愁三保障"的内涵和政策边界提出了明确要求。学深弄懂做实中共中央对脱贫攻坚工作的战略部署，特别是要认真学习领会习近平总书记关于扶贫工作的重要论述，把握中共中央关于脱贫攻坚民主监督工作的要求，是我们做好工作的前提条件。历次会议我们都会印发学习资料，就是希望为大家加强学习提供便利。我们这次会议还专门邀请了国务院扶贫办社会司王春燕副司长为我们作专题报告，希望大家珍惜难得机会，认真学习、领会精神。

要进一步聚焦监督重点。民革中央对每个阶段的工作都会确定一个监督重点领域，下一阶段的监督任务非常明确，就是要围绕解决"两不愁三保障"的突出问题和困难开展监督。贵州的情况是，"两不愁"已经基本解决，"三保障"还存在一些问题，要深入到相关工作最困难的地区考察，对"三保障"相关职能部门负责人进行访谈，找出问题和困难的根源，收集解决问题的建议。特别是县和县政府部门及乡村干部，他们长期处在脱贫攻坚第一线，对政策执行情况十分熟悉，许多人对政策如何制定执行、如何调整都有一定的思考，了解他们的意见建议非常重要。

要注意改进工作作风。对口贵州各市州的各调研组、联络组是民革中央开展脱贫攻坚民主监督的工作主体，这次会议之前，我们根据情况对各组人员进行了充实和微调，大家要以更好的精神状态、更严谨扎实的作风做好工作。今年3月，中共中央办公厅印发了《关于解决形式主义突出问题为基层减负的通知》，要求改变督查检查考核过多、过频、过度留痕现象，优化改进各种督查检查考核和调研活动，不干扰基层正常工作。民革调研组到各地，要严格执行八项规定，轻车简从，压缩不必要的行程安排，精简调研环节和文字材料，把工作重心下沉到基层和群众中去，保证入户走访的数量和质量。对于发现的个别性问题，可以在调研的过程中随时向相应层级干部反馈。我们发现问题的目的是为了解决问题，而不是要对基层干部处理问责。

要充分运用调研成果。各组开展调研的主要任务，就是在深入调研的基础上，完成一份高质量的半年或全年监督报告，提出解决问题的建议，为民革中央向中共中央提交的监督报告提供参考和素材。同时，各组还可以针对调研中发现的问题，提出各类专项报告，形成形式多样、层次丰富的民主监督成果。这些报告在正式报送前，既要在组内充分讨论研究，又要征求对口地区党委政府的意见，确保反映的问题真实全面、提出的建议切实可行。同时，在向对口地区反馈意见建议后，还要做好整改落实情况的追踪，不定期开展"回头看"，确保问题得到关注和解决，使脱贫攻坚民主监督取得实效。

全国21个有脱贫攻坚任务省份的民革省级组织，有15个已经在同级党委统战部门的统一安排下，在本地区确定了 23 个对口监督地区，去年共开展调研 101 次，提交调研报告 64 篇。辽宁、广东两省虽然不属脱贫攻坚任务较重的省份，但也在本省承担了一定的工作任务。不少省份在工作中结合本地实际，已经摸索出了一些好的做法，积累了相关经验。如民革安徽省委会着力打造制度推动和能力提高两个工作推动"引擎"，将与中共党委和政府充分配合作为监督工作的基础，特别是在亳州市搭建了地方党委政府主要负责同志和市县各部门负责人参加的"民主党派脱贫攻坚监督微信平台"，实现了问题第一时间反映、第一时间转办、第一时间整改、第一时间反馈的工作闭环。民革甘肃省委会建立了挂职副县长监督情况专报机制和以季度为单位调研反馈机制，对市级组织开展相关工作情况纳入年度目标管理考核，充分调动了全省民革各级组织和广大党员投身脱贫攻坚民主监督的积极性和主动性，取得了良好效果。民革陕西省委会在发挥党内专家和专委会作用的同时，还邀请党外专家参与民主监督工作。这次会议也安排了部分民革省级组织作交流发言，为大家的工作提供参考借鉴。所有承担脱贫攻坚民主监督任务的民革省级组织，要按照本地区党委统战部门和政府扶贫部门的要求，结合实际推进工作。在工作思路和具体方法上，可以参考中央对各调研组、联络组的有关要求。需要民革中央提供支持帮助的时候，随时跟民革中央社会服务部沟通联系。

二、认真总结经验，积极筹划下一阶段民主监督工作

目前距 2020 年底还有一年多的时间，各调研组、联络组一方面要再接再厉、夺取全胜，另一方面从现在起要做好工作总结准备，积极筹划明年的脱贫攻坚民主监督工作。

一是在做好今年工作的基础上积极筹划明年脱贫攻坚民主监督工作。明年是脱贫攻坚战的收官之年，贵州省提出确保今年所有摘帽县剩余贫困

人口、非贫困县贫困人口全部清零，奋力夺取决战之年的根本性胜利。在此基础上，对贵州省如何建立巩固脱贫攻坚成果的长效机制，如何形成脱贫攻坚与乡村振兴战略衔接机制，如何发挥打赢脱贫攻坚战所形成的优势条件加快发展，等等问题，可以深入思考研究。贵州省紧紧抓住中央提出打赢脱贫攻坚战的机遇，以脱贫攻坚统揽经济社会发展全局，不仅脱贫攻坚已经取得阶段性的胜利，而且为下一步发展创造了良好条件、形成了独特优势。一是基础设施建设突飞猛进，为推进高质量发展创造了良好的硬件条件。二是培养锻炼了一支敢于担当作为的干部队伍，同时也极大地激发了广大群众的内生动力，为推进高质量发展创造了良好的主观条件。三是易地扶贫搬迁大幅度提升城市化水平，大批扶贫产业项目逐步产生效益，为推进高质量发展创造了良好的市场需求和消费能力。在履行脱贫攻坚民主监督职能的最后阶段，民革中央已经对助推贵州高质量发展作出了一些安排。今年6月，郑主席和中共贵州省委书记孙志刚同志达成共识，将由民革中央和贵州省政府共同开展产业招商活动，拟定10月份在贵阳举办民革党员企业家贵州行活动，目标是签约1000亿元。目前已经开展前期对接工作，对接落实的项目近500亿元。明年民革还要做些什么工作，大家可以提出意见建议。

二是着手开始对民革脱贫攻坚民主监督工作进行总结。民主党派参与脱贫攻坚民主监督工作，具有多方面的重大意义，所有参与这项工作的同志都深受教育、深有体会，请同志们认真思考梳理、总结归纳。明年民革中央将择机召开总结大会，届时每个组都要提交工作总结，请大家早做准备，现在就边工作边总结。

三是要从脱贫攻坚民主监督调研中发现遴选参政议政课题。在前不久召开的民革十三届七次中常会上，许多常委都对脱贫攻坚工作提出了建议。

如欧阳主委就提出，脱贫攻坚战中人民银行和中国农业银行为建档立卡贫困户提供的特惠贷"530贷款"就要到期，这笔贷款总额巨大，为脱贫攻坚发挥了重要作用，但能不能收回、怎样收回，可以开展专项调研，提出意见建议供中共中央、国务院参考。今年上半年民革中央向中共中央、国务院领导同志提交了建议进一步加强东西部扶贫协作制度建设的专题报告，这个题目也是可以进一步调查研究。类似的题目很多，希望各个调研组、联络组认真梳理，为民革中央选择参政议政调研课题提出意见建议。

三、开展理论探索，把民革参加脱贫攻坚民主监督的宝贵经验变成为加强自身建设的重要资源

民革十三届七次中常会专门研究了民革思想政治建设问题，会议提出不仅要推动民革全党做好民革对贵州的脱贫攻坚民主监督和定点扶贫工作，也要以此为抓手，进一步加强民革自身建设。如何依托脱贫攻坚民主监督开展理论探索，在此我点几个题，供同志们参考。

一是把参加脱贫攻坚民主监督的宝贵经验，转化为加强思想政治建设的重要资源。民革各级组织和党员通过参与脱贫攻坚工作，深刻认识打赢脱贫攻坚战的重大意义、深入了解脱贫攻坚的历史过程，也是我们增强"四个意识"、坚定"四个自信"、做到"两个维护"的过程。我们要通过讲好民革参加脱贫攻坚民主监督的故事，进一步增强坚持中国共产党领导的自觉性，更加自觉地投身多党合作事业。

二是把参加脱贫攻坚民主监督的宝贵经验，转化为加强民主监督制度建设、充分发挥民主监督职能作用的重要资源。脱贫攻坚民主监督是民主党派首次对国家重大战略开展专项监督，在这个过程中作出的制度安排、建立的工作机制、创新的调研形式，包括民革提出的"寓监督于帮扶之中、寓帮扶于监督之中"的工作原则，都可以为今后开展其他专项监督提供经验支持。

三是将民革参加脱贫攻坚民主监督的宝贵经验，转化为做好参政议政和社会服务工作的推动力量。民革中央开展脱贫攻坚民主监督工作以来，每年都要提交相关内容的专题报告和社情民意信息、协商座谈会发言材料，这与监督过程中同基层干部群众深入交流、掌握大量第一手信息密不可分。今年10月民革中央将动员民革党员企业家到贵州参与经济合作活动，这也是社会服务工作的创新举措，由此将形成民革社会服务工作的新形式、新品牌。

也可以说，在民革参加脱贫攻坚民主监督的经验基础上，民革履行职能和自身建设各项工作都形成了新动能。同志们可以从更多角度进行经验总结和理论探索，希望大家集思广益、贡献智慧。按照中央统战部有关要求，民革中央将适时举办小型理论研讨会，将大家的研究成果汇总整理，向中共中央报送。

我就讲这些。下午，我们还要开展工作交流，届时希望听到各组、各省开展工作的好思路、好做法。希望大家对中央工作多提意见建议，共同把民革脱贫攻坚民主监督工作做好，为协助贵州省如期打赢打好脱贫攻坚战贡献力量。

谢谢大家！

民革中央脱贫攻坚民主监督 2020 年度工作计划

一、工作整体要求

（一）**坚定信心决心**。组织民革全党特别是参与脱贫攻坚民主监督的有关组织和党员认真学习贯彻习近平总书记在决战决胜脱贫攻坚座谈会上的讲话精神和 1 月 18 日各民主党派中央脱贫攻坚民主监督工作座谈会部署，进一步坚定脱贫攻坚必获全胜的信心和决心，鼓足干劲，做好最后一年脱贫攻坚民主监督工作。

（二）**聚焦监督重点**。进一步明确监督重点，遵照习近平总书记在脱贫攻坚工作座谈会上的讲话精神，按照汪洋主席提出的围绕"目标任务、脱贫质量、防范化解重大风险、改进工作作风"四个方面重点内容开展监督。特别是高度重视疫情给脱贫攻坚工作各方面、各环节带来的直接、间接影响和不确定性，进一步发挥贵州各级民革组织常态化监督作用、专家团队的智库作用和贵州省外支持单位的助推作用，精心谋划好脱贫攻坚民主监督调研的重点内容，深入扎实开展调研。

（三）**改进和丰富工作方法**。在坚持具有民革特色工作流程和方法的基础上，结合脱贫攻坚最后一年的工作实际和防控疫情的必要措施，科学调整会议、考察、访谈形式，灵活安排调研人员，改进工作作风为基层减负。丰富定点监测、驻村调研等手段，明确将各地民革组织开展定点扶贫或承担各类扶贫任务的地区作为脱贫攻坚民主监督监测点，将其纳入调研报告和工作统计中，进一步提高调研的工作效率和针对性。按照"寓帮扶于监督之中"的工作原则，进一步扩大2019年民革企业助力贵州产业招商活动成果，以实际行动支持贵州巩固脱贫攻坚成果，推进高质量发展。在实施监督的过程中，注重对脱贫攻坚取得巨大成果、真情实感和工作经验的总结、宣传，"用心用情讲好中国共产党领导的为人民谋幸福的故事，讲好中国共产党领导的多党合作故事"。

（四）开展工作总结。配合做好"统一战线助力决胜全面小康、决战脱贫攻坚"主题宣传工作。在民革党内开展脱贫攻坚民主监督工作经验交流和理论研讨。适时召开民革全国脱贫攻坚工作总结表彰大会暨民革中央脱贫攻坚民主监督工作总结会，全面回顾总结民革全党参与脱贫攻坚的工作经验，对工作中涌现出来的典型事迹和先进集体、个人进行表彰和宣传。同时，对过去五年来民革中央在贵州省开展的脱贫攻坚民主监督工作进行总结，交流开展专项监督的经验体会和工作建议，研讨形成专项工作总结报告，编纂工作经验和案例集。

二、重点调研课题

经中央统战部、国务院扶贫办与各民主党派中央协商，民革将重点就以下两个课题开展深入调查研究。

（一）准确评估新冠肺炎疫情对脱贫攻坚的影响。从外出务工、扶贫产品销售和产业扶贫、扶贫项目开工、农村地区医疗保障、移民搬迁点疫情影响期间社会管理等方面，研究疫情对贫困地区脱贫攻坚和维护稳定的影响，提出降低影响的对策建议。全国人大常委会2月24日表决通过了关于全面禁止非法野生动物交易、革除滥食野生动物陋习、切实保障人民群众生命健康安全的决定。为了进一步评估全面禁止食用野生动物制度对脱贫攻坚和农村产业发展的影响，提出完善和落实这一决定的政策建议，民革中央将于疫情基本结束后，尽早组织有关专家组成专家组开展相关课题调研，向中共中央、国务院提交专题报告。

（二）精准脱贫政策过渡期相关政策的延续和退出。研究完善和充实驻村工作和东西部扶贫协作等工作机制，对脱贫攻坚政策退出过渡期的合理设置和政策安排提出建议。以将特定帮扶政策转变为常态化、普惠性社会保障政策为重点，研究建立"后2020"时期相对贫困长效帮扶机制。

除了以上重点课题，各组还要以《中共中央、国务院关于抓好"三农"领域重点工作确保如期实现全面小康的意见》为依据，围绕打赢脱贫攻坚战最后一年的各项目标任务对贵州省贯彻落实中央政策情况开展监督，确保脱贫质量和稳定性。特别关注贵州省最后一批脱贫出列地区解决"两不愁三保障"中的薄弱环节，对打赢脱贫攻坚战的成色进行监督。关注以经济高质量发展巩固脱贫成果，研究分析现有扶贫产业的市场风险应对和市场化运行的能力，提出改进建议。关注做好易地扶贫搬迁的"后半篇文章"等问题，对防范化解脱贫攻坚中的重大风险提出对策建议。

三、工作进度安排

4月至5月，参与"统一战线助力决胜全面小康、决战脱贫攻坚"主题宣传工作。根据中央统战部的统一部署，开展脱贫攻坚民主监督报道线索和感悟文章征集，配合中央统战部做好后续宣传工作。

5月初，下发年度工作计划。

5月至6月，各调研组、联络组研究确定调研点和具体工作计划，开展2020年度第一轮重点调研。

6月，在贵州省毕节市召开2020年第一次工作推进会，交流调研情况，研究部署下一阶段工作。会议拟请民革中央领导同志出席。会议前后，拟由民革中央主要领导同志带队开展脱贫攻坚民主监督专题调研，同时对民革中央定点扶贫县纳雍县的脱贫摘帽情况进行专题调研。

6月中下旬，各调研组、联络组提交本组半年度调研报告。

7月，根据民革中央领导同志带队调研及各调研组、联络组、贵州专家组调研成果，形成上半年民革中央脱贫攻坚民主监督工作报告，向有关方面报送和反馈。

7月或8月，拟由民革中央主要领导同志带队赴贵州黔西南州开展脱贫攻坚民主监督专题调研，同时拟组成专家组，重点对易地扶贫搬迁工作、扶贫产业可持续发展、脱贫攻坚后续政策衔接等问题开展调研。

8月至9月，各调研组、联络组开展2020年度第二轮重点调研。

9月底，各调研组、联络组提交本组年度调研报告。

三季度，继续派员参与国务院脱贫攻坚督查巡查。

10月上中旬，形成全年民革中央脱贫攻坚民主监督工作报告，向有关方面报送和反馈。

10月下旬，各调研组、联络组提交本组五年工作总结报告。

11月中旬，民革中央形成脱贫攻坚民主监督总结报告。

四季度，适时召开民革全国脱贫攻坚工作总结表彰大会暨民革中央脱贫攻坚民主监督工作总结会，全面回顾总结民革全党参与脱贫攻坚、开展专项监督的工作经验，对工作中涌现出来的典型事迹和先进集体、个人进行表彰和宣传。会议拟请民革中央领导同志出席。

2020 年第一轮重点调研工作安排

一、时间安排

5 月上中旬，各调研组、联络组研究确定调研点和具体工作安排，另需报送定点监测点和驻村调研计划。

5 月至 6 月底前完成 2020 年度第一轮重点调研。考虑到疫情影响，各组可根据本组参与各方的实际情况，以对口地区本地民革组织为依托，灵活协商安排调研参加人员，克服困难保证调研如期完成。没有民革组织的市（州），可由民革贵州省委会负责同志带队调研。

上半年，各调研组、联络组至少开展一次驻村调研。

6 月上旬，在毕节市召开 2020 年第一次工作推进会，交流调研情况，研究部署下一阶段工作，会议拟请郑建邦常务副主席、李惠东副主席出席。会议前后，拟由民革中央领导同志带队开展脱贫攻坚民主监督专题调研。

6 月中下旬，各调研组、联络组提交本组半年度调研报告。

二、工作要求

（一）**定点监测**。各组确定至少一个乡镇级以下地区作为本组脱贫攻坚民主监督定点监测点，长期跟踪其落实中央政策部署、脱贫攻坚工作进展和群众满意度等情况。监测点可以是各地民革组织开展定点扶贫或承担各类扶贫任务的地区。

（二）**驻村调研**。原则上驻村人员不少于 2 人，驻村时间不短于 2 天。

具体驻村调研安排可结合各地实际情况与当地党委政府协商开展。

（三）**现场考察**。各组在开展本轮重点调研过程中，至少要赴两个县区开展工作，其中至少包括一个 2020 年拟出列的县区，每个县区具体安排要包含以下内容：

考察一个产业扶贫或东西部扶贫协作项目，并填写考察和访谈记录（工作材料 1）；

考察一个易地扶贫搬迁项目，原则上以安置点为主，并填写考察和访谈记录（工作材料 2）；

选择一个村，采用档案抽取或随机入户的形式走访贫困群众，走访户数为 6—10 户，并填写走访记录（工作材料 3）。有条件的组，还可以要求对口地区提供 2—3 个备选村，在实地考察前一日确定实际考察的村。

（四）**座谈访谈**。为深入了解新冠肺炎疫情防控对脱贫攻坚的影响，本轮调研将在干部访谈上对相关内容有所侧重，具体安排如下：

1. 每轮调研只在市州层面召开一次调研座谈会，县区及以下层面原则上不再召开座谈会。

2. 在所到县区对干部进行访谈。包括县级主要领导 1 人：县委书记或县长；县级分管领导 2 人：扶贫工作分管副县长或扶贫开发局局长、疫情防控工作分管负责人；乡镇干部访谈一人：乡镇党委书记或乡镇长；村干部 1 人：第一书记、驻村工作队队长或村支部书记。访谈时由各组委派 2—3 人参加访谈，受访者原则上只有一人在场，要填写好访谈记录（工作材料 4 至 6）。

3. 结合现场考察对扶贫项目负责人进行简短访谈。主要包括两类，一是产业扶贫、农村基层经济组织、东西部扶贫协作项目的主要实际管理者 1 人，二是易地扶贫搬迁项目安置点的行政管理机构负责人 1 人。访谈时由各组委派1—2人作为主要提问者，要填写好访谈记录（工作材料1、2）。

4．为了提高工作效率，增强工作实效，本轮调研要求提前把访谈问题下发给访谈对象，请其提前作答并反馈给各调研组、联络组。在实际开展访谈时，访谈人员不再对所有问题提问，主要对前期提供回答中的三类问题进行有针对性、深入性的提问，一是围绕工作中的突出亮点介绍经验思路；二是工作中遇到问题困难的成因分析和对策建议；三是通过开放式问题引导访谈对象谈自身对脱贫攻坚的认识和意见建议。

（五）成果提交。在广泛征求意见的基础上，各组要认真总结概括调研了解到的问题和建议，着力提高调研报告质量。

1．各组在调研结束前要安排本组成员召开调研总结会，归纳总结提炼调研发现的问题，提出意见建议，为起草本组工作报告做好准备。

2．各组要按照中央下发的调研提纲撰写要求，按时提交工作报告。在反映基本情况和经验成果、对对口地区脱贫攻坚工作作出整体评价的同时，要针对调研重点课题列出有关领域具有代表性的数据和案例，科学分析问题产生的原因和影响，把着力点放在提出解决问题建议上。

3．各组要完整填写考察记录、走访记录，为每个访谈对象单独填写访谈记录，与调研报告一并提交。

工作材料（附后）：

1．产业扶贫项目考察和访谈记录

2．易地扶贫搬迁项目考察和访谈记录

3．走访记录

4．县级主要领导和分管领导访谈记录

5．乡镇干部访谈记录

6．村级干部访谈记录

工作材料 1

产业扶贫项目考察和访谈记录

组别：＿＿＿＿＿调研组／联络组 **访谈人：**＿＿＿＿＿＿＿＿＿＿

时间：＿＿＿＿年＿＿月＿＿日 项目名称：＿＿＿＿＿＿＿＿＿＿＿＿＿

项目组织实施方：＿＿＿＿＿＿＿＿＿＿＿＿＿＿＿＿＿＿＿＿＿＿＿

投资规模和资金来源：＿＿＿＿＿＿＿＿＿＿＿＿＿＿＿＿＿＿＿＿＿

是否为东西部扶贫协作项目：＿＿＿＿＿＿东部协作方：＿＿＿＿＿＿＿

主要产品和服务：＿＿＿＿＿＿＿＿＿＿＿是否使用扶贫信贷：＿＿＿＿

主要销售渠道：＿＿＿＿＿＿＿＿＿＿＿＿＿＿＿＿＿＿＿＿＿＿＿＿＿

发展阶段：□建设投入 □初见收益 □发展壮大 □停滞中止

带动贫困群众参与人数：＿＿＿＿＿人 预期人均每年收益：＿＿＿＿＿元

利益联结方式：＿＿＿＿＿＿＿＿＿＿＿＿＿＿＿＿＿＿＿＿＿＿＿＿＿

受访人姓名：＿＿＿＿＿＿＿＿＿＿受访人职务：＿＿＿＿＿＿＿＿＿＿

访谈内容：

1. 目前项目的市场前景如何？主要销售市场是哪里？如果 2020 年以后没有政策优惠和补贴，项目是否还有竞争力？

2. 项目存在主要风险是什么？为了应对各类风险，你们都采取了哪些措施？

3. 贫困群众的实际参与度怎么样？你认为群众愿意参与／不愿意的参与的主要原因是什么？下一步有什么办法？

4. 如新冠肺炎疫情对项目有何影响？你们是如何应对的？

5. 你对产业扶贫、东西部扶贫协作还有什么意见建议吗？

工作材料 2
易地扶贫搬迁项目考察和访谈记录

组别：＿＿＿＿＿调研组／联络组　　访谈人：＿＿＿＿＿＿＿＿＿

时间：＿＿＿年＿＿月＿＿日　　项目名称：＿＿＿＿＿＿＿＿＿＿

项目进度：□规划动员　　□安置点建设　　□搬迁实施中　　□完成入住

迁出地区：＿＿＿＿＿＿＿＿＿＿　迁出规模：＿＿＿＿户＿＿＿＿人

移民安置点：＿＿＿＿＿＿＿＿＿　安置类型：　□集中　□分散

就业主要企业：＿＿＿＿＿＿＿＿＿　企业类别：＿＿＿＿＿

旧房拆除安排和进度：＿＿＿＿＿＿＿＿＿＿＿＿＿＿＿＿＿＿＿

受访人姓名：＿＿＿＿＿＿＿＿＿　受访人职务：＿＿＿＿＿＿＿

访谈内容：

1. 目前安置点入住进度如何？群众入住有多久了？

2. 安置点的行政管理和公共服务机构都建立起来了吗？是否有党支部、工青妇等组织？是如何开展工作的？

3. 请介绍一下安置点群众的就业和收入现状，主要在什么行业、地区就业？有哪几家规模较大的重点就业企业？

4. 安置点周围的原住居民或村民对移民安置点的建设和入住怎么看？两者间的交往多吗？有什么不稳定的因素吗？

5. 新冠肺炎疫情给安置点带来了那些变化？有没有出现原外出务工人员在家待业的情况？你们是如何处理疫情防控和复工复产问题的？

6. 你对易地扶贫搬迁还有什么意见建议吗？

工作材料 3

走访记录

组别：＿＿＿＿＿调研组／联络组　　　**走访时间：**＿＿＿＿年＿＿月＿＿日

走访地点：＿＿＿＿＿市／州＿＿＿＿＿乡／镇＿＿＿＿＿＿＿村

序号	户主姓名	致贫原因	计划脱贫年份	走访人

　　备注：如走访户为非贫困户的，在致贫原因一栏填写"非贫困户"，计划脱贫年份无须填写。如走访户为已脱贫户，在计划脱贫年份一栏填写实际脱贫年份。

工作材料 4

县级主要领导和分管领导访谈记录

组别：_____调研组／联络组　　访谈人：_____

访谈时间：_____年___月___日　　访谈地点：_____

受访人姓名：_____　受访人职务：_____

访谈内容：

一、基本情况

1. 目前贫困发生率还有多少，剩余人口什么时候脱贫，全县脱贫摘帽／巩固战果还有什么困难？

对已脱贫人口的动态监测有哪些措施？

3. 疫情对县里脱贫攻坚有什么影响？有没有因疫返贫、因疫致贫的现象？你们是如何应对的？

二、主要措施

4. 易地扶贫搬迁完成情况如何？搬迁群众的就业安置主要采取什么方式？搬迁安置点的公共服务、社会管理和产业接纳能力能否跟上？

5. 咱们县有什么特色和优势产业吗？目前的产业扶贫项目中，运行和收益情况如何，有没有受到疫情影响？

6. 产业扶贫项目的实施主体主要有哪些，村集体经济和产业合作社发展的怎样，贫困群众对项目的参与程度如何，利益是如何联结的？

三、意见建议

7. 你认为脱贫攻坚取得决定性胜利的主要经验有哪些？

8. 你认为 2020 年以后，目前脱贫攻坚哪些政策不能变，哪些应该变、怎么变？

9．今年以来，一线干部的身体和精神状态怎么样？脱贫攻坚与疫情防控工作如何兼顾？

10．对中央、贵州省的政策有哪些改进的建议？

11．还有什么其他需要谈的体会和情况吗？

工作材料 5

乡镇干部访谈记录

组别：_____调研组／联络组   访谈人：_____

访谈时间：_____年___月___日   访谈地点：_____

受访人姓名：_____   受访人职务：_____

访谈内容：

一、基本情况

1. 目前贫困发生率还有多少，剩余人口什么时候脱贫，全县脱贫摘帽／巩固战果还有什么困难？

2. 对已脱贫人口的动态监测有哪些措施？

3. 疫情对脱贫攻坚有什么影响？有没有因疫返贫、因疫致贫的现象？你们是如何应对的？

二、主要措施

4. 易地扶贫搬迁完成情况如何？咱们乡的搬迁安置点在哪里，搬迁群众的就业安置情况如何？搬迁群众没有回流现象？

5. 产业扶贫有哪些措施，主要靠什么产业？目前的产业扶贫项目中，运行和收益情况如何，有没有受到疫情影响？春耕受影响了吗？

6. 乡里村集体经济和产业合作社发展的怎样？有外来的企业投资或本地能人返乡创业吗？贫困群众是如何参与产业扶贫项目的？

三、意见建议

7. 你认为脱贫攻坚取得决定性胜利的主要经验有哪些？

8. 你认为2020年以后，目前脱贫攻坚哪些政策不能变，哪些应该变、怎么变？

9．今年以来，一线干部的身体和精神状态怎么样？脱贫攻坚与疫情防控工作如何兼顾？

10．对中央、贵州省和县里的政策有哪些改进的建议？

11．还有什么其他需要谈的体会和情况吗？

工作材料 6

村级干部访谈记录

组别：_____调研组 / 联络组　　访谈人：_____

访谈时间：_____年___月___日　　访谈地点：_____

受访人姓名：_____　　受访人职务：_____

访谈内容：

一、基本情况

1. 全村目前建档立卡贫困户没有出列的还有多少，脱贫摘帽 / 巩固战果还有什么困难？

2. 今年以来，村里享受了哪些帮扶政策，有什么政府投入的建设和帮扶项目吗？有其他省区帮扶、社会组织、民主党派帮扶等项目吗？

3. 疫情对村里有什么影响，有没有因疫返贫、因疫致贫的现象？有没有针对这些人的帮扶政策？

4. 村里劳动力外出打工的多不多？这次疫情一来，有多少人今年没出去？

二、主要措施

5. 易地扶贫搬迁都完成了吗？咱们村的搬迁安置点在哪里，搬迁群众对搬入新居和就业安置情况是否满意，主要顾虑是什么？

6. 目前村里的扶贫产业收益如何？受这次疫情影响大不大？春耕受影响了吗？村里有人搞特种养殖吗？如果子狸、竹鼠、养蜂等。

7. 贫困群众有多少人实际参与到产业扶贫项目中了？采用了什么形式？你们做了哪些动员和宣传工作？

8. 已经脱贫销号的贫困户，主要靠的是什么？在现有的扶贫措施中见效最明显的是哪些措施，为什么？

9．村里还有其他新经济、社会组织吗？平时做村民的工作，除了村党委、村委会等，还能通过哪些渠道？效果好吗？

三、意见建议

10．你认为 2020 年以后，目前脱贫攻坚哪些政策不能变，哪些应该变、怎么变？

11．今年以来，村里干部的身体和精神状态怎么样？脱贫攻坚与疫情防控工作如何兼顾？

12．还有什么其他需要谈的建议和情况吗？

2020 年第二轮重点调研工作安排

一、时间安排

9 月，各调研组、联络组开展 2020 年度第二轮重点调研。

9 月底，各调研组、联络组提交本组 2020 年度调研报告。

10 月上中旬，形成 2020 年民革中央脱贫攻坚民主监督工作报告，向有关方面报送和反馈。

10 月下旬，各调研组、联络组提交本组五年工作总结报告。

11 月中旬，民革中央形成脱贫攻坚民主监督总结报告。

二、调研重点

（一）**脱贫攻坚质量及稳定性**。现阶段，贵州省脱贫攻坚工作的重点是持续巩固脱贫攻坚成果。要特别关注贵州省最后一批脱贫出列地区解决"两不愁三保障"中的薄弱环节，对打赢脱贫攻坚战的成色进行监督。关注以经济高质量发展巩固脱贫成果，研究分析现有扶贫产业的市场风险应对和市场化运行的能力，提出改进建议。关注做好易地扶贫搬迁的"后半篇文章"等问题，对防范化解脱贫攻坚中的重大风险提出对策建议。

（二）**精准脱贫政策过渡期相关政策的延续和退出**。研究完善和充实驻村工作和东西部扶贫协作等工作机制，对脱贫攻坚政策退出过渡期的合理设置和政策安排提出建议。以将特定帮扶政策转变为常态化、普惠性社会保障政策为重点，研究建立"后 2020"时期相对贫困长效帮扶机制。研究探索村级党组织和专业合作社的有效合作模式，使村级党组织的政治优势和专业合作社的经济发展优势得到充分发挥，为加强农村基层治理体系和治理能力建设建言献策。

（三）**脱贫攻坚民主监督典型案例和经验模式**。对五年来在贵州省开展的脱贫攻坚民主监督工作进行全面梳理，总结工作经验，提炼规律性认识，为民主监督理论研究提供意见建议。搜集整理脱贫攻坚民主监督工作发挥成效的典型案例，帮助地方政府多角度、深层次总结脱贫攻坚工作经验，宣传脱贫攻坚成果，"用心用情讲好中国共产党领导的为人民谋幸福的故事，讲好中国共产党领导的多党合作故事"。

三、工作要求

（一）**定点监测**。各组确定至少一个乡镇级以下地区作为本组脱贫攻坚民主监督定点监测点，长期跟踪其落实中央政策部署、脱贫攻坚工作进展和群众满意度等情况。监测点可以是各地民革组织开展定点扶贫或承担各类扶贫任务的地区。

（二）**驻村调研**。原则上驻村人员不少于2人，驻村时间不短于2天。具体驻村调研安排可结合各地实际情况与当地党委政府协商开展。

（三）**现场考察**。各组在开展本轮重点调研过程中，至少要赴两个县区开展工作，其中至少包括一个2020年拟出列的县区，每个县区具体安排要包含以下内容：

考察一个产业扶贫或东西部扶贫协作项目，并填写考察和访谈记录（工作材料1）；

考察一个易地扶贫搬迁项目，原则上以安置点为主，并填写考察和访谈记录（工作材料2）；

选择一个村，采用档案抽取或随机入户的形式走访贫困群众，走访户数为6—10户，并填写走访记录（工作材料3）。有条件的组，还可以要求对口地区提供2—3个备选村，在实地考察前一日确定实际考察的村。

（四）座谈访谈。

1. 每轮调研只在市州层面召开一次调研座谈会，县区及以下层面原则上不再召开座谈会。

2. 在所到县区对干部进行访谈。包括县级主要领导1人：县委书记或县长；县级分管领导1人：扶贫工作分管副县长或扶贫开发局局长；乡镇干部访谈1人：乡镇党委书记或乡镇长；村干部1人：第一书记、驻村工作队队长或村支部书记。访谈时由各组委派2—3人参加访谈，受访者原则上只有一人在场，要填写好访谈记录（工作材料4至6）。

3. 结合现场考察对扶贫项目负责人进行简短访谈。主要包括两类，一是产业扶贫、农村基层经济组织、东西部扶贫协作项目的主要实际管理者1人，二是易地扶贫搬迁项目安置点的行政管理机构负责人1人。访谈时由各组委派1—2人作为主要提问者，要填写好访谈记录（工作材料1、2）。

4. 为了提高工作效率，增强工作实效，本轮调研要求提前把访谈问题下发给访谈对象，请其提前作答并反馈给各调研组、联络组。在实际开展访谈时，访谈人员不再对所有问题提问，主要对前期提供回答中的三类问题进行有针对性、深入性的提问：一是围绕工作中的突出亮点介绍经验思路，二是工作中遇到问题困难的成因分析和对策建议，三是通过开放式问题引导访谈对象谈自身对脱贫攻坚的认识和意见建议。

（五）成果提交。在广泛征求意见的基础上，各组要认真总结概括调研了解到的问题和建议，着力提高调研报告质量。

1. 各组在调研结束前要安排本组成员召开调研总结会，归纳总结提炼调研发现的问题，提出意见建议，为起草本组工作报告做好准备。

2．各组要按照中央下发的调研提纲撰写要求，按时提交工作报告。在反映基本情况和经验成果、对对口地区脱贫攻坚工作作出整体评价的同时，要针对调研重点列出有关领域具有代表性的数据和案例，科学分析问题产生的原因和影响，把着力点放在提出解决问题建议上。

3．各组要完整填写考察记录、走访记录，为每个访谈对象单独填写访谈记录，与调研报告一并提交。

工作材料（附后）：

1．产业扶贫项目考察和访谈记录

2．易地扶贫搬迁项目考察和访谈记录

3．走访记录

4．县级主要领导和分管领导访谈记录

5．乡镇干部访谈记录

6．村级干部访谈记录

工作材料1

产业扶贫项目考察和访谈记录

组别：_____调研组／联络组   **访谈人：**_____

时间：_____年___月___日   项目名称：_____

项目组织实施方：_____

投资规模和资金来源：_____

是否为东西部扶贫协作项目：_____东部协作方：_____

主要产品和服务：_____是否使用扶贫信贷：_____

主要销售渠道：_____

发展阶段：□建设投入　□初见收益　□发展壮大　□停滞中止

带动贫困群众参与人数：_____人　预期人均每年收益：_____元

利益联结方式：_____

受访人姓名：_____受访人职务：_____

访谈内容：

1．目前项目的市场前景如何？主要销售市场是哪里？如果 2020 年以后没有政策优惠和补贴，项目是否还有竞争力？

2．项目存在主要风险是什么？为了应对各类风险，你们都采取了哪些措施？

3．贫困群众的实际参与度怎么样？你认为群众愿意参与／不愿意的参与的主要原因是什么？下一步有什么办法？

4．如新冠肺炎疫情对项目有何影响？你们是如何应对的？

5．你对产业扶贫、东西部扶贫协作还有什么意见建议吗？

工作材料 2

易地扶贫搬迁项目考察和访谈记录

组别：_____调研组／联络组　　**访谈人：_____**

时间：_____年__月__日　　项目名称：_____

项目进度：□规划动员　□安置点建设　□搬迁实施中　□完成入住

迁出地区：_____迁出规模：_____户_____人

移民安置点：_____安置类型：□集中　□分散

就业主要企业：_____　企业类别：_____

旧房拆除安排和进度：_____

受访人姓名：_____　受访人职务：_____

访谈内容：

1. 目前安置点入住进度如何？群众入住有多久了？房屋产权证是否办理完成？

2. 安置点的行政管理和公共服务机构都建立起来了吗？是否有党支部、工青妇等组织？是如何开展工作的？

3. 请介绍一下安置点群众的就业和收入现状，主要在什么行业、地区就业？有哪几家规模较大的重点就业企业？

4. 安置点周围的原住居民或村民对移民安置点的建设和入住怎么看？两者间的交往多吗？有什么不稳定的因素吗？

5. 新冠肺炎疫情给安置点带来了那些变化？有没有出现原外出务工人员在家待业的情况？你们是如何处理疫情防控和复工复产问题的？

6. 你对易地扶贫搬迁还有什么意见建议吗？

工作材料 3
走访记录

组别：＿＿＿＿＿调研组／联络组　**走访时间：**＿＿＿＿年＿＿月＿＿日

走访地点：＿＿＿＿＿市／州＿＿＿＿＿乡／镇＿＿＿＿＿＿＿村

序号	户主姓名	致贫原因	计划脱贫年份	走访人

备注：如走访户为非贫困户的，在致贫原因一栏填写"非贫困户"，计划脱贫年份无须填写。如走访户为已脱贫户，在计划脱贫年份一栏填写实际脱贫年份。

工作材料 4

县级主要领导和分管领导访谈记录

组别：_____ 调研组／联络组　　访谈人：_____

访谈时间：_____年___月___日　　访谈地点：_____

受访人姓名：_____　受访人职务：_____

访谈内容：

一、基本情况

1. 目前贫困发生率还有多少，剩余人口什么时候脱贫，全县脱贫摘帽／巩固战果还有什么困难？

2. 对已脱贫人口的动态监测有哪些措施？返贫比例有多少？造成返贫的主要原因是什么？

3. 疫情对县里脱贫攻坚有什么影响？有没有因疫返贫、因疫致贫的现象？你们是如何应对的？

4. 全县共有多少个村？多少个专业合作社？其中，村集体经济资产少于 30 万元的村有多少个？有多少个专业合作社能够正常运行？村支两委与专业合作社的关系有几种模式？您认为哪种比较合理？

二、主要措施

5. 易地扶贫搬迁完成情况如何？搬迁群众的就业安置主要采取什么方式？搬迁安置点的公共服务、社会管理和产业接纳能力能否跟上？房屋产权证是否办理完成？

6. 全县目前的产业扶贫项目中，运行和收益情况如何，有多少个项目已实现盈利，占全部项目的比重是多少？产业扶贫项目亏损的主要原因是什么，有没有受到疫情影响，应对措施是怎样的？

7．贫困群众收入增加的主要渠道有哪些？这些增收渠道是否能够保持长期稳定？县里有哪些保障措施？

三、意见建议

8．你认为脱贫攻坚取得决定性胜利的主要经验有哪些？

9．你认为2020年以后，目前脱贫攻坚哪些政策不能变，哪些应该变、怎么变？

10．对中央、贵州省的政策有哪些改进的建议？

11．还有什么其他需要谈的体会和情况吗？

工作材料 5

乡镇干部访谈记录

组别：_____调研组 / 联络组   访谈人：_____

访谈时间：_____年___月___日   访谈地点：_____

受访人姓名：_____   受访人职务：_____

访谈内容：

一、基本情况

1. 目前贫困发生率还有多少，剩余人口什么时候脱贫，脱贫摘帽 / 巩固战果还有什么困难？

2. 对已脱贫人口的动态监测有哪些措施？返贫比例有多少？造成返贫的主要原因是什么？

3. 疫情对脱贫攻坚有什么影响？有没有因疫返贫、因疫致贫的现象？你们是如何应对的？

4. 全乡共有多少个村？多少个专业合作社？其中，村集体经济资产少于 30 万元的村有多少个？有多少个专业合作社能够正常运行？村支两委与专业合作社的关系有几种模式？您认为哪种比较合理？各村专业合作社除承担经济职能外是否承担红白喜事、养老助残等其他职能？

二、主要措施

5. 易地扶贫搬迁完成情况如何？咱们乡的搬迁安置点在哪里，搬迁群众的就业安置情况如何？搬迁群众没有回流现象？搬迁后的房屋的产权证是否办理完成？

6. 产业扶贫有哪些措施，主要靠什么产业？目前的产业扶贫项目中，运行和收益情况如何，有多少个项目已实现盈利，占全部项目的比重是多少？产业扶贫项目亏损的主要原因是什么，有没有受到疫情影响，应对措施是怎样的？

7．贫困群众收入增加的主要渠道有哪些？这些增收渠道是否能够保持长期稳定？县里有哪些保障措施？

三、意见建议

8．你认为脱贫攻坚取得决定性胜利的主要经验有哪些？

9．你认为 2020 年以后，目前脱贫攻坚哪些政策不能变，哪些应该变、怎么变？

10．对中央、贵州省和县里的政策有哪些改进的建议？

11．还有什么其他需要谈的体会和情况吗？

工作材料6

村级干部访谈记录

组别：_____调研组／联络组   访谈人：_____

访谈时间：_____年___月___日   访谈地点：_____

受访人姓名：_____   受访人职务：_____

访谈内容：

一、基本情况

1. 全村目前建档立卡贫困户没有出列的还有多少，脱贫摘帽／巩固战果还有什么困难？有没有返贫的或新增的贫困人口，返贫或致贫的主要原因是什么？

2. 今年以来，村里享受了哪些帮扶政策，有什么政府投入的建设和帮扶项目吗？有其他省区帮扶、社会组织、民主党派帮扶等项目吗？

3. 疫情对村里有什么影响，有没有因疫返贫、因疫致贫的现象？有没有针对这些人的帮扶政策？

4. 村里劳动力外出打工的多不多？这次疫情一来，有多少人今年没出去？

5. 村支两委与专业合作社的关系是怎样的？专业合作社除承担经济职能外是否承担红白喜事、养老助残等其他职能？村集体经济资产有多少，主要收入来源是什么？

二、主要措施

6. 易地扶贫搬迁都完成了吗？咱们村的搬迁安置点在哪里，搬迁群众对搬入新居和就业安置情况是否满意，主要顾虑是什么？搬迁后的房屋的产权证是否办理完成，是否因此产生过矛盾？

7．目前村里的扶贫产业收益如何？受这次疫情影响大不大？

8．贫困群众有多少人实际参与到产业扶贫项目中了？采用了什么形式？你们做了哪些动员和宣传工作？

9．已经脱贫销号的贫困户，主要靠的是什么？在现有的扶贫措施中见效最明显的是哪些措施，为什么？

10．村里还有其他新经济、社会组织吗？平时做村民的工作，除了村党委、村委会等，还能通过哪些渠道？效果好吗？

三、意见建议

11．你认为2020年以后，目前脱贫攻坚哪些政策不能变，哪些应该变、怎么变？

12．还有什么其他需要谈的建议和情况吗？

民革中央有关工作新闻报道

民革中央赴贵州开展脱贫攻坚民主监督工作

2016 年 8 月 8 日　来源:《团结报》- 团结网　作者：黄昌盛

8 月 4 日，民革中央脱贫攻坚民主监督工作小组第一次会议暨调研工作座谈会在贵阳召开。这是民革中央脱贫攻坚民主监督工作小组召开的第一次会议，也是一个月内民革中央与贵州方面开展的第二次协商座谈。民革中央副主席、工作小组组长何丕洁出席会议。

自中共中央赋予各民主党派脱贫攻坚民主监督这一新任务以来，民革中央对此一直高度重视，相关工作正有序推进。3 月 23 日，中共中央统战部部长孙春兰在毕节强调要发挥民主监督在脱贫攻坚中的重要作用后，民革中央已就该项工作进行研究探索。6 月 21 日，各民主党派中央开展脱贫攻坚民主监督工作正式在京启动，民革中央根据会议要求，着手尽快制定方案，形成工作机制。

在 7 月初召开的民革十二届十五次中常会上，民革中央主席万鄂湘指出，全党要深入落实中共中央扶贫开发工作会议精神，认真开展脱贫攻坚民主监督工作，积极投身脱贫攻坚战；民革中央常务副主席齐续春也要求，全面贯彻落实中共中央关于扶贫工作的决策部署，扎实开展脱贫攻坚民主监督工作。随后，《民革中央开展脱贫攻坚民主监督工作方案》出炉，从工作原则、组织领导、工作重点内容、工作形式等方面对相关工作作出规范。《方案》明确，万鄂湘担任民革中央脱贫攻坚民主监督领导小组组长，齐续春任副组长，领导小组下设工作小组，负责具体工作。

7月13日，何丕洁率队赴贵阳，与贵州有关方面就民革在贵州开展脱贫攻坚民主监督工作进行首次座谈。会议明确，民革作为民主监督的主体，贵州方面做好协调工作，双方以完成贵州脱贫攻坚任务为共同目标，共同推进这项工作。

时隔二十余天，何丕洁再次率队来到贵阳，与民革中央脱贫攻坚民主监督工作小组成员开展第一次工作会议。工作小组成员学习了习近平总书记近期关于扶贫工作的讲话精神，通报了中共中央统战部、国务院扶贫办的有关通知精神和民革中央与贵州有关方面沟通协商情况，并就民革中央、省级组织开展脱贫攻坚民主监督工作实施意见进行研究。在随后与中共贵州省委统战部和贵州省扶贫办的座谈中，双方就工作方案和初次调研安排交换意见。

何丕洁强调，民主党派开展脱贫攻坚民主监督工作是一项中共中央赋予的重大政治任务。贵州省贫困人口多、范围广，脱贫攻坚工作复杂、时间紧迫。民革对口贵州开展相关工作，意义重大，责任更加重大，必须提高认识，高度重视。

就如何开展脱贫攻坚民主监督工作，何丕洁提出三点意见：一是坚持以点带面、解剖麻雀的工作方法，除民革长期直接参与扶贫的毕节、黔西南两地和省会贵阳外，在其余六个地市州各选一个县重点开展工作；二是开展脱贫攻坚民主监督工作要逐步开展、有序深入、稳步推进；三是开展脱贫攻坚民主监督工作，必须坚持在民革中央的领导、指导和督导之下，主要依靠贵州民革组织，各地民革组织积极参与的原则。

在贵州期间，民革中央脱贫攻坚民主监督工作小组部分成员还前往铜仁市江口县和黔东南苗族侗族自治州开展脱贫攻坚民主监督调研工作。

民革中央推进脱贫攻坚民主监督工作

2017 年 1 月 24 日　来源：《团结报》　作者：郭静秋

1 月 14 日，正值数九寒天，在贵州省迎宾馆的会议室内却春意融融，民革中央脱贫攻坚民主监督工作推进会议在此举行。民革中央副主席兼秘书长、民革中央脱贫攻坚民主监督工作小组组长李惠东在会上就脱贫攻坚民主监督工作"为什么要干、干什么、怎么干"进行了阐述。他指出："脱贫攻坚民主监督，这项开创性的工作正成为民革履行参政党职能的又一个着力点。民革中央主席万鄂湘高度重视脱贫攻坚民主监督工作，曾强调打赢脱贫攻坚战，既是执政党的崇高使命，也是我们参政党的重要职责。我们要按照万鄂湘主席的思路和要求，于监督和协助、支持中参与脱贫攻坚，实实在在帮助贵州打赢脱贫攻坚这场硬仗。"

李惠东要求，各调研组要根据《民革中央开展脱贫攻坚民主监督工作方案》和《脱贫攻坚民主监督调研组组建及监督工作实施意见》，进一步调整加强工作力量，汇总好 2016 年度工作，切实提出 2017 年工作方案，踏实开展好调研工作，准确掌握工作进展情况。要发挥好广大民革党员及民主监督专家工作组成员的积极性，及时收集信息，发现重点难点问题，为调研组确定重点调研方向提供建议。

与会同志就民革中央脱贫攻坚民主监督工作规则和工作程序以及下一步工作思路和计划进行了交流讨论，为更好地对接开展工作，会议对原定的 6 个调研组的联络员、秘书进行了部分调整，并增设了有民革组织资源的毕节和黔西南联络组。

据悉，贵州是民革中央脱贫攻坚民主监督的省份，民革中央领导多次率队就此议题赴贵州调研。

民革中央向贵州反馈 2016 脱贫攻坚民主监督情况

2017 年 2 月 21 日　　来源：《贵州日报》

　　2 月 20 日，笔者从在贵阳召开的民革中央脱贫攻坚民主监督工作会议上获悉，根据中共中央总体部署，自 2016 年 6 月 21 日民革中央对口贵州省开展脱贫攻坚民主监督工作以来，民革中央和中共贵州省委、省政府高度重视、迅速响应、加强沟通配合，针对我省实际，探索工作机制，制定工作方案，脱贫攻坚民主监督工作取得初步成效。

　　据悉，脱贫攻坚民主监督是以习近平总书记为核心的中共中央赋予各民主党派中央的一项新任务，是民主党派作为中国特色社会主义参政党参与国家政治生活的一种新形式，是坚持和完善中国共产党领导的多党合作和政治协商制度，更好发挥中国特色社会主义政治制度的优势性的重要实践。

　　对口贵州省开展脱贫攻坚民主监督工作正式启动后，民革中央与中共贵州省委、省政府充分沟通协商，共同研究制定工作方案，逐步形成了"领导小组 + 工作小组 + 2 个定点扶贫地区 + 6 个调研组"的"1126"工作模式，为开展脱贫攻坚民主监督工作建立起一套工作机制。截至 2016 年底，民革中央组建的 6 个调研组分赴对口市州开展 7 次调研，足迹遍布12 个县（市、区）的 33 个扶贫点。民革中央认为，中共贵州省委、省政府坚定不移地把脱贫攻坚作为"第一民生工程"，面对全国贫困人口最多、脱贫任务最重的实际情况，贵州省制定脱贫攻坚行动计划，在出台系列扶贫政策的基础上，持续细化政策措施，强化落实干部责任，形成专项、行业、社会"三位一体"大扶贫格局，集中力量打好易地扶贫搬迁、产业脱贫、绿色贵州建设、基础设施建设、教育医疗脱贫、社会保障兜底"六大攻坚战"，积极搭建大数据管理、扶贫融资、扶贫宣传、产业园区"四大平台"。2016 年贵州全省脱贫人口达 120.8 万人，6 个贫困县（市、区）和 1500 个贫困村按国定标准实现"摘帽"；完成 45 万人口的易地扶贫搬迁。总体来说，贵州省所开展的工作措施有力、责任到位、成果丰硕，创造了一批值得推广的工作模式和经验，较好地完成了本年度脱贫攻坚任务。

针对工作发现的问题和困难，民革中央还结合实际提出了意见建议。民革中央表示，将发挥自身优势，深度参与贵州脱贫攻坚政策制定、落实、验收全过程，寓帮扶于监督，助力贵州省坚决打赢脱贫攻坚战。建议贵州省建立完善相关工作机制，使各级党委和政府知晓、支持、参与民革中央开展脱贫攻坚民主监督工作。

民革中央脱贫攻坚民主监督工作会议在贵阳召开

2017 年 2 月 24 日　　来源：《人民政协报》　　作者：汪俞佳

本报讯 2 月 20 日，民革中央脱贫攻坚民主监督工作会议在贵阳召开。

据介绍，自 2016 年 6 月 21 日民革中央对口贵州省开展脱贫攻坚民主监督工作以来，民革中央与中共贵州省委、省政府充分沟通协商，共同研究制定工作方案，逐步形成了"领导小组＋工作小组＋2 个定点扶贫地区＋6 个调研组"的"1126"工作模式，为开展脱贫攻坚民主监督工作建立起一套工作机制。截至 2016 年底，民革中央组建的 6 个调研组分赴对口市州开展 7 次调研，足迹遍布 12 个县（市、区）的 33 个扶贫点。

民革中央认为，中共贵州省委、省政府坚定不移地把脱贫攻坚作为"第一民生工程"，面对全国贫困人口最多、脱贫任务最重的实际情况，制定脱贫攻坚行动计划，在出台系列扶贫政策的基础上，持续细化政策措施，强化落实干部责任，形成专项、行业、社会"三位一体"大扶贫格局，集中力量打好易地扶贫搬迁、产业脱贫、绿色贵州建设、基础设施建设、教育医疗脱贫、社会保障兜底"六大攻坚战"，积极搭建大数据管理、扶贫融资、扶贫宣传、产业园区"四大平台"。2016 年，贵州全省脱贫人口达 120.8 万人，6 个贫困县（市、区）和 1500 个贫困村按国定标准实现"摘帽"，完成 45 万人口的易地扶贫搬迁。总体来说，贵州省所开展的工作措施有力、责任到位、成果丰硕，创造了一批值得推广的工作模式和经验，较好地完成了本年度脱贫攻坚任务。

民革中央表示，将发挥自身优势，深度参与贵州脱贫攻坚政策制定、落实、验收全过程，寓帮扶于监督，助力贵州省坚决打赢脱贫攻坚战。建议贵州省建立完善相关工作机制，使各级党委和政府知晓、支持、参与民革中央开展脱贫攻坚民主监督工作。

民革中央副主席兼秘书长、民革中央脱贫攻坚民主监督工作小组组长李惠东出席会议。

为脱贫攻坚注入民主监督之力

——各民主党派中央脱贫攻坚民主监督工作综述

2017 年 9 月 27 日　　来源：《新华社》　　记者：姜潇

开展脱贫攻坚民主监督，是中共中央赋予各民主党派的重要使命，也是各民主党派中央首次对国家重大战略决策进行专项监督。

自 2016 年 6 月，各民主党派中央分别对口 8 个全国脱贫攻坚任务重的中西部省区，开展脱贫攻坚民主监督工作。一年多来，各民主党派中央坚持问题导向，深入调查研究，切实履行民主监督职能，提出了一系列意见建议，推动中共中央关于脱贫攻坚的一系列决策部署的贯彻落实，为打赢脱贫攻坚战作出积极贡献。

周密部署，全面落实

2016 年 6 月 21 日，各民主党派中央开展脱贫攻坚民主监督工作启动会在京召开，吹响了民主党派中央开展脱贫攻坚民主监督的集结号。

一分部署，九分落实。一年多来，各民主党派认真贯彻中央精神，积极推动落实，并结合各自党派特色，发挥人才、智力和资源优势，扎实推进相关工作。

——对口监督，增强针对性。各民主党派中央分别对口贵州、河南、广西、湖南等 8 个中西部省区开展民主监督，纷纷成立领导小组，制定工作方案，抽调骨干力量充实队伍，持续推进脱贫攻坚民主监督工作的开展。

——坚持问题导向，精准发力。聚焦贫困人口精准识别情况、贫困人口精准脱贫情况、贫困县摘帽情况、落实脱贫攻坚责任制情况、重大政策措施执行情况，以及扶贫资金项目管理使用情况六个方面内容，深入调研，掌握实情。

——因地制宜，突出特色。各民主党派中央还结合党派特色和对口省区特点，对监督领域各有侧重。如致公党中央将四川藏区、彝区的脱贫攻坚作为监督工作的重点，帮助四川省委、省政府啃硬骨头；台盟中央则发挥优势，把台商、台企谋求发展，与甘肃省经济社会文化建设相结合，把台盟现有社会服务品牌向甘肃省贫困群众倾斜。

深入调研，精准监督

事者，生于虑，成于务。一年来多，各民主党派中央深切感受到这项任务的光荣艰巨、责任重大，深入基层开展实地调研，察实情、出实招，不辱使命，勇于担当。

据统计，自这项工作开展以来，各民主党派中央负责同志带队的调研共 166 次，涉及 240 个县（市、自治州）、542 个村；举办协商、座谈、培训、答复反馈等会议 193 次。

截至今年 6 月底，民革中央及 8 个调研组、联络组分 17 批次赴贵州 25 个县开展调研，做了大量基础性工作，并不断发掘总结出好的经验和做法，为民主监督打好良好基础。

为了把贫困人口精选识别等问题搞清楚，农工党中央依托党内专家力量，采用统计学、社会学理论方法，设计出包含 6 大类、30 小项、100 多个指标的评估体系，科学分析脱贫攻坚中存在的问题并寻找改进方案。

九三学社中央强调"把人民放在心上，把使命扛在肩上"的宗旨，通过"回头看"的方式，对反馈问题持续追踪调研，了解整改落实情况，杜绝一阵风式扶贫。

在脱贫攻坚中，民主党派不仅是监督者，还是参与者。民盟中央积极协调盟内外资源，在河南贫困地区开展民主监督的同时，通过组织远程教育"烛光行动"等活动，积极开展社会服务，助力脱贫攻坚。

同心聚力，建言献策

聚众力，集众智，出实招，谋良策。据了解，在脱贫攻坚民主监督工作中，各民主党派中央结合本党派长期研究和关注的领域，选取监督的重点内容，提出特色鲜明、针对性强的意见建议，共向地方党委、政府提出各类意见建议567条；对于工作中发现的共性问题和突出问题，各民主党派中央还以"直通车"的形式报中共中央、国务院。

"不说风凉话""不说虚话""不说冲动话"，是各民主党派中央在开展脱贫攻坚民主监督工作中始终秉持的工作作风，客观反映情况，杜绝形式主义，讲真话、建净言，赢得了对口省区的广泛肯定。

与此同时，各对口省区认真听取意见，认真整改落实。如中共广西壮族自治区党委把民建中央反馈的问题整改纳入广西2016年各级党委和政府扶贫开发成效考核"一盘棋"来推进；中共湖南省委主要负责同志与来自12个贫困县的县委书记交流座谈6个多小时，直面民进中央提出的问题，研究整改落实。

在国家层面，国务院扶贫开发领导小组将民主党派民主监督发现的问题整改情况作为重点任务进行督查巡查。

脱贫攻坚民主监督作为民主党派深度参与脱贫攻坚的新平台，是对民主监督的新探索，也是彰显我国多党合作制度优势的新实践。下一步，各民主党派中央将更加紧密地团结在以习近平同志为核心的中共中央周围，攻坚克难，履职尽责，为打赢脱贫攻坚战，顺利实现全面建成小康社会的第一个百年目标不懈努力，不辜负中共中央的信任和委托。

万鄂湘率队赴贵州开展脱贫攻坚民主监督工作

2017 年 7 月 19 日　　来源：《团结报》　　责任编辑：付文一

"继续发挥优势，务实开展脱贫攻坚民主监督工作"，是民革十二届十九次中常会部署的民革下阶段重点工作之一。7 月 16 日，就在民革中常会闭幕次日，民革中央主席万鄂湘率队再赴对口省份贵州，深入开展脱贫攻坚民主监督工作。民革中央副主席兼秘书长李惠东，以及民革中央相关部门负责同志、民革党员企业家代表参加调研。

今年是民革中央对口贵州脱贫攻坚民主监督工作全面展开的一年。此次调研是自去年 6 月该项工作启动以来，万鄂湘第二次率队赴贵州开展脱贫攻坚民主监督工作。此行旨在同贵州有关方面就脱贫攻坚民主监督工作进一步交换意见，沟通情况，研究问题，切实落实好中共中央赋予民革中央脱贫攻坚民主监督的重要使命和任务。

17 日上午，民革中央对口贵州省脱贫攻坚民主监督座谈会在贵阳举行。中共贵州省委常委、统战部部长刘晓凯出席座谈。受中共贵州省委书记、省长孙志刚委托，副省长刘远坤汇报了贵州省脱贫攻坚工作情况。围绕扶贫政策实施、产业扶贫、教育扶贫、精神脱贫、易地扶贫搬迁等问题，与会者进行了深入交流，并提出意见建议。

在听取了大家的发言后，万鄂湘高度评价了贵州脱贫攻坚工作取得的成效。他说，十八大以来，以习近平同志为核心的中共中央把脱贫攻坚摆到治国理政的突出位置。中共贵州省委、省政府认真学习贯彻习近平总书记关于脱贫攻坚重要讲话精神，坚定不移地把脱贫攻坚作为"第一民生工程"，抢抓发展机遇，创新发展模式，采取有力措施，为我国全面打赢脱贫攻坚战作出了重要贡献。贵州省在脱贫攻坚中的积极探索是一场深刻变革，脱贫攻坚不仅是消除贫困，更是治理体系和治理能力的提升。

万鄂湘表示，贵州省为打赢脱贫攻坚战积极探索新路子，涌现出一批好的经验和做法，特别是抓住了产业扶贫这个牛鼻子，找准了易地扶贫搬迁的关键点，强化了教育医疗扶贫的全覆盖，掌握了精准脱贫和成效考核的大数据。

"民革在贵州开展脱贫攻坚民主监督工作已经一年时间，逐步积累了一些工作经验，摸清了一些工作门路。"万鄂湘指出，不久前民革中央按照国务院扶贫办的整体部署首次派员参加了扶贫督查巡查工作，重点督察民革中央去年脱贫攻坚民主监督报告提出问题的整改情况。可以说，中共中央、国务院对这项工作的安排越来越实，要求也在不断深化。

万鄂湘强调，民革中央在贵州开展脱贫攻坚民主监督工作，既是完成一项光荣艰巨的任务，又是加强自身建设、提高能力水平的难得机遇。对于民革中央下一步脱贫攻坚民主监督工作，他提出三点意见：一是认真学习落实习近平总书记重要讲话精神，聚焦极贫地区和摘帽县开展调研。二是深入贯彻"寓监督于帮扶之中，寓帮扶于监督之中"的工作思路，抓住脱贫攻坚关键环节研究问题。三是充分发挥民革优势与特色，进一步统筹做好脱贫攻坚民主监督工作，在重视物质脱贫的同时，也要高度重视精神脱贫问题。

座谈会上，李惠东介绍了今年以来民革中央脱贫攻坚民主监督工作的基本情况。

17日下午，民革中央调研组在毕节市金海湖新区竹园乡老街社区，进村入户调研精准扶贫和稳定脱贫问题。

调研期间，调研组还赴纳雍出席民革中央援建的昆寨中学改造项目工程竣工仪式和中山博爱夏令营活动启动仪式。

记者了解到，今年以来，民革中央联合地方组织组成8个调研组，每个调研组选取2至3个上一年度实现"摘帽"的贫困村和本年度计划"摘帽"的贫困村作为日常调研点，开展深入调研。民革中央连续两次召开工作推进会，进一步完善工作机制，部署重点任务。民革中央与中共贵州省委、省政府的合作对接也进一步深化，强化了日常工作联系机制、信息通报机制和成果会商机制，贵州省还以"两办"名义下发了《关于配合民革中央做好脱贫攻坚民主监督工作的通知》，不断增强脱贫攻坚民主监督的针对性和实效性。

黔贵大地变样了

——民革中央赴贵州开展脱贫攻坚民主监督调研纪行

2017 年 7 月 20 日 来源:《团结报》 作者:王恺强 周福志 邵斌

今年是民革中央对口贵州脱贫攻坚民主监督工作全面展开的一年。7 月 17 日至 18 日,民革中央主席万鄂湘带领民革中央调研组再次来到黔贵大地,落实好中共中央赋予民革中央脱贫攻坚民主监督的重要使命和任务。

"民革在贵州开展脱贫攻坚民主监督工作已经一年时间,逐步积累了一些工作经验,摸清了一些工作门路。"万鄂湘说,下阶段民革中央要聚焦极贫地区和"摘帽"县开展调研,深入贯彻"寓监督于帮扶之中,寓帮扶于监督之中"的工作思路,在重视物质脱贫的同时,也要高度重视精神脱贫问题。

调研期间,中共贵州省委书记、省长孙志刚会见了调研组一行。民革中央副主席兼秘书长李惠东,民革中央相关部门负责同志、民革党员企业家代表参加调研。贵州省有关负责同志等陪同调研。

脱贫攻坚要发挥贫困群众的主体作用

7 月 17 日下午,调研组一行来到毕节市金海湖新区竹园乡老街社区,进村入户调研精准扶贫和稳定脱贫问题。

老街社区有贫困人口 110 户 317 人,邓书文就是当地因病致贫、因学致贫的一家。邓书文的妻子患有精神病多年，一直在精神病院治疗，所以只能靠他一人就近打些零工维持家庭生活和支付子女就读大学的生活费。

当地中共党委、政府部门跟踪服务即将大学毕业的大女儿就业问题，同时发挥邓书文建筑技术特长，帮助介绍务工，增加收入。

得知邓书文三个子女都是大学生时，万鄂湘竖起大拇指说："家里很贫困，但你们对子女的教育很不简单，相信在全家的努力和各方的支持下，一定会尽快脱贫。"

老街社区同组的陈宗祥已经实现了脱贫，2014 年以前，由于自身发展动力不足、缺乏发展资金，导致家庭贫困。

利用产权属于村集体的烤烟专业合作社大棚资源，通过"合作社 + 党支部 + 贫困户"扶贫模式，贫困户按比例分成，陈宗祥家庭收入逐渐增加。现在他经营着 17 个大棚，加上生猪养殖的收入，年收入可以达 10 万元。

万鄂湘详细询问了种养殖的有关情况，关心销售渠道有没有保障，他强调一定要守好这片绿水青山，发展绿色生态农业。

了解到陈宗祥还在帮助周边的群众共同发展，起到了示范带动的作用。万鄂湘说道，如何真正发挥贫困群众的主体作用，也是需要我们在下一步的工作中细致调研、深入研究的问题。

在民革中央对口贵州省脱贫攻坚民主监督座谈会上，万鄂湘高度评价了贵州脱贫攻坚工作取得的成效和经验，特别是抓住了产业扶贫这个"牛鼻子"，找准了易地扶贫搬迁的关键点，强化了教育医疗扶贫的全覆盖，掌握了精准脱贫和成效考核的大数据。

对于民革中央下一步脱贫攻坚民主监督工作，万鄂湘提出三点意见，特别强调要深入贯彻"寓监督于帮扶之中，寓帮扶于监督之中"的工作思路。

两个人挤一张床铺成为历史

"纳雍不脱贫，民革不脱钩，纳雍脱了贫，民革不断线。"

今年，是民革中央定点帮扶纳雍的第 27 个年头。

18 日上午，沿着崎岖山路，颠簸了近两个小时，调研组一行从毕节市区赶往纳雍县昆寨乡。昆寨属贵州省 100 个一类贫困乡之一，也是毕节市 18 个极贫乡镇之一。作为该乡唯一的初级中学，昆寨中学迎来写入校史的大事件——校园改扩建项目即将落成。

步入校门，校园立即响起热烈的掌声，一脸朝气的学生们欢迎着远道而来的客人："欢迎万爷爷！""欢迎民革的叔叔阿姨！"一位男同学伸出手来想要握手，万鄂湘笑着主动握上去，询问道："今年的成绩怎么样？""好好学习，将来为建设家乡作贡献。"

在昆寨中学校园改扩建项目落成仪式上，万鄂湘等领导嘉宾共同为项目落成剪彩。学校的改造在当地是一件大事，昆寨中学副校长李江维说，学校设施设备的落后、学生宿舍的拥挤、学生食堂的狭窄破旧等难题一直困扰着学校。其中民革党员、海云天投资控股集团董事长游忠惠通过中山博爱基金会捐款人民币 400 万元。如今，校园里新教学楼封顶，五层楼的新宿舍楼拔地而起，三层楼的学生食堂破土，还有公厕、线型跑道、篮球场、运动场也将一一改造。

扶贫先扶智，致富先育人。多年来，民革中央积极协调，为纳雍争取了总投资 1200 万元的"国家贫困地区义务教育工程"试点项目；动员社会力量捐资近千万元，在全县新建、改扩建"希望小学"13 所，让许多贫困山区失学儿童得以重返校园；引进海云天教育集团为毕节提供价值千万元的教育信息化帮扶；引进上海新纪元教育集团等教育机构开展义务教育、职业教育累计数万人次等。

"在重视物质脱贫的同时，高度重视精神脱贫问题。"18日下午，万鄂湘一行在纳雍一中参加了"博爱牵手 情暖童心"中山博爱夏令营开营仪式。据悉，此举正是落实民革中央关爱支持贫困地区少年儿童特别是留守儿童健康成长的具体行动。

纳雍县教育局局长陈祥海说："民革中央始终关心纳雍教育的进步与发展，切实关怀受帮扶困难群体，帮助困难家庭子女不输在人生起跑线上，我们永远铭记于心，感恩于怀。"

普赛河的水清了

考察普赛河流域治理和生态保护情况，是调研组在纳雍调研行程的最后一站，也是让纳雍当地颇为"紧张"的一站。

2013年8月，万鄂湘首次率"同心·博爱行"调研组考察纳雍时曾感慨道，"一路上看到天蓝、山青，就是水有点问题，得下决心治一治"。他还给纳雍民革组织布置作业，要当好"环保监督员"，在生态文明建设中积极发挥作用。临离开时，万鄂湘对纳雍干部说："等纳雍水清的时候我再来，水不清，我不来。"

普赛河周边有着丰富的煤炭资源，伴随煤电产业的发展，在流经的几个乡镇迅速兴起一批煤矿产业，但由于环保意识缺失，环保设施设备落后，导致流域一度出现水体发黑、发臭、污染十分严重。中共纳雍县委、县政府下大力气，一方面全面落实"河长制"，强化责任落实、监督问责；另一方面全面抓好污染整治，重罚重处直接向河道排放污水的煤矿和洗煤厂，同时建立起多座污水处理厂；此外还全面动员，干部职工带头开展"清河行动"，提升群众环保意识。民革纳雍总支也积极行动起来，成立环保监督中心，发动党员将监督付诸行动，徒步沿河寻找污染源，撰写《普赛河污染调研报告》。在多方努力推动下，普赛河终于实现了从脏黑臭到清美亮的蜕变。

　　"现在水清多了，沿岸绿植也很漂亮，附近的美丽乡村建设也有声有色。"站在大变样的普赛河畔，万鄂湘高兴地说，给你们布置的任务达标了。他希望纳雍干部群众携起手来，继续守好青山绿水，在脱贫攻坚、全面建成小康社会的道路上，不断进取，早日达标。

民革中央开展脱贫攻坚民主监督一年间

2017 年 7 月 25 日   来源：《团结报》   作者：王恺强

探索中稳步前行

出台《民革中央开展脱贫攻坚民主监督工作方案》；明确工作思路和原则；组成 6 个调研组对贵州省已有脱贫攻坚任务的 6 个市州对口开展调查研究，并增设有民革组织资源的毕节和黔西南联络组；按照国务院扶贫办的整体部署派员参加扶贫督查巡查工作……自去年 6 月 21 日各民主党派中央脱贫攻坚民主监督工作正式启动以来，民革积极探索，不断创新，在对口贵州省开展脱贫攻坚民主监督工作中积累了不少经验。

7 月 17 日下午，民革中央主席万鄂湘率民革中央调研组一行来到毕节市金海湖新区竹园乡老街社区，走进贫困户家中询问致贫原因，掌握扶贫政策的落实情况。

自去年 6 月 21 日，各民主党派中央脱贫攻坚民主监督工作正式启动以来，这是万鄂湘第二次就这项工作来到民革中央对口省份贵州开展专题调研。

机制先行　明确思路

脱贫攻坚民主监督工作正式启动后，民革中央迅速着手制定方案，尽快形成工作机制。在去年 7 月初召开的民革十二届十五次中常会上，万鄂湘就指出，全党要深入落实中共中央扶贫开发工作会议精神，认真开展脱贫攻坚民主监督工作，积极投身脱贫攻坚战。

不久后，《民革中央开展脱贫攻坚民主监督工作方案》的出炉，为工作开展提供了机制保障。《方案》从工作原则、组织领导、工作重点内容、工作形式等方面对相关工作作出规范。《方案》明确，万鄂湘担任民革中央脱贫攻坚民主监督领导小组组长，常务副主席齐续春任副组长，领导小组下设工作小组，负责具体工作。

脱贫攻坚民主监督这项新任务、新使命如何完成，各民主党派也都在不断摸索。对于做好脱贫攻坚民主监督，2016 年 9 月 21 日在贵阳召开的民革中央脱贫攻坚民主监督座谈会上，万鄂湘指出，对于民革自身而言，要勤于思考，提高对脱贫攻坚民主监督工作的思想认识；要善于创新，探索脱贫攻坚民主监督工作的方式方法；要密切配合，形成民革脱贫攻坚民主监督工作的合力；要务求实效，防范脱贫攻坚民主监督工作流于形式。

万鄂湘还特别强调，在民革中央脱贫攻坚民主监督具体工作中，要做到"多""少""不" 三个字："多"是多帮忙，"少"是少添麻烦，"不"是不添乱、不帮倒忙。

工作思路和原则的明确为下一步具体工作的开展指明了方向。

深入一线 实地调研

5 月 21 日至 23 日，民革中央脱贫攻坚民主监督第二调研组组长、民革四川省委会副主委郑学炳率队赴六盘水市调研脱贫攻坚民主监督工作。调研组在水城县新街乡新街村、龙场乡碗厂村等地实地调研，详细了解当地易地扶贫搬迁、产业扶贫等情况。

6 月 12 日至 14 日，民革中央脱贫攻坚民主监督第三调研组成员赴遵义市湄潭县、桐梓县开展调研；6 月 13 日，民革中央脱贫攻坚民主监督第一调研组到黔东南州丹寨县开展调研⋯⋯

没有调查就没有发言权，不深入一线就无法真正监督政策是否落地。每到一地，调研组都认真听取当地政府的情况介绍并深入县乡和农户家中进行实地考察。

民革中央组织四川、湖北、上海、广东等经济发达省份民革组织的力量，组成6个调研组，针对脱贫攻坚重点难点问题和政策落实中的薄弱环节，对贵州省已有脱贫攻坚任务的6个市州对口开展调查研究。此后，又增设了有民革组织资源的毕节和黔西南联络组。

去年，民革中央共组织不同层次的调研10次，通过召开专题座谈会、实地考察、入户走访等方式，重点围绕精准识别、精准施策、责任落实、资金安排等方面，查看政策落实情况，听取干部群众的真实感受和看法。

今年上半年，调研组根据贵州省对口市州脱贫攻坚工作总体情况和阶段性规划目标，每个调研组选取2至3个上一年度实现"摘帽"的贫困村和本年度计划"摘帽"的贫困村作为日常调研点，开展深入调研，研究重点难点问题，提出意见建议。今年以来，民革中央各调研组、联络组分赴贵州省16县24个村开展脱贫攻坚民主监督调研。

加强联络　总结经验

在开展脱贫攻坚民主监督过程中，与各地中共党委政府密切联系，经常沟通是必要之举。民革中央与中共贵州省委、省政府深化合作对接，完善工作机制，不断增强脱贫攻坚民主监督的针对性和实效性，使工作有序推进。

民革中央与中共贵州省委、省政府强化了日常工作联系机制、信息通报机制和成果会商机制。特别是贵州省以"两办"名义向全省下发了《关于配合民革中央做好脱贫攻坚民主监督工作的通知》，为民革组织监督和参与脱贫攻坚工作提供了良好条件和有力支持。

为落实好民革中央对口贵州省脱贫攻坚民主监督任务，民革中央今年两次召开工作推进会，进一步完善工作机制，部署重点任务，持续加大对脱贫攻坚全过程参与力度。7月初，民革中央在毕节市召开民革全国脱贫攻坚民主监督工作交流会，总结交流各组工作的成果和经验，进一步梳理工作思路、完善工作模式。

期待越高　责任越重

去年年底召开的党外人士座谈会上，习近平总书记谈到脱贫攻坚民主监督时表示，脱贫攻坚时间紧、任务重，希望各民主党派中央继续对各项精准扶贫、精准脱贫政策落实情况进行监督，及时提出意见和建议。

不久前，民革中央按照国务院扶贫办的整体部署首次派员参加了扶贫督查巡查工作，重点督察民革中央去年脱贫攻坚民主监督报告提出问题的整改情况。万鄂湘说道，中共中央、国务院对这项工作的安排越来越实，对脱贫攻坚民主监督的期待和要求也在不断深化。

为此，万鄂湘在7月17日召开的民革中央对口贵州省脱贫攻坚民主监督座谈会上，对民革中央下一步脱贫攻坚民主监督工作做出了部署，认真学习落实习近平总书记重要讲话精神，聚焦极贫地区和摘帽县开展调研。深入贯彻"寓监督于帮扶之中，寓帮扶于监督之中"的工作思路，抓住脱贫攻坚关键环节研究问题。充分发挥民革优势与特色，进一步统筹做好脱贫攻坚民主监督工作，在重视物质脱贫的同时，也要高度重视精神脱贫问题。

帮助对口省份更好地发现问题，解决问题，坚决打赢脱贫攻坚战，民主党派依旧任重而道远。

民革中央聚焦精准扶贫 开展脱贫攻坚民主监督

2018年1月5日　来源:《人民政协报》　作者:汪俞佳

责任编辑:李培刚

打赢脱贫攻坚战,既是执政党的崇高使命,也是参政党的重要职责。民革中央表示,要紧抓脱贫攻坚的牛鼻子,聚焦深度贫困地区脱贫难题,将扶贫同扶志、扶智紧密结合,帮助贵州全面打赢脱贫攻坚战,切实做到脱真贫、真脱贫。

2017年7月16日晚6时许,全国人大常委会副委员长、民革中央主席万鄂湘乘坐的航班稳稳降落在贵阳龙洞堡国际机场。

作为全国贫困人口最多、贫困面积最大、脱贫攻坚任务最重的省份,贵州,无疑是我国脱贫攻坚的主战场。2016年中央扶贫开发工作会议后,中共中央明确8个民主党派中央分别对口8个中西部省区开展脱贫攻坚民主监督,民革中央对口贵州。

傍晚,习习凉风吹散暑热,一丝焦急心头掠过。这已经是万鄂湘率队第二次来到对口省份贵州。出发前日,民革十二届十九次中常会刚刚闭幕,万鄂湘部署的民革下阶段重点工作之一,正是"继续发挥优势,务实开展脱贫攻坚民主监督工作"。

"1126"的背后

脱贫攻坚是中共中央治国理政新理念新思想新战略中一项重大工作举

措。落实好中共中央赋予民革中央脱贫攻坚民主监督的重要使命和任务，是民革全党当前的心头大事。

这是一场硬仗，要有硬仗的打法，更要有打赢的态度与策略。

万鄂湘曾指出，要勤于思考，提高对脱贫攻坚民主监督工作的思想认识；要善于创新，探索脱贫攻坚民主监督工作的方式方法；要密切配合，形成民革脱贫攻坚民主监督工作的合力；要务求实效，防范脱贫攻坚民主监督工作流于形式。

一份"规格"颇高的名单，可以窥探一二——万鄂湘担任民革中央脱贫攻坚民主监督领导小组组长，时任常务副主席齐续春任副组长，在京各位民革中央副主席为成员。领导小组下设工作小组，民革中央分管副主席任组长，民革贵州省委会主要负责同志为副组长，党内专家、职能部门负责人为成员。

如此明晰的责任压实，源自民革中央2016年6月启动脱贫攻坚民主监督工作不久后出台的《民革中央开展脱贫攻坚民主监督工作方案》（以下简称《方案》）。《方案》从工作原则、组织领导、工作重点内容、工作形式等方面对相关工作作出明确规范。

建章立制，其目的是明确责任，落实任务。除领导小组和工作小组外，民革中央在贵州以省、市民革组织为主要抓手，以中东部部分省份民革组织为支持单位，对口6个市州建立了6个调研组，并结合长期参与毕节试验区和黔西南试验区建设、对口帮扶贵州省毕节市纳雍县的工作实践建立了2个联络组。

"领导小组、工作小组、2个联络组、6个调研组的工作机制我们称为'1126'。"工作小组组长、民革中央副主席李惠东一年来7赴贵州沟通情况，推进工作。据他介绍，各调研组和联络组相当于民革中央常驻贵州的"工作队"，在参与当地脱贫攻坚的政策制定、落实、检查工作全过程的同时，还根据对口州市脱贫攻坚工作总体情况和阶段性规划目标选取部分贫困村作为日常调研点，长期跟踪了解情况问题。此外，民革中央还通过召开工作推进会、培训会和座谈会等方式，更加全面摸清情况，研究问题。

相互配合，才能形成合力。2017 年 3 月底，中共贵州省委办公厅、贵州省人民政府办公厅联合向全省下发了《关于配合民革中央做好脱贫攻坚民主监督工作的通知》，为民革中央在贵州省依托当地民革组织参与脱贫攻坚工作提供了良好条件和有力支持。同时，民革中央在制订方案、研究部署、具体实施的各个阶段，也主动邀请地方中共党委、政府领导和相关部门参与，就工作安排保持密切沟通联系。

"民革中央与贵州方面建立的多层面日常工作联系机制、信息通报机制和成果会商机制，使工作更贴近政府和贫困群众需求，更容易产生实际效果。"经过一年多的实践探索，民革在贵州的脱贫攻坚民主监督工作已经初步形成具有民革特色的工作体系，在助力贵州精准扶贫精准脱贫方面取得一定成效。

深入一线出谋划策

贵州省纳雍县，民革中央在这里定点帮扶了 27 个年头。2017 年 6 月 18 日上午，纳雍县昆寨乡昆寨中学校园改扩建项目落成仪式上，万鄂湘与其他嘉宾一道为项目落成剪彩。台下，一脸朝气的学生们响起久久掌声。

多年来，民革中央始终倾情倾力参与贵州扶贫开发和经济社会发展，密切联系从未断线。"民革中央长期参与贵州扶贫工作，熟悉省情民情贫情，为扎实做好脱贫攻坚民主监督奠定了良好基础。"万鄂湘如是说。

不过，虽与贵州早已"结缘"，但要掌握全面情况，没有调查就没有发言权，不深入一线，就无法了解百姓的脱贫状况，无法真正监督政策是否落地。

2017 年 5 月 21 日至 23 日，民革中央脱贫攻坚民主监督第二调研组赴六盘水市调研脱贫攻坚民主监督工作；2017 年 6 月 12 日至 14 日，民革中央脱贫攻坚民主监督第三调研组赴遵义市湄潭县、桐梓县开展调研；2017 年 6 月 13 日，民革中央脱贫攻坚民主监督第一调研组到黔东南州丹寨县开展调研……

一年多来，调研组下沉到扶贫基层一线，进村入户，先后开展了 29 次专题调研，足迹遍及贵州省 8 个市（自治州）54 个县 95 个村。举办协商、座谈、答复反馈等会议 12 次，重点围绕精准识别、精准施策、责任落实、资金安排等方面，查看政策落实情况，听取干部群众意见，掌握了大量鲜活、翔实的一手资料。与此同时，民革贵州省委发动省内各地区民革基层组织和党员，广泛参与所在地区的日常监督工作。上海、江苏、浙江、河南、湖北、广东、重庆、四川等地方民革组织负责人也多次率队赴对口州市实地走访调研。

访真贫、看真贫、真扶贫，一张蜿蜒曲折的脱贫攻坚民主监督路线图，呼之欲出。

摸清"病根子"，才能开对"药方子"。一直以来，民革中央把形成言之有物、重点突出的监督报告作为衡量脱贫攻坚民主监督工作的重要标准。2017 年底，经过深入调研，结合多方意见，民革中央正式提交年度监督报告，对贵州脱贫攻坚工作作出客观评价，对贵州较好完成年度任务、开创相关工作模式的成绩给予肯定，并根据在调研中发现的问题和困难，提出进一步加大对深度贫困地区的支持力度，完善农村低保制度与精准扶贫的有效衔接，以市场为导向科学实施产业扶贫，瞄准贫困思想根源加快实施精神扶贫等建议。

监督帮扶有机结合

脱贫攻坚民主监督是民主党派民主监督工作的新探索，具有重要的政治意义和现实意义。民革中央从一开始就深刻认识到这项工作的重要性。经过深入调研和不断探索，根据统一战线特点和多党合作优势，民革中央确定了"寓监督于帮扶之中，寓帮扶于监督之中"的工作原则。

万鄂湘多次强调，在开展民主监督的同时，要充分发挥民主党派人才荟萃、渠道畅通的优势，积极调动民革有生资源投向贫困地区，形成民主监督与脱贫攻坚相互促进、相向而行的生动局面。

落到实践，一场以绿色扶贫为主题的招商会或许就是最好的说明。

2017 年 5 月 7 日，初夏的北京天高气爽。伴随着"我在贵州等你"的优美旋律，由民革中央组织的近四百位企业家步入会场，同贵州省各市州以及省直相关部门负责人齐聚一堂。产业发展是脱贫攻坚的重中之重，这场由民革中央协助贵州省政府举办的贵州产业扶贫项目推介会，正是为了让企业更多地了解贵州的发展潜力和支持政策，更好地参与贵州的产业发展和脱贫攻坚。

此外，四川、上海等民革省级组织积极参与六盘水市、铜仁市等地的监督工作，组织专家为对口地区脱贫攻坚问诊把脉、出谋划策，联系对接经济发达地区优势资源，引入乡村旅游和公益文化等项目，实实在在助推当地脱贫攻坚工作。

扶贫先扶智，致富先育人。万鄂湘特别指出，在重视物质脱贫的同时，要高度重视精神脱贫问题，要关爱支持贫困地区少年儿童特别是留守儿童的健康成长。为此，民革中央发动社会力量通过中山博爱基金会组织举办"博爱牵手情暖童心——中山博爱夏令营"，帮助乡村儿童特别是留守儿童开阔视野、增长见识。

责任与担当，始终如一。多年来，民革中央积极协调和呼吁，帮助纳雍争取"国家贫困地区义务教育工程"等多项试点项目；动员社会力量捐资近千万元，在全县新建、改扩建"希望小学"13所，让许多贫困山区失学儿童得以重返校园；引进深圳海云天教育集团为毕节提供价值千万元的教育信息化测评服务；引进上海新纪元教育集团、重庆涪陵计算机学校等教育机构开展师资培训累计数万人次等，援助家庭困难学生三千多人次。纳雍县教育局局长陈祥海曾感激地说："民革中央始终关心纳雍教育的进步与发展，切实关怀受帮扶困难群体，帮助困难家庭子女不输在人生起跑线上，我们永远铭记于心，感恩于怀。"

习近平总书记"6·23"讲话以后，贵州省第一时间制订了《贵州深度贫困地区脱贫攻坚行动方案》，分层级制定实施了深度贫困地区脱贫攻坚两年行动计划。民革中央也迅速部署行动，将贵州确定的14个县、20个乡镇、2760个村的极贫地区和计划2017年达标摘帽的16个县作为民革中央开展脱贫攻坚民主监督工作的重点监督对象，将破解深度贫困之策和摘帽县实际脱贫效果作为重点监督内容。

打赢脱贫攻坚战，既是执政党的崇高使命，也是参政党的重要职责。民革中央表示，要紧抓脱贫攻坚的牛鼻子，聚焦深度贫困地区脱贫难题，将扶贫同扶志、扶智紧密结合，帮助贵州全面打赢脱贫攻坚战，切实做到脱真贫、真脱贫。

这是行动，更是承诺！

在贵州六盘水，民革中央这样开展脱贫攻坚民主监督

2019 年 5 月 15 日　来源：《团结报》党派 e 家　作者：陈嵩　邵斌

5 月 15 日，民革中央常务副主席郑建邦率队在贵州六盘水市开展脱贫攻坚民主监督专题调研。民革中央副主席兼秘书长、民革中央脱贫攻坚民主监督工作小组组长李惠东参加调研。贵州省人民政府副省长、民革贵州省委会主委王世杰，中共六盘水市委书记王忠，六盘水市政协党组书记、主席付昭祥等陪同调研。

郑建邦一行先后来到六盘水"三变"改革展示中心、水城县百里猕猴桃产业长廊润永恒俄戛基地、水月产业园易地扶贫搬迁安置点等地调研。在六盘水"三变"改革展示中心，郑建邦详细了解了六盘水"三变"改革的发展历程、做法和成效。每每走到一些重要展台前，他都详细询问具体细节，与当地干部深入交流。了解到当地贫困群众通过"三变"改革实现了脱贫致富时，郑建邦给予了充分肯定。

在水城县百里猕猴桃产业长廊润永恒俄戛基地，郑建邦就土地总体规划、贫困户覆盖数量、土地入股分红、贫困户在基地务工收入等具体问题详细询问了当地负责人。当得知当地群众特别是贫困户家庭在基地的产业带动下实现较大幅度增收时，郑建邦表示要坚持贯彻"绿水青山就是金山银山"的发展理念，进一步带动当地老百姓脱贫致富。

在水月产业园易地扶贫搬迁安置点，郑建邦先后来到小区警务室、幼儿园和搬迁户家中了解情况。郑建邦走进了搬迁户雷荣国一家与他们亲切

交流。"家里有几口人，现在安排的住房面积达标没有？""搬迁之后的就业、子女上学等问题解决没有？"郑建邦问得非常仔细。看着一家人住进了宽敞舒适的房子，听到雷荣国肯定的答复，郑建邦表示非常欣慰。他对当地政府易地扶贫搬迁工作给予充分肯定，并希望继续加大工作力度，做好搬迁安置的后续工作。

15日下午，民革中央脱贫攻坚民主监督座谈会在六盘水市召开，郑建邦出席并讲话。座谈会由李惠东主持。贵州省政协副主席陈坚出席座谈会。会议的主要内容是，了解六盘水市脱贫攻坚工作最新进展和2019年脱贫攻坚的工作思路、具体安排，交流研讨六盘水市脱贫攻坚经验做法和问题困难，围绕打赢打好脱贫攻坚战提出意见建议。

郑建邦对六盘水市脱贫攻坚工作取得的成果和经验表示充分肯定。对发端于六盘水市的"三变"改革，他表示，"三变"已成为全国脱贫攻坚、推进乡村振兴的一个典型经验，找到了让农民群体彻底拔掉穷根子，让传统农业走上现代农业道路的一把钥匙。他总结了近一个时期民革中央脱贫攻坚民主监督工作开展的情况，对第二调研组和民革四川省委会在脱贫攻坚民主监督工作中取得的成效和做出的探索给予了高度评价，对做好下一阶段脱贫攻坚民主监督工作提出了具体要求。

郑建邦表示，希望贵州省在脱贫攻坚战最后关键阶段，尽锐出战，严把贫困退出关，严格执行退出的标准和程序，确保脱贫攻坚任务如期完成；民革作为对口开展脱贫攻坚民主监督的参政党，进一步改进工作、聚焦重点、深入调研、提出建议，不断增强脱贫攻坚民主监督的实效；民革中央与贵州省共同的目标，就是确保脱贫成果经得起历史检验，民革中央要加强与贵州省和有关地市的密切协作，发挥民主党派的政治优势和资源优势，和贵州省广大干部群众一起，为打赢脱贫攻坚战、实现决胜全面建成小康社会的宏伟目标共同奋斗。

中共六盘水市委书记王忠在致辞中表示，民革中央主要领导率队到六盘水开展调研，充分体现了民革中央对六盘水工作的高度重视和关心厚爱，六盘水一定全力配合做好相关工作，真正把民主监督的过程作为推动责任落实、政策落实和工作落实的过程。全市上下一定咬定目标、苦干实干，确保如期打赢打好脱贫攻坚战。中共六盘水市委副书记魏雄军汇报了六盘水市脱贫攻坚工作的最新进展，介绍了"两翼先行、中路突破、全面决胜，确保如期全面小康"的脱贫攻坚总体思路。

民革中央脱贫攻坚民主监督第二调研组组长、民革四川省委会专职副主委郑学炳介绍了相关工作情况。民革中央社会服务部副部长蔡永飞，中共六盘水市委常委、宣传部部长、统战部部长刘睿，六盘水市人民政府党组成员、副市长王成刚，四川快捷 318 汽车旅馆投资管理（集团）有限公司副总裁王晓黎，贵州美荣建筑工程有限公司董事长罗荣等围绕六盘水市脱贫攻坚工作做了交流发言。

民革中央社会服务部、民革中央脱贫攻坚民主监督第二调研组、民革贵州省委会等有关负责同志，贵州省政府、省政协有关部门，中共六盘水市委、市政府有关部门的同志等参加调研和座谈会。

寓监督于帮扶　寓帮扶于监督

——脱贫攻坚民主监督的民革探索

2019 年 7 月 23 日　来源：《团结报》党派 e 家　作者：周福志　万李娜　陈嵩

贵州，是全国脱贫攻坚的主战场之一，也是民革中央脱贫攻坚民主监督工作的对口省份。

为了这片热土，民革中央倾注了大量心血。本周，由民革中央主席、民革中央脱贫攻坚民主监督领导小组组长万鄂湘率领的调研组，再次赴贵州开展脱贫攻坚民主监督工作。2018 年 7 月 20 日，民革中央主席万鄂湘率队赴贵州开展脱贫攻坚民主监督专题调研。这已是万鄂湘连续四年亲自率队开展这项工作。

民主党派开展脱贫攻坚民主监督，是新的历史时期执政党赋予民主党派的重要政治任务，是彰显我国多党合作制度优势的新实践，是民主党派履行民主监督职能的新探索。自 2016 年启动对贵州的脱贫攻坚民主监督工作以来，民革中央坚持"寓监督于帮扶之中，寓帮扶于监督之中"，逐步探索出了具有民革特色的脱贫攻坚民主监督之路。

搭建机制："1126"＋"四个一"

打赢脱贫攻坚战，既是执政党的崇高使命，也是参政党的重要职责。

2016 年 9 月 22 日，万鄂湘率队在贵州开展脱贫攻坚民主监督调研期间，看望黔南州惠水县好花红镇好花红村村民。"我们非常荣幸能承担对贵州脱贫攻坚的民主监督工作。"2016 年 9 月，万鄂湘首次带队赴贵州开展脱贫攻坚民主监督调研时表示，二十多年的帮扶为民革中央在贵州开展脱贫攻坚民主监督积蓄了深厚的力量和丰富的经验。**民革中央要举全党之力，开展脱贫攻坚民主监督工作，不是在一旁指手画脚，也不是走过场走形式，而是要参与脱贫攻坚、实实在在帮助贵州打赢脱贫攻坚这场硬仗**。

脱贫攻坚民主监督，对于民主党派而言是个新课题。为推动这项工作有章可循，《民革中央开展脱贫攻坚民主监督工作方案》和《民革中央脱贫攻坚民主监督调研组组建及监督工作实施意见》相继出台。

今年 5 月 14 日，民革中央脱贫攻坚民主监督 2019 年第一次工作推进会在贵州省六盘水市召开。民革中央常务副主席、民革中央脱贫攻坚民主监督领导小组副组长郑建邦表示，**民革中央与贵州省共同的目标，就是确保脱贫成果经得起历史检验**。会后，民革中央常务副主席郑建邦率队在贵州六盘水市开展脱贫攻坚民主监督专题调研。

每半年召开一次工作推进会，是民革中央脱贫攻坚民主监督"四个一"工作机制的一部分。民革中央副主席兼秘书长、民革中央脱贫攻坚民主监督工作小组组长李惠东主持会议，参加会议的还有民革中央脱贫攻坚民主监督 6 个调研组和 2 个联络组的相关负责同志等。

记者了解到，自 2016 年脱贫攻坚民主监督工作启动以来，民革中央与中共贵州省委、省政府建立了多个层面的日常工作联系机制、信息通报机制和成果会商机制，确立了**"寓监督于帮扶之中，寓帮扶于监督之中"**的工作原则，逐步形成了**"领导小组 + 工作小组 + 2 个联络组 + 6 个调研组"的"1126"**工作架构，摸索出了每半年召开一次工作推进会，开展一轮专题调研，形成一份工作报告，进行一次交流反馈的"四个一"工作机制，形成了具有民革特色的工作模式。

敢动真格："突然袭击"+ 深度访谈

习近平总书记强调，"要坚持问题导向，深入所对口地方一线调查研究，通过意见、批评、建议等方式，对脱贫攻坚落实情况进行监督，为打赢脱贫攻坚战作出贡献"。

2019 年 5 月 30 日，民革中央脱贫攻坚民主监督黔西南联络组在车上交流。"脱贫攻坚民主监督，不同于以往帮扶工作。""要多些随机走访、突然袭击。"……这是今年 5 月 30 日，民革中央脱贫攻坚民主监督黔西南联络组在前往贞丰县调研的路上，成员间的"推演"对话。

"你们这都是'突袭'啊！"在贞丰县、望谟县易地扶贫搬迁安置点，调研组听取介绍后，便迅疾分散行动，有的走进办事大厅，有的则"突袭"到居民家中，还悄悄打开米罐、衣柜等。随后赶来的社区干部感慨道，"真监督才能推动真脱贫，这是帮我们发现问题、改进工作，感谢民革中央调研组。"调研中，类似的"突袭"场景随处可见。

2018 年 5 月 16 日至 20 日，民革中央脱贫攻坚民主监督第六调研组赴贵州省铜仁市调研。对口铜仁市的民革中央第六调研组则坚持入户"四看四问"：一看居住环境，二看身上穿的、家里摆的、床上铺的，三看锅里煮的、柜里放的，四看饮用水；一问就医情况，二问子女入学情况，三问对党的政策掌握了解情况，四问对驻村干部和帮扶干部工作的满意度。

为了确保查实情、听真话，民革中央还把对县、乡、村干部的单独访谈作为主要调研方式之一，直接和扶贫一线干部深入交流研讨。

"我们不能让贫困群众简单从屎窝窝搬到尿窝窝。在高海拔山区，在冰天雪地里，我们的干部走村入户，有的摔伤、出车祸，流了汗，也流了血……"面对调研组，中共望谟县委书记李建勋几度哽咽："但这些付出都是值得的！"

中共贞丰县委副书记、县长郑梦英告诉调研组，"除了我们自己努力，也要感谢各方给予的帮扶和支持，东西部扶贫协作中对口支持黔西南的宁波市，今年已为贞丰投入帮扶资金近5000万，挂职副县长来时是又白又胖，现在是又黑又瘦，他们的付出我们看在眼里，感恩在心里。"郑梦英说。

近年来，民革中央不断改进脱贫攻坚民主监督工作方式，积极探索驻村调研、随机入户等工作形式，精心谋划好脱贫攻坚民主监督调研的重点内容和干部访谈提纲，务求更加切合工作实际、解决实际问题。随着调研更扎实、更深入，民革中央提出的意见建议也更具针对性和可操作性。

此外，民革还在党内开展脱贫攻坚民主监督工作经验交流，从履行参政党职能、加强自身建设的角度开展研讨。同时，不断压实工作责任，对积极参与工作、作出突出贡献的干部给予奖励和重用。

双向发力：寓监于帮 + 寓帮于监

"寓监督于帮扶之中，寓帮扶于监督之中"，是民革中央始终坚持的工作原则，也是民革中央脱贫攻坚民主监督工作的鲜明特色。

2019年4月24日，民革中央脱贫攻坚民主监督第三调研组在遵义正安县走访贫困户。产业扶贫能否落到实处、产生实效？易地扶贫搬迁能否搬得出、稳得住、能融入？工作是否存在形式主义、干部能否担当作为？这是2018年民革中央脱贫攻坚民主监督的重点问题。今年，民革中央则围绕稳定实现"两不愁、三保障"做文章，特别是聚焦增强东西部扶贫协作实效、扶贫产业发展和易地搬迁农民融入城市等课题，既关注老大难问题，也紧盯各种新动向、新苗头。

根据调研，民革中央每半年形成一份监督报告，既对贵州省的脱贫攻坚工作作出整体评价，提出针对性和可操作性更强的意见建议，又对脱贫攻坚中的普遍性、系统性、苗头性问题进行研究探讨，形成了不少破解实际问题的思路和方法，一些建议已呈报中共中央决策参考，一些建议则被贵州省直接吸纳采用。

2019 年 5 月 30 日，民革山东省党员特殊党费暨教育视频资源捐赠仪式在贵州纳雍县左鸠戛乡英雄广场举行。今年 5 月底，民革山东省十三届八次常委（扩大）会议在贵州纳雍县召开，引发颇多关注。会议审议通过了《各市委会对口帮包左鸠戛乡贫困村组方案》，还向结对帮扶的左鸠戛乡捐赠民革党员特殊党费 150 万元。

原来，2018 年 11 月，民革中央决定建立全党参与、重点结对极贫乡的帮扶联系机制。由北京、天津、上海、江苏、浙江、山东、广东 7 个东部民革省级组织结对帮扶纳雍县羊场乡等 7 个极贫乡。而这正是民革全党"寓监督于帮扶之中，寓帮扶于监督之中"的生动体现。

2018 年 7 月 19 日，民革中央助推黔货出山活动暨"博爱扶贫云商城"微信服务号启用、团结报多媒体阅报屏捐赠仪式在毕节举行。不仅如此，通过"博爱扶贫云商城"、民革企业定向采购等"黔货出山"渠道，民革助推有关特色农产品销售额已超过 120 万元；连续举办三届中山博爱夏令营活动，帮助纳雍、黔西南的留守儿童走出大山；四川、江苏等地民革组织帮助六盘水市、安顺市等地对接优势资源，引入乡村旅游项目，拓宽农产品销售渠道……

民革中央脱贫攻坚民主监督工作的顺利开展，离不开中共贵州省委、省政府及有关方面的大力支持和密切协作。2019 年 6 月，中共贵州省委统战部会同有关部门相继印发了《贯彻落实各民主党派中央脱贫攻坚民主监督工作座谈会精神要点》和《关于进一步支持民革中央开展脱贫攻坚民主监督工作的通知》。

脱贫攻坚胜利可期，民主监督使命光荣。

"脱贫攻坚民主监督充分彰显了我国新型政党制度的优势。"郑建邦表示，新型政党制度使我国既能集中力量办大事，又能凝聚共识谋大事，还能互相监督成大事，脱贫攻坚就是最好的证明。各民主党派中央对脱贫攻坚工作中存在的问题和不足进行民主监督，提出意见、批评和建议，帮助执政党及时发现问题、改进工作，这也是中国政治制度独有、独到、独特的现象。

作为彰显我国多党合作制度优势的新实践，脱贫攻坚民主监督是对民主监督的新探索，也是展示和提高民主党派参政议政能力的新平台。为完成好这项重要任务，民革中央精心作出动员和部署，制定开展脱贫攻坚民主监督工作方案及实施意见，统筹民革全党力量，发挥民革各级组织优势和特色，密切对口联系，定期开展调查研究，深入贫困地区、贫困群众中，了解中共中央关于脱贫攻坚大政方针和决策部署的贯彻落实情况，及时发现问题，提出建设性意见，帮助地方党委政府更好地完成扶贫任务。

——摘自《万鄂湘：决战决胜脱贫攻坚 同心共筑百年梦想》

（《人民日报》2018 年 11 月 01 日）

脱贫攻坚民主监督不仅丰富了民革建言献策的成果，也为民主党派履行民主监督职能探索了一条新的路径。我们一定要抓住参加脱贫攻坚民主监督的机遇，为进一步加强新型政党制度建设贡献力量。

——摘自郑建邦在民革中央脱贫攻坚民主监督 2019 年第一次工作推进会上的讲话

新探索　新平台　新成就

三年来，民革中央一直站在坚持和完善多党合作制度的政治高度，把脱贫攻坚民主监督作为新时期全党重点工作加以推进。目前，民革中央在贵州的脱贫攻坚民主监督工作已经形成了具有民革特色的工作体系，取得了显著成效。

要解决问题，离不开系统的周密的调查工作和研究工作。组织各类脱贫攻坚民主监督调研42次，赴贵州省8个州市46个县147个村，召开座谈会88次，走访农户499户，访谈县乡村干部131人次，考察产业扶贫和易地搬迁项目214个……这些数字见证了2018年民革中央开展脱贫攻坚民主监督工作调研的足迹。

在今年上半年的数字同样让人感受到了调研的深入：民革中央共组织各类脱贫攻坚民主监督调研38次，走访24个县84个村531户贫困户，访谈县乡村干部276人，召开座谈会53次，提出建议47条，考察产业扶贫项目66个，易地搬迁项目31个。

记者了解到，2018年上半年民革中央向中共中央、国务院提交了《关于防范和化解脱贫攻坚工作中相关风险的建议》，得到了中共中央有关领导同志批示。

脱贫攻坚民主监督丰富了民革建言献策的成果。座谈会少了，单独访谈多了，调研更扎实了，听到的声音也更真实了。2019年5月30日，民革中央脱贫攻坚民主监督黔西南联络组访谈贞丰县龙场镇龙山村干部。

今年4月至5月，民革中央脱贫攻坚民主监督6个调研组、2个联络组集中对贵州省除贵阳市外其他全部8个市州开展了脱贫攻坚民主监督调研工作。记者注意到，各小组在坚持2018年工作流程和各项工作要求的基础上，进一步改进考察访谈形式，探索开展驻村调研、随机入户等工作形式，优化考察访谈内容，提高访谈的工作效率和针对性，务求更加切合工作实际、解决实际问题。

2018年3月，全国两会期间，全国政协委员、贵州省副省长、民革贵州省委会主委王世杰，全国政协委员、民革湖北省委会主委王红玲，民革中央企业家联谊会副会长邓兴贵围绕脱贫攻坚民主监督主题，接受团结报和中国青年网联合访谈。

在脱贫攻坚民主监督工作实践中，民革组织和民革党员深深感到，参与脱贫攻坚民主监督工作不仅是监督别人、帮助别人、建言资政的过程，更是自我学习、自我提高、凝聚共识的过程，对于民革加强自身建设具有极其重要的意义。

万鄂湘率队赴贵州开展脱贫攻坚民主监督，要求：
和贫困群众坐在一起聊聊真实情况

2019 年 7 月 27 日　　来源：《团结报》党派 e 家　　作者：吴姝静

　　7 月 25 日至 26 日，民革中央主席万鄂湘率民革中央调研组赴贵州省黔东南州开展脱贫攻坚民主监督专题调研。这是民革中央主要领导同志自脱贫攻坚民主监督工作启动以来第六次带队赴贵州开展专题调研，在深入少数民族特色企业、易地搬迁移民安置点和民俗旅游村寨的调研中，万鄂湘特别提出了一项要求：少看展板和视频，要和一线员工、贫困群众坐在一起聊聊真实情况。民革中央副主席兼秘书长李惠东、民革贵州省委会主委王世杰、民革湖北省委会主委王红玲陪同调研。

　　调研组走访了黔东南州九黎苗妹工艺品有限公司、凯里市上马石易地移民安置点、雷山县郎德镇杨柳食用菌产业园、郎德镇郎德村郎德上寨，并与当地企业员工及村民座谈交流。7 月 25 日，调研组赴凯里市九黎苗妹工艺品有限公司调研民族特色产品带动脱贫情况，在凯里市上马石易地移民安置点了解易地搬迁社区建设。7 月 26 日，调研组赴雷山县郎德镇杨柳食用菌产业园调研企业扶贫项目情况。在郎德镇郎德村郎德上寨考察民俗旅游村寨发展。

　　"贫困户先说，有什么困难、诉求和建议都讲出来。""社区的签约医生提供上门服务吗？""易地搬迁后自己花钱买菜的压力大不大？"调研期间，万鄂湘问得最多的就是贫困户的工资收入和医疗教育住房等"三保障"的情况。

26日下午，调研组会同贵州省、黔东南州有关方面召开了调研座谈会。万鄂湘出席座谈会并讲话，李惠东主持座谈会。贵州省副省长吴强介绍贵州省脱贫攻坚工作情况。民革贵州省委会主委王世杰汇报民革贵州省委会参与民革中央定点扶贫和脱贫攻坚民主监督工作情况。中共贵州省黔东南州委副书记、州长罗强汇报黔东南州脱贫攻坚工作情况。民革湖北省委会主委王红玲代表民革中央脱贫攻坚民主监督第一调研组汇报有关工作开展情况。中共贵州省委统战部副部长何萍出席座谈会。民革中央社会服务部副部长蔡永飞在座谈会上同与会人员交流。企业家代表就在贵州开展脱贫攻坚工作的经验、体会和建议发言。

听取大家的发言后，万鄂湘对贵州省、黔东南州在脱贫攻坚中取得的成绩和经验给予充分肯定。"我们在贵州的调研中，听到的是贫困地区对扶贫政策措施的拥护和欢迎，看到的是贫困群众家中的变化和脸上的笑容。我们深深感受到，在世界历史上，没有哪个国家把消除贫困放在如此重要位置上，没有哪个政党以如此坚定的决心和实际行动解决人民群众的贫困问题，这是中国特色社会主义制度特有的政治优势和优越性。"万鄂湘表示，习近平总书记在参加中共十九大贵州省代表团讨论时，充分肯定贵州"脱贫攻坚成效显著"，这也正是民革同志在本次调研中的切身感受。

万鄂湘强调，中共十八大以来，以习近平同志为核心的中共中央把打赢脱贫攻坚战作为全面建成小康社会的底线任务和标志性指标，经过五年努力，如期打赢脱贫攻坚战已经指日可待。

针对脱贫攻坚民主监督工作，万鄂湘提出四点要求：

一要坚决贯彻落实中共中央关于脱贫攻坚的决策部署。认真学习领会习近平总书记关于扶贫工作的重要论述精神，"围绕脱贫攻坚目标任务，按照尽锐出战要求，切实履职尽责、合力攻坚"，对突出问题和共性问题要"全面排查梳理，确保各类问题整改到位"。要进一步坚定决心和信心，不能出现麻痹和松懈的现象，"必须坚持不懈做好工作，不获全胜、决不收兵。"

二要聚焦解决"两不愁三保障"突出问题开展工作。习近平总书记指出，"要把握脱贫攻坚正确方向，确保目标不变、靶心不散"。到 2020 年稳定实现农村贫困人口"两不愁三保障"，是贫困人口脱贫的基本要求和核心指标。总的看，贵州"两不愁"已经基本解决，"三保障"还存在一些问题，需要拿出过硬和切实的办法，确保脱贫成果经得起历史检验。

三要进一步改进脱贫攻坚民主监督工作方法和作风。近年来民革探索形成了个别访谈、驻村调研、进点入户实地考察等形式。下一步还要进一步改进调研方法，力求把情况摸清、把问题找准，同时要严格执行中央八项规定精神，民革调研组到贵州各地，一定要轻车简从，不能给基层同志增加接待负担。

四要坚持"双寓"原则，用实际行动助推贵州打赢脱贫攻坚战。民革中央提出了"寓监督于帮扶之中，寓帮扶于监督之中"的工作原则，10 月份，民革中央还将与贵州省联合开展产业项目招商活动，引导更多优秀企业到贵州投资兴业。有关民革组织和民革企业家要以此次招商活动为契机，力争为贵州长远发展发挥作用。

2016 年以来，受中共中央委托，民革中央对口贵州开展脱贫攻坚民主监督工作，并将其作为民革履行民主监督基本职能的重要创新实践。今年以来，民革中央脱贫攻坚民主监督工作在贵州共开展调研 38 次，走访了 24 个县 84 个村 531 户，召开座谈会 53 次，访谈县乡村干部 276 人，实地考察产业项目 66 个、搬迁安置点 31 个，提出建议 47 条，已经形成了上半年监督报告和《关于进一步加强东西部扶贫协作制度建设的建议》专题报告。

中共中央统战部一局、民革中央社会服务部、民革中央企业家联谊会、民革湖北省委会相关负责同志等参加调研。

民革企业助力贵州产业招商发展大会在贵阳举行

2019 年 11 月 28 日　来源：《贵州日报》

11 月 27 日，民革企业助力贵州产业招商发展大会在贵阳举行。全国政协副主席、民革中央常务副主席郑建邦出席并讲话。会前，省委书记、省人大常委会主任孙志刚，省委副书记、省长谌贻琴，省政协主席刘晓凯前往拜会。

孙志刚致欢迎辞，谌贻琴作招商推介，刘晓凯出席。全国政协副秘书长、民革中央副主席兼秘书长李惠东，省领导刘捷、卢雍政、王世杰参加。省委常委、省委统战部部长严朝君主持会议。

郑建邦代表民革中央对大会的召开表示热烈祝贺。他说，近年来，贵州坚决落实习近平总书记重要指示精神，拼搏创新、苦干实干、感恩奋进，经济发展速度快、质量好、结构优，脱贫攻坚成效显著，城乡面貌发生翻天覆地变化。今天的贵州是一块宜业、宜居、宜游的发展宝地，正在成为全国最具发展活力、最具投资潜力的地区之一。作为中国特色社会主义参政党和国家治理体系的组成部分，民革始终关注并积极参与贵州的发展。此次大会是民革支持贵州发展的重要举措，也是提升多党合作制度效能的创新实践。希望参加此次活动的民革企业家和各界朋友，用心感受贵州的发展变化，积极支持、参与贵州发展。希望民革中央企业家联谊会、民革贵州省委、贵州省投资促进局三方携手协力，做好项目落实和跟踪服务工作。希望贵州有关部门和地区进一步优化营商环境，加大协调服务力度，吸引更多的企业来贵州投资兴业。

孙志刚代表省委、省政府对各位嘉宾表示热烈欢迎，向长期以来关心支持贵州发展的各界人士表示衷心感谢。他说，习近平总书记对贵州脱贫攻坚高度重视，作出一系列重要指示。本次大会是贯彻落实习近平总书记重要指示精神的务实行动，是充分发挥统一战线作用的重要体现，更是助推贵州打赢脱贫攻坚战的重要契机。希望大家抢抓发展机遇，积极投身、建设贵州，携手深化农村产业革命、让贵州绿色农产品风行天下，携手加快高质量发展、让全省各族人民过上好日子，携手扩大高水平开放、让决战决胜八方伟力汇聚贵州，互利共赢、共创未来，助力贵州确保按时高质量打赢脱贫攻坚战。我们将持续大力优化营商环境，巩固发展亲清政商关系，提供更高效、更优质的服务，搭建更广阔、更精彩的舞台。

谌贻琴介绍了贵州经济社会发展情况，推介了重点产业投资机遇。她说，希望民革等各民主党派一如既往关心支持贵州，引导更多国内外顶尖企业到贵州投资农业十二大特色优势产业、十大千亿级工业产业、大数据产业和旅游产业，共享农村产业革命新成果、实体经济发展新机遇、数字经济新未来、旅游"井喷"新红利。我们一定像尊重科学家一样尊重企业家，像尊重教育家一样尊重实业家，让投资者享受更优质高效的服务、更安全可靠的保障、更持久丰厚的回报。

民革中央企业家联谊会会长、苏宁环球集团董事长张桂平，中国民族贸易促进会会长蓝军，方程赛车运动股份有限公司董事卢廷敏在会上发言，他们表示，将增强使命意识，发挥自身优势，共谋多赢发展，为贵州脱贫攻坚和经济社会高质量发展作贡献。

会上，还举行了产业项目签约仪式，民革中央企业家联谊会、民革贵州省委、贵州省投资促进局签订了民革招商战略合作协议。

　　民革中央和省有关部门、各市（州）及贵安新区有关负责同志，有关嘉宾和企业家代表参加大会。

民革中央对口帮扶贵州：寓监督于帮扶之中 寓帮扶于监督之中

2020 年 9 月 4 日　来源：中国新闻网　作者：杨茜　袁超　瞿宏伦

扶贫先扶智，治贫先治愚。如何发挥东部省份教育培训资源优势，开展全方位、多层次的人才智力帮扶，弥补西部地区高等教育相对滞后的发展短板，是民革中央对口贵州开展脱贫攻坚民主监督的重点工作之一。同时，民革各级组织群策群力，为实现"绿水青山也是金山银山"，为经济社会高质量发展贡献民革力量和智慧。

积极促进东部优质教育资源帮扶西部

8 月底，在贵州省遵义市湄潭县田坝社区崇德小区，来自浙江大学社会实践团队的学生们正在给孩子们进行课程辅导。这是她们的初次见面，浙江大学学生陈秀和孩子们一起分享浙江大学西迁贵州湄潭的感人故事。

陈秀是浙江大学第二十二届研究生支教团的成员之一。这届研究生支教团里的 5 名学生于 2020 年 9 月在湄潭县开启为期一年的支教生涯。暑假期间，她和浙大社会实践团的同学们一起，提前来到湄潭县，到易地扶贫搬迁点的"四点半学校"，给孩子们作学习辅导。

多次去浙江大学西迁历史陈列馆参观的陈秀已向陈列馆申请做一名志愿解说员。陈秀说："浙江大学曾在这里办学 7 年，这里也是浙大学子的第二故乡和精神家园。"

1937 年抗日战争全面爆发，时任浙江大学的校长竺可桢，带领学校的师生和家属，携几千箱图书、仪器，辗转迁徙，历时两年多，跨经六省，于 1940 年抵达贵州遵义、湄潭，开启在遵义 7 年的办学历史。当年在遵义学习的浙大师生里，有 51 人成为新中国两院院士。

浙大在湄潭办学的 7 年中，对当地文化教育、农业生产、治学育才等方面产生了重要影响。如今，在各类项目与政策的推动下，遵义市与浙江大学在经济、文化等方面的交流也越来越多，建立了深情厚谊。

2016 年 6 月 21 日，中央统战部、国务院扶贫办联合召开了各民主党派中央开展脱贫攻坚民主监督工作启动会暨培训会，正式启动脱贫攻坚民主监督工作。各民主党派中央分别对口 8 个全国贫困人口多、贫困发生率高的中西部省区，其中民革中央对口贵州开展脱贫攻坚民主监督。

2016 年 11 月，民革中央脱贫攻坚民主监督第三调研组第一次到遵义调研，调研组组长、民革中央宣传部副部长蔡永飞随后在媒体发表了"建议恢复浙江大学湄潭校区"的署名文章，引起社会广泛关注。

2017 年 9 月，民革中央脱贫攻坚民主监督第三调研组，通过民革遵义市委会提出"关于'恢复重建浙江大学遵义（或湄潭）校区的建议'的提案"，旨在助推浙江大学对遵义的教育扶贫。虽因现实条件恢复校区暂搁浅，但双方仍保持密切交流联系。这是民革中央通过监督助力贵州脱贫攻坚的一个事例。

探索跨省流域生态经济发展

民革中央主席万鄂湘对脱贫攻坚民主监督工作提出了"寓监督于帮扶之中，寓帮扶于监督之中"的要求。如何做？民革中央群策群力从生态环境建设、医疗健康、招商引资等方面助力贵州脱贫攻坚。

有"美酒河"美誉的赤水河生态环境整治就是"寓监督于帮扶之中，

寓帮扶于监督之中"的典型事例。赤水河曾一度因为粗放生产、无序建设导致生态环境恶化。赤水河的治理需要云南、贵州、四川三省同时发力。2014 年，深化赤水河流域生态文明制度改革研究上升为在中共贵州省委年度重大问题调研课题，但后续持续发力仍是难题。

针对难点、痛点，民革遵义市委会多次向民革中央、民革贵州省委汇报和对接，并提交《关于有效加强赤水河流域生态环境保护的报告》，积极推动赤水河流域生态环境保护。

在民革中央的关心下，2016 年 5 月，由民革中央和贵州省政协主办的"中国赤水河生态经济发展论坛"在赤水市召开，流域所涉云、贵、川三省四市十六个县（市、区），一致达成共同推进赤水河流域生态环境保护和经济发展共识。截至 2019 年，由民革中央和云南、贵州、四川三省政协联合主办的中国赤水河流域生态保护治理发展协作推进会连续四年分别在三省召开。

在民革中央的关心支持下，经中共遵义市委、市政府努力，"赤水河生态经济示范区"创建工作正有序推进。国家西部大开发"十三五"规划已明确提出"支持赤水河流域、三峡库区生态经济示范区建设，支持重庆綦江、万盛、贵州遵义开展渝黔合作先行区建设，支持川滇黔结合部打造赤水河流域合作综合扶贫开发试验区"。

民革中央脱贫攻坚民主监督第三调研组副组长、贵州省遵义市人大常委会副主任、民革遵义市委会主委朱庆跃认为，"赤水河生态经济示范区"创建，是中央、省、市三级民革组织联手助推的结果，是民主党派充分发挥参政议政建言直通车的成功典范，是为全国建立跨省流域生态经济发展的一次有益探索。

为巩固脱贫成果建言献策

2016 年 11 月以来，民革中央脱贫攻坚民主监督调研组坚持每半年到遵义开展一次调研。主要围绕"两不愁三保障"、扶贫产业发展、易地扶贫搬迁等开展调研，完成调研报道 8 篇，针对东西部扶贫协作、后脱贫攻坚时期政策调整、县级政府债务风险化解等方面提出意见建议 40 余条。

2020 年 3 月，遵义市已在贵州全省率先实现整体脱贫，摘掉了绝对贫困的标签。

2020 年 7 月 23 日，民革遵义市委会集中力量帮扶遵义市播州区平正仡佬族乡启动仪式举行。

此次帮扶，民革遵义市委会发挥全市民革组织和党员智力和人才资源优势，突出民革特色，号召全市民革基层组织和法律服务中心、博士工作站、企业家联谊会、书画院、中山志愿者服务中心等内设机构积极参与其中，从社会法制、产业发展、医疗卫生、教育科普和爱心服务等方面进行帮扶。

朱庆跃说，社会服务是民主党派的一项重要的日常工作，是履行参政议政职能的延伸，是民主党派参与社会活动、开展调查研究、履行社会责任的重要途径，是充分展示民主党派成员良好社会形象的平台。

2020 年是决战决胜脱贫攻坚的关键一年，作为民主党派如何发挥优势，巩固脱贫成果，助力乡村振兴？

朱庆跃介绍，接下来民革遵义市委会的工作重点将放在"巩固脱贫成果、助力乡村振兴"上，将会继续关注和助推"赤水河生态经济示范区"创建，让赤水河流域逾千万民众共享绿色生态成果。并发挥民革"三农"研究人才优势，持续关注农村产业发展，高度关注农村实用技术人才培养，利用深入基层机会，深入调研，了解民情民意，为"巩固脱贫成果，助力乡村振兴"战略实施，建言献策。

民革："双寓"助推贵州脱贫与高质量发展

2020 年 9 月 4 日　　来源：中国新闻网　记者：路梅

　　2020 年是中国全面建成小康社会宏伟目标实现之年，也是脱贫攻坚收官之年。2016 年以来，受中共中央委托，民革中央对口贵州开展脱贫攻坚民主监督工作。民革中央副主席兼秘书长李惠东近日接受中新社记者专访表示，民革将这项工作作为履行民主监督基本职能的重要创新实践。

　　落实好中共中央赋予民革中央脱贫攻坚民主监督的重要使命和任务，是民革全党的心头大事。民革中央主席万鄂湘强调，"要发挥优势，务实开展脱贫攻坚民主监督。勤于思考，提高对脱贫攻坚民主监督工作的思想

认识；善于创新，探索脱贫攻坚民主监督工作的方式方法；密切配合，形成民革脱贫攻坚民主监督工作的合力；务求实效，防范脱贫攻坚民主监督工作流于形式"。

民革中央成立脱贫攻坚民主监督领导小组，万鄂湘担任组长；党内专家、职能部门负责人组成工作小组，分管副主席任组长。通过专题调研，民革中央与中共贵州省委、省政府交换意见、共同确定工作思路。

促发展　脱贫与环保并重

"发展经济的同时一定要加强生态文明建设，不能走先污染后治理的老路。"2013 年，民革中央主席万鄂湘赴贵州省毕节市考察，看到纳雍县因煤矿产业发展而被严重污染的普赛河后提出，应拒绝引进破坏生态环境的项目，推进煤炭产业转型升级，促进服务业和旅游业发展，推动以人为本的城镇化建设。

此后，纳雍县通过"河长制"强化责任落实，处罚违规排污企业、建设污水处理厂，开展"清河行动"；民革纳雍总支则成立环保监督中心，将监督付诸行动，徒步沿河寻找污染源并撰写调研报告。四年后，万鄂湘率调研组开展脱贫攻坚民主监督调研，再次来到了毕节市纳雍县，考察普赛河生态保护和环境治理情况。"现在水清多了，沿岸绿植也很漂亮，附近的美丽乡村建设也有声有色。"站在大变样的普赛河畔，万鄂湘高兴地说，"给你们布置的任务达标了"。他希望纳雍干部群众携起手来，继续守好青山绿水，在脱贫攻坚、全面建成小康社会的道路上，不断进取，早日达标。

民革中央常务副主席郑建邦多次赴纳雍考察调研，深入田地、走进农户，了解脱贫主导产业、农民技术培训和民革帮扶项目等情况。了解到村民全年天天有活干、有收入，看到田地上空正在喷洒消毒药剂的无人机，郑建邦感慨纳雍的变化，他说，这两年间，纳雍简直不是一年变一个样，而是一个月变一个样。过去我们着急过的那些事，现在可以让人喜上眉梢了。

李惠东受访时指出，民革中央定点帮扶纳雍县 30 年，纳雍的变化是民革"寓监督于帮扶之中，寓帮扶于监督之中"的一个缩影。结合在纳雍的实践经验，"双寓"也成为民革中央帮助贵州发现并解决脱贫攻坚工作中的问题时秉持的工作原则。

求创新　深入基层勤调研

李惠东介绍，几年来，民革中央按照万鄂湘主席、郑建邦常务副主席的要求，逐步形成了"领导小组＋工作小组＋6 个调研组＋2 个联络组"的"1162"工作架构，以及每半年召开一次工作推进会、开展一轮专题调研、形成一份工作报告、进行一次交流反馈的"四个一"工作机制，形成了具有民革特色的工作模式，为民主党派履行民主监督职能探索了新的路径和经验。

"民革根据脱贫攻坚战的各项阶段性任务要求不断调整监督重点，推动对口地区摸清情况底数，聚焦突出问题，明确时间表、路线图。"李惠东说，我们把对县、乡、村干部的单独访谈作为主要调研方式之一，直接和扶贫一线干部深入交流研讨，编写访谈提纲和考察记录，量化扶贫项目和贫困农户实地考察要求，采用驻村调研、定点监测和随机抽查等多种工作方式，成效显著。

据不完全统计，截至 2019 年底，民革中央共组织各类脱贫攻坚民主监督调研 121 次，赴 353 个村走访了 2500 余户贫困户，访谈县乡村干部 500 余人次，召开各类座谈会、院坝会近 170 场，考察产业、易地搬迁等扶贫项目近 370 个，形成 7 份监督报告，对贵州省的脱贫攻坚工作作出整体评价，指出问题和困难，提出针对性和可操作性强的意见建议。针对脱贫攻坚中的普遍性、系统性、苗头性问题，民革中央还向中共中央提交了多份专题报告。

与此同时，2018 年，民革中央协助贵州在北京举办产业扶贫项目推介会，建立"博爱扶贫云商城"，动员民革各级组织和广大党员积极购买贵州省贫困地区农产品，消费扶贫，引导和拉动产业发展。2019 年举办民革企业助力贵州产业招商发展大会，形成投资项目 49 个，总投资额 1176.975 亿元人民币。

控疫情　脱贫攻坚不放松

2020 年以来，新冠肺炎疫情对经济社会发展带来前所未有的冲击。李惠东认为，中国疫情防控和复工复产之所以能够有力推进，根本原因是中国共产党领导优势和中国特色社会主义制度优势得到了充分发挥，这也是打赢脱贫攻坚战最根本的保证。

习近平总书记强调，"到 2020 年稳定实现农村贫困人口不愁吃、不愁穿，义务教育、基本医疗、住房安全有保障"。李惠东表示，民革将紧紧围绕这个核心指标开展工作，"目标不变、靶心不散"，对于疫情之下的脱贫攻坚民主监督工作，民革已经"日程满满"。

民革已经着手调研疫情对贵州脱贫攻坚影响的范围和程度，将用准确翔实的数据评估并提出建议；对分区分级精准防控策略的落实情况和支持贫困劳动力务工就业、解决扶贫农畜牧产品滞销各项举措的可行性、有效性开展调研；针对疫情催生的新产业新业态，研究贵州贫困地区如何抓住机遇，在产业布局调整中为未来的发展赢得空间；关注因疫致贫、因疫返贫的动态监测情况，确保兜底保障等帮扶措施到位，贫困群众基本生活不受影响，等等。

民革中央还要从贵州看全国，着眼于 2020 年中国在消灭区域性贫困、战胜绝对贫困的基础上，进一步全面推进高质量发展的普遍性问题，提出问题和建议。关注重点问题是保持脱贫攻坚政策稳定、继续推进全面脱贫与乡村振兴有效衔接、运用好脱贫攻坚的工作经验和工作队伍。

拓空间　制度优势化效能

脱贫攻坚民主监督是中共中央赋予各民主党派的一项政治任务，是民主党派首次对国家重大战略开展专项监督，也是民主党派开展的规模最大、时间跨度最长的民主监督专项活动，这项工作已经成为中国共产党领导的多党合作的一个重要品牌，是坚持和完善中国共产党领导的多党合作和政治协商制度的重要实践。

李惠东指出，脱贫攻坚民主监督是一种政治监督，建立在与地方和基层中共党委政府紧密协作的基础上，同时也是民主党派自我提升的重要途径。中国共产党领导的多党合作和政治协商制度具有进一步发挥制度效能的巨大空间。民革要把参加脱贫攻坚民主监督的经验，转化为加强民主监督制度建设、充分发挥民主监督职能作用的重要资源。

为进一步加强对重大决策部署贯彻落实情况的专项监督工作，民革中央还建议，逐步推动民主党派专项监督工作拓展空间、加大力度，在总结经验的基础上形成规范，为推动民主党派开展专项民主监督提供制度保障。

扶贫干部的决心

——民革中央脱贫攻坚民主监督专题调研系列报道（二）

2020 年 6 月 19 日　来源：《团结报》　作者：陈嵩

贵州是全国脱贫攻坚重要省份，按时高质量打赢脱贫攻坚战没有任何退路和弹性。5 月 31 日到 6 月 5 日，笔者跟随民革中央脱贫攻坚民主监督毕节联络组，前往贵州省毕节市的纳雍县、七星关区开展专题调研，与县、乡、村各级干部面对面访谈，了解他们对决战决胜之年的脱贫攻坚工作最真实理解。

区长手中的家底

"我们区的种植产业数据是'532'，我们有 50 万亩刺梨、30 万亩茶叶、20 万亩蔬菜；我们的养殖产业数据是'211'，20 万头牛，100 万头猪，1000 万羽鸡。"谈到自己的"家底"，七星关区区长胡敬斌如数家珍。他表示要发挥区里龙头企业的示范带动作用，大力支持民营企业健康发展，科学规范各级农村合作社的运转，不断助推当地优势产业发展，为脱贫攻坚与乡村振兴衔接提供有力支撑。

县长心中的"算盘"

"出具健康证明、签订稳岗协议，抢抓农时开展春耕播种，千方百计促进当地百姓就业。疫情发生以来，我们在坚决落实防控措施的同时，积极谋划实施复工复产工作。今年我们要进一步转变基层工作作风、压实一线干部责任，坚决保障纳雍百姓的生命健康，坚决完成纳雍百姓如期按时稳定脱贫的任务。"纳雍县县长许晓鹏向联络组介绍情况。为进一步做好稳就业、保民生工作，纳雍县通过持续开发公益岗位、鼓励开设扶贫车间、有序对接外出务工、就近组织农业生产等方式积极促进当地易地扶贫搬迁群众既要搬得出，也要稳得住，还要逐步能致富。

"如果易地扶贫搬迁群众没有稳定收入，就像活瓢舀死水，不能长久。所以作为基层干部，就一定要把群众放在心上，千方百计为群众脱贫致富想办法、出实招。"

——七星关区柏杨林街道党工委书记付立武

"我们街道是易地扶贫搬迁安置点，特殊困难人口多，部分群众内生动力不足。针对这些问题，就要求我们这些基层干部深入群众、换位思考，切实了解搬迁群众顾虑什么、需要什么。"

——七星关区柏杨林街道党工委副书记陶永忠

扶贫干部是脱贫攻坚任务最直接的参与者、执行者，脱贫成色如何，是否经得起历史和人民的检验，要靠扶贫干部的真抓实干。政治过硬、思路清晰、贴近群众、干劲十足，面对面进行访谈，实地考察调研，当地扶贫干部给笔者留下深刻印象。相信有这样一支甘于奉献、勇挑重担的扶贫队伍，纳雍县、七星关区一定能夺取脱贫攻坚战的全面胜利。

郭艺文：亲身经历倍感自豪

"作为基层干部，全面完成脱贫攻坚任务不是喊口号、装样子，必须做到事事落实、心中有数。每一位特殊困难群众如何进一步做好兜底保障？全镇如何因地制宜扬长避短发展壮大特色产业？疫情影响虽然减弱，但对外出务工的影响如何抓紧彻底解决？这些都是我们当前层层压实责任，需要解决的问题。"玉龙坝镇党委副书记郭艺文说。郭艺文表示，决战决胜脱贫攻坚之际，全镇干部热情饱满、干劲十足，对能亲身经历这一项伟大的攻坚战感到自豪。

李随：干群齐心决胜脱贫

纳雍县寨乐镇食用菌基地里随处可见村民劳动的场景，沿河的一片黑木耳基地里，吸饱水的菌棒正冒出鲜嫩的木耳。"黑木耳种了六百多亩，这段时间平均每天用工七八十人，最多时一天有三百多人，是全镇支柱性扶贫产业。"寨乐镇镇长李随说，镇里将不断搭建产业基础，完善利益联结，确保所有贫困群众户户有产业覆盖。

在疫情防控工作中，寨乐镇老百姓主动到各卡点义务值班，给值班人员送来取暖物资，主动劝导风险人群到医院就诊。"村民的义举体现了寨乐人的爱心善心，也体现了干群齐心共同进退的责任担当，更进一步坚定了我们全面打赢脱贫攻坚战的决心信心。"李随说。

李俊美：文化传承助力脱贫

李俊美是纳雍土生土长的苗家姑娘，2019年3月来到化作乡枪杆岩村开展驻村帮扶工作。当年李俊美一枝独秀考进贵州师范大学，成为苗家人名副其实的才女。她心系苗家千年文化的传承，大学毕业后毅然回到了故乡做了一名文艺工作者，并成为苗家飞歌的传承人。

联络组来到的当天，李俊美特意穿上了苗家特色民族服饰，以此来展示和推广苗家优秀传统文化。李俊美会用苗语教授苗寨小孩学习文化知识，周六周日还会教授苗寨女孩子传唱苗族飞歌。为了发展枪杆岩村红色文化旅游事业，她成立了"噶夫朵"艺术团，在枪杆岩红色风景区举办了各种类型的演出活动，吸引了大量游客纷沓而至，壮大了集体经济的收入。她还坚持带领团员们定期开展文化展演进乡村活动，在她的带领下，"噶夫朵"艺术团创作了大量脍炙人口关于苗家的歌曲与舞台剧。枪杆岩村的非遗文化艺术事业在她的带领下，正在蓬勃发展并逐步壮大。

王月震：三年坚守一生情缘

王月震是民革中央选派的纳雍县挂职副县长，原本挂职 1 年，期满后他主动申请延期 1 年，继续投身脱贫攻坚工作。2020 年 3 月，2 年挂职期满后王月震选择继续留下，他说："现在到了决战决胜脱贫攻坚最关键时刻，非常有幸能参与和见证我们国家伟大的变革。"

既要埋头苦干，也要能干会干。产业对接、对外推广、项目落地，挂职副县长以来，王月震发挥自身人脉广、资源多的优势，积极助推纳雍生态土鸡、食用菌、高山有机茶、玛瑙红樱桃等特色产业走出乌蒙大山，造福更多百姓。特别是在民革有关省级组织和企业家联谊会开展对口帮扶工作以来，他积极协助各地民革组织开展项目对接，主动作为、积极争取，一大批教育帮扶、产业帮扶、医疗帮扶项目实现精准落地。

民革中央脱贫攻坚民主监督工作总结会召开
郑建邦出席并讲话

2020 年 12 月 29 日 来源：《人民政协报》 记者：孙金诚

12 月 24 日，民革中央脱贫攻坚民主监督工作总结会在贵州贵阳市召开。全国政协副主席、民革中央常务副主席郑建邦出席会议并讲话。

郑建邦代表民革中央充分肯定了贵州省在完成新时代脱贫攻坚目标任务中所取得的丰硕成果。他表示，要深入学习贯彻习近平总书记重要讲话精神，对 5 年来开展脱贫攻坚民主监督工作的成果和经验进行梳理和总结，力求把这些成果和经验运用于民革参与新时代多党合作事业新发展，为民革成为中国共产党的好参谋、好帮手、好同事贡献力量。

郑建邦对总结脱贫攻坚民主监督工作经验、巩固拓展脱贫攻坚成果方面提出三点意见：一要进一步深刻总结和认识脱贫攻坚民主监督工作的重大意义，二要系统总结民革开展脱贫攻坚民主监督的有益经验。坚持中国共产党领导，坚决执行中共中央的统一部署，紧密结合自身建设推进专项民主监督工作，将一些卓有成效的工作方法加以广泛运用；三要继续支持贵州巩固拓展脱贫攻坚成果。做好脱贫攻坚民主监督的收尾工作，并开展民主党派专项民主监督工作的理论研究。

民革中央副主席兼秘书长李惠东主持会议。贵州省副省长、民革省委会主委王世杰，贵州省副省长谭炯，贵州省委统战部副部长徐佑刚，贵州省扶贫办党组副书记、副主任覃儒方等参加总结会。

5年来，脱贫攻坚民主监督成色几何？

2021 年 3 月 15 日　　来源：《瞭望》2021 年第 11 期　　记者：屈辰

➤ 脱贫攻坚专项民主监督，是民主党派首次对国家重大战略开展专项监督，彰显了我国新型政党制度凝聚共识谋大事、集中力量办大事的独特优势

➤ 脱贫攻坚战中，8 个民主党派中央对口 8 个贫困人口多、贫困发生率高的中西部省区，开展民主监督，成为脱贫攻坚战的参与者、见证者

➤ 民主党派不断提升自身民主监督能力，加强专项民主监督的制度化规范化程序化建设，促进了中国特色社会主义参政党建设

脱贫攻坚民主监督，是民主党派中央首次对国家重大战略开展专项监督，是促进脱贫攻坚战略部署落实的制度安排。

民革中央对口贵州、民盟中央对口河南、民建中央对口广西、民进中央对口湖南、农工党中央对口云南、致公党中央对口四川、九三学社中央对口陕西、台盟中央对口甘肃……2016 年 6 月以来，受中共中央委托，各民主党派中央对口 8 个脱贫攻坚任务重的中西部省份，围绕贫困人口精准识别情况、贫困人口精准脱贫情况等重难点问题，开展脱贫攻坚民主监督——

各民主党派中央主要负责同志每年亲自带队赴脱贫攻坚一线开展调

研，走村入户、座谈交流；

坚持把发现问题、研究问题、解决问题贯穿全过程，从中央层面、地方层面等入手，多点发力；

向对口省区各级党委、政府提出意见建议2400余条，向中共中央、国务院报送监督报告40份，"直通车"意见建议47份，为科学决策、精准施策提供重要参考；

……

接受《瞭望》新闻周刊专访时，各民主党派中央副主席都认为，脱贫攻坚专项民主监督是中共中央赋予民主党派的一项重大政治任务，推动了脱贫攻坚进程，促进了中国特色社会主义参政党建设，彰显了我国新型政党制度凝聚共识谋大事、集中力量办大事的独特优势，向世人展示了执政党的胸襟、参政党的担当。

民革中央副主席兼秘书长李惠东：
脱贫攻坚民主监督助推国家治理现代化

5年来，民革中央站在坚持和完善多党合作制度的政治高度，把脱贫攻坚民主监督作为新时期全党重点工作加以推进。

逐步建立具有民革特色的工作模式。自2016年工作启动以来，民革中央坚持"寓监督于帮扶之中，寓帮扶于监督之中"的工作原则，逐步搭建起"领导小组+工作小组+6个调研组+2个联络组"的"1162"工作架构，摸索出每半年召开一次工作推进会，开展一轮专题调研，形成一份工作报告，进行一次交流反馈的"四个一"工作机制。

始终强调广泛深入扎实开展调查研究。以2020年为例，民革中央全年共开展调研64次，走访52个县的159个村，入户441户，召开会议54次，访谈县乡村干部218人，考察147个产业项目和46个搬迁安置点，在 24 个村开展了驻村调研，掌握了大量第一手资料。

提出针对性、可行性强的意见建议。2016 年 11 月，民革中央向中共中央、国务院提交了第一份脱贫攻坚民主监督报告；从 2017 年起，民革中央每年向中共中央统战部和国务院扶贫办报送两篇监督报告，同时提交中共贵州省委、省政府；2018 年民革中央向中共中央、国务院提交了脱贫攻坚工作专题报告；2019 年民革中央向中共中央、国务院提交了加强东西部扶贫协作专题报告，均得到中共中央、国务院领导同志的高度重视。

对贵州脱贫攻坚提供多种形式的帮扶支持。2018 年 5 月，民革中央参与支持在北京召开贵州省产业扶贫项目推介会，取得良好效果。2018 年 7 月，民革中央推动江苏苏宁环球集团支持民革贵州省委会建设上线"博爱扶贫云商城"，动员民革各级组织和广大党员积极购买贵州省贫困地区的农产品，开展消费扶贫，引导和拉动产业发展。2019 年 11 月，民革中央与中共贵州省委、省政府共同举办民革企业助力贵州产业招商发展大会，聚焦贵州省十大千亿级工业产业、十二个农业特色产业及五个新型服务产业等重点产业领域，形成投资项目 49 个，总投资额 1176.155 亿元。

从 5 年实践来看，民主党派中央年度民主监督报告提交后，中共中央统战部都牵头专门召开成果会商会，国务院扶贫办将各民主党派中央提出的监督意见转发对口省份整改落实，并作为国务院脱贫攻坚工作专项督查的重要依据。地方党委政府对民主党派在调研过程和年度报告中提出的监督意见给予高度重视，及时反馈、整改，推动脱贫攻坚工作开展。

脱贫攻坚民主监督的成功实践，使多党合作制度效能得到进一步体现。民主党派专项民主监督将在推进国家治理体系和治理能力现代化中发挥更大作用。

民盟中央副主席龙庄伟：
以点见面走出脱贫攻坚民主监督之路

做好脱贫攻坚民主监督的关键，是要坚持鲜明的问题导向，将发现问题与共同研究对策、提出整改办法相统一，把监督过程变成发现问题、解决问题的过程，作为推动政策落实的过程。

5年来，我们走访了河南38个国定贫困县，15个省定贫困县，100多个乡镇，300多个贫困村，2500多家贫困户、非贫困户，召开不同形式的座谈会、反馈会100余次，发现各类问题、提出改进建议500余条，对河南省改进脱贫攻坚工作提供了切实帮助。

脱贫攻坚民主监督不在大而全，应寻求小切口，以点见面。

为此，我们就扶贫产业、易地扶贫搬迁、农村教育开展了多次专项课题调研。2020年脱贫攻坚进入收官阶段，特别是河南全省贫困县全部摘帽后，民盟中央把工作重点放在研究脱贫攻坚巩固过程中带有普遍性、关键性、长远性的问题上来，开展专项课题研究，聚焦关键问题突破，在农村居民养老保险标准和覆盖水平的问题、农民合作组织与贫困群众利益联结的问题这两个专题方面取得一定成果。

为防范工作流于形式，我们研究设立了扶贫观测点，在河南10个贫困县中选取了26个贫困村和非贫困村作为观测点长期观测，对比脱贫攻坚前后农村及贫困户的变化；建立了联络员制度，联络员以民盟河南省委会和17个市级委员会的专职干部组成，他们发挥工作在当地、生活在当地的优势，收集当地信息材料，及时向民盟中央报送；还组织了暗访，按照贫困村名册随机抽选，在不通知地方、不打招呼的情况下直接租车导航到村，发现了一些不易发现的问题。

民主监督，既是监督别人、帮助别人的过程，也是自我学习、自我提高的过程。脱贫攻坚民主监督工作的开展，打破了以往民主党派活动范围主要在城市的局限，为民主党派提供了深入农村基层、了解国情的机会。

脱贫攻坚中感人至深的奋斗故事，基层干部群众驰而不息的工作状态，让我们深受鼓舞。我们会将这种精神收获转化为推动自身建设的能量，不断提升围绕中心、服务大局的能力，以更强烈的责任意识和担当精神，更充分履行参政党职能。

结合 5 年来脱贫攻坚民主监督实践，我们将认真总结经验做法，进一步深化对民主监督性质特点的认识，慎重探索在其他领域开展专项民主监督的可能性，逐步扩大民主监督覆盖范围，使民主监督在实践中不断探索进步，使我国多党合作制度优势得到更充分发挥。

民建中央副主席兼秘书长李世杰：
创新发展脱贫攻坚民主监督实践

脱贫攻坚民主监督是各民主党派中央首次对国家重大战略决策进行专项监督，是民主党派民主监督的创新与发展。

自对口广西开展脱贫攻坚民主监督工作以来，民建中央围绕中共中央安排部署和脱贫攻坚不同阶段工作重点，组织开展监督调研 50 次（民建中央领导 21 人次带队调研），举办座谈等会议 95 次，参与的专家和会员 489 人次，调研足迹遍及广西 33 个贫困县、100 多个贫困村，走访贫困户 643 户次，共发现问题 103 个，提出意见建议 206 条，形成专题报告 98 份。

开展脱贫攻坚民主监督，成果不仅在于发现多少问题，还在于地方党委政府对意见建议的采纳情况和对脱贫攻坚进程的实际推动。5 年来，我们提出的关于精准识别机制、"两不愁三保障"存在的薄弱环节、扶贫产业发展、农业组织化程度、贫困村基层组织建设、易地扶贫搬迁、临界边缘户、边境地区稳边兴边和脱贫攻坚等问题和建议，都得到了自治区党委、政府的采纳，有力助推了广西脱贫攻坚进程。在主要负责同志带队深入调研的基础上，我们向中共中央提交专报 8 份，部分已转化为国家有关政策措施。

在监督过程中，民建中央紧紧依靠地方党委政府，始终坚持在参与中支持、在支持中监督，逐步搭建了"分级分工、高效务实"的工作机制，增强了监督的精准性和实效性。民建中央坚持实践探索与理论研究并重，将阶段性总结和全面总结相结合，继 2018 年进行阶段性总结并召开座谈会后，2020 年又深入开展脱贫攻坚民主监督工作总结研究，召开总结研讨会，两次总结共收到研究成果 122 篇，深化了对专项民主监督规律性的认识。

在监督过程中，我们注重发挥优势，不仅发现问题，提出建议，还与地方党政部门一起想办法、解难题。例如，针对广西产业发展缺乏龙头企业带动问题，先后在广西召开非公经济圆桌会议（贺州）、民建东部企业家广西交流合作大会，推动合作项目签约 755.35 亿元。针对"两不愁三保障"存在的薄弱环节，协调资金 5772 万元建设"同心水柜"、捐赠救护车、开展"生态教育移民杨帆班"等项目。针对农产品销售难等问题，通过"中国特产·思源农特馆"项目，推介广西农特产品数十种。

经过 5 年的实践，我们不断提升对民主监督的认识，提高了开展民主监督的水平，建立了协调顺畅的工作机制，形成了一套相对制度化的工作流程，为后续开展专项监督提供了丰富的理论和实践经验。广大民建会员也通过亲身参与脱贫攻坚民主监督，极大地增强了政治认同、思想认同、情感认同，也得到了实践锻炼，履职能力得到很大提升。

民进中央副主席朱永新：
让脱贫攻坚民主监督有温度有力量

作为脱贫攻坚战监督体系的重要组成部分，脱贫攻坚民主监督具有对口监督时间长、专业性强、立场中立、渠道直通等独特优势，实践中发挥了监督、建言、帮扶、推动问题解决等综合效应，形成了监督闭环，有力推动了脱贫攻坚进程。

我们在对口湖南开展脱贫攻坚民主监督工作中，把自己摆进湖南，摆到贫困村、扶贫干部中去，设身处地考虑问题，让脱贫攻坚民主监督有温度有力量。

5 年来，民进中央坚持问题导向、目标导向和效果导向，聚焦精准脱贫中的标准、教育、医疗、金融、土地和作风等问题进行专题调研、把脉问诊、开方抓药，形成一批有针对性和实效性的民主监督调研报告，提出问题线索 200 多条，推动一些具体问题在基层立改立行。

其中，向中共中央报送 5 份年度监督报告，以"直通车"形式报送 13 篇建议并得到中共中央领导同志的重要批示，向全国两会提交 24 篇党派提案，形成有关社情民意信息 700 余篇。向中共湖南省委、省政府提出 80 余条重要监督意见，把民主监督的过程变成共同发现问题、研究问题、解决问题的过程，变成推动中共中央大政方针和决策部署落地落实的过程，助力湖南打赢脱贫攻坚战。

同时，民进中央在湖南多地开展教育帮扶、产业帮扶、医疗帮扶以及基层教师和医生培训等活动，引进育种、中药材种植等扶贫项目，牵头上海有关职教集团帮扶湖南建档立卡贫困户学生在上海接受免费职业教育，并建立职教基地。

5 年来，民进中央既把工作作风问题作为民主监督的重要内容，又把工作作风作为对自身工作的要求。

在调研安排上，我们直接深入扶贫一线，考察最贫困农村、慰问最贫困农户、访谈一线扶贫干部，把座谈开到农户家、村小学、村卫生室。

在组织开展蹲点调研时，做到解剖"麻雀"，设立 3 个县级观察点，26 个村级观察窗口，覆盖湖南 14 个市州和武陵、罗霄两大片区，兼顾贫困村和非贫困村，组织力量长期在观察窗口开展跟踪调研。组织机关干部小分队，自带干粮、自备车辆，开展"四不两直"调研，获取第一手资料。

在增强脱贫攻坚民主监督精准性和实效性方面，我们组建了一支结构合理、相对固定、全程参与的专家顾问队伍，争取把情况摸清、把政策吃透、把问题看准、把意见提实。同时坚持既监督基层又问计于基层，帮助基层反映问题，分层次推动问题解决，推动减轻基层负担。

我们体会到，在脱贫攻坚民主监督实践中探索形成的做法和经验，可加以广泛运用，进一步丰富和完善民主党派履职的形式、内容和方法。

农工党中央副主席杨震：
在脱贫攻坚民主监督中发挥专业优势

在脱贫攻坚民主监督过程中，我们直面现实问题，敢监督、真监督，提出推进贫困地区教育扶贫、健康扶贫、生态扶贫、石漠化治理、加强基础设施建设等建议，加大对云南省倾斜力度，推动国家扶贫政策落地。

我们发挥联系界别优势，开展以医药卫生、教育科技智力扶持为主的帮扶活动。例如，协调部分医院赴滇设立分支机构或联盟机构，协调部分基金会实施对滇定向捐助，动员农工党各级组织开展帮扶 70 多次，帮扶款物价值 1 亿多元。

5 年来，农工党中央坚持问题导向，围绕发现问题、提出建议、助推解决问题、持续跟踪调查建立起一个环环相扣的工作闭环模式。累计形成各类调研、调查报告 80 余份，合计近 200 万字；形成 5 份专报以"直通车"形式报送中共中央、国务院，得到中共中央领导同志重要批示。

比如，2017 年初，农工党中央结合前期调研结果对云南省因病致贫本底数据不扎实、健康扶贫亟待加强等提出建议。中共云南省委、省政府综合各方面情况，结合云南省健康扶贫工作实际，组织 12 万多名医务人员深入筛查，重新核定云南省因病致贫底数并出台系列政策，健康扶贫工作水平大大提升。

再如，2019 年，围绕"两不愁三保障"重点难点问题如饮水安全问题，我们提出个别贫困县饮用水源不稳定、季节性缺水问题亟待解决；2020 年以"钉钉子"精神持续追踪回访，对整改落实情况再监督、再反馈，亲眼见证相关问题全面有效解决。

2020 年新冠肺炎疫情发生后，农工党中央深入贯彻中共中央疫情防控系列决策部署，紧盯疫情这一影响脱贫进程的最大因素，聚焦云南省尚未脱贫的 9 个挂牌督战县，通过实地考察与网络访谈相结合，追踪脱贫攻坚最后冲刺情况，确保全年民主监督目标不变、要求不降、力度不减，取得积极成效。

深入开展调查研究是民主党派脱贫攻坚民主监督的法宝。5 年来，农工党中央累计组织考察调研 113 批次，覆盖 88 个县 360 个村。与中共云南地方党委会商 127 次，坦诚提出各类意见建议 600 余条。

例如，农工党中央针对云南边境少数民族贫困群众脱贫，提出有关助力云南边境地区困难群众脱贫攻坚的建议，把监督过程变成发现问题、解决问题的过程，作为推动政策落实的过程。

在脱贫攻坚伟大的历史进程中，农工党人有幸成为参与者、记录者、监督者。未来专项民主监督工作中，农工党中央必将增强民主监督的政治意识，增强责任感和使命感，知无不言、言无不尽，对执政党进行真诚、有效的监督。

致公党中央副主席吕彩霞：
脱贫攻坚民主监督体现"四新"

脱贫攻坚民主监督是民主党派深度参与脱贫攻坚的新平台，是对民主监督的新探索，是彰显我国新型政党制度优势的新实践，是助推国家治理体系和治理能力现代化的新支撑。

致公党中央高度重视脱贫攻坚民主监督工作，自 2016 年开展脱贫攻坚民主监督以来，共组织开展脱贫攻坚监督调研 78 次，走访 351 个贫困村、985 户农户，召开会议 122 次，提出意见建议 300 余条，助力四川打赢脱贫攻坚战。

作为具有侨海特色的参政党，我们把发挥侨海特色作为开展脱贫攻坚民主监督工作的特点。

一是把对外联络工作与脱贫攻坚结合起来，让海外华人华侨关注、见证、参与脱贫攻坚。2019 年，致公党中央组织 11 个国家海外侨领赴四川泸州等地考察脱贫攻坚成果，感受中国脱贫攻坚取得的巨大成就和群众攻坚克难的积极态度。

二是结合脱贫攻坚加大对致公党员特别是青年党员教育。2019 年，我们组织青年致公党员在四川广安小平干部学院举办致公党中央"习近平新时代中国特色社会主义思想专题培训班"，要求大家积极投入到脱贫攻坚民主监督活动当中。

三是发挥党派特色，向国内外、致公党内外讲好脱贫攻坚中国故事。通过分享脱贫攻坚生动故事，让他们了解脱贫攻坚工作的难度和巨大付出。

做好脱贫攻坚民主监督工作的关键，除了把握总体方向和工作要求、建立有效的监督机制和科学的监督方案外，尤其要探究制约贫困的关键问题，多渠道推动问题解决。对于普遍性问题，直接向地方党委、政府反馈；对需更高层面解决的问题，走访国家部委反馈意见建议；对于突出问题和重要意见，通过"直通车"渠道专报中共中央、国务院领导同志。

为增强脱贫攻坚民主监督精准性和实效性，我们不断改进作风，坚持"自助式"调研，坚持问题导向，下苦功、访真贫、摸实情、访真贫，并持续不断开展"回头看""盯着看"深度调研。我们动员全党形成立体式调研体系，组织扶贫经验丰富的东部 12 个省（市）致公党组织对口监督四川 12 个市（州），任务分解，重心下沉，确保对集中连片贫困区监督全覆盖。

未来，致公党中央将充分总结脱贫攻坚民主监督中的经验做法，集智汇力，建言献策，做好巩固拓展脱贫攻坚成果同乡村振兴有效衔接工作，结合纪念中国共产党成立 100 周年活动，提炼民主党派参与扶贫开发和民主监督的先进事迹，主动向国际社会讲好脱贫攻坚中国故事。

九三学社中央副主席丛斌：

为未来开展专项民主监督提供借鉴

开展脱贫攻坚民主监督，是监督体制机制的重要创新。从国家治理角度看，多党合作政治制度优势能更好转化为国家治理效能；从具体工作上看，民主党派成员专业优势在脱贫攻坚伟大事业中得到充分发挥；从民主党派自身来看，促使我们加强思想政治引领、改进工作作风，最大限度凝聚人心、凝聚共识、凝聚智慧、凝聚力量；从新时代多党合作事业发展来看，为民主党派提供了专项民主监督的实践机会，也为今后继续开展专项民主监督提供了可借鉴的经验。

5年来，九三学社中央主要以4类形式对口陕西开展脱贫攻坚民主监督。

一是，现场反馈推动改进。例如，我们提出健康扶贫"要减存量、更要控增量"，重视扶贫资金安全和监管，加强教育领域人才培养，等等。陕西省据此出台《疾病预防控制机构帮扶工作方案》，制定《完善扶贫资金项目公告公示制度实施意见》，率先试点改革中小学教师职称评价机制。

二是，就全局性问题向中共中央建言。我们就巩固脱贫攻坚成果、推进全面脱贫与乡村振兴有效衔接，向中共中央提出"探索推进帮扶工作常态化和制度化、关注扶贫帮扶数据使用"等建议。

三是，寓帮扶于监督。我们的专家在陕西省汉中市镇巴县调研时，提出并指导当地修订镇巴腊肉标准，助力特色产业高质量发展。

四是，对事关长远的问题持续关注。在脱贫攻坚民主监督过程中，我们发现有的地方对村集体经济发展重视不够，没能抓住政策机遇。我们就此多次向陕西提出建议，助力陕西出台促进支持村集体经济发展的十二条措施。

开展脱贫攻坚民主监督，要防范工作流于形式，关键在于调研做到"全""准""深"，即调查研究全面客观、问题查找核实准确、重点领域力求深入。

同时，增强民主监督的精确性和实效性，需要时刻保持"监督方向不偏、靶心不移、焦点不散"，按照中共中央安排部署，适时调整监督内容。例如，2018年增加对扶贫领域作风问题的监督，2019年关注"三保障"突出问题和饮水安全，2020年将疫情防控和脱贫攻坚统筹推进纳入监督范围。

脱贫攻坚民主监督为民主党派提升政治协商、参政议政等履职能力，提供了实践平台。对九三学社中央而言，这既是履行职责，也是接受教育、凝聚共识，更是对加强自身思想建设、组织建设和能力建设的有力促进。

台盟中央副主席吴国华：
形成特色民主监督路径

脱贫攻坚民主监督，是中共中央赋予各民主党派的政治任务，是拓宽民主监督渠道的有益尝试，也是各民主党派助力打赢脱贫攻坚战的重要实践形式。

5年来，台盟中央先后开展多层次综合调研访查50次，调研区域覆盖了甘肃集中连片和深度贫困市州的190余个贫困村、900余户建档立卡贫困户，获得大量一手资料，形成相关调研报告40份，向中共中央统战部报送了5份年度监督报告、1份监督专报，向国家及甘肃省提出问题建议300余条，助力甘肃省75个贫困县按期实现全部摘帽。

我们聚焦监督重点，体系化推进监督工作。坚持台盟中央带头、地方组织跟进，科学调度全盟有效资源，加强协同配合，构建"上下联通，双向推进"工作格局，全力实施效能监督、到位监督。

扎实开展综合课题调研，充分调动盟内外专家力量，先后围绕农村电商、县域经济、生态扶贫、脱贫攻坚机制、脱贫攻坚与乡村振兴"双领域"政策衔接等普遍性、全局性、前瞻性的10项综合性课题，开展"小切口、蹲点式"调研，做到一年明确一个主题、一个阶段凸显一个重点。

实施"两州"（临夏州、甘南州）综合作业专属活动，台盟北京市委会、台盟上海市委会牵头"两州"综合作业区全域化管理工作，坚持问题导向、成果导向，分别制定具体工作方案，有序组织开展乡级监测、专项调研以及服务支持等活动，高质量完成区域性监督工作。

建立县乡村三级动态监测体系，根据甘肃脱贫攻坚区域特点和台盟中央监督力量基础，筛选建立了"一县两乡两村"5个监测点，采取监测点联络员按月报送信息、监测牵头组织按季度报送信息、半年一轮实地监督访查等监测方式，根据不同阶段扶贫工作的要求，各有侧重地开展情况沟通和信息收集，实施动态化、深度化监测。

在服务支持工作中，我们举办了3次"两岸医师"健康咨询活动，为甘南州夏河县、临夏州东乡县、武威市天祝县近2000名群众提供了专业健康咨询服务，同时，为当地医护人员提供了学习观摩的机会，为海峡两岸医师搭建了交流合作平台。

5年的脱贫攻坚民主监督实践探索，增进了我们同基层干部群众的情感，也充分锤炼了意志、品质和能力，从探索监督路径到形成台盟特色工作模式，彰显民主党派履职尽责的新作为。

接下来，我们要总结借鉴好脱贫攻坚民主监督的好经验、好做法，不断推动新的专项民主监督工作提质增效，不断提高建言资政的质量和水平，在服务国家发展大局中更好履职尽责、更好展示我国新型政党制度优势。

第三部分

贵州省文献

贵州省委员会文件

关于印发《民革贵州省委关于积极参与民革中央脱贫攻坚民主监督的工作方案》的通知

民革各市州委（工委），省直各基层组织，机关各处室：

《民革贵州省委关于积极参与民革中央脱贫攻坚民主监督的工作方案》经民革贵州省委十一届 68 次主委会议审定通过，现印发给你们，请结合实际抓好贯彻落实。

特此通知

附件：《民革贵州省委关于积极参与民革中央脱贫攻坚民主监督的工作方案》

民革贵州省委

2016 年 12 月 5 日

报：民革中央办公厅、社会服务部，中共贵州省委统战部；

送：本委主委、副主委、秘书长，常委，机关在职厅级干部；

发：民革省委委员，民革党员中的省人大代表、省政协委员。

民革贵州省委关于积极参与
民革中央脱贫攻坚民主监督的工作方案

为深入贯彻落实中共中央和民革中央关于脱贫攻坚民主监督工作的重大部署，充分体现民革贵州省委的平台优势、组织优势和智力优势，发挥民革党员中专家学者在脱贫攻坚民主监督工作中的作用，根据中央统战部、国务院扶贫开发领导小组办公室《关于支持各民主党派中央开展脱贫攻坚民主监督工作的实施方案》有关要求，民革贵州省委决定成立脱贫攻坚民主监督专家工作组，配合民革中央脱贫攻坚民主监督相关工作开展，特制定如下工作方案。

一、工作原则

（一）坚持正确的政治方向。开展脱贫攻坚民主监督的出发点和落脚点是帮助党和政府打赢脱贫攻坚战。要坚持中国共产党的领导，以推动中央决策部署落实为核心，围绕脱贫攻坚中的重点难点问题深入考察调研，及时发现和反映存在的问题，提出建议和批评，帮助中共贵州省委和省政府加强改进工作。

（二）坚持鲜明的问题导向。要通过深入调研、考察、座谈等形式，将发现问题与共同研究对策、提出整改办法相统一，真正把监督过程变成发现问题、解决问题的过程，把开展监督作为推动政策落实的过程。

（三）坚持从实际出发，突出工作重点。要全面了解中央关于脱贫攻坚的决策部署，深入了解我省的贫困实际情况以及省委、省政府脱贫攻坚工作的总体安排与部署，聚焦工作中的重点难点问题和政策落实中的薄弱环节，有针对性地开展工作，不搞面面俱到。

（四）坚持与履行参政党职能相结合。要把参政议政、民主监督、参加中国共产党领导的政治协商三项基本职能有机结合，通过开展脱贫攻坚民主监督了解社情民意，形成真知灼见，为开展参政议政、政党协商打好基础。通过政党协商和参政议政的平台提出建设性的意见和建议。

（五）坚持工作公开、科学、规范。要主动对接贵州整体扶贫工作规划和进度，充分听取当地对脱贫攻坚民主监督的需求和意见，加强民主监督工作机制建设；充分动员所联系社会力量，在规划和政策制定等领域提供科学合理的建议。

二、组织领导

为积极配合民革中央在贵州开展好脱贫攻坚民主监督相关工作，民革贵州省委拟组建由民革党员中参与脱贫攻坚任务及涉农、法律、审计等方面专业人员组成的专家工作组，主要职责是单独或协助配合民革中央六个脱贫攻坚民主监督调研组在贵州开展好脱贫攻坚民主监督工作。民革贵州省委社会服务处具体抓落实，民革省委机关各处室积极参与。具体领导机构及工作组组成如下：

（一）领导小组

组　长：

王世杰　民革中央脱贫攻坚民主监督工作小组成员，民革贵州省委主委，中科院地球化学研究所副所长

副组长：

鲍家科　民革贵州省委副主委，贵州省药品审评认证中心主任药师

尹晓芬　民革贵州省委专职副主委，省政协副秘书长（兼）

章友竞　民革贵州省委副主委，贵州省道路运输局局长

夏玉芳　民革贵州省委副主委，贵州大学新农村发展研究院副院长、教授

陈　勇　民革中央脱贫攻坚民主监督工作小组成员，民革贵州省委副主委，省发改委地区经济处处长、以工代赈办公室主任

邓文淼　　民革贵州省委秘书长

（二）专家工作组

组　长　陈　勇（兼）

副组长

陈有德　　民革中央脱贫攻坚民主监督工作小组成员，黔南州人民政府
　　　　　副州长，民革黔南州委主委

黄东兵　　教育部管理科学与工程教学指导委员会委员，贵州省财经大
　　　　　学管理科学学院常务副院长、教授

成　员：

张宏毅　　贵州省纪委监察厅特邀监察员，贵州驰远律师事务所主任、
　　　　　二级律师

姚红艳　　贵州大学动物科学学院副教授，遵义市播州区人民政府副区
　　　　　长（挂职）

陶宇航　　贵州省畜牧兽医研究所主任、高级畜牧师

冉隆仲　　贵州省动物疫病预防控制中心肉品品质检验室主任、高级兽
　　　　　医师

龙忠富　　贵州省草业研究所研究员

丰邦颖　　贵州省审计厅投资二处副处长

刘启仁　　贵州成黔企业（集团）有限公司财务审计部部长、会计师

梁明祥　　贵州中创联律师事务副主任、执业律师，投资项目分析师

工作职责：

（1）积极参加中共贵州省委、省政府及相关工作部门召开关于脱贫
攻坚方面工作部署会、经验总结会、情况通报会等，研究分析各地开展脱
贫攻坚工作取得的重要经验和进展成果。每季度深入实地开展一至二次调

研、考察活动，发现问题与研究对策相结合，助推贵州脱贫攻坚民主监督工作开展。

（2）负责归类采集各地开展脱贫攻坚及脱贫攻坚民主监督工作进展和动态信息，为各脱贫攻坚民主监督工作组提供借鉴参考的工作数据，为信息平台提供交流互动的经验和做法。

（3）每半年召开一次工作会议，听取民革中央脱贫攻坚民主监督工作各小组联络员报告本组近期工作情况，并进行评估和分析，提出下一阶段工作重点的指导性意见和建议。

（4）针对各脱贫攻坚民主监督工作组发现和反映的突出问题，认真进行梳理筛选，有针对性地进行预审，推荐作为民革贵州省委重点调研选题并参与调研，形成高质量调研报告报送有关部门。

（5）研究解决开展脱贫攻坚民主监督工作中存在的问题和困难，提出完善的工作建议及改进意见，及时反馈当地党委统战部和政府主管部门，并协商落实解决的措施和办法。

（6）探索民主监督机制建设，把理论研究与实践探索相结合，发现好经验、好做法及涉及全局性的工作问题，撰写分析评估工作报告，提出完善的对策和建议报中共贵州省委和民革中央。

工作要求：

（1）高度负责，公正评估。专家工作组既要对民革中央负责，又要对各脱贫攻坚民主监督工作小组负责，要自始至终地维护评估的独立性和公正性，注重了解实际情况，多做有利于助推地方党委政府打赢脱贫攻坚战役的工作。

（2）坚持标准，平等交流。专家工作组成员要本着帮助各地查找脱贫攻坚工作中问题、探究成因的原则，秉持认真态度，坚守专业精神。在与地方相关部门交换意见时，尽可能指出具体问题，提出改进的意见和建议。

（3）接受监督，保守秘密。专家工作组成员应自觉接受民革贵州省委的监督，抵制有损评估声誉的行为。专家之间要互相尊重、密切配合、团结协作，内部讨论交换的意见和建议要注意保密。

三、工作重点内容

（一）贫困人口精准识别情况；

（二）贫困人口精准脱贫情况；

（三）贫困县摘帽情况；

（四）落实脱贫攻坚责任制情况；

（五）重大政策措施执行情况；

（六）扶贫资金项目管理使用情况；

（七）以法治为保障，推进村民自治、议事协商，组织群众自觉参与扶贫开发情况；

（八）协调和配合民革中央六个调研组做好相关工作；

（九）根据实际情况，其他需要进行民主监督的内容。

四、工作形式

（一）**开展调查研究**。在民革贵州省委统筹下，以专家工作组为单位，开展日常调查研究工作。考察调研要紧密结合贵州整体扶贫工作规划和需求，听取党委和政府有关部门的工作汇报，要深入基层、深入群众，走村入户实地考察，发现了解存在的问题和困难，就其中的重点问题深入研究分析，并及时向当地党委和政府反馈调研情况。

（二）**提出意见建议**。对调研中发现的问题和情况，充分运用政党协商、参政议政的各类平台和各种渠道，及时反映、提出建议意见，其中涉及全局工作的重要问题和重要建议可通过"直通车"等形式专报中共贵州省委、省人民政府领导同志。

（三）**参与专项监督评估**。专家工作组要积极参与有关精准脱贫评估体系建设；积极参与有关部门和专业机构就贫困人口精准识别、扶贫资金项目管理使用等情况开展的第三方评估工作。

（四）**加强日常联系**。建立与中共贵州省委统战部、省扶贫办的常态化联系机制和工作规范，及时就我省脱贫攻坚工作的进展情况、基层群众的意见和建议、地方党委政府对意见建议的办理情况进行沟通。

（五）**进行政策宣讲**。充分发挥专家工作组智力密集的优势，在参与扶贫攻坚工作的过程中，注重广泛宣讲中共中央、国务院关于脱贫攻坚的方针政策，帮助贫困地区干部群众知晓政策、落实政策、用好政策，坚定脱贫攻坚的信心和决心。及时总结地方在开展脱贫攻坚工作中的经验做法，发现先进，推广典型。同时，通过各类媒体，对脱贫攻坚民主监督专家组的各类活动进行宣传报道，不断加大民革贵州省委开展脱贫攻坚民主监督工作的影响力和号召力。

五、工作保障

（一）**明确目标任务**。民革贵州省委依据设定的目标任务，对专家工作组的工作进展、工作成效、目标任务完成情况等方面进行全面考核和评估，定期进行通报，对脱贫攻坚民主监督过程中表现出色的专家组成员进行总结表彰。

（二）**建立工作台账**。建立脱贫攻坚民主监督专家工作组工作台账，全面真实记录具体活动时间、内容、方式、参加人次、服务效果，做到组织有制度、活动有痕迹、效果有证明。工作台账要坚持实事求是，准确反映工作开展情况，条目清晰，文字简明扼要，能用数据说明的尽量用数据表述，不说空话、套话。

（三）**搞好协调配合**。民革贵州省委和专家工作组要建立日常工作联系机制，加强沟通，协调配合，明确工作规范，提供必要保障。建立调研信息通报机制，便于民革贵州省委和当地党委、政府之间沟通情况、交流经验。建立成果会商机制，专家工作组密切协调和配合民革中央六个调研组就调研成果和工作进行沟通交流、共同研究，形成合力，充分展示多党合作制度在脱贫攻坚工作中的优势和成果。

中国国民党革命委员会 **贵州省委员会文件**

关于印发《民革贵州省委关于积极参与民革中央脱贫攻坚民主监督的工作方案》的通知

民革各市州委（工委）、省直各基层组织，机关各处室：

《民革贵州省委关于积极参与民革中央脱贫攻坚民主监督的工作方案》经民革贵州省委十一届 68 次主委会议审定通过，现印发给你们，请结合实际抓好贯彻落实。

特此通知

中共贵州省委办公厅

中共贵州省办公厅、贵州省人民政府办公厅关于配合民革中央做好脱贫攻坚民主监督工作的通知

各市（自治州）党委和人民政府，贵安新区党工委和管委会，各县（市、区）党委、人民政府，省委各部委，省级国家机关各部门，省军区、省武警总队党委，各人民团体：

根据《中共中央、国务院关于打赢脱贫攻坚战的决定》以及《中央统战部、国务院扶贫开发领导小组办公室关于印发〈关于支持各民主党派中央开展脱贫攻坚民主监督工作的实施方案〉的通知》要求，为配合民革中央做好我省脱贫攻坚民主监督工作，就全面建成小康社会这一共同目标凝聚共识、汇聚力量，经省委、省政府领导同志同意，现将有关事项通知如下：

一、切实增强开展脱贫攻坚民主监督工作的政治意识

民主党派开展脱贫攻坚民主监督，是党中央赋予统一战线的新任务，是拓宽民主监督渠道的有益尝试，是对民主党派的高度重视和信任，也是各民主党派协助地方党委和政府打好脱贫攻坚战的重要形式，更是坚持和完善中国共产党领导的多党合作和政治协商制度的重要举措。开展脱贫攻坚民主监督是一项开创性的工作，既要勇于探索、积极创新，也要把握重点、稳步推进。党中央确定民革中央对我省开展脱贫攻坚民主监督工作，充分体现了党中央、国务院对我省脱贫攻坚工作的关心重视，各市（州）、县（市、区）党委、政府要深刻认识开展脱贫攻坚民主监督工作的重要意义，按照中共贵州省委、省人民政府与民革中央对开展脱贫攻坚民主监督工作的要求和部署，主动接受监督，积极创造条件，支持配合民革中央做好脱贫攻坚民主监督工作。

二、准确把握脱贫攻坚民主监督的主要内容和形式

（一）主要内容

除贵阳市外，民革中央在我省其余 8 个市（州）开展脱贫攻坚民主监督工作。主要对 8 个方面重点工作开展民主监督：一是贫困人口精准识别情况；二是贫困人口精准脱贫情况；三是贫困县摘帽情况；四是落实脱贫攻坚责任制情况；五是重大政策措施执行情况；六是扶贫资金项目管理使用情况；七是以法治为保障，推进村民自治、议事协商，组织群众自觉参与扶贫开发情况；八是根据实际情况，其他需要进行民主监督的内容。

（二）主要形式

1. **开展调查研究**。民革中央成立脱贫攻坚民主监督领导小组和工作小组，在民革贵州省委配合下组建 6 个调研组和毕节、黔西南 2 个联络组（以下简称"调研组"），根据各市（州）年度脱贫攻坚计划，以调研组为单位，定期开展调查研究。在我省国家贫困县中，结合摘帽退出情况选择部分重点县，每年至少开展一次由民革中央领导带队的重点调研。考察调研紧密结合我省整体扶贫工作规划和需求，听取党委和政府有关部门的工作汇报，就其中的重点问题深入研究分析，并及时向中共贵州省委、省人民政府反馈调研情况。

2. **确保知情明政**。应邀参加我省各级党委、政府及相关工作部门相关脱贫攻坚方面的工作部署会、经验总结会、情况通报会等，认真细致研

究分析各地开展脱贫攻坚工作取得的重要经验和进展成果。民主监督工作坚持发现问题与研究对策相结合，助推我省精准扶贫、精准脱贫。

3. **形成多方合力**。民革贵州省委成立脱贫攻坚民主监督专家工作组，开展调研并配合民革中央调研组做好相关工作。推荐专家学者参与有关精准脱贫评估体系建设；推荐专家学者参与有关部门和专业机构就贫困人口精准识别、扶贫资金项目管理使用等情况开展的第三方评估工作。

4. **提出意见建议**。对调研中发现的问题和情况，充分运用政党协商、参政议政的各类平台和各种渠道，及时反映、提出建议意见，其中涉及全局工作的重要问题和重要建议，由民革中央通过"直通车"等形式专报中共中央、国务院领导同志。

5. **进行政策宣讲**。在参与脱贫攻坚民主监督工作的过程中，注重广泛宣讲中共中央、国务院关于脱贫攻坚的方针政策，帮助贫困地区干部群众知晓政策、落实政策、用好政策，坚定脱贫攻坚的信心和决心。

各市（州）、党委、政府和有关部门要准确把握民革中央对口贵州开展脱贫攻坚民主监督工作的重要内容和主要形式，采取有力措施，积极配合支持民革中央做好工作。

三、建立完善工作机制

（一）建立联络联系机制

在省级层面建立联络协调小组，由省委分管统战工作的领导和省政府分管扶贫工作的副省长任组长，联络协调小组办公室设在民革贵州省委。市（州）、县（市、区）党委、政府要把配合民革中央开展脱贫攻坚民主监督作为打赢脱贫攻坚战的一项重要工作，建立联络协调小组，明确专门人员，主动做好联络服务工作。各级统战部门和扶贫部门要加强协调，积极协助民革中央脱贫攻坚民主监督工作小组和各调研组开展调查研究和监督活动。

（二）建立沟通协调机制

定期召开脱贫攻坚民主监督工作座谈会。在民革中央领导在贵州调研期间，及时召开座谈会，沟通交流意见，研究全省脱贫攻坚重大问题。建立民革中央和省委、省政府脱贫攻坚民主监督日常沟通机制，民革中央脱贫攻坚民主监督工作小组主要领导、省委分管统战工作的领导和省政府分管扶贫工作的副省长参加，研究解决监督中发现的问题，落实整改措施。联络协调小组办公室承担会议服务工作，扶贫办及相关部门承担会议确定事项的落实。

（三）建立信息通报机制

建立脱贫攻坚工作情况季度通报制度，省扶贫办和各市（州）、县（市、区）党委、政府以及有关部门，每季度向民革中央脱贫攻坚民主监督工作小组和调研组通报脱贫攻坚总体进展和有关工作情况以及反馈情况的整改情况。及时提供扶贫政策、脱贫措施文件，支持配合调查研究。对民革中央脱贫攻坚民主监督工作小组和各调研组反馈开展脱贫攻坚民主监督的情况，各市（州）党委、政府要高度重视，安排有关部门进行整改和落实，并及时反馈情况。建立民革党员参与我省各级脱贫攻坚全过程工作机制，定期邀请参与脱贫攻坚重大政策制定、重要问题研究、第三方评估等工作，听取意见和建议，共同做好脱贫攻坚工作。

四、加大脱贫攻坚民主监督工作宣传力度

　　各级党委宣传部门要坚持正确舆论导向，把民革中央开展脱贫攻坚民主监督工作情况纳入我省脱贫攻坚宣传报道的主要内容，及时反映民革中央开展民主监督工作情况，扩大民革中央民主监督的社会影响力，展示多党合作制度的优势。要紧密联系我省扶贫事业取得的重大成就，准确解读省委省政府扶贫开发的决策部署、政策举措，生动报道各地区各部门脱贫攻坚民主监督丰富实践和先进事例，营造民主监督的良好氛围。

中共贵州省委办公厅

贵州省人民政府办公厅

2017 年 3 月 30 日

中共贵州省委办公厅

中共贵州省委办公厅　贵州省人民政府办公厅
关于配合民革中央做好脱贫攻坚
民主监督工作的通知

各市（自治州）党委和人民政府，贵安新区党工委和管委
会，各县（市、区）党委和人民政府，省委各部委，省级
国家机关各部门，省军区、省武警总队党委，各人民团体：
　　根据《中共中央国务院关于打赢脱贫攻坚战的决定》

中共贵州省委统战部（通知）

关于进一步配合民革中央做好脱贫攻坚
民主监督工作的通知

各市（自治州）党委统战部（不含贵阳市）：

3月30日，各民主党派中央脱贫攻坚民主监督工作座谈会在北京召开。中央政治局常委、全国政协主席汪洋出席会议并讲话，强调要充分发挥多党合作制度优势，不断提高民主监督的针对性和实效性，为全面建成小康社会贡献力量。要求统战部要发挥好牵头协调作用，主动做好沟通、联系和服务工作。4月21日，民革中央在贵阳召开了脱贫攻坚民主监督2018年第一次工作推进会，对相关工作进行了部署。

为深入贯彻落实好汪洋同志重要讲话精神，以及民革中央脱贫攻坚民主监督2018年第一次工作推进会议要求，进一步配合

民革中央做好脱贫攻坚民主监督，确保工作顺利开展，现就有关事项通知如下。

一、进一步提高对民革中央对口贵州脱贫攻坚民主监督的认识。党的十九大对打好精准脱贫攻坚战、加强民主监督、支持民主党派履职等做了重大部署。要深入贯彻落实党的十九大精神和习近平总书记在参加全国政协十三届一次会议联组讨论时对新型政党制度的论述精神，深刻领会各民主党派中央脱贫攻坚民主监督工作座谈会要求，深刻认识民主党派参与脱贫攻坚民主监督的特殊重要意义，深刻认识民革中央对口贵州脱贫攻坚民主监督对我省决战脱贫攻坚、决胜全面小康的重要意义，采取更加有力的支持、更加有效的举措，进一步把工作做好做实。

二、进一步健全完善工作机制。结合实际进一步落实好《中共贵州省委办公厅贵州省人民办公厅关于配合民革中央做好脱贫攻坚民主监督工作的通知》要求，协助党委和政府主动建立支持监督、配合监督、落实监督的工作机制，健全完善联络联系、沟通协调、信息通报工作机制。

三、进一步加强联系沟通。要主动与民革中央脱贫攻坚民主监督调研组、联络组对接，全面准确了解工作要求，协调有关方面为开展脱贫攻坚民主监督工作搞好服务，切实解决工作中的困难和问题。加强与扶贫等部门联系，积极为民革中央了解相关政策和掌握有关情况提供帮助。虚心听取民革中央提出的意见、批评、建议，及时向党委和政府汇报，认真抓好监督中反映出来的问题整改。

中共贵州省委统战部

2018 年 5 月 7 日

中共贵州省委统战部（通知）

★

关于进一步配合民革中央做好脱贫攻坚
民主监督工作的通知

各市（自治州）党委统战部（不含贵阳市）：
　　3月30日，各民主党派中央脱贫攻坚民主监督工作座谈会在北京召开，中央政治局常委、全国政协主席汪洋出席会议并讲话，强调要充分发挥多党合作制度优势，不断提高民主监督的针对性和实效性，为全面建成小康社会贡献力量，要求统战部要发挥好牵头协调作用，主动做好沟通、联系和服务工作。4月21

中共贵州省委统战部 文件
贵州省扶贫开发办公室

关于印发《贯彻落实各民主党派中央脱贫攻坚民主监督工作座谈会精神要点》的通知

各市（州）党委统战部、扶贫办：

为贯彻落实各民主党派中央脱贫攻坚民主监督工作座谈会及省委常委会精神，进一步做好支持配合民革中央对口贵州开展脱贫攻坚民主监督工作，现将《贯彻落实各民主党派中央脱贫攻坚民主监督工作座谈会精神要点》印发你们，请认真贯彻落实。

中共贵州省委统战部

贵州省扶贫开发办公室

2019 年 6 月 12 日

贯彻落实各民主党派中央脱贫攻坚
主监督工作座谈会精神要点

4月1日，各民主党派中央脱贫攻坚民主监督工作座谈会在北京召开。中共中央政治局常委、全国政协主席汪洋，中共中央政治局委员、国务院副总理胡春华出席会议并讲话。中共中央书记处书记、中央统战部部长尤权主持会议。4月30日，省委常委会召开会议传达学习，研究贯彻落实措施。各市（州）党委统战部、扶贫办要认真学习各民主党派中央脱贫攻坚民主监督工作座谈会及省委常委会精神，抓好贯彻落实。

一、深入学习各民主党派中央脱贫攻坚民主监督工作座谈会精神

（一）脱贫攻坚民主监督成绩显著、意义深远

会议指出，2016年以来，受中共中央委托，各民主党派中央开展脱贫攻坚民主监督，一个党派中央对应一个重点贫困省区，一盯五年、贯穿打赢脱贫攻坚战始终。这是民主党派首次对国家重大战略开展专项监督，也是民主党派开展的规模最大、时间跨度最长的专项监督活动，成为中国共产党领导下的多党合作的一个重要品牌。中共中央对此高度评价，习近平总书记近几年与党外人士座谈时都给予充分肯定。各民主党派中央开展脱贫攻坚民主监督，有力推动了脱贫攻坚进程，有效促进了参政党建设，充

分彰显了我国新型政党制度优势。

会议指出，民主党派中央开展民主监督是打赢脱贫攻坚战的重要推动力量。2018年，各民主党派中央按照中共中央关于脱贫攻坚民主监督工作的总体部署，聚焦深度贫困地区，紧紧围绕提高扶贫质量、关注扶贫领域作风建设，注重"五个一批""六个精准"，深入推进民主监督工作。民主监督重点与脱贫攻坚三年行动工作重点高度契合，有力促进了脱贫攻坚工作。同时在民主监督过程中，各民主党派还充分发挥高层次、专业性、人才荟萃等特殊优势，通过培训、座谈等增强基层干部的帮扶能力；通过广泛联系各界群众，凝聚起更多社会帮扶力量，从多方面推动了脱贫攻坚工作成效显著提升。

（二）提高脱贫攻坚民主监督工作实效

会议强调，今年全国两会期间，习近平总书记参加甘肃代表团审议时就做好当前脱贫攻坚工作发表重要讲话，强调要坚定信心不动摇、咬定目标不放松、整治问题不手软、落实责任不松劲、转变作风不懈怠，不获全胜、决不收兵。这对各地区各部门做好脱贫攻坚工作指明了方向，对民主党派做好民主监督工作具有重要指导意义。各民主党派中央要充分发挥特殊优势，明确监督重点，聚焦脱贫攻坚重点工作和难点问题，加强双向发力，讲好中国故事，改进工作作风，开展前瞻性研究，为全面打赢脱贫攻坚战作出更多、更大的特殊贡献。

（三）加强脱贫攻坚民主监督的支持保障

会议要求，相关省级党委和政府要进一步提高政治站位，充分认识民主监督本质上是一种政治监督，是帮助改进工作的重要方式。要建立健全支持监督、配合监督、落实监督工作机制，积极为民主党派开展民主监督创造良好条件。要虚心听取民主党派提出的意见、批评、建议，认真研究解决脱贫工作中存在的问题，在制订脱贫攻坚落实举措时，要注意征求民主党派专家的意见建议。举办各类政策培训、报告讲座，可以邀请民主党派专家学者或有关人员参加，便于他们掌握政策、了解问题，更好地开展工作。

会议要求，各级统战部门要进一步担负起牵头协调责任，做好脱贫攻坚民主监督支持保障工作。国务院扶贫开发领导小组各成员单位要更加主动加强与各民主党派中央的协作，及时向民主党派中央通报脱贫攻坚进展情况、工作安排和监督重点建议，继续邀请民主党派中央参与脱贫攻坚监督巡查、考核评估等重点工作和重大调研活动，督促地方各级政府主动接受监督，对民主党派中央反馈的意见建议，要认真整改落实到位，为各民主党派开展脱贫攻坚民主监督提供有力支持，创造良好环境。

二、贯彻落实措施及有关要求

今年是全面建成小康社会的关键之年，也是决战决胜脱贫攻坚的关键之年，更加需要发挥好民主监督的作用。各市（州）党委统战部、扶贫办要加大支持民革中央开展脱贫攻坚民主监督工作力度。

（一）细化工作目标。各市（州）党委统战部、扶贫办要述一步提高政治站位，充分认识民主监督本质上是一种政治监督，建立健全支持监督、配合监督、落实监督工作机制。要支持民革中央聚焦"两不愁、三保障"、解决绝对贫困问题开展监督，支持聚焦脱贫质量开展监督，支持聚焦脱贫实效开展监督。要把支持配合民革中央开展脱贫攻坚民主监督作为重要工作内容，针对民革中央在贵州开展的调研访谈、会议交流等，逐项细化支持配合举措。

（二）**明确工作要求**。各市（州）党委统战部要发挥好牵头协调责任，帮助协调解决监督工作中遇到的困难、问题，加强对脱贫攻坚民主监督的社会宣传，做好支持配合民革中央开展脱贫攻坚民主监督工作各市（州）扶贫办要虚心听取民革中央提出的意见、批评、建议，认真研究解决脱贫工作中存在的问题，在制订脱贫攻坚落实举措时，要注意征求民革中央调研组（联络组）的意见建议。举办各类政策培训、报告讲座，可邀请民革中央调研组（联络组）成员参加，便于他们掌握政策、了解情况，更好开展工作。

（三）**做好服务保障**。各市（州）党委统战部、扶贫办要贯彻落实好中共贵州省委办公厅贵州省人民政府办公厅《关于配合民革中央做好脱贫攻坚民主监督工作的通知》要求，发挥好联络联系、沟通协调、信息通报等机制作用，积极为民革中央开展脱贫攻坚民主监督创造良好条件。各市（州）扶贫办要进一步加强与民革中央脱贫攻坚民主监督调研组（联络组）的沟通协作，主动做好服务。各市（州）扶贫办要将第三方评估，包括暗访、考察、考核、督查、巡查情况，及时提供给民革中央调研组（联络组）。

（四）**抓好整改落实**。各市（州）扶贫办要主动加强与民革中央调研组（联络组）的协作，及时向民革中央调研纪（联络组）通报脱贫攻坚进展情况、工作安排和监督重点建议，邀请民革中央调研组（联络组）参与脱贫攻坚监督巡查、考核评估等重点工作和重大调研活动。对民革中央调研组（联络组）提出的建议要充分吸收采纳。将民革中央反馈的问题与中央脱贫攻坚专项巡视、脱贫攻坚成效考核发现的问题统一制定整改方案，一并推进整改，逐项抓好落实。整改落实情况及时反馈民革中央调研组（联络组）。

中共贵州省委统战部
贵州省扶贫开发办公室 文件

★

关于印发《贯彻落实各民主党派中央脱贫攻坚
民主监督工作座谈会精神要点》的通知

各市（州）党委统战部、扶贫办：

为贯彻落实各民主党派中央脱贫攻坚民主监督工作座谈会及省委常委会精神，进一步做好支持配合民革中央对口贵州开展脱贫攻坚民主监督工作，现将《贯彻落实各民主党派中央脱贫攻坚民主监督工作座谈会精神要点》印发你们，请认真贯彻落实。

中共贵州省委统战部
贵州省扶贫开发领导小组办公室 文件

———————— ————————

关于进一步支持配合民革中央
开展脱贫攻坚民主监督工作的通知

各市（州）党委统战部、扶贫办：

为贯彻落实好各民主党派中央脱贫攻坚民主监督工作座谈会及省委常委会精神，进一步支持配合好民革中央开展脱贫攻坚民主监督工作，经省委、省政府分管负责同志同意，决定印发本通知。请各市（州）党委统战部、扶贫办分别向党委、政府汇报通知精神，抓好贯彻落实。现就有关事宜通知如下。

一、进一步提高支持民革中央开展脱贫攻坚民主监督工作的政治站位

民主党派开展脱贫攻坚民主监督，是中国共产党领导的多党合作制度优势的重要体现，是打好脱贫攻坚战的重要举措。近年来，民革中央以推动党中央决策部署落实为主线，聚焦贵州脱贫攻坚重点难点问题，深入开展民主监督工作，既总结经验、肯定成绩，又指出问题、反馈建议，形成了很多解决问题的思路和方法，有力推动了我省脱贫攻坚工作深入扎实开展。

全省各级各部门要认真贯彻各民主党派中央脱贫攻坚民主监督工作座谈会及省委常委会精神，抓住用好民革中央对我省脱贫攻坚民主监督的机遇，用好民主监督成果，发挥民主监督作用，助推我省脱贫攻坚取得更大成效。一要提高政治站位，充分认识民主监督本质上是一种政治监督，建立健全支持监督、配合监督、落实监督工作机制，加强汇报沟通，强化工作保障，积极为民革中央开展民主监督创造良好条件。二要发挥各民主党派参与毕节试验区建设的"品牌"效应，积极配合统一战线不断深化"六个参与""千企帮千村""泛海助学行动"等工作，争取更大支持，助力毕节试验区等地按时打赢脱贫攻坚战。

二、进一步支持配合好民革中央开展脱贫攻坚民主监督工作

2017 年 3 月，中共贵州省委办公厅贵州省人民政府办公厅下发《关于配合民革中央做好脱贫攻坚民主监督工作的通知》，为民革中央开展脱贫攻坚民主监督提供了支持保障。全省各级党委、政府要继续落实好通知要求，发挥好联络联系、沟通协调、信息通报等机制作用，积极为民革中央开展脱贫攻坚民主监督创造良好条件。

（一）进一步发挥好各级联络协调小组领导作用。2017 年，省级层面成立了由省委分管统战工作和省政府分管扶贫工作的负责同志任组长的省联络协调小组，有关市（州）、县（市、区）党委、政府也建立了协调小组。各级联络协调小组要进一步发挥好作用，积极参加民革中央在贵州开展的调研访谈、会议交流等，大力支持民革中央脱贫攻坚民主监督工作小组和各调研组开展调查研究和民主监督。

（二）进一步发挥好统战部门牵头协调作用。全省各级统战部门要进一步担负起牵头协调责任，发挥好联络协调小组作用，加强与扶贫部门沟通联系，及时协调解决民革中央开展脱贫攻坚民主监督中遇到的困难问题，扎实做好支持配合工作。

（三）进一步做好全省脱贫攻坚情况通报，全省各级扶贫开发领导小组及其成员单位要进一步加强与民革中央的沟通协作，主动做好服务，及

时通过会议或书面形式，向民革中央介绍脱贫攻坚进展、工作排和监督重点建议等情况，确保民革中央全面准确掌握贵州脱资攻坚工作情况。各级党委、政府召开的脱贫攻坚工作部署会，以及举办的各类政策培训、报告讲座等，可邀请民革专家学者或有关工作人员参加，便于他们掌握政策、了解问题，更好开展民主监督工作。

（四）进一步整改落实好民革中央反馈的意见建议。各级各部门在制定脱贫攻坚落实举措时，要注意吸纳民革中央反馈的意见建议。把民革中央反馈的建议，与脱贫攻坚成效考核、中央脱贫攻坚专项巡视以及我省脱贫攻坚巡视巡察等发现的问题统筹起来，统一制定整改方案，一体推进整改，逐项抓好落实，整改落实情况及时反馈民革中央。

（五）进一步加强脱贫攻坚民主监督的宣传报道。各级党委宣传部门要坚持正确舆论导向，把民革中央开展脱贫攻坚民主监督工作情况纳入我省脱贫攻坚宣传报道范围，及时反映民革中央开展民主监督工作情况，扩大民革中央民主监督的社会影响力，展示多党合作制度的优势。要紧密联系我省扶贫事业取得的重大成就，准确解读省委省政府扶贫开发的决策部署、政策举措，生动报道各地区各部门脱贫攻坚民主监督丰富实践和先进事例，营造民主监督良好氛围。

中共贵州省委统战部
贵州省扶贫开发领导小组办公室
2019 年 6 月 18 日

谭炯副省长在民革中央脱贫攻坚民主监督工作总结会暨专项民主监督专题研讨会上的致辞

尊敬的建邦常务副主席，惠东副主席，同志们、朋友们：

今天，民革中央脱贫攻坚民主监督工作总结会暨民革中央专项民主监督专题研讨会在贵阳召开。受谌贻琴书记、李炳军代省长委托，我谨代表中共贵州省委、省政府向大会的召开表示热烈祝贺！向专程来黔指导工作的建邦常务副主席一行表示热烈欢迎！向民革中央长期以来对贵州的关心支持表示衷心感谢！

"十三五"时期，贵州省在以习近平同志为核心的党中央坚强领导下，坚持以脱贫攻坚统揽经济社会发展全局，牢牢守好发展和生态两条底线，强力实施大扶贫、大数据、大生态三大战略行动，加快推进三大国家级试验区建设，产业发展、基础设施、大数据发展、生态建设、改革开放、民生福祉和社会治理水平大踏步前进，政治生态持续向好，全省经济社会发展取得历史性成就，被习近平总书记赞誉为"党的十八大以来党和国家事业大踏步前进的一个缩影"。干成了具有全局性、战略性和里程碑意义的三件大事：彻底撕掉千百年来的绝对贫困标签，最短时间战胜新冠肺炎疫情，创造贵州"黄金十年"快速发展期。贵州发展取得的显著成绩，离不开民革中央的倾力帮扶和指导。

民革中央对口贵州开展脱贫攻坚民主监督工作以来，万鄂湘主席、郑建邦常务副主席、李惠东副主席等领导同志高度重视，多次亲临贵州调研视察、指导工作。坚持"寓监督于帮扶之中、寓帮扶于监督之中"的工作方针，以推动中共中央决策部署落实为工作主线，成立了脱贫攻坚民主监督领导小组，组建 6 个调研组和 2 个联络组，对口我省 8 个市（州）开展民主监督工作，聚焦重点难点问题，秉持实事求是精神，深入乡村调研考察，提出了许多指导性、专业性、科学性的意见建议，充分发挥民革组织经济领域人才和资源优势，推动民革企业助力贵州产业招商发展大会成功召开，促成了一大批产业招商项目落地贵州，有力促进了贵州高质量脱贫、高质量发展。同时，民革中央还广泛调动智力和人才优势定点扶贫我省纳雍县。2016 年以来，民革中央深入纳雍县调研督促 1100 人次，其中部级领导 9 人。选派干部 9 名干部到纳雍县真蹲实助，直接投入帮扶资金 4980 多万元，实施帮扶项目 258 余个，引进项目 56 个，引入资金 8900 多万元，帮助销售 2000 多万元的纳雍农特产品。贵州人民永远感谢民革中央及民革各级组织的倾情关心，永远铭记民革中央的深情厚谊。

中共贵州省委、省政府高度重视民革中央对口贵州开展脱贫攻坚民主监督工作，加强组织领导，加强协作配合，加强问题整改，努力为民革中央开展脱贫攻坚民主监督创造条件、提供支持，主要是"三个加强"。

一是加强组织领导。省委、省政府及时研究支持脱贫攻坚民主监督工作，要求各部门、各市（州）全力支持配合。省委办公厅、省政府办公厅印发《关于配合民革中央做好脱贫攻坚民主监督工作的通知》，成立由省委分管统战工作的领导和省政府分管扶贫工作的副省长任组长。民革中央在贵州召开脱贫攻坚民主监督推进会，省委、省政府有关负责同志参加会议、介绍情况。省委、省政府主要领导安排省委和省政府相关负责同志专门赴京拜访民革中央领导，主动对接支持民革中央开展脱贫攻坚民主监督工作。

二是加强协作配合。省联络协调小组推动督促各级各有关部门支持民革中央开展民主监督。省委统战部、省扶贫办下发通知，要求各级统战部门、扶贫部门把支持工作做好做实，不断巩固提高脱贫攻坚成效。接受监督的 8 个市（州）认真细致做好协调服务，高效做好后勤保障。全省上下形成合力，大力支持好民革中央在贵州开展脱贫攻坚民主监督。

三是加强问题整改。省委、省政府高度重视抓好民革中央反馈问题的整改工作。省委常委会议、省政府常务会议、省扶贫开发领导小组会议多次听取汇报并研究部署整改工作，在全国率先采用"专项治理"方式进行问题整改，2018 年、2019 年连续开展两轮"五个专项治理"。今年以来，我们借鉴前两年两轮"五个专项治理"的成功做法，将民革中央反馈问题与考核、巡视、审计、自身排查等问题一体化推进，民革中央的民主监督取得了实在成效，提出的意见建议推动了贵州脱贫攻坚工作深入开展。

当前，贵州全省上下正深入学习贯彻党的十九届五中全会精神，按照省委十二届八次全会的安排部署，深入贯彻落实习近平总书记对贵州工作重要指示精神，牢记嘱托、感恩奋进，统筹推进"五位一体"总体布局，协调推进"四个全面"战略布局，立足新发展阶段，贯彻新发展理念，融入新发展格局，坚持稳中求进工作总基调，以高质量发展统揽全局，牢牢守好发展和生态两条底线，深入实施乡村振兴、大数据、大生态三大战略行动，大力推进新型工业化、新型城镇化、农业现代化、旅游产业化、统筹发展和安全，巩固拓展脱贫攻坚成果，不断实现人民对美好生活的向往，坚定不移走出一条有别于东部、不同于西部其他省份的发展新路，为全面建设社会主义现代化开好局、起好步，奋力开创百姓富、生态美的多彩贵州新未来。

恳请民革中央及各级组织一如既往关心支持贵州高质量发展，请参会的领导和同志对贵州工作对提宝贵意见。

祝各位领导和同志在贵州期间工作顺利、心情愉快！祝会议圆满成功！

谢谢大家！

中国共产党遵义市委员会

中共遵义市委关于
成立遵义协助民革中央开展
脱贫攻坚民主监督工作领导小组的通知

各县（市、区）党委，新蒲新区、南部新区党工委，市委各部委、市级国家机关各部门党组（党委），军分区党委，各人民团体党组，市属及中央、省驻遵企事业单位党组（党委）：

为协助民革中央脱贫攻坚民主监督调研组做好全市脱贫攻坚民主监督工作，决定成立遵义市协助民革中央开展脱贫攻坚民主监督工作领导小组，组成人员如下：

　　组　　长：魏树旺　市委副书记、市人民政府市长

　　副组长：宋晓路　市委常委、市委秘书长

　　　　　　吴刚平　市委常委、市委组织部部长

　　　　　　刘志义　市人大常委会副主任

　　　　　　田　　刚　市人民政府副市长

　　　　　　朱庆跃　市政协副主席、民革遵义市委主委

　　　　　　王进江　市政协副主席、市委统战部部长

成　员：沈建通　市委副秘书长

　　　　李明江　市政府副秘书长

　　　　杨永钊　市委统战部常务副部长

　　　　汪能科　市委组织部副部长、市委群工办主任、市扶贫办主

　　　　　　　　任、市委脱贫攻坚办常务副主任

　　　　董爱民　市委脱贫攻坚办专职副主任、市委群工办副主任

　　　　李光全　民革遵义市委专职副主委

　　领导小组下设办公室在市委统战部，杨永钊同志兼任办公室主任，李光全同志兼任办公室副主任。

中国共产党遵义市委员会

中共遵义市委关于
成立遵义市协助民革中央开展
脱贫攻坚民主监督工作领导小组的通知

各县（市、区）党委，新蒲新区、南部新区党工委，市委各部委、市级国家机关各部门党组（党委），军分区党委，各人民团体党组，市属及中央、省驻遵企事业单位党组（党委）：

为协助民革中央脱贫攻坚民主监督调研组做好全市脱贫攻坚民主监督工作，决定成立遵义市协助民革中央开展脱贫攻坚民主监督工作领导小组，组成人员如下：

中共遵义市委

2016 年 11 月 2 日

中共六盘水市委办公室文件

中共六盘水市委办公室
六盘水市人民政府办公室
关于配合民革中央做好脱贫攻坚
民主监督工作的通知

各县、特区、区党委和人民政府，各经济开发区党工委和管委会，市委各部委，市级国家机关各部门，水城军分区，各人民团体，省属驻市有关单位，市属企事业单位：

根据《中共贵州省委办公厅贵州省人民政府办公厅关于配合民革中央做好脱贫攻坚民主监督工作的通知》要求，经市委、市政府领导同志同意，现将有关事项通知如下。

一、切实增强政治意识，主动接受监督

　　民主党派开展脱贫攻坚民主监督，是党中央赋予统一战线的一项新任务，是拓宽民主监督渠道的有益尝试，是对民主党派的高度重视和信任，也是民主党派协助地方党委和政府打好脱贫攻坚战的重要形式，更是坚持和完善中国共产党领导的多党合作和政治协商制度的重要举措。开展脱贫攻坚民主监督是一项开创性的工作，既要勇于探索、积极创新，也要把握重点、稳步推进。党中央确定民革中央在我省除贵阳市以外的8个市（州）开展脱贫攻坚民主监督工作，中央统战部、国务院扶贫办印发了《关于支持各民主党派中央开展脱贫攻坚民主监督工作的实施方案》，民革中央脱贫攻坚民主监督第二调研组对我市开展脱贫攻坚民主监督工作。充分体现了党中央、国务院和中央统战部、国务院扶贫办对我省我市脱贫攻坚工作的关心和重视。各县（特区、区）党委、政府和市直各部门要深刻认识开展脱贫攻坚民主监督工作的重要意义，切实增强政治意识、大局意识，按照开展脱贫攻坚民主监督工作的部署和要求，主动接受监督，积极创造条件，支持配合民革中央脱贫攻坚民主监督第二调研组做好脱贫攻坚民主监督工作。

二、准确把握内容形式，积极配合工作

（一）主要内容

民革中央在我市开展脱贫攻坚民主监督工作，主要对脱贫攻坚8个方面的重点工作开展民主监督：一是贫困人口精准识别情况；二是贫困人口精准脱贫情况；三是贫困县摘帽情况；四是落实脱贫攻坚责任制情况；五是重大政策措施执行情况；六是扶贫资金项目管理和使用情况；七是以法治为保障，推进村民自治、议事协商，组织群众自觉参与扶贫开发等情况；八是根据实际情况，其他需要进行民主监督的内容。

（二）主要形式

1. **开展调查研究**。民革中央脱贫攻坚民主监督第二调研组根据我市年度脱贫攻坚计划，定期开展调查研究。考察调研紧密结合我省、我市整体扶贫工作规划和需求，听取市、县（特区、区）党委和政府及有关部门工作汇报，就其中的重点问题深入研究分析，直接向省委、省政府反馈调研情况。

2. **确保知情明政**。应邀参加我市各级党委、政府及相关工作部门有关脱贫攻坚的工作部署会、经验总结会、情况通报会等，认真研究我市开展脱贫攻坚工作取得的重要经验和进展成果。民主监督工作坚持发现问题与研究对策相结合，助推我市精准扶贫、精准脱贫。

3. **形成多方合力**。民革贵州省委成立脱贫攻坚民主监督专家工作组，开展调研并配合民革中央脱贫攻坚民主监督第二调研组做好相关工作。推荐专家学者参与有关精准脱贫评估体系建设，参与有关部门和专业机构就贫困人口精准识别、扶贫资金使用、扶贫项目管理等情况开展的第三方评估工作。

4. **提出意见建议**。对调研中发现的问题和情况，充分运用政党协商、参政议政的各种渠道，及时反映、提出意见建议，其中涉及全局工作的重要问题和重要建议，由民革中央通过"直通车"等形式，专报党中央、国务院领导同志。

5. **进行政策宣讲**。在参与脱贫攻坚民主监督工作过程中，注重广泛宣讲党中央、国务院、省委省政府和市委市政府关于脱贫攻坚的方针政策，帮助贫困地区干部群众知晓政策、落实政策、用好政策，更加坚定脱贫攻坚的信心和决心。

各县（特区、区）党委、政府和有关部门要准确把握民革中央对口我省我市开展脱贫攻坚民主监督工作的重要内容和主要形式，采取有力措施，积极配合民革中央做好监督工作。

三、建立完善工作机制，有效推动落实

（一）**建立联络联系机制**。在市级层面建立联络协调小组，由市委分管统战工作的领导和市政府分管扶贫工作的副市长分别任组长、副组长，市政府办公室、市委统战部、市扶贫局及六枝特区、盘县、水城县、钟山区党委统战部和扶贫局为成员单位，联络协调小组办公室设在市委统战部。各县（特区、区）党委、政府要把配合民革中央开展脱贫攻坚民主监督工作作为一项重大任务，建立联络协调小组，明确专门人员，主动做好联络服务工作。各级统战部门和扶贫部门要加强协调对接，积极协助民革中央脱贫攻坚民主监督第二调研组开展调查研究和监督活动。

（二）建立沟通协调机制。定期召开脱贫攻坚民主监督

工作座谈会，民革中央领导在我市调研期间，及时召开座谈会，沟通交流意见，研究全市脱贫攻坚重大问题。建立民革中央脱贫攻坚民主监督第二调研组和市委、市政府脱贫攻坚日常沟通机制，民革中央脱贫攻坚民主监督第二调研组主要领导、市委分管统战工作的领导和市政府分管扶贫工作的副市长参加，研究解决民主监督发现的问题，落实整改措施。

（三）建立信息通报机制。建立脱贫攻坚工作情况通报制度，市扶贫局和各县（特区、区）党委、政府及有关部门，每季度向民革中央脱贫攻坚民主监督第二调研组通报脱贫攻坚总体进展情况以及反馈问题的整改落实情况；及时提供扶贫政策、脱贫措施文件，支持配合调查研究。对民革中央脱贫攻坚民主监督第二调研组在开展工作中发现的问题，各县（特区、区）党委、政府要高度重视，安排有关部门抓好整改落实，及时报告情况。

四、营造良好宣传氛围，不断扩大影响

各级党委宣传部门要坚持正确舆论导向，把民革中央脱贫攻坚民主监

督第二调研组开展脱贫攻坚民主监督工作情况纳入我市脱贫攻坚宣传报道的重要内容，及时反映民主监督工作情况，扩大民主监督的社会影响力，展示多党合作制度的优势。要紧密联系我市扶贫事业取得的重大成就，准确解读市委市政府扶贫开发的决策部署、政策举措，生动报道各县（特区、区）、各部门脱贫攻坚民主监督丰富实践和先进事例，营造民主监督的良好氛围。

中共六盘水市委办公室

六盘水市人民政府办公室

2017 年 5 月 31 日

中共六盘水市委办公室文件

中共六盘水市委办公室
六盘水市人民政府办公室
关于配合民革中央做好脱贫攻坚
民主监督工作的通知

各县、特区、区党委和人民政府、各经济开发区党工委和管委会，市委各部委，市级国家机关各部门，水城军分区，各人民团体，省属驻市有关单位，市属企事业单位：

根据《中共贵州省委办公厅贵州省人民政府办公厅关于配合民革中央做好脱贫攻坚民主监督工作的通知》（2017—23）要求，经市委、市政府领导同志同意，现将有关事项通知如下.

第四部分

工作成果汇编

民革中央历年工作报告

民革中央关于 2016 年
贵州省脱贫攻坚民主监督工作的报告

　　脱贫攻坚民主监督是以习近平同志为核心的中共中央赋予各民主党派中央的一项新任务，是民主党派作为中国特色社会主义参政党参与国家政治生活的一种新形式，是坚持和完善中国共产党领导的多党合作和政治协商制度、更好发挥中国特色社会主义政治制度优越性的重要实践。根据中共中央总体部署，民革中央对口贵州省开展脱贫攻坚民主监督工作。自去年 6 月 21 日工作启动以来，民革中央和中共贵州省委、省政府高度重视，迅速响应，加强沟通，密切配合，针对贵州省的实际情况，探索工作机制，制定工作方案，积极开展工作，取得初步成效。

一、2016 年开展的主要工作

　　各民主党派脱贫攻坚民主监督工作正式启动后，民革中央迅速成立了由万鄂湘主席任组长、齐续春常务副主席任副组长的民革中央脱贫攻坚民主监督工作领导小组和由分管副主席任组长，民革党内专家、中央各职能部门负责人为成员的工作小组，贵州省成立了以刘远坤副省长为组长的贵州省联络协调小组。民革中央与中共贵州省委、省政府充分沟通协商，明确工作思路，共同研究制定工作方案，形成联系协调机制，积极推动工作开展。

　　民革中央结合长期参与毕节试验区和黔西南试验区建设、对口帮扶贵州省毕节市纳雍县的工作实践，针对贵州省其他有脱贫攻坚任务的六个州市的具体情况，在依靠当地民革组织的同时，组织四川、湖北、浙江、江苏、上海、广东等经济发达省市民革组织的力量，组成 6 个调研组，针对脱贫攻坚重点难点问题和政策落实中的薄弱环节，建立对口联系，在各州市配合下开展调查研究。

为统一思想认识和工作步调，有效推进工作进程，民革中央先后召开了 1 次工作座谈会、2 次工作小组会、1 次专题培训会和 4 次不同层面的协商对接会，了解贵州省脱贫攻坚现状和工作需求，理清工作思路，研讨工作方案，细化工作分工；制定并下发《开展脱贫攻坚民主监督工作方案》《调研组组建及监督工作实施意见》《脱贫攻坚民主监督工作规则》等一系列文件。经过不断完善，逐步形成了"领导小组 + 工作小组 + 2 个定点扶贫地区 + 6 个调研组"的"1126"工作模式，为开展脱贫攻坚民主监督工作建立起一套工作机制。

9 月 21 日，民革中央主席万鄂湘亲赴黔南开展实地调研，在调研期间与贵州省委、省政府主要领导同志交换了意见，在座谈会上听取了贵州省政府领导同志的情况介绍，进一步明确了工作思路和原则。8 月、10 月，民革中央分管副主席两次赴铜仁、黔东南、黔南等市州，围绕贫困人口精准识别情况、重大政策措施落实执行情况等开展调研。2017 年 1 月，分管副主席又率队赴贵州开展完善相关工作机制的调研，并召开了工作推进会。

截至 2016 年底，民革中央组建的 6 个调研组分赴对口市州开展 7 次调研，足迹遍布 12 县、33 个扶贫点，通过召开专题座谈会、实地考察、入户走访等方式，深入脱贫攻坚第一线，了解精准识别、精准脱贫现状和存在的问题，听取贫困群众对脱贫攻坚各项举措的真实感受和看法，与贵州省各级干部进行广泛交流，着重听取来自基层乡村干部的意见和想法，掌握了大量第一手材料。对调研中发现的问题进行梳理分析，并研究提出有针对性的意见建议。

二、对贵州省 2016 年度脱贫攻坚工作的整体评价

通过开展系列调研工作，民革中央看到了中共贵州省委、省政府坚定不移地把脱贫攻坚作为"第一民生工程"的决心和魄力。面对全国贫困人口最多、脱贫任务最重的实际情况，中共贵州省委、省政府根据习近平总书记的扶贫开发战略思想和《决定》要求，制定"33668"脱贫攻坚行动计划，在出台"1+10"系列扶贫政策的基础上，持续细化政策措施，强化落实干部责任，形成专项、行业、社会"三位一体"大扶贫格局，集中力量打好易地扶贫搬迁、产业脱贫、绿色贵州建设、基础设施建设、教育医疗脱贫、社会保障兜底"六大攻坚战"，积极搭建大数据管理、扶贫融资、扶贫宣传、产业园区"四大平台"。以下几项重点举措尤为值得肯定与推广。

（一）开展省级领导包干极贫乡（镇）脱贫攻坚。针对三大片区中发展条件最差、贫困程度最深、脱贫难度最大的 20 个极贫乡（镇），贵州省明确由 20 名省领导牵头，组建 20 个指挥部，实行定点包干脱贫攻坚，创新工作方式，逐级压实责任，高位推动，探索解决区域性贫困方法途径。

（二）设立全国首支省级脱贫攻坚投资基金。贵州省创新融资方式，加大开发式扶贫力度，由省财政部分出资作为引导资金，设立了总规模达3000 亿元的贵州脱贫攻坚投资基金，引导撬动社会资本，通过市场化运作方式，着力解决产业扶贫面临的"融资难、融资贵"等问题。

（三）克服困难加大对教育扶贫的投入力度。2016 年，贵州省在"穷

财政"的现实情况下，压缩行政经费 6% 用于支持贫困地区教育发展，对 31.7 万贫困学生实行"两助三免（补）"补助政策，共发放资助金 10.3 亿元，为提高贫困家庭脱贫能力，阻断贫困代际传递作出了巨大努力和重要探索。

（四）转变思路完善易地扶贫搬迁政策。贵州省总结以往工作的经验，确定了易地扶贫搬迁全部安置在城市的整体思路，因户施策识别搬迁对象，因地制宜选择安置点，因人而异解决生计问题，因势利导用好搬迁资金，注重盘活耕地、林地、宅基地"三地"，衔接低保、医保和养老保险"三保"，统筹就业、就学、就医"三就"，建设经营场所、农耕场所、公共服务场所"三所"，用活集体经营机制、社区管理机制、群众动员机制"三制"，在 2016 年已入住安置点的 1.3 万户 5.56 万贫困人口中，户均实现就业 1.5 人。同时，贵州省率先在全国敲响了易地扶贫搬迁建设用地增减挂钩节余指标流转交易的"第一槌"，交易收益全部用于易地扶贫搬迁还贷。

2016 年贵州全省脱贫人口达 120.8 万人，超额完成国家下达的目标任务；6 个贫困县（市、区）和 1500 个贫困村按国定标准实现"摘帽"；完成 45 万人口的易地扶贫搬迁。总体来说，贵州省政治生态良好，全省各级干部团结务实，所开展的工作措施有力、责任到位、成果丰硕，创造了一批值得推广的工作模式和经验，圆满完成了本年度脱贫攻坚任务。

贵州各地也围绕省里的安排，制订了相应的实施意见，从加强领导、完善体制机制、精准投入、重点突破等方面，积极推进脱贫攻坚工作。在贵州各市州的脱贫攻坚工作中，值得关注的经验和做法有：

（一）创新精准识别方法，做细做实脱贫攻坚基础。毕节市注重精准核查，用好"精准扶贫云"和"扶贫专线"，深入运用"四看识别法"

"两议三公开"等成功经验，精准核实贫困对象、贫困程度、致贫原因，准确分类"两有户、两因户、两无户、两缺户"，真正把"不清不楚"变成"一清二楚"。六盘水市创新提出了入户调查、实地踏勘、比对排除、民意问卷、联合审核、公示公告的凉都"六法"和定人头看责任、定地头看产业、定龙头看就业、定户头看保障、定年头看成效的"五定五看"评价体系，扎实开展遍访、回访、增访、核访工作，算准贫困户的生产、就业、收支、保障"四笔账"。安顺市建立留守儿童与外出打工父母联络监督机制，实时掌握相关信息，帮助打工父母与留守儿童加强联系，探索推动精神脱贫。

（二）**推动资产收益扶贫改革，拓宽农民增收途径**。六盘水市围绕提高财政扶贫资金使用效率、发展壮大村集体经济、精准配置发展要素，创造性地开展了农村资源变资产、资金变股金、农民变股东"三变"改革，贵州全省也以"三变"改革为引领，进一步规范利益联结机制，对资产收益扶贫进行了卓有成效的探索实践。黔南州推行的"藤缠树"扶贫产业利益联结模式，把贫困群众比作"藤"，把村集体经济、龙头企业、合作组织、产业大户等比作"树"，通过"龙头引领、农户参与、抱团取暖、共同发展"方式，育强新型农业经营主体，促进贫困群众脱贫致富。

（三）**壮大农村集体经济，鼓励贫困群众抱团发展**。黔西南州根据贫困群众的意愿，通过群众自愿干、干部主动帮，探索实施乡村发展倍增计划，实行"压改征"，由干部进村入户，把过去的"压"任务变为征集群众的易地扶贫搬迁、产业发展、基础设施改善、能力培训、项目建设等方面的意愿、意见建议，将过去"干部干、群众看"转变为"群众干、干部帮"，增强了贫困群众的主体作用。黔东南州创设组合10余户居住相邻、技能相似和产业发展意愿相同农户为一个发展主体的"十户一体"强弱联合抱团发展模式，推进强弱深度融合、城乡资源融合、资金聚集融合、线上线下融合、产业保险融合的"五融五帮"融合发展抱团脱贫发展模式，推广党社联建引领的"支部带实体、强村带弱村、能人带群众""三带"抱团脱贫发展模式，有效整合发展资源，激活发展活力，实现了农村基层自我管理、自我服务和自我教育，走出了一条"融合发展·抱团脱贫"的富民强村之路。

（四）强化政策配套，探索易地扶贫搬迁新模式。黔东南州探索产业、就业、培训、帮扶、服务"五个全覆盖"易地扶贫搬迁模式，系统性地解决群众搬迁后的生活、就业问题，提高了群众的搬迁积极性。黔西南州探索"四方五共"模式，组建由政府、群众（搬迁户）、工商联盟（企业）、社会中介组成"四方联盟"，对涉及用权和各方利益的工作，采用"共商、共识、共建、共享、共担"的"五共"工作流程法，平衡各方利益，解决单方用权、单方行政问题。这些易地扶贫搬迁新模式鼓舞了干部群众推进工作的信心和决心，明显增强了易地扶贫搬迁的政策优势和实际效果。

（五）以文化旅游为重点，发展特色产业。黔西南州连续成功举办两届国际山地旅游大会，四届"中国美丽乡村·万峰林峰会"，旅游产业已经成为黔西南州一条成形的、具有巨大带动效益的发展新路。黔东南州依托良好的生态资源禀赋和现代山地农业建设成果，以及传统农耕文化及璀璨的民族文化特点和优势，以农业为基础、文化为灵魂、旅游为平台，充分发挥大生态、大文化、大旅游长板优势，做到交通便捷迅达、景观亮丽化、文化独特化、建筑民族化、通道"绿彩化"、商品特色化、餐饮绿色化、服务人性化、管理精细化、发展持续化，形成独特的"农文旅一体化"品牌，带动周边养殖业、茶产业、手工业、就业创业等多种产业脱贫效果突出。铜仁市、安顺市、黔南州等以电商扶贫为手段，探索电商营销模式，拓展特色产品销售的新渠道,打开了农民增收的新门路。

(六)优化扶贫资金使用,创新金融扶贫模式。遵义市全面推进扶贫目标、任务、资金和权责"四到县"改革,专项扶贫资金管理审批权限全部下放到县;推进专项扶贫资金按照"33112"比例用于产业发展、合作社建设、扶贫贴息、扶贫培训、公益设施建设五个方面。安顺市每年测算扶贫投入与群众脱贫之间的关系比,分析各类贫困群众的增收效果,为今后投入和立项提供参考依据。铜仁市在武陵山片区率先与国开行签订《开发性金融支持扶贫产业战略合作协议》,探索出了石阡"国开行小额农贷"、玉屏"温氏养殖"、"产金互促541"等"信用工程+产业扶贫"金融扶贫新模式;创设"精扶贷",累计为2.9万贫困农户提供12.57亿元小额到户贴息贷款;创建信用县2个、信用乡镇86个、信用单位349个、信用村1661个,授信总额达850亿元。

三、发现的问题和存在的困难

作为脱贫攻坚的"贵州样板",贵州省上下凝聚一心,领导决策科学务实,政策落实掷地有声,脱贫成效有目共睹。但是,由于自然条件差、历史欠账多,贵州省仍然面临着贫困面广、贫困程度深的严峻局面。民革中央在调研中发现的在全省比较有普遍性的问题和困难主要有以下几点:

(一)区域性整体性贫困较为突出。在国家确定的14个集中连片特困地区中,涉及贵州的有武陵山、乌蒙山、滇桂黔石漠化3个片区,覆盖了66个县(其中50个国定贫困县),自然条件差、人均资源量低、发展要素稀缺是制约这些地区发展的主要因素,是贵州打赢脱贫攻坚战最难啃的"硬骨头",各地因灾返贫的问题也普遍存在,贵州面临的脱贫攻坚任务依旧艰巨。

(二)农村基础设施建设和公共服务水平有待提升。随着脱贫攻坚逐步向更加困难的地区推进，很多地区开发成本增加、投资效率下降，要解决道路、水电供应等基础设施进村入户的"最后一公里"问题，需要国家加大对这些地区的投入力度。贵州基层农村教育、文化、卫生、体育等社会事业整体发展滞后，基本公共服务严重不足，特别是农村人口受教育程度低、医疗技术和保障水平差、社会治理体系不完善等几个重要问题的存在，导致贫困群众后顾之忧多，脱贫效果不稳固。

（三）部分贫困群众发展内生动力不足。贫困地区平均受教育年限不足，文化素质相对较差，又长期生活在相对封闭的环境里，对新事物的理解和认知能力不足，对脱贫攻坚的参与度和积极性还有待提高。随着扶贫政策的推进落实，在一些贫困户中还出现了争戴"贫困帽"的倾向和"靠着墙根晒太阳，等着政策送小康"的等靠要思想。

（四）产业和易地移民搬迁项目规划有待加强。产业脱贫项目容易受气候、土地、市场等各种客观因素影响，周期长、波动性较大，其效益的发挥还需要基础设施、产业链、营销能力的配合。易地扶贫搬迁选址需要自然条件和市场要素支撑才能保证搬迁群众后期生产生活需要。这些问题需要在项目实施之前加强科学论证和统筹规划。

四、下一步工作建议

针对上述调研中发现的问题和困难，民革中央提出以下初步建议：

（一）加快推进农村基层基础设施建设。针对中西部农村少数民族贫困地区基础设施滞后的现状，制定国家贫困地区基础设施建设与管护攻坚计划。加快对贵州贫困地区尤其是村及村以下交通、水利、电力等项目建设，推动基础设施建设向基层延伸，解决"最后一公里"问题，使建设成果及早惠及特困地区。

（二）加大资金整合和投入力度。从中央层面规范各类扶贫、涉农资金整合使用情况，出台相关政策，保证县域层面的资金统筹顺利进行。建议国家加大对贵州特困地区的转移支付力度，在财政扶贫资金分配时，充分考虑特困地区贫困状况，将扶贫成本指数作为纳入贫困因素，并提高贫困人口、贫困发生率分配资金的比例，在资金投入上向特困地区适当倾斜。

（三）下决心补齐农村公共服务短板。鼓励和引导社会资金投入农村教育事业，把提高人口素质作为脱贫攻坚的治本之策。加强贫困地区农村劳动力培训转移工作，对接收受帮扶地贫困劳动力给予政策倾斜和资金支持，通过采取定向培养、定位安置、订单培训等方式，在贵州开展贫困人口劳务输出对接试点工作，确保有外出务工意愿的贫困劳动力实现精准输出、有效接收、稳定就业。健全对农村留守老人和儿童的服务关爱机制，加强对外出务工人员联系、服务和引导。改善农村地区安全饮水状况，加快推进村级卫生事业发展，缩小城乡医疗保障差距。

（四）强化精准脱贫举措的带动作用。整合培育多元扶贫主体，继续推行以"三变"改革为特点的集体经济发展模式，改善农民对发展资源占有和使用状况，增强产业扶贫的带动效应和抗风险能力，增强贫困群众的参与意识，发挥其主体作用。龙头企业带动贫困户转移就业增收是脱贫致富的主要有效途径，建议强化政策引导作用，积极支持鼓励产业扶贫、易地移民搬迁中发挥就业安置作用的企业发展壮大，支持和鼓励各类银行开发针对贫困地区扶贫龙头企业的特惠产品。

另外，脱贫攻坚民主监督是民主党派开展民主监督工作的新领域，也是民主党派助力脱贫攻坚的新探索。目前，开展脱贫攻坚民主监督工作的省区，多数已经下发了支持相应民主党派工作开展、建立有关工作机制的文件，贵州省的六盘水、铜仁、遵义等市州也以下发文件、成立机构、召开会议等多种形式对这项工作进行了部署。为共同做好脱贫攻坚民主监督工作，探索民主监督的方式方法，结合工作推进中遇到的问题和积累的经验，建议贵州省尽快建立完善相关工作机制，通过下发文件或召开会议等方式作出全面工作部署，使贵州省各级党委和政府知晓、支持、参与民革中央开展脱贫攻坚民主监督工作。民革中央将继续发挥智力密集、联系广泛的优势，通过组织各级民革组织深度参与脱贫攻坚政策制定、落实、验收全过程，寓帮扶于监督，更好地开展脱贫攻坚民主监督工作，助力贵州省坚决打赢脱贫攻坚战。

民革中央关于 2017 年上半年
贵州省脱贫攻坚民主监督工作的报告

2017 年是民革中央对口贵州省脱贫攻坚民主监督工作全面推进的一年。为贯彻落实习近平总书记重要讲话精神和中共中央、国务院对脱贫攻坚做出的新部署、新要求，民革中央进一步强化与中共贵州省委、省政府的沟通对接，完善工作机制，不断推进脱贫攻坚民主监督工作取得新的进展。

一、2017 年上半年开展的主要工作

民革中央强化与中共贵州省委、省政府的日常工作联系机制、信息通报机制和成果会商机制。中共贵州省委办公厅和省政府办公厅向全省下发了"关于配合民革中央做好脱贫攻坚民主监督工作的通知"，为民革组织参与在贵州开展脱贫攻坚民主监督工作提供了良好条件和有力支持。民革中央积极协调组织工作力量，落实工作责任，先后在贵州省召开了两次工作推进会和一次全国性工作交流会，进一步完善"1126"机制，研究部署重点任务，交流和推广贵州各地区开展脱贫攻坚民主监督工作的经验做法，为助推贵州省打赢脱贫攻坚战探索出新路子、新举措。

上半年，民革中央根据贵州省脱贫攻坚工作总体情况和阶段性规划目标，选择上一年度按国定标准实现"摘帽"的贫困村和本年度计划"摘帽"的贫困村作为调研重点，分成 8 个小组赴贵州省 8 个市州（不含贵阳市）

的 10 个县及 25 个村开展调研，查阅资料，摸清基础数据。

为更好地参与产业发展和脱贫攻坚，5 月上旬，民革中央配合贵州省政府在北京举办了贵州产业扶贫项目推介会，邀请近 400 名企业家参会，取得了较好的社会成效。此外，四川、上海等民革省级组织积极为六盘水市、铜仁市等地对接优势资源，引入乡村旅游和公益文化等项目。

二、对贵州省 2017 年上半年脱贫攻坚工作的整体评价

中共贵州省委、省政府深入贯彻落实习近平总书记脱贫攻坚重大战略思想和中共中央一系列决策部署，始终坚持把脱贫攻坚作为头等大事和第一民生工程，着力完善脱贫攻坚政策体系，创新工作机制，推进农村改革，全省各地各部门行动快、决心大、信心足。今年上半年，贵州省通过相继组织开展脱贫攻坚春季攻势和新一轮脱贫攻坚"大比武"活动，产业扶贫又有新的进展，易地扶贫搬迁稳步推进，医疗教育扶贫力度不断加大，贫困人口数量稳步下降，干部作风更加深入扎实，涌现出以安顺市平坝区塘约村为代表的一批脱贫攻坚先进典型和好的经验模式。据初步统计，上半年贵州省扶贫产业项目落地实施 4328 个，完成投资 400.6 亿元，覆盖贫困户 57.6 万户。易地移民搬迁入住 26.9 万人，解决就业 10.7 万人。组织万余名医务人员针对 66 个贫困县开展巡回义诊，组织专门力量对 9 种大病进行集中免费救治。全面落实建档立卡贫困户子女上高中上大学免除学杂费政策，涉及贫困学生 25.7 万人，清退金额 2.1 亿元。

贵州省在扶贫攻坚战中坚持改革创新，注重整合资源，通过转变政府职能，引用市场机制，激发贫困群众的内生动力，探索出一些好的经验和做法：

（一）以回访清查为举措，夯实精准扶贫数据基础。贵州省全面深入开展清错退、清错评、清漏评、清农业户籍人口状况的"四清"工作，逐

村逐户再次核准贫困识别和脱贫退出情况。如黔西南州清查建档立卡贫困户信息 12.5 万条，其中删除贫困户 246 户、贫困人口 266 人。黔南州组织近 5 万名干部回访 18.6 万户贫困户和脱贫户，形成调研报告 332 份，提出有关建议 989 条。铜仁市 4 万余名包户干部回访建档立卡贫困户 17.2 万户共计 58.3 万人，纠错贫困户基本信息 5 万余条。

（二）以产业扶贫为抓手，构建脱贫增收长效机制。为从根本上解决贫困问题，贵州省把产业扶贫放在了更加突出的位置。各地区精准选定有资源条件、有市场需求的产业扶贫项目，不断深化和升级"三变+"产业扶贫模式，通过多种利益联结，确保贫困群众有股可入、有事可做、有利可获。安顺市平坝区塘约村对土地承包经营权、林权、集体土地所有权、集体建设用地使用权、房屋所有权、小型水利工程产权和农村集体财产权精准确权，赋予"七权"流转、抵押、担保、入股等多种权能，大胆探索"村社一体、合股联营"发展模式。毕节市在 10 个县区选择 21 个经营主体，承接了"五联"促"三变"改革发展模式推广试点，入股土地面积共计 6722 亩。六盘水市重点关注"三变"改革中的合同书、股权证、分红单落实工作，对近 14 万户贫困户实现全覆盖，确保群众权益得到实现。

（三）以易地扶贫搬迁为契机，培养贫困群众后续发展能力。贵州省在易地扶贫搬迁工作中大力推广"五个三①"机制，明确提出向县城、产业园区等发展潜力大、资源相对集中的地区搬迁的工作思路，确保移民搬迁贫困户"搬得出、稳得住、能就业、可致富"，把保障搬迁群众稳定收入，增强后续发展能力作为易地移民搬迁的落脚点。六盘水市总结出易地扶贫

① 即注重盘活耕地、林地、宅基地"三地"，衔接低保、医保和养老保险"三保"，统筹就业、就学、就医"三就"，建设经营场所、农耕场所、公共服务场所"三所"，用活集体经营机制、社区管理机制、群众动员机制"三制"。

搬迁就业"金八条^①"，从保洁、治安、护林、接待、导游、售货、驾驶、服务、管理、餐饮等领域腾出就业岗位，并调出 30% 以上的公益性岗位，解决搬迁群众"4050"人员及困难家庭就业。黔南州着力将一方水土养不起一方人的"双 50"村寨^②和生态脆弱、地质灾害隐患严重地区的农户向县城、产业园区搬迁安置，以改善贫困群众生存、生活、生产环境。

（四）以落实政策为重点，加快补齐教育和医疗短板。贵州省严格落实教育扶贫"两助三免""两助一免"^③等政策，确保困难学生应助尽助；健全基本医疗保险、大病保险、医疗救助、医疗扶助"四重医疗保障"体系，将建档立卡贫困户信息与合作医疗报销信息融合，强化了教育医疗扶贫的全覆盖。截至 5 月底，黔西南州共拨出教育补助资金 3.9 亿元，资助贫困学生 6.3 万人次。遵义市 11 类医疗救助保障对象通过基本医保、大病保险、医疗救助政策补偿比例已达 90% 以上。

（五）以成效考核为准绳，改进干部工作作风。贵州省进一步完善了对市县脱贫攻坚成效考核办法，采用内部自查、交叉检查、督导检查等形式，进一步压实了脱贫攻坚工作责任。安顺市严格落实市县两级组织部门约谈制度，向 62 个乡镇 321 个村派出 23 个市级同步小康驻村工作督查组。六盘水市打破地域限制，将产业相近、地域相邻、资源互补的村联合建立联村党委，创设"3+N 众扶帮帮团"模式，实现贫困户抱团发展、共同富裕。黔东南州开展"懒转勤、勤转能、能转富"行动，使贫困户主动学习

---

① 即农业产业稳就业、工矿企业带就业、群团服务帮就业、非公经济促就业、项目工程增就业、公益岗位扶就业、外出务工扩就业、自主创业活就业。
② 即户数在 50 户以下、贫困发生率在 50% 以上的村寨。
③ 普通高中"两助三免"政策即就读普通高中的农村贫困学生，可获得国家助学金和扶贫专项助学金，并免（补助）学费、教科书费、住宿费。中职学校"两助三免"政策即就读中职学校的农村贫困学生，一、二年级可获得国家助学金和扶贫专项助学金，连续三年免（补助）学费、教科书费、住宿费。普通高校"两助一免"政策即就读普通高校本专科（高职）的农村贫困学生，可获得国家助学金和扶贫专项助学金，并免（补助）学费。

生产技能，积极参与产业扶贫项目。

三、调研工作中发现的一些问题和困难

我们在调研中发现了一些制约稳定发展的问题，特别是解决深度贫困地区发展所面临的困难。

（一）产业扶贫运行机制有待完善。目前农村基层干部由于缺乏专业知识，规划经营管理能力有待加强，针对一些产业扶贫项目规划设计不全面，市场运行机制及各利益相关方权责不够清晰，奖勤罚懒、利益联结和风险共担的合作机制尚未完善。扶贫政策和项目宣讲力度不够，贫困群众对获利方式、分红模式、经营风险知晓度和参与度不高。农业专业技术人员力量不足，对农户无法做到及时有效指导，存在产业发展风险。此外，农产品保障体系不健全，农业保险险种设计不合理，理赔标准和程序复杂，保险企业开展业务和农民参保积极性都比较低，无法有效抵御产业风险。

（二）农村治理水平有待加强。大量劳动力外出打工使农村，特别是贫困地区，村级组织和村民小组缺乏年轻有为的干部人选。基层政府和村委会的经费支撑能力有限，甚至自身背负巨额债务，村集体经济积累薄弱，难以保障必要的经费支持。我国传统农村社会原有的勤劳致富、孝老敬亲、家庭和睦、邻里共济等优良传统文化和基本行为准则有所淡化，留守儿童、独居老人和乡村凝聚力下降等社会问题，影响脱贫攻坚长期效果和农村社会和谐稳定。

（三）扶贫资金使用效果有待提高。扶贫资金存在一定的闲置现象，贵州省、市设立的产业扶贫基金投资进度较慢。在基层扶贫、涉农资金整合上，面临的政策障碍和实际困难较多，整合效果不理想、使用率偏低。部分扶贫项目的投资效益较差，迟迟无法形成具有市场竞争力和持续造血能力的经营主体。金融扶贫过于依赖"特惠贷"等阶段性政策红利，对于

政策到期后持续发展考虑较少。

四、下一步工作建议

针对上述调研中发现的问题和困难，民革中央提出以下几点建议：

（一）优化和规范产业扶贫的制度设计。结合贵州目前开展的农村资源变资产、资金变股金、农民变股东"三变"改革试点工作，以《中华人民共和国农民专业合作社法》等基础性法规为蓝本，加强对专业合作社、集体经济实体等农村基层经济组织发展的管理和指导，强化对基层干部的业务培训，创建一批标准示范单位，逐步形成一套依法组建、民主管理、规范运作的运行机制和权责利明晰的合作模式。逐步建立和完善产业扶贫风险控制体系，科学制定产业选择标准，在扶贫项目立项时对产业发展风险进行评估，科学预期经营收益和市场风险，合理处理好各方利益关系，保持企业参与产业扶贫的稳定性与可持续性。建立健全农业保险制度，对产业扶贫相关农业保险实施一定的补贴和引导政策，鼓励国有保险公司配套出台相关政策性保险项目，构建符合实际、便于操作的中国特色农业保险体系。

（二）切实发挥基层组织在农村治理中的主导作用。加强农村基层党组织和村民委员会领导班子建设。发挥土地要素作用，以"三变"改革为契机，引导农民以土地入股等方式兴办合作经营实体，通过集约化经营发展，壮大集体经济，发挥集体作用走共同富裕道路。加强贫困地区乡风文明建设，发挥乡规民约在扶贫济困中的积极作用，逐步建立留守儿童和老人的关爱体系和保障制度，开展精神文化扶贫，不断丰富和充实他们的精神世界。通过政府购买服务方式，强化农村文化公共服务，支持在农村开展弘扬社会主义好家风和"五好家庭""好媳妇""好公婆"等模范评选活动。

（三）打破扶贫资金使用瓶颈。结合本地实际情况、以市场为导向，切实提高扶贫项目的经济性和可操作性，防止为了加快投资进度而盲目上项目、降低审核标准的现象，确保扶贫资金发挥最大效用。在扶贫资金使用上进一步向深度贫困地区倾斜，发挥好产业基金引导助推和杠杆撬动的作用。建议中央层面进一步加强部际协调和政策统筹，从体制机制上消除地方整合使用扶贫资金、涉农资金的顾虑。

民革中央关于 2017 年
贵州省脱贫攻坚民主监督工作的报告

中共十九大报告指出，让贫困人口和贫困地区同全国一道进入全面小康社会是中国共产党的庄严承诺，要动员全党全国全社会力量，坚持精准扶贫、精准脱贫。2017 年是民革中央对口贵州省脱贫攻坚民主监督工作全面推进的一年，民革中央坚持"寓监督于帮扶之中，寓帮扶于监督之中"的工作原则，充分发挥民主党派人才荟萃、渠道畅通的优势，积极调动民革优势资源投向贫困地区，形成了民主监督与脱贫攻坚相互促进、相辅而行的工作格局。

一、2017 年开展的主要工作

（一）领导高度重视，地方积极参与。7 月 16 日至 18 日，民革中央主席万鄂湘带队赴贵州进行专题调研，听取贵州省的情况汇报，与孙志刚等贵州省主要领导同志交换意见、研究工作，同时对民革全党发挥优势特色、统筹做好脱贫攻坚民主监督工作作出部署。分管副主席李惠东七赴贵州省，深入毕节、黔西南、安顺、铜仁等地调研，与贵州方面沟通情况、推进工作。贵州、上海、江苏、浙江、河南、湖北、广东、重庆、四川等地方民革组织领导带领本地区相关领域专家，开展了大量日常监督调研工作。截至 10 月初，民革中央及 8 个调研组、联络组分 19 批次赴贵州 42 个县 62 个村开展了调研，入户走访近千户。

（二）**强化对接协调，完善工作机制**。针对 2016 年工作推进中遇到的问题，民革中央与中共贵州省委、省政府强化了日常工作联系机制、信息通报机制和成果会商机制。中共贵州省委办公厅和省政府办公厅向全省下发了《关于配合民革中央做好脱贫攻坚民主监督工作的通知》，从切实增强工作政治意识、准确把握工作主要内容和形式、建立完善工作机制、加大宣传报道力度等方面提出了明确要求和具体举措，为民革中央依托地方民革组织在贵州省参与脱贫攻坚工作提供了良好条件和有力支持。

（三）**扎实部署任务，压实工作责任**。民革中央在贵州先后召开了两次工作推进会和一次全国性工作交流会，继续完善"1126"机制①，研究部署重点任务，交流和推广贵州各地区开展脱贫攻坚民主监督工作的经验做法。进一步明确 6 个调研组和 2 个联络组是民革中央开展持续性监督工作的责任主体，是民革中央获取原始数据和典型案例的主要信息渠道，是民革中央常驻贵州的"工作队"。贵州各级民革组织和党员广泛参与，根据对口州市脱贫攻坚工作总体情况和阶段性规划目标，选取部分贫困村作为日常调研点，深入基层长期跟踪了解情况问题，帮助贫困村开展招商引资，指导实施扶贫产业，组织捐款捐物，助推脱贫攻坚。

（四）**形成帮扶合力，推进产业扶贫**。民革中央发扬统一战线帮扶贵州毕节、黔西南等地的光荣传统，把合作和支持贯穿于脱贫攻坚民主监督的始终，谋良策，出实招，积极帮助协调解决监督工作中发现的具体困难和问题。如 5 月上旬，民革中央配合贵州省政府在北京举办了贵州省产业扶贫项目推介会，并邀请近 400 名企业家参会，对宣传贵州产业扶贫政策和优势资源取得了良好效果。四川、上海等民革省级组织积极帮助六盘水

---

① "1126"工作机制：即民革中央领导小组＋工作小组＋2 个联络组＋6 个调研组的脱贫攻坚民主监督整体工作机制。

市、铜仁市等地对接优势资源，引入乡村旅游和文化公益等项目。

（五）聚焦重点难点，提出工作建议。在深入广泛调研的基础上，针对上半年监督工作中发现的部分问题，民革中央形成了半年阶段性监督报告，从优化和规范产业扶贫的制度设计、切实发挥基层组织在农村治理中的主导作用和打破扶贫资金使用瓶颈三个方面向贵州省提出了建议。贵州省代省长谌贻琴对此作出批示，要求贵州省有关部门"认真解决存在的问题，落实好相关工作建议，进一步提升脱贫攻坚针对性，务求更加实实在在的成果"。

二、对贵州省 2017 年脱贫攻坚工作的整体评价

中共贵州省委、省政府以习近平新时代中国特色社会主义思想统领扶贫工作，始终坚持把脱贫攻坚作为头等大事和第一民生工程，着力打好基础设施建设、产业扶贫、易地扶贫搬迁、医疗教育住房保障四场硬仗，扎实推进大扶贫战略行动。中共贵州省委、省政府主要领导同志利用季节时令特点，亲自部署和发动了脱贫攻坚春季攻势、夏季"大比武"和秋季攻势三大战役，步步为营，积小胜为大胜，不断巩固和扩大脱贫攻坚成果。据初步统计，截至 10 月底贵州省扶贫产业项目落地实施 22184 个，覆盖贫困户 59.3 万户，2760 个深度贫困村中已有 2470 个建立农民专业合作社 4426 家。易地移民搬迁完成住房建设 10.56 万套，入住 37.37 万人。组织万余名医务人员针对 66 个贫困县开展巡回义诊，组织专门力量对 9 种大病进行集中免费救治，全省农村贫困人口"四重医疗保障"政策补偿 139.28 万人，累计补偿资金 26.8 亿元。全面落实建档立卡贫困户子女上高中上大学免除学杂费政策，2016—2017 学年，受益贫困学生 37.7 万人。民革中央认为，贵州省较为圆满地完成了 2017 的脱贫攻坚任务，正如习近平总书记在参加中共十九大贵州省代表团讨论时所指出的，贵州省 5 年

来"综合实力显著提升,脱贫攻坚成效显著,生态环境持续改善,改革开放取得重大进展,人民群众获得感不断增强,政治生态持续向好。贵州取得的成绩,是党的十八大以来党和国家事业大踏步前进的一个缩影"。贵州省脱贫攻坚工作中值得推广的模式和经验主要有以下几个方面:

(一)采取超常规措施,聚焦深度贫困地区。习近平总书记"6·23"讲话以后,贵州省第一时间制定了《贵州省深度贫困地区脱贫攻坚行动方案》,分层级制定实施深度贫困地区脱贫攻坚两年行动计划,各级干部团结一心,集中力量攻克坚中之坚。六盘水市超前谋划启动创建了"216"开放式扶贫试验区 ①,探索攻克深度贫困地区的内陆开放式扶贫新路径。黔东南州各县党政班子成员到自己联系的深度贫困点开展蹲点调研,把解决贫困群众生活困难作为中心任务来抓,表现出了扎根基层敢打硬仗的坚定信心和实干苦干的工作作风。

(二)构建利益联结机制,重点推进产业扶贫。贵州省结合推动农业供给侧结构改革,加快农业产业结构调整,按照"户户有增收项目、人人有脱贫门路"的要求,以建立山地特色农产品大省为载体,以"脱贫、摘帽、增收"为目标,以基础产业为重点,扶贫产业快速发展。安顺市平坝区塘约村,实行"七权同确" ②,壮大村集体经济,增加农民收入,用3年时间建成"小康示范村",被俞正声主席誉为"新时期的大寨"。黔南州首创雁归兴瓮工程,建立返乡农民工创业园,为有志返乡创业的本地人才提供平台。遵义市做大茶、椒、酒、竹等优势行业,主导产业和特色产

① "216"开放式扶贫试验区:2是指贵州省定2个极贫乡镇,1是指把水城县北部5个乡镇作为1个连片石漠化脱贫攻坚协同决战区,6是指六盘水市脱贫难度最大的6个乡镇。
② 七权同确:指土地承包经营权、林权、集体土地所有权、集体建设用地使用权、房屋所有权、小型水利工程产权和农村集体财产权精准确权,赋予"七权"流转、抵押、担保、入股等多种权能。

业覆盖 80% 以上的贫困人口，吸纳贫困人口就业 14.5 万人。

（三）增强后续发展能力，易地扶贫搬迁稳步推进。贵州省 2017 年坚持以产定搬、以岗定搬原则，所有易地搬迁群众全部集中安置在具有较强就业吸纳能力的县城和中心集镇，狠抓易地扶贫搬迁后续扶持。遵义市围绕城镇化集中安置，探索出了"三搬三变" ① 的集中安置方式，全面改善安置区的生产生活环境，充分解决搬迁群众的就业增收问题。黔南州采取"六三三"模式配套政策 ②，确保困难群众"搬得出、稳得住、能致富"。

（四）坚持绿色发展理念，大力实施生态旅游扶贫。贵州省厚植生态资源优势，走产业生态化、生态产业化的发展道路，把美丽乡村建设和发展乡村旅游、山地旅游作为精准扶贫的重要途径，实施"百区千村万户"乡村旅游精准扶贫工程，全力推动乡村旅游全域化、特色化、精品化发展。黔西南州狠抓退耕还林，石漠化治理、珠江防护林工程、植被恢复、农业综合开发等项目造林 300 多万亩。六盘水市按照生态、经济、社会、旅游"四个价值最大化"的理念，打造经济发展"绿色引擎"，最大限度地释放脱贫红利、产业红利、生态红利。毕节市大力推进全域旅游，在提升旅游品牌形象和丰富旅游产品设计上下功夫，全市旅游"一张网"发展格局逐步形成，旅游扶贫成效明显。

（五）加大财政投入力度，补齐公共服务短板。贵州省设立全国唯一

---

① 三搬三变：搬到县城区，农民变市民；搬到经开区，农民变工人；搬到商业区，农民变商人。

② "六三三"模式配套政策：包括盘活承包地、林地、宅基地"三地"；叠加享受宅基地复垦奖补、转移扶贫补助、计生奖励补助"三策"；统筹好就业、就医、就学"三就"；城乡养老保险、城乡医疗保险、城乡最低生活保障"三保"；配套规范性的经营场所、保障农耕场所、完善公共服务场所"三所"；同步共享教育医疗等优质公共服务的权利、农村生产资料补贴收益的权利、选择梯度转移的权利"三权"。

的总规模为 3000 亿元的脱贫攻坚投资基金，撬动社会资金投入扶贫开发，压缩 6% 的行政经费用于支持贫困地区教育发展，率先在全国建立基本医疗保险、大病保险、医疗救助、医疗扶助配套衔接的"四重医疗保障"制度。铜仁市以整村推进为重点，融资 200 亿元建立扶贫投资基金，由县、镇统筹规划、综合施策破解贫困户贷款难、就业难、创业难的问题。黔东南州剑河县在中央财经办的帮扶下，在原有的"三重医疗保障"制度基础上进一步创建了财政兜底的 53 种慢性病医疗扶助"第四重医疗保障"制度，对贫困人口全部实行医疗兜底保障，得到了中央领导同志的充分肯定。

三、调研工作中发现的问题和困难

民革中央在工作和调研中，围绕贵州省脱贫攻坚特别是打赢深度贫困地区脱贫攻坚战的关键环节，发现仍存在一些问题和困难，主要有以下几点。

（一）深度贫困地区脱贫仍面临较多困难。贵州省确定的 14 个县、20 个乡镇、2760 个村的极贫地区多数自然条件恶劣，致贫原因复杂，农村基础设施和基本公共服务缺口较大。近年来贵州省农村的交通、水利、电力、通信等基础设施虽然已有很大改善，但在深度贫困地区依然薄弱，部分喀斯特地区地质灾害频发、工程性缺水严重，产业发展缺乏坚实的物质基础，稳定脱贫难度很大。部分地区教育、医疗、养老、饮水安全、防灾减灾等基本公共服务历史欠账较多，农村群众因病、因灾致贫返贫现象时有发生。

（二）农村低保制度与精准扶贫政策衔接不畅。由于农村低保与精准扶贫贫困户的识别程序、认定标准不同，其交叉共管部分的识别管理存在着一定的衔接问题，这个问题在贫困人口集中、贫困程度较深的贵州省表现得尤为突出，致使部分地区存在"保人不保户"问题，影响了易地搬迁、教育扶贫等扶贫政策的实施效果，部分贫困群众反映较为强烈。

（三）产业扶贫规划水平和实际效果有待提升。 贵州自然生态良好，发展特色农业、旅游业具备得天独厚的自然条件，在基础设施不断改善的保障下，产业扶贫已经起到了增收脱贫的引领带动作用，但仍有少数项目在选点、布局、实施、市场销售等环节缺乏科学论证，存在着投资效率低、市场风险大、群众参与弱等问题。龙头企业带动效应不强、上下游产业配套不足、市场品牌建设力度不够等现状也一定程度上限制了产业扶贫作用的发挥。

（四）增强贫困群众内生动力的办法不多。 受地理因素影响，贵州省大部分贫困群众长期生活在相对封闭的环境中，教育程度和文化素质相对较低，思想观念落后，较为安于现状，特别是在深度贫困地区，贫困户发展愿望不强，"等靠要"依赖思想仍较严重，一些贫困户认为发展产业不仅要投入资金，而且要投入劳动力，同时存在市场风险，对参与产业脱贫积极性不高。少数地区基层组织特别是村支两委干部老化现象比较严重，工作水平有限，示范带动效应不强，无力发展村集体经济，对企业带动扶贫项目的承接能力相对不足。

四、下一步工作建议

针对上述调研中发现的问题和困难，民革中央提出以下几点建议：

（一）进一步加大对深度贫困地区的支持力度。 中共十九大报告中明确提出要重点攻克深度贫困地区脱贫任务。建议中共中央和贵州省加大对深度贫困地区基础设施、产业发展、民生保障等方面投入力度，设立深度贫困地区国家扶贫专项基金，调整贵州省产业扶贫发展专项基金的投入重点，对少数民族深度贫困地区实现差异化扶持政策。重点加快推进深度贫困地区交通、水利、饮水等基础设施建设和产业发展，打通农村人居环境整治"最后一公里"。加大对乡镇敬老院建设的财政支持力度，从政策上解决机构编制问题，提高农村特困供养对象的集中供养率。加大对深度贫困地区教育的支持力度，将深度贫困的少数民族自治县纳入国家免费高中教育试点县。根据贫困地区实际情况，因地制宜推动中央对深度贫困地区新增资金、项目、政策措施的贯彻落实，不搞指标分配和大水漫灌。

（二）完善农村低保制度与精准扶贫的有效衔接。建议从国家层面进一步完善"两项制度"有效衔接的制度设计，不让任何一个贫困群众游离在政策覆盖范围之外。按照"实现农村最低生活保障制度与扶贫开发协调一致"的要求，以家庭为单位，按照"县级统筹、乡负总责、一次识别、动态管理、（民政和扶贫）双线运行"的原则，同步开展低保户和贫困户识别工作，尽量避免"保人不保户"现象发生；加强对"两项制度"政策、对象、标准、机制的无缝衔接和动态管理，确保国家支持力度不减、贫困群众充分享受政策红利。

（三）以市场为导向科学实施产业扶贫。建议贵州省综合考虑贫困地区资源禀赋、产业体系现状、市场空间、新型主体带动能力和产业覆盖面等因素，科学制定区域产业发展规划。高度重视安全生产、疫病防治、环境保护等环节，完善相应的防范和应对措施，利用规划建设用地开展加工、养殖等产业项目，合理规划和建设生产场所，配套畜禽粪便处理设施，最大限度地减少山体破坏和环境污染。加大对特色、优势、主导产业和龙头企业的支持力度，在扶贫资金投入和政策扶植上向品牌宣传、销售渠道建设方面倾斜，将产品优质优价和适销对路作为项目评价重要指标。坚持"宏观政府引导、微观市场调节，突出农民主体"的原则，增强基层根据实际情况和贫困群众意愿自主开展产业项目的积极性和创造性。对部分产业发展失败的教训应该充分重视、深刻总结，切实增强基层干部群众的风险防范能力和意识。

（四）瞄准贫困思想根源加快实施精神扶贫。脱贫攻坚要注重扶贫同扶志、扶智相结合。建议相关部门尽快研究出台指导性政策，对激发贫困群众脱贫内生动力作出整体部署和工作指引。建立脱贫正向激励机制，对在政府帮扶下主动脱贫或者利用政府扶贫的优惠政策，大胆创业，带动贫困群众脱贫的致富带头人给予物质和精神奖励，开展"我脱贫我光荣""星级文明户""脱贫致富能手""五好模范家庭"等评选表彰活动，让贫困群众主动脱贫的干劲更足、率先脱贫的意识更强。加大对贫困地区精准扶贫政策宣传和职业技能培训力度，开阔发展眼界，提高脱贫本领，增强脱贫致富的主动性和自信心，使贫困群众更多地参与到扶贫项目设计建设全过程中。大力挖掘本地历史和民族优秀传统，通过发展特色文化产业和文化品牌，增强贫困地区干部群众的文化自信，坚定他们战胜贫困的信心和决心。

民革中央关于 2018 年上半年
贵州省脱贫攻坚民主监督工作的报告

2018 年是全面贯彻落实中共十九大精神的第一年，也是决战脱贫攻坚、决胜同步小康、迈上乡村振兴新征程的关键之年。今年以来，民革中央继续坚持"寓监督于帮扶之中，寓帮扶于监督之中"原则，精心谋划、扎实调研、深入研究、务求实效，脱贫攻坚民主监督工作取得新的进展。

一、2018 年上半年开展的主要工作

（一）学习贯彻中共中央工作要求，部署落实工作任务

3 月 30 日，各民主党派中央脱贫攻坚民主监督工作座谈会在北京召开，汪洋同志在会上提出，希望各民主党派中央根据中共中央脱贫攻坚的新要求，聚焦监督重点、明确监督导向、创新监督方式，紧紧围绕深度贫困地区和特殊贫困人口脱贫、严格落实现行扶贫标准、加强扶贫领域作风建设、提高脱贫攻坚质量等问题开展民主监督，帮助贫困群众真脱贫、脱真贫。万鄂湘主席代表民革中央介绍了有关情况，并就进一步开展好脱贫攻坚民主监督工作提出意见建议。4 月 21 日，民革中央在贵阳召开 2018年第一次工作推进会，深入学习贯彻习近平总书记扶贫开发重要战略思想和中共中央对脱贫攻坚工作的部署安排，按照汪洋同志在各民主党派中央脱贫攻坚民主监督工作座谈会上提出的工作要求，研究确定监督重点，部署全年工作计划。会后，中共贵州省委统战部下发了《关于进一步配合民

革中央做好脱贫攻坚民主监督工作的通知》，为民革中央开展脱贫攻坚民主监督工作提供更加有利的条件。

（二）深度聚焦关键问题，领导带队深入调研

7月19日，万鄂湘主席出席统一战线参与毕节试验区建设座谈会后，赴毕节市纳雍县开展专题调研，实地考察库东关乡玛瑙红樱桃基地、枪杆岩村乡村旅游建设项目和岩脚村养牛基地等扶贫项目，并走访1户因病致贫的贫困户，详细了解脱贫攻坚政策执行和落实情况。今年以来，李惠东副主席分别于4月下旬和5月上旬2次带队赴毕节市、黔南州开展了专题调研，民革中央脱贫攻坚民主监督8个调研组、联络组分赴贵州省8个州市28个县78个村，召开各类工作座谈会60次，走访农户247户，考察扶贫项目81个，以脱贫攻坚中的形式主义和作风问题、产业扶贫的实际效果、易地扶贫搬迁的脱贫质量为调研重点，深入深度贫困地区脱贫攻坚一线了解情况、研究问题，贵州省各地市民革组织也广泛动员党员参与，开展常态化监督工作。按照"寓帮扶于监督之中"的原则要求，民革四川省委会作为民革中央脱贫攻坚民主监督第二调研组牵头单位，为对口的六盘水市引入优势资源，积极推进总投资达1亿元的六枝318浪哨缘房车营地项目建设，支持当地开展旅游扶贫和乡村振兴。

二、对贵州省2018年上半年脱贫攻坚工作的整体评价

民革中央在调研中了解到，2018年上半年，贵州省以习近平新时代中国特色社会主义思想为指引，深入学习贯彻中共十九大精神，特别是贯彻落实习近平总书记在成都打好精准脱贫攻坚战座谈会和参加中共十九大贵州省代表团讨论时的重要讲话精神，牢固树立"贫困不除愧对历史、群众不富寝食难安、小康不达誓不罢休"的坚定信念，强力推进"春风行动"，全力打好产业扶贫、农村公路"组组通"、易地扶贫搬迁、教育医疗住房

"三保障"这四场硬仗，初步实现了贫困人口大幅减少，基础设施不断改善，民生事业不断进步，产业发展短板不断补齐，稳定增收渠道不断拓宽的预期目标。在脱贫攻坚工作中，贵州省能够聚焦深度贫困地区、特定贫困群众、因户因人施策，全面落实脱贫攻坚责任、政策和工作，形成了上下贯通、责任到底的责任体系，取得了显著成效，为全面打赢脱贫攻坚战探索出一批值得推广的工作模式和经验。

（一）强化执纪监督和问责追责，大力开展作风建设

按照脱贫攻坚"作风建设年"要求，贵州省出台了《贵州省市县两级党委和政府扶贫开发工作成效考核办法》《贵州省脱贫攻坚问责暂行办法》，切实发挥一把手"指挥棒"作用，层层压实脱贫攻坚责任和任务，严肃查处工作脱离实际、作风简单粗暴，表态多调门高、行动少落实差等官僚主义、形式主义现象，以问责倒逼工作落实和作风转变。将扶贫工作成效与干部选拔任用、年度考核及奖惩挂钩，引导贫困县党政领导干部集中精力抓脱贫攻坚工作。设立各级党委和人民政府"扶贫专线"，公开接受社会和群众对扶贫开发工作监督。在基层全面推行民生特派员工作制度，强化行业部门监督管理，鼓励支持"第三方"机构监督，形成预防和惩治"不作为""乱作为""假作为"监督机制。六盘水市召开扶贫领域突出问题集体约谈会，集体约谈市直相关部门、各县（市、特区、区）党政主要负责同志。黔西南州对党组织、各级干部、"两委一队三个人"从严管理，对贻误脱贫攻坚战机的党组织和干部严肃追责问责。

（二）积极落实农村产业革命"八要素"，扎实推进产业扶贫

2018年上半年，贵州省以农村产业革命"八要素"（产业选择、农民培训、技术服务、资金筹措、组织方式、产销对路、利益联结、基础党建）作为产业扶贫的指导意见和考量标准，全面推行"五个到村到户到人"

（产业规划和项目到村到户到人，春耕物资备足备齐到村到户到人，利益联结机制到村到户到人，产销衔接机制到村到户到人，专家技术服务团队到村到户到人），大力调整农业产业结构，紧盯农产品产销对接，积极推进旅游扶贫、电商扶贫和冷链物流体系建设。截至 6 月底，贵州省累计投入 79.18 亿元支持扶贫产业。遵义市 92% 的贫困村组建了农民专业合作社，70% 的建档立卡贫困人口加入了农民专业合作社，创新推进贫困户"一长两短"（一个能长期稳定增收的产业、二个在短期内能立竿见影增收的产业）扶贫产业全覆盖工程，不断强化贫困户在产业链和利益链中的占有份额。黔南州积极推行用工补贴、就业补贴、就业分红、返租等用工奖补政策，充分调动贫困人口就业增收、劳动致富的内生动力。黔东南州组建由州领导牵头的工作专班，大力推进农业产业结构调整和全产业链整合，全力打造全国有机产业第一州。

（三）有效整合各方面资金和政策，全面提升公共服务水平

2018 年上半年，贵州省积极整合财政涉农资金 168.6 亿元投入脱贫攻坚，加快推进基础设施建设和公共服务能力提升，启动"组组通"公路三年大决战，实施"四在农家·美丽乡村"（富在农家，学在农家，乐在农家，美在农家）基础设施建设六项行动计划（小康路、小康水、小康房、小康电、小康讯、小康寨），切实解决农村贫困群众出行难、饮水难、通讯难、用电难等问题。为确保实现"三保障"目标，贵州省压缩党政机关行政经费用于教育精准扶贫，大力实施农村义务教育学生、学前教育儿童营养改善计划，基层医疗卫生服务能力三年提升计划，全面落实农村"危改"任务。毕节市实施基础设施改善补短工程，严格对照"五通四有"（通水、通电、通路、通电话、通广播电视；有一条致富门路，有一门致富技术，有一幢适用整洁住房，有一套经济适用家具）"四有五覆盖"

（有致富方向，有帮扶干部，有扶贫措施，有稳定收入；人居环境长效机制建设全覆盖，"互联网＋"扶贫全覆盖，产业扶贫全覆盖，技能培训全覆盖，精神扶贫全覆盖）标准，坚持"缺什么补什么"的原则，主攻水、路、电、讯基础设施短板，极大改善了边远贫困自然村寨群众的生产生活条件。安顺市创新开展"路面集水、沟渠引水、水池（窖）蓄水"路沟池一体化建设，探索出喀斯特石漠化地区农业新出路。黔东南州贫困人口新农合参保率 100%，住院实际报销比例达 90% 以上，贫困户重病兜底实际补偿比例97.24%，大病集中救治补偿比例为 95.70%。

（四）规范易地扶贫搬迁工程建设，完善后续就业和服务体系

贵州省易地扶贫搬迁工程坚持以岗定搬、以产定搬，2018 年上半年，完成易地扶贫搬迁 40.8 万户、173.6 万人。六盘水市由县级平台公司作为搬迁安置工程项目业主，实行建筑、装饰装修材料集中采购，统一承接和管理省扶贫开发投资有限责任公司拨付的易地扶贫搬迁资金，不断加强易地扶贫搬迁工程规范建设。铜仁市建立跨区域搬迁群众后续服务长效机制，将西部片区贫困群众直接搬迁到铜仁主城区；研究出台《铜仁市易地扶贫搬迁跨区县安置地事业编制分配方案》，采取随调方式进行用编补员，更好地解决跨区域搬迁群众后续服务问题。

（五）深入开展党建扶贫和励志教育，彻底拔除思想穷根

贵州省将 2018 年作为扶智扶志"双扶"活动年，要求各地对农民开展励志教育，弘扬自力更生、艰苦奋斗、勤劳致富的传统美德。遵义市围绕"决战脱贫攻坚·传承红色文化"主题，举办十九大精神讲习会 4.5 万场次，开展脱贫攻坚道德讲堂 1500 场次，举行《精准扶贫剧场》巡演 120场次，打造"扶贫大喇叭、政策进万家"示范点 250 个。铜仁市在所有乡村建设党建培训基地、"新时代村民讲习所"、村卫生室、党员活动室、

"三留守"（留守老人、留守妇女、留守儿童）之家等公共服务设施，及时宣传党和国家政策；率先成立村级"环保银行"，推动农村生活垃圾实现有效分类回收，培养农民良好卫生习惯，阻断致病根源。

三、调研工作中发现的一些问题和困难

贵州是全国脱贫攻坚的主战场，深度贫困地区脱贫攻坚任务仍然较重。截至 2017 年底，贵州省贫困人口 280 万人，是全国贫困人口最多的省份之一；贫困发生率为 7.75%，高于全国 3.1% 约 4.65 个百分点；全省 88 个县（市、区）中有贫困县 66 个，贫困县数量是全国最多的省份之一。贫困人口多、贫困发生率高、贫困面大、贫困程度深、脱贫难度大仍然是贵州的基本省情、贫情，需要国家给予更加集中的政策、项目和资金支持。通过调研了解到，在打赢脱贫攻坚战的关键时期，贵州还面临着不少的困难和问题。

（一）**作风建设有待进一步加强。**贫困人口建档立卡任务繁重，精准扶贫精准脱贫工作难度较大，一些地方仍存在识别、帮扶、退出不精准的问题，出现了少数"错评、漏评、错退"的问题。部分基层组织建档立卡登记信息仍存在逻辑错误、动态管理不到位、更新不及时等问题。个别贫困户家庭人均收入已经远超出了现行脱贫标准，但是受限于当地脱贫计划等原因，没有被及时列入脱贫出列人口。部分地区混淆"脱贫"与"致富"的标准和关系，存在拔高标准、吊高胃口执行"两不愁""三保障"标准的情况。一些地方精准扶贫能力、基层组织带领贫困群众脱贫致富的能力还需要提升。

（二）**产业扶贫效果还需要进一步改善。**在深度贫困地区，扶贫产业"小、散、弱"现象普遍存在，贫困户往往是"1 头牛 2 头猪几亩田"，产业发展趋同，规模化、组织化、市场化程度不够，脱贫增收风险较大。

贫困山区的村级合作社总体规模偏小，对贫困农户的带动作用有限。扶贫产业多停留在基地建设阶段，停留在"大户"或"能人"带动部分贫困户刚刚起步发展的状态，还没有形成稳定的产业发展基础，存在一定的市场、金融、生态风险，产业扶贫的市场导向、组织形式、运行机制、资金来源和风险控制等环节还需要进一步加强。部分地方政府在未充分对接好产销渠道的情况下急于扩大产业规模，市场风险急剧放大。部分特色农产品虽然品质优良，但在品牌推广和市场营销方面上投入有限、渠道单一，对生产规律把握能力弱，生产规模较小，产业效益很低。

（三）医疗扶贫面临较大压力。偏远贫困地区因人居环境恶劣，村医专业化知识及个人待遇较差，村卫生室有场地、有仪器，村医却难以发挥作用，看病难、看病远问题依旧存在。对于因病致贫的贫困人口而言，很难通过发展产业帮扶他们脱贫，只能进行医疗救助和兜底保障，给地方财政带来了很大的压力。

（四）要更加重视对基层扶贫干部的关爱和激励。由于工作生活条件艰苦、长期超负荷工作、检查考核和群众认同压力大，部分脱贫攻坚一线干部出现了畏首畏尾、急躁冒进、敷衍塞责等不良思想倾向和苗头，对科学、有效地推进工作产生了负面影响。

四、下一步工作建议

针对上述调研中发现的问题和困难，民革中央提出以下几点建议：

（一）强化责任担当，进一步改进工作作风。把脱贫攻坚作风建设摆在突出位置并贯穿于全过程，进一步强化目标导向、责任担当和问题意识，以严肃的态度、严格的标准、严明的纪律和较真碰硬的手段，坚决打击脱贫攻坚工作中的形式主义、官僚主义、不作为、慢作为、弄虚作假及贪污腐败的行为，使影响脱贫攻坚政策措施落实、基层群众反映强烈、损害群众利益行为、扶贫领域干部作风等问题得到有效解决。

（二）增强产业扶贫的实际效果。通过调研我们认为，贵州省许多贫困地区适宜发展农特产品加工业，同时需要加强农业产业品牌培育。可推广"政府列单、农户点餐"的精准扶贫超市模式，由县级政府结合区域条件和特点梳理出适合当地产业发展的扶贫项目清单，列明项目的收益、前景、补助标准、申报程序和潜在风险，由贫困户自行选择项目，从而真正达到因户施策、精准帮扶。统筹考虑和安排农业生产、供应和销售活动，将销售渠道的落实纳入扶贫产业考核指标，避免盲目扩大规模。加大对优质农产品公益广告推介力度，政府相关部门要做好农产品质量和环境等认证服务，出台支持性政策鼓励省、市主要媒体帮助宣传扶贫产业品牌，提高产品知名度，提升产品附加值，促进农产品销售扩展，增加产业效益。完善对扶贫企业的筛选机制，健全对扶贫企业的筛选标准与程序，引导有较强社会责任感与抗风险能力的企业参与产业扶贫。加强对参与产业扶贫企业的监管，对农业订单合同条款的合法性与合理性进行审查，避免出现有损合作农户利益的"霸王条款"。统筹协调保险公司开展农副产品价格波动类保险业务。注重从农民中培养致富带头人，充分利用驻村工作队做好产业扶贫工作，开展有针对性的培训，提升驻村工作队员和农民骨干分子工作能力，把他们培养发展产业的专家，从而能够带动当地产业扶贫项目发展，带动更多乡亲脱贫。

（三）加大深度贫困地区医疗保障支持力度。在加强县、乡、村三级医疗机构基础设施建设，实现村级卫生室全覆盖的同时，重点加强农村村医专业技术知识培训，可参照特岗教师制度，探索提高农村村医待遇，同时建立县级医院医师定期下派值班和村医上挂轮训制度，切实发挥村卫生室的作用，真正做到"小病不出村，常见病不出乡，大病不出县"，让贫困户也能看病无忧。为缓解深度贫困地区医疗保障方面财政压力，最大程度上防范因病、因残返贫风险，解决贫困地区群众的后顾之忧，建议提前谋划 2020 年之后有关扶持政策的延续和衔接。可在 2020 年前脱贫不脱政策的基础上，有关政策特别是医疗帮扶政策再延续 5 到 10 年，保持对西部贫困地区帮扶政策的总体稳定，巩固脱贫成果。

（四）强化对扶贫干部的严管和厚爱。在落实脱贫攻坚责任制、严格追责问责干部的同时，建立宽严相济、纠错容错并举的工作机制，对干部在推动发展过程中因缺乏经验、先行先试造成的无意过失，从轻、减轻或免予相关处分。对脱贫攻坚一线干部进行部分轮换，既让部分一线干部得到必要的休整，也让更多干部得到锻炼成长的机会。对脱贫攻坚一线干部付出的牺牲和辛劳给予适当补偿，除政治激励、精神鼓励和表彰奖励之外，在干部使用和生活待遇上给予相应政策倾斜。铜仁市将严管和厚爱规范化、制度化，出台《铜仁市干部执行力问责办法（试行）》《铜仁市脱贫攻坚问责六种情况》《脱贫攻坚一线干部关怀激励机制》等制度；黔西南州为第一书记、驻村干部、挂职干部、推动组成员、帮村书记开发并购买脱贫攻坚"关爱险"，这些做法值得推广借鉴。

民革中央关于 2018 年
贵州省脱贫攻坚民主监督工作的报告

　　2018 年，民革中央认真学习贯彻习近平总书记关于脱贫攻坚的重要论述，按照中共中央对民主党派脱贫攻坚民主监督工作的总体要求，坚持"寓监督于帮扶之中、寓帮扶于监督之中"的工作方针，继续着力协助贵州省打赢脱贫攻坚战。从调研情况看，贵州省坚决贯彻落实中央决策部署，以脱贫攻坚总揽全省工作全局，强力推进各项政策措施，脱贫攻坚工作取得显著成效，2018 年又有 14 个县实现脱贫摘帽。同时也存在一些困难和问题，需要中央和地方共同推进改革、改进工作。

一、民革中央 2018 年脱贫攻坚民主监督工作创新方法，成效显著

　　（一）领导同志带队深入调研，瞄准重点建言献策。民革中央万鄂湘主席、郑建邦常务副主席、李惠东副主席分别率队赴毕节市、安顺市和黔南州开展脱贫攻坚民主监督专题调研。2018 年，民革中央共组织各类脱贫攻坚民主监督调研 42 次，赴贵州省 8 个州市 46 个县 147 个村，召开座谈会 88 次，走访农户 499 户，访谈县乡村干部 131 人次，考察产业扶贫和易地搬迁项目 214 个。根据调研，民革中央每半年形成一份监督报告，向中共贵州省委、省政府反馈，同时向中央统战部和国务院扶贫办报送。综合在贵州及其他有关省份调研的情况，上半年民革中央向中共中央、国务

院提交了《关于防范和化解脱贫攻坚工作中相关风险的建议》，得到了李克强总理、汪洋主席、胡春华副总理等中共中央领导同志批示。

（二）**贯彻落实中共中央要求，不断完善工作方式**。按照习近平总书记提出的"深入一线调查研究，积极开展批评监督，推动各项决策部署落地见效"的要求，民革中央着力聚焦监督重点、提升监督能力、创新监督方式。根据以往的调研，民革中央确定以产业扶贫有效性、易地搬迁稳定性和形式主义问题作为 2018 年的监督重点。在下半年脱贫攻坚民主监督调研中，减少座谈会次数，增加对县、乡、村干部的单独访谈，量化产业扶贫项目、易地搬迁安置点及贫困农户的实地考察要求，调研工作更加扎实深入。中共贵州省委统战部今年初下发了《关于进一步配合民革中央做好脱贫攻坚民主监督工作的通知》，为民革中央深入调研提供了更加有利的条件。

（三）**调动整合民革全党资源，助力贵州脱贫攻坚**。按照"寓帮扶于监督之中"的要求，民革中央推动江苏苏宁环球集团支持民革贵州省委会建设"博爱扶贫云商城"，于 2018 年 7 月建成上线，万鄂湘主席出席启动仪式。随后，民革中央下发《关于助推黔货出山活动的通知》，动员民革各级组织和广大党员积极购买贵州省贫困地区的农产品，开展消费扶贫，引导和拉动产业发展。这项务实措施受到中共贵州省委主要领导同志的肯定和欢迎。民革四川省委会还帮助六盘水市对接优势资源，协助引进投资近 2 亿元的乡村旅游项目等。

二、对贵州省 2018 年脱贫攻坚工作的总体评价

通过调研了解到，贵州省通过开展"春风行动""夏秋攻势"和扶贫领域作风建设、脱贫攻坚问题整改等工作，强力推进农村产业革命，集中力量攻克产业扶贫、农村"组组通"硬化路为主的基础设施建设、易地扶

贫搬迁、教育医疗住房"三保障"四场硬仗，2018年贵州省脱贫攻坚工作进一步取得进展，贫困群众"两不愁"目标和"三保障"中的教育、医疗保障已经实现，住房安全保障也基本实现；增收渠道多元化，收入达标指日可待。

贵州省脱贫攻坚工作主要有这样一些亮点：**一是党委政府高度重视，善于统筹协调各项工作，贯彻落实中央决策部署能力强、成效实。**贵州省委以脱贫攻坚统揽各项工作，整体推进了贵州经济社会快速发展，地区生产总值增速持续保持全国前列。**二是农村基础设施明显改善，为脱贫攻坚和乡村振兴打下坚实基础。**贵州省抓住脱贫攻坚的机遇，实施农村"组组通"硬化路和农村饮水安全等工程，大幅度提升了农村基础设施建设水平和基本公共服务能力。**三是大力推进易地扶贫搬迁，从根本上阻断贫困代际传递。**全国易地扶贫搬迁870多万人，贵州省就有188万，已经完成搬迁任务的64%。**四是产业扶贫路子不断拓宽，农村产业结构调整效果显著，**大力发展蔬菜、茶叶、食用菌、中药材、生态家禽等五大特色优势产业和旅游、农产品加工等地方特色产业，农业产业化水平进一步提高，农民收入普遍快速增长。**五是以党建引领扶贫，农村基层组织活力得到有效激发。**压紧压实"五主五包"责任链、任务链，农村基层组织、基层干部队伍的精神面貌、工作作风发生了十分深刻的变化，为打赢脱贫攻坚战创造了良好主观条件。

三、调研工作中发现的问题和困难

（一）地方财力支撑不足，项目建设资金存在较大缺口。

贵州农村基础设施建设历史欠账较多，需要投入大量资金。危房改造、农村"三改"（改厨、改厕、改圈）、农村安全饮水、农田水利、"组组通"硬化路等建设项目，在中央和省级财政补助资金外还需要市、县两级配套资金。贫困地区财力有限，要完成资金配套任务存在较大困难。

（二）扶贫产业谋划不足，市场风险亟需防范。

贵州农业产业化底子薄、基础差，现阶段各地农业产业扶贫项目多处于起步阶段，贫困户的收益主要依靠政府补助和企业让利，真正适合地方发展且具有市场前景、经得起市场考验的项目较为缺乏。地方政府对市场风险的防范意识较弱，抵御市场波动的能力不足，扶贫产业存在同质化现象，销售渠道拓展、物流配套、产业链建设亟待加强，对农村合作社等经营主体的规范和监管以及贫困群众利益联结机制有待进一步强化。

（三）易地扶贫搬迁集中安置点公共服务和行政管理亟待加强。

易地扶贫搬迁点现阶段多由临时党工委履行行政管理职能，尚未设立正式的行政管理机构，容易造成医疗、教育、文化等公共服务的缺位。集中安置形成了新的独立的社会群体，与原有居民政策差异带来的心理隔阂容易产生社会的分化和对立，易地扶贫搬迁对象融入当地生活还需时日。

（四）"痕迹主义"仍在流行，部门间数据和政策壁垒依然存在。

各地着力解决形式主义问题，检查、开会、填表过度频繁的问题已有所减轻，但类似问题仍然存在，如多部门轮番检查，同一信息反复抄填，事事处处要求工作留痕，基层干部疲于应付。

（五）干部能力有待提高，群众内生动力亟须激发。

少数干部工作能力和水平离高质量打赢脱贫攻坚战还有一定差距，在扶贫产业规划和选择、利益分配和联结、对口帮扶资源整合和利用等方面研究不够、办法不多、成效有限。一些已经确定的扶贫相关基础设施建设项目（如纳赫公路）迟迟不能开工。部分贫困群众小富即安，不积极参加致富技能培训，不想借助帮扶力量自我发展，缺乏自我发展的主体意识。

四、几点工作建议

（一）创新机制，加大对贫困地区资金支持力度。

一是改革财政转移支付测算分配方式，落实按照地方政府履行基本公共服务职能的需要确定转移支付资金数额的规定，将贫困县人口数量作为确定机构及编制数量和转移支付资金额度的重要依据，使人口较多的贫困县特别是深度贫困县能够获得与事权相匹配的财力。二是调整土地跨省调剂增减挂钩指标的交易规则，由自然资源部下达跨省调剂增减挂钩任务，贫困地区县级政府提供指标，由省、市级国土资源部门进行验收备案，由省级国土资源部门与拟调剂省份（最好明确规定为东西部扶贫协作省份）协商确定交易价格，报自然资源部备案后完成交易，以此充分实现土地价值，用于弥补扶贫资金缺口。目前由自然资源部统一规定跨省调剂的建设用地指标价格仅为每亩 30 万元，而接受调剂的东部省份拿到建设用地指标必须进行拍卖，按现有价格水平应可拍到数千万元、数亿元。实行东西部扶贫协作省份协商定价机制，有利于充分体现东西部扶贫协作制度的优越性。三是对深度贫困县根据其整体贫困程度，可以考虑对所辖乡镇统一适用帮扶政策；对非深度贫困县，也要更多实施普惠性政策措施。

（二）因势利导，不断推进易地搬迁农民融入城市。

一是尽快根据集中安置点人口规模设立区或街道等行政管理机构，同时撤并集中迁出地行政机构，将腾出的机构和编制数用于迁入地行政机构的组建，并酌情适当增加机构和编制。二是进一步加强集中安置点搬迁群众的思想政治教育、法制教育，对未就业劳动力进一步加强技能培训；开展多种形式的文化、体育、娱乐活动，如广场舞培训和比赛、歌咏比赛、体育比赛等等，让搬迁群众在闲暇时间有健康向上的休闲消遣方式，力避无事生非。宣传思想工作部门要占领搬迁安置点宣传阵地，安置房室内客厅可挂上习近平总书记画像，室外要营造浓厚的思想政治教育氛围，不要让非法宣传品、不利于弘扬社会主义核心价值观的宣传品进入安置房室内外。要高频度密集开展教育、培训、宣传活动，让安置点搬迁群众牢固树立感恩意识，不断激发内生动力，尽快融入城市生活。

（三）精准聚焦，用好用足东西部扶贫协作制度资源。

接受帮扶方一定要主动作为、积极作为，认真贯彻落实习近平总书记在东西部扶贫协作座谈会上提出的对口帮扶双方要精准对接的要求，为精准对接、有效对接作出充分准备。一是要对对口帮扶省份深入调查研究，了解对方有哪些可以为我所用的资源，避免盲目要钱要物。二是在引进资金项目之前一定要提前做好对接准备，包括项目包装、政府服务、中介服务、基础设施配套、营商环境改造等，确保项目资金来了就可以落地，尽快投入生产经营。三是着力引进东部城市退休人才。2018 年教育部、财政部印发《银龄讲学计划实施方案》，要求面向社会公开招募优秀退休校长、教研员、特级教师、高级教师等到农村义务教育学校讲学，西部省份要积极利用这一政策，主动引进东部对口帮扶省份的退休优秀教师到西部支教。同时举一反三，借此机会引进东部省份各方面退休人才支持贫困地区发展。

（四）信息共享，让基层干部专心投入扶贫一线工作。

尽可能采用电视电话会议、视频学习、文件传达等形式布置安排工作，让基层扶贫干部少跑腿。严格控制各类督查检查频次，不多头检查、重复检查。注重考察脱贫前后的收入变化和生活改善情况，降低档案材料在考核分值中的比重，让基层干部将更多的精力用于扶贫一线实际工作。建立脱贫工作共享信息库，利用大数据工具实时生成可视化图表，以便于分析研判。

（五）宽严并济，切实激发扶贫干部的干事动力。

进一步完善激励和问责机制，加强对干部的激励和人文关怀，切实做到"让有为者有位、吃苦者吃香、流汗流血牺牲者流芳"。保障一线扶贫干部的学习培训时间，对成绩突出的干部做到应提尽提、尽快提拔使用，不能离开扶贫工作岗位的，也可以先提拔为上一职级的虚职干部。对受到实名举报的脱贫攻坚一线干部，经查举报不实的应公开消除影响，并追究举报人责任；对非实名举报且证据明显不足的不予立案。对于犯有无心之过且已改正的干部，在处分期过后，要给予公正公平对待，该提拔晋升的及时提拔晋升。

民革中央关于 2019 年上半年
贵州省脱贫攻坚民主监督工作的报告

2019 年上半年，民革中央认真学习贯彻中共中央对打赢脱贫攻坚战、做好脱贫攻坚民主监督工作的新决策、新部署，坚持"寓监督于帮扶之中、寓帮扶于监督之中"的工作方针，继续着力协助贵州省打赢脱贫攻坚战。从调研情况看，在脱贫攻坚战进入决胜的阶段，贵州省始终把脱贫攻坚作为头等大事和第一民生工程，以脱贫攻坚统揽经济社会发展全局，全面落实精准扶贫、精准脱贫基本方略，一鼓作气、顽强作战，脱贫攻坚取得决定性进展。同时，也存在一些困难和问题，需要中央和地方共同推进改革、改进工作。

一、工作基本情况

（一）落实中共中央精神，按照最新要求谋篇布局。在 4 月 1 日召开的各民主党派中央脱贫攻坚民主监督工作座谈会上，汪洋同志强调，开展脱贫攻坚民主监督工作，要明确监督重点，聚焦坚持目标标准、提高脱贫质量、增强脱贫实效开展监督；要加强思想政治引领；要把摆脱贫困过程真实记录下来；要改进工作作风，力戒形式主义、官僚主义。在此次会议上，万鄂湘同志代表民革中央在会上介绍了有关情况，并就进一步开展好脱贫攻坚民主监督工作提出意见建议。5 月 14 日，民革中央在六盘水市召开 2019 年第一次工作推进会，郑建邦同志出席会议并讲话。会议深入学习了习近平总书记在参加全国人大甘肃代表团审议时就脱贫攻坚作出的重要部署和在解决"两不愁三保障"突出问题座谈会上重要讲话精神，传达了汪洋同志在各民主党派中央脱贫攻坚民主监督工作座谈会上的讲话精神，结合贵州省脱贫攻坚工作最新进展、2019 年脱贫攻坚的工作思路和具体安排，研究部署了 2019 年工作计划，并就工作中的经验和问题展开交流研讨。

（二）深入基层，聚焦重难点问题建言献策。5 月 15 日，民革中央郑建邦同志、李惠东同志率队赴六盘水市开展脱贫攻坚民主监督重点调研。郑建邦同志对六盘水市脱贫攻坚工作取得的成果和经验表示充分肯定，认为发端于六盘水市的"三变"改革已成为全国脱贫攻坚、推进乡村振兴的一个典型经验，找到了让农民群众彻底拔掉穷根子、让传统农业走上现代农业道路的一把钥匙。2019 年上半年，民革中央共组织各类脱贫攻坚民主监督调研 38 次，走访 24 个县 84 个村 531 户贫困户，访谈县乡村干部 276 人，召开座谈会 53 次，提出建议 47 条，考察产业扶贫项目 66 个、易地搬迁项目 31 个。根据调研情况，形成了专题报告《关于进一步加强东西部扶贫协作制度建设的建议》，报送胡春华同志。

（三）双向发力，践行"寓监于帮，寓帮于监"。民革中央企业家联谊会组织有关企业负责人赴六盘水市开展产业对接和帮扶专题调研，帮助六盘水市发展猕猴桃和刺梨产业。中共贵州省委统战部、贵州省扶贫开发领导小组办公室联合下发《关于印发〈贯彻落实各民主党派中央脱贫攻坚民主监督工作座谈会精神要点〉的通知》《关于进一步支持配合民革中央开展脱贫攻坚民主监督工作的通知》，中共贵州省委统战部发来《关于向民革中央反馈脱贫攻坚民主监督整改落实情况的函》，为民革中央开展脱贫攻坚民主监督工作提供支持和保障。郑建邦同志与中共贵州省委孙志刚同志商定，民革中央和贵州省政府将于今年下半年联合开展产业项目招商活动，助力贵州打赢脱贫攻坚战，推动贵州经济实现高质量发展。

二、对贵州省脱贫攻坚工作的总体评价

2018 年贵州省 18 个贫困县达到摘帽条件，实现 140 万以上贫困人口脱贫，贫困发生率下降到 4.3%。2019 年上半年，贵州省发起脱贫攻坚"春季攻势"，尽锐出战，补齐短板，着力解决"两不愁三保障"突出问题。通过会议交流、实地考察和单独访谈，我们认为，贵州省紧紧围绕党中央、国务院的重大决策部署，压紧压实政治责任、盯准盯牢攻坚目标、做精做细政策设计、落地落实攻坚举措，脱贫攻坚工作取得显著进展，脱贫摘帽成果扎实，经得起第三方评估和各类验收检查，各级干部精神饱满、干劲十足，对于按时打赢打好脱贫攻坚战充满信心，创造了一批可复制可推广的脱贫攻坚先进经验。

（一）**东西部扶贫协作成效显著，为贫困地区注入发展动力。**贵州省将东西部扶贫协作作为推进脱贫攻坚进程的重要举措和拓展产业发展空间的重要平台，要求各地不断提升协作水平，切实发挥扶贫作用。黔西南州望谟县利用余姚市对口帮扶契机，积极探索开展有组织的劳务输出。望谟县在贵阳、余姚、广东等就业集中地区建立实体化就业服务站；将 21 个外出务工人员的实际工作情况拍摄成微视频，通过人流密集地定点播放和微信公众号等途径生动宣传务工政策。余姚市针对望谟籍劳工，出台了政府补贴五险、逐步实现市民化待遇、企业生产淡季用工保障等优惠政策。铜仁市高峰村与张家港市善港村，开展支部联建、文化共建、乡村治理、产业同建、人才共建，探索出整村推进结对帮扶的"善港模式"。杭州市通过教育医疗"组团式"帮扶，帮助黔东南州提升教育医疗服务水平，选派 134 名教师和 176 名医疗专家挂职支教支医，两地 251 所学校和 66 家

医院形成结对关系。六盘水市在大连市设立农产品展示店、品牌经销店、黔味连锁店，将六盘水农特产品进大连机关、进超市便利店、进社区，打造"三店"+"三进"模式，带动 1000 余名贫困人口实现增收。

（二）着力易地扶贫搬迁后续帮扶，不断化解融入难问题。随着易地扶贫搬迁进入收尾阶段，贵州省及时将工作重心逐步转移到后续扶持工作上，加快建设基本公共服务、培训和就业服务、文化服务、社区治理、基层党建"五个体系"，确保搬得出、稳得住、能脱贫。黔东南州切实为易地扶贫搬迁群众提供增收渠道，全州已搬迁且有劳动力的家庭共有 47651 户 112807 人基本实现就业全覆盖，其中 2016 年、2017 年项目已全部实现劳动力家庭"一户一人"就业。毕节市赫章县实行"党建＋积分"的易地扶贫搬迁安置点管理模式，将每个居民在社区的一言一行转换为积分存入"行为银行"，通过积分激励引导搬迁居民转变生活方式和就业观念。赫章县易地扶贫搬迁安置点还与共青团等方面协作，安排青年志愿者参与安置点社区建设管理，成效十分显著。毕节市大方县实行"一个奢香古镇＋50 个幸福新村"的易地扶贫搬迁方案，房屋设计不仅充分考虑到农民生产生活需要，而且突出建筑外观的民族风格和地域文化特色，将彝族文化、奢香传说等元素融入其中，城乡面貌焕然一新。

（三）聚焦深度贫困地区，着力补齐脱贫攻坚短板。贵州省把深度贫困地区脱贫攻坚摆在突出位置，推动扶贫资金和帮扶力量向深度贫困地区倾斜。遵义市全面清理兑现教育扶贫、医疗扶贫等保障政策，重点落实特殊困难群体的帮扶救助措施，全面兑现边缘户、临界户和返贫对象的扶持政策。安顺市大田村设立"道德超市"，每月对十个方面生活细节进行评分，所获积分可用于兑换道德超市中相应价值物品。黔南州克度镇推动"乡贤文化＋精准扶贫"，由乡贤组成决策建议"智囊团"，调解邻里矛盾、积极扶贫兴业，有效激活脱贫攻坚内生动力。

三、发现的问题和困难

（一）东西部扶贫协作优势有待进一步发挥。现阶段东西部扶贫协作实施的大多是落地快、见效快的短平快项目，个别地方存在着西部地区盲目要钱要物、东部地区盲目给钱给物的现象。协作双方对增强贫困地区发展能力的深层次、根本性问题较少触及，较少从优势互补、双向互动、共同发展角度考虑问题，较少把扶贫协作看作是协作双方的重大发展机遇。协作双方对于在脱贫攻坚中可以做什么、应该做什么、双方如何协作、资源如何配置等等，缺乏深入研究和科学论证。

（二）易地扶贫搬迁配套政策亟须进一步完善。一是国家层面就易地扶贫搬迁安置房产权界定等问题缺乏统一指导，尚未出台相关政策。各地为赶搬迁进度，存在用地（供地）手续、规划手续不全或者改变土地用途、改变规划项目、项目验收不及时等现象，导致申请办理不动产登记的要件不齐，难以办证。部分搬迁户搬迁后不愿拆除旧房，不符合依法依规集约用地和农村宅基地一户一宅政策，影响安置房办理不动产登记手续。二是为满足易地搬迁社区基本公共服务，迁入地政府给予了大量的资源倾斜，比如由政府全额承担搬迁居民的水、电、物业管理等费用。这些支持政策不具有可持续性，一旦后续资金跟不上，有可能引发矛盾问题。三是需易地扶贫搬迁的村寨多数山大沟深，腾退的旧房及宅基地或不符合复垦条件，或占用的本就是耕地，拆房复垦后也难以增加耕地面积，"占优补优"的耕地占补平衡政策难以落实。不少旧房拆除后建筑垃圾无处堆放，造成新的环境污染。

（三）贫困人口就业难题尚未有效解决。贫困地区，特别是易地扶贫搬迁集中安置区，配套产业和促进就业措施跟不上。虽然基本实现了每户

1 人以上的就业目标，但因贫困人口中老弱病残人员比例较高，就业结构性矛盾较为突出。一些地方对外输出劳动力对接成功率低，出现有工作岗位找不到人、有人找不到工作岗位的现象。一些地方就业服务体系不健全，外出务工人员在就业地区很难享受到当地的文化、教育、卫生等公共服务，难以融入当地生活。

（四）"边缘县"问题值得关注。一些发展水平和贫困县没有明显区别的非贫困县，原本获得的上级拨款和优惠政策就比较少，加之近年来对贫困县支持力度的倾斜，非贫困县的财政补助进一步降低。同时，这类非贫困县不能整合使用上级资金，在本级基础建设资金配套方面也存在较大压力。

四、几点建议

（一）推动东部扶贫供给和西部脱贫需求深入有效对接。为巩固脱贫攻坚成效，努力将东西部扶贫协作制度的含金量充分挖掘出来，通过制度设计，精准引导东部资源流向西部，力争在重大项目上取得突破，力促农村产业振兴。西部地区作为脱贫攻坚主体，要更加积极研究如何落实帮扶政策，将东部帮扶资源有效整合、将自身需求和东部优势有机融合。比如，广州市结对帮扶毕节市，协作双方可以利用广州市产业转型升级的契机，推动产业梯度转移，在毕节打造一个或几个辐射带动能力强的千亿级项目，从而形成一个或几个支柱性产业，推动实现跨越式发展。

（二）明晰易地扶贫搬迁安置房产权。国家层面尽快出台易地扶贫搬迁安置房产权界定和登记等相关政策或统一指导意见，鼓励有条件的地方提前谋划探索试点，为补充完善具体实施方案提供依据。在搬迁群众适应迁入地生活并配合拆除原有农房后，可将安置房产权给予搬迁群众，从而避免部分短期内未适应城镇就业生活的群众将安置房出售转让、返回迁出地。政府利用国有建设用地统一建设的安置房，可办理经济适用房产权，并按经济适用房政策管理。建立企业与易地扶贫搬迁安置区对接联动机制，鼓励大型国企、民企等具有雄厚实力的经济体，结合各安置区区位优势、环境容量等条件，科学遴选产业扶贫项目，使项目安排、资金投放等向安置区倾斜。明确对同步搬迁户、计划外新增易地扶贫应搬尽搬的补助标准。按搬迁人口对所在县下达相应的土地整理指标，引导贫困群众投工投劳参与土地整理。对于腾退的旧房，可按"宜拆则拆，宜留则留"原则，避免资源浪费。

（三）构建政府主导、社会组织广泛参与的劳动力输出服务体系。坚持党建引领，精准掌握劳动力情况，构建劳务输出动员培训体系。运用好东西扶贫协作等平台，鼓励和支持社会化资本成立人力资源公司，运用市场化手段开展工作。劳动力输出与输入地区政府部门要加强协调联动，加强对贫困劳动力的就业跟踪服务。可以成立党支部、工会、妇联、共青团等基层组织，实现外出务工人员的自我管理、自我服务。注重发挥群众自发带动作用，利用节庆活动开展宣传教育，通过老乡带老乡、亲戚带亲戚，鼓励有务工意愿的贫困劳动力外出务工。

（四）结合乡村振兴战略适时调整扶持政策导向。逐步从对贫困户的产业扶贫转到县域内主导产业和优势产业的培育和发展上来，使产业兴旺惠及全体农户，促进共同脱贫致富。在保持部分脱贫攻坚政策不退出的同时，淡化贫困户与非贫困户、贫困县与非贫困县之间区别，使扶持政策更多地向壮大村集体经济、支持农村基础设施建设、提升乡村公共服务水平方面倾斜，通过区域发展带动群众生活水平提高。注意修复因脱贫攻坚过程中出现的村庄间和农户间的现实差距和心理不平衡，实现村庄和县域的持续协调发展。

民革中央关于 2019 年
贵州省脱贫攻坚民主监督工作的报告

2019 年，民革中央认真学习贯彻习近平总书记关于脱贫攻坚的重要论述，按照中共中央对民主党派脱贫攻坚民主监督工作的整体要求和阶段性安排，坚持"寓监督于帮扶之中，寓帮扶于监督之中"的工作原则，继续在"领导小组＋工作小组＋6 个调研组＋2 个联络组"的"1162"工作架构下对口开展脱贫攻坚民主监督工作。为支持协助民革中央开展脱贫攻坚民主监督工作，中共贵州省委统战部、贵州省扶贫开发办公室下发了《关于印发〈贯彻落实各民主党派中央脱贫攻坚民主监督工作座谈会精神要点〉的通知》和《关于进一步支持配合民革中央开展脱贫攻坚民主监督工作的通知》，为民革中央的调研工作提供了有力支持和保障。

民革中央通过调研了解到，从 2012 年以来，贵州省贫困人口已从 923 万减少到 155 万，贫困发生率从 26.8% 减少到 4.3%，贫困县从 66 个减少到 33 个，减贫人数全国第一，打赢打好脱贫攻坚战胜利在望。同时，贵州省脱贫攻坚任务仍然繁重，尚未脱贫的贫困人口总量在全国仍占第二位，脱贫攻坚工作中还存在一些问题，需要采取积极措施加以解决。

一、2019 年民革中央脱贫攻坚民主监督工作开展情况

（一）广泛深入扎实开展调研。民革中央万鄂湘主席、郑建邦常务副主席分别率队赴黔东南州、六盘水市开展脱贫攻坚民主监督专题调研，李

惠东副主席多次参加和带队调研，主持召开工作推进会、经验交流会，调度和部署调研工作。2019 年，民革中央共组织各类脱贫攻坚民主监督调研 50 次，走访了贵州省 8 个州市 38 个县 111 个村 735 户，召开座谈会 67 次，访谈县乡村干部 387 人，实地考察产业项目 105 个、搬迁安置点 50 个。根据中共中央办公厅印发的《关于解决形式主义突出问题为基层减负的通知》，民革中央严格执行八项规定，优化改进监督方式，精简了调研环节、调研点数量和文字材料要求。

（二）聚焦重点研究问题。在 2019 年上半年调研工作中，民革中央重点关注了东西部扶贫协作制度执行的情况，在调研基础上提交了半年监督工作报告和《关于进一步加强东西部扶贫协作制度建设的建议》专题报告。下半年紧紧围绕影响贵州省稳定实现"两不愁三保障"的突出问题和困难，将其分解为"严守脱贫标准、确保工作不偏移""巩固脱贫成果，开展前瞻性研究""增强贫困地区和贫困群众自我发展能力"三个课题加以研究。民革中央要求各调研组、联络组和有关地方民革组织，深入研究调研中发现的问题，及时向贵州有关地方党委政府反馈情况、提出意见建议，形成了形式多样、层次丰富的民主监督成果。

（三）寓监于帮解决问题。在履行脱贫攻坚民主监督职能的最后阶段，民革中央进一步整合全党资源，对助力贵州巩固脱贫攻坚成效、推动高质量发展作出了安排。11 月 27 日，民革中央与中共贵州省委、贵州省人民政府共同主办了以"聚焦产业加大扶持　助力贵州脱贫攻坚"为主题的民革企业助力贵州产业招商发展大会。为了推动大会取得切实成果，民革中央开展了大量的前期对接工作，并先后协调在广州、杭州、北京举行了三场"民革企业家助力贵州产业发展招商专场推介会"。大会期间，围绕贵州省十大千亿级工业产业、十二个农业特色产业及五个新型服务产业等重点产业领域，共形成了投资项目 49 个，总投资额 985.02 亿元，其中投资 707.4 亿元的 18 个项目进行了现场签约。

二、对贵州省 2019 年脱贫攻坚工作的总体评价

贵州省全面贯彻落实习近平总书记关于脱贫攻坚的重要论述和中央关于脱贫攻坚工作的决策部署，坚持以脱贫攻坚统揽经济社会发展全局，继续以高昂态势推进脱贫攻坚工作，各项工作有力有效开展，为按时打赢脱贫攻坚战奠定了坚实基础。同时，贵州省通过农村产业革命、易地搬迁、东西部扶贫协作等重大举措，为在完成脱贫攻坚任务后实现经济社会更好更快发展创造了良好条件。贵州脱贫攻坚成效显著，各州市都有成功经验和好的做法。

（一）在解决"两不愁三保障"突出问题上出实招硬招。 贵州省持续压缩党政机关 6% 的行政经费用于教育扶贫，实行控辍保学"七长"责任制，确保农村贫困家庭子女无障碍入学，确保医疗服务机构"三建成"、医疗服务人员"三合格"，基层群众基本医疗得到全面保障。实施了农村危房改造和住房保障三年行动计划，2019 年将全部完成改造任务。群众饮水安全、出行不便等问题都已经基本得到了解决。遵义市正安县强化优质医疗资源下沉，市县向乡镇派驻专家医生，医疗保障水平有效提高。黔西南州利用智慧金州系统平台，开启"互联网＋控辍保学"全新模式，做到精准识别、精准控辍。

（二）着力推进振兴农村经济产业革命。 贵州省围绕产业选择、培训农民、技术服务、资金筹措、组织方式、产销对接、利益联结、基层党建"八要素"，大幅调减玉米等低效作物种植面积，大力推进茶叶、食用菌、刺梨等 12 大类特色产业蓬勃发展。六盘水市重点发展"茶、菜、菌、禽、药"五大特色优势扶贫产业，成功打造"弥你红""水城春""盘县

火腿""人民小酒"等一批特色品牌。安顺市关岭县采取了定好牛调子、探好牛路子、融足牛金子、开准牛方子、收满牛果子"五子登科"模式，精心打造"关岭牛"这一扶贫主导产业。黔南州罗甸县探索实施了产销对接"五统一"模式，推动罗甸火龙果实现从丰产、优产到畅销的产业发展目标。

（三）在全面完成易地扶贫搬迁任务的基础上做好"后半篇文章"。作为全国易地扶贫搬迁工作量最大的省份，贵州省在 2019 年底前将完成全部 188 万人的搬迁任务，这在全国具有标志性的意义，其易地扶贫搬迁后续扶持工作经验也得到了李克强总理、胡春华副总理的充分肯定。黔西南州作为全国移民搬迁任务最重的地级行政区，在全面完成搬迁任务的基础上着力做好搬迁的"后半篇文章"，探索实施"新市民计划"。许多农户自发在堂屋挂上习近平总书记画像，体现了农民群众真诚的感恩之情。毕节市大方县奢香古镇"1+50"（奢香古镇＋50 个幸福新村）的易地扶贫搬迁方案，融彝族文化、奢香传说与文旅创意为一体的奢香古镇，在国内同类项目中出类拔萃。

（四）全面推动东西部扶贫协作深度开展。贵州省 2134 个深度贫困村与东部帮扶省市相关单位形成结对关系，结对率达 77.32%。铜仁市思南县积极推进与江苏省常熟市共建园区和农产品直供基地模式，搭建劳务协作的平台，提升劳务协作效率，打造了"人才＋产业"东西部扶贫协作的"常熟思南样板"。黔东南州岑巩县借助浙江省建德市工业技术学校（国家重点技工院校）优化教育资源，开设精准扶贫"现代学徒制订单班"，成效显著。

三、调研中发现的问题和困难

（一）地方政府财政压力巨大，存在一定的金融风险。由于实施基础设施建设、易地搬迁工程和"三保障"配套资金投入，不少地方政府财政压力较大，存在着一定的债务风险。部分地区脱贫基础不够扎实，个别地区仍在执行贫困人口非义务教育补贴，对扶植政策和资金投入的依赖性还比较强。

（二）贫困地区基层治理和公共服务能力不足。现阶段贫困地区脱贫和发展的硬件条件得到了显著改善，但由于基层干部和教师、医生等专业人员配备不足和业务能力不足，农村基层治理和基本公共服务水平还比较低，对驻村工作队和扶贫工作人员如何发挥作用办法还不够多，一些贫困群众不同程度上存在着"等靠要"的思想，为扶贫产业尤其是民营企业服务的意识和能力不强，优化营商环境等方面工作还有较大提升空间。

（三）动态识别和分类施策仍不够精准。部分地区在地区产业规划和贫困群众帮扶措施上仍存在一刀切现象，产业扶贫措施增加收入比例偏低，产业扶贫在一些地区基础不牢固，市场生存能力不强。个别乡镇针对脱贫攻坚中问题制定的整改措施雷同性。针对因灾、因病返贫的现象，没有及时调整帮扶措施。在"全国扶贫开发系统"中显示的部分贵州省贫困发生率较高的村，真实情况是部分贫困户已经实施了易地扶贫搬迁，但在系统中无法及时更新录入，造成了部分地区工作底数不清的情况。贵州省还存在扶贫资金使用不规范的问题，已经引起了国家有关部门的重视。

四、几点建议

（一）尽早研究制定针对相对贫困的日常性帮扶措施。调整扶贫资金拨付依据、地方资金配套要求、区域信贷和金融扶贫等政策，提高支持脱贫攻坚的政策精准度，增强贫困地区的财政支付能力，防范财政金融风险。在多数贫困县、贫困乡镇、贫困村、贫困户已经摘帽脱贫的现阶段，中央有关部门和省级政府应尽早研究制定将脱贫攻坚阶段特定帮扶政策转变为覆盖城乡所有低收入群体的常态化、普惠性社会保障政策，解决全面小康阶段的低收入群体基本生活保障问题。明确细化基本公共服务均等化的统一标准，适当提高贫困地区基层公共服务人员的各项待遇。针对一些贫困户一人患大病、家人陪护，导致因病致贫问题难以解决的问题，借鉴一些地方的经验，在一些县乡医院开设"失能特护科""临终关怀科"，专门收治失能病人、失能老人。国家有关部门应尽快出台后脱贫攻坚接续政策安排，以发展产业、稳定就业为根本，着力减轻相应地区对脱贫政策和投入的依赖。针对扶贫贷款集中还款期临近的情况，对各类扶贫贷款的还款风险进行摸底评估，提前制定应对预案。系统总结脱贫攻坚工作经验，使用好经受过脱贫攻坚战锻炼和考验的干部队伍，建立乡村振兴的组织基础。加强感恩教育，坚持扶志扶智，进一步奠定乡村振兴的思想基础。

（二）**以东西部扶贫协作促进脱贫攻坚和乡村治理的软环境建设**。充分发挥东部地区资金技术和理念经验优势，着力加强贫困地区基层干部、各类专业人员和产业项目带头人的交流培训，加强协作双方在基层社会治理、营造良好营商环境等方面工作经验的交流借鉴。贵州省可组织召开东西部扶贫协作经验交流会，邀请东部地区挂职干部及结对地区双方人员参加，深入总结交流工作经验，分析存在问题，促进学习互动，进一步深化与东部帮扶城市扶贫协作，提高全省东西部扶贫协作水平。把东部帮扶城市的优势与贵州发展的实际结合起来，进一步巩固协作成果，拓宽协作领域，丰富协作内涵，努力实现优势互补、长期合作、聚焦扶贫、实现共赢的新格局。

（三）**聚焦脱贫攻坚目标不变、靶心不散，着力巩固脱贫攻坚成效**。在脱贫攻坚最后阶段，应聚焦现有标准下贫困人口稳定脱贫、防止返贫，进一步严格规范扶贫资金使用，实事求是地制定和调整脱贫攻坚各项政策，稳准打赢脱贫攻坚战。对于易地扶贫搬迁安置点的建设和后续扶持，要均衡施力、全面推进，不搞样板工程。针对已经脱贫甚至已经致富的原贫困地区，应明确要求在工作中更加注意体现精准的原则，驻村工作队的名称可以不变，但其工作内容、思路、方法都要根据新的情况加以转变。应充分利用脱贫攻坚形成的优势条件和发展机遇，进一步借助东西部扶贫协作制度和多党合作制度的优势，着力改善营商环境，加大招商引资力度，力争在打赢脱贫攻坚战的基础上，推动贵州省经济社会发展再上新台阶，以巩固脱贫攻坚成果。

民革中央关于 2020 年上半年
贵州省脱贫攻坚民主监督工作的报告

2020 年上半年，民革中央认真学习贯彻习近平总书记在决战决胜脱贫攻坚座谈会上的讲话精神，按照 1 月 18 日各民主党派中央脱贫攻坚民主监督工作座谈会部署积极开展工作，脱贫攻坚民主监督调研取得积极成效。通过调研我们看到，贵州省扶贫开发工作成效连续四年位列全国第一方阵，脱贫攻坚连战连捷、已近全胜。与此同时，贵州省在巩固脱贫攻坚成果、夯实长期发展基础等方面仍然存在着一些困难和问题，需要引起足够重视。

一、工作情况

（一）较真碰硬，针对脱贫攻坚最后阶段任务再部署、再推进。2 月 18 日，各民主党派中央脱贫攻坚民主监督工作座谈会在京召开，汪洋同志对围绕支持打好贫困乡村疫情防控和脱贫攻坚总体战开展民主监督、确保如期完成脱贫攻坚历史性任务做出了整体部署，万鄂湘同志代表民革中央汇报了工作情况，提出了意见建议。5 月初，下发《关于民革中央脱贫攻坚民主监督 2020 年有关工作安排的通知》，明确阶段性监督重点，强化定点监测、驻村调研等工作形式，全面启动了 2020 年重点调研工作。6 月 3 日，民革中央在贵州省毕节市召开脱贫攻坚民主监督 2020 年第一次工作推进会，郑建邦同志出席会议并讲话。会议深入学习贯彻习近平总书记在决战决胜脱贫攻坚座谈会上的重要讲话精神，根据汪洋同志在各民主党派中央脱贫攻坚民主监督工作座谈会上的讲话精神要求，对全年的脱贫攻坚民主监督工作进行了有针对性的部署推进。

（二）细查深究，聚焦突出问题深入调研、建言献策。根据中央统战部的统一部署，民革中央研究确定了 2020 年脱贫攻坚民主监督重点课题：一是准确评估新冠肺炎疫情对脱贫攻坚的影响，二是精准脱贫政策过渡期相关政策的延续和退出。在 2 月份新冠疫情防控最为严峻的时期，民革中央委托贵州民革各级组织开展疫情对贫困地区脱贫攻坚影响及对策的调研，随后又委托民革贵州省委会就年度监督重点课题开展了预调研。6 月 3 日至 4 日，郑建邦同志带队赴毕节市开展脱贫攻坚民主监督专题调研，实地考察脱贫主导产业、农民技术培训等项目，走进田间地头，与务工群众、技术专家、企业负责人深入交流，了解疫情影响下的产业发展、产品销售、吸纳就业情况。在人员跨省流动不便的情况下，民革中央组建的 8 个调研组、联络组克服疫情困难，于 6 月上旬前先后顺利完成了第一轮重点调研工作。上半年，民革中央共计开展各类调研 40 次，走访 35 个县的 98 个村，入户 227 户，召开会议 26 次，访谈县乡村干部 118 人，考察 98 个产业项目和 18 个搬迁安置点，在 12 个村开展了驻村调研，提出意见建议 40 条。根据调研成果，形成了《关于新冠肺炎疫情对脱贫攻坚影响及其对策的建议》报送中央统战部，向全国政协十三届三次会议提交了《关于应对新冠病毒肺炎疫情对脱贫攻坚工作后续影响的提案》。

（三）多措并举，以实际行动巩固脱贫成果、以亲身经历讲述脱贫故事。按照"寓帮扶于监督之中"的工作原则，民革中央持续推动 2019 年民革企业助力贵州产业招商发展大会后续工作，多次派员赴贵州协调项目进展，务求把扶贫产业、致富项目落到实处。在大会签约的 48 个合同项目中，目前处于前期准备阶段项目 17 个，已开工项目 28 个，开工率 62.22%（含已投产项目 9 个，投产率 20.45%）。民革中央注重采集鲜活生动的脱贫典型事例，积极参与"统一战线助力决胜全面小康、决战脱贫攻坚"主题宣传活动，组织撰写 5 篇脱贫攻坚民主监督感悟文章，收集整理了四大类共 9 篇宣传报道线索，用民主党派参与脱贫攻坚亲身经历讲好中国共产党为人民谋幸福的故事，讲好中国共产党领导的多党合作故事，进一步彰显新型政党制度优势。

二、整体评价及经验做法

（一）**答好疫情和灾情两道"加试题"，努力克服对脱贫攻坚的影响。** 经过两个多月的艰苦努力，贵州省新冠肺炎确诊病例、疑似病例于 3 月 16 日全部清零，其中 4 名建档立卡贫困人口确诊病例全部治愈。贵州省及时分析研判疫情对脱贫攻坚的影响，加大帮助贫困劳动力返岗稳岗工作力度，与杭州、广州、宁波等重点城市签订稳岗就业协议，帮助贫困劳动力实现稳定就业。同时加快复工复产进度，支持企业通过临时性、季节性、弹性工作等多种形式，吸纳返乡贫困劳动力灵活就业、兼业就业。目前，贵州省已新增储备 43.2 万个就业岗位。**铜仁市**启动"留雁行动"，鼓励外出务工人员就近就地就业创业，有效提高了贫困群众就业质量和稳定性。

2020 年入汛以来，截至 7 月 1 日 12 时，贵州省共有贫困村 1786 个、贫困户 14536 户 63962 人、边缘户 418 户 1764 人不同程度受到洪灾影响，不幸因灾死亡贫困人口 5 人、失联 2 人，部分房屋、教育医疗保障设施、饮水安全保障设施和扶贫项目受损，农作物受灾绝收 3.13 万亩。虽然贵州省受灾范围较大，对按时高质量打赢脱贫攻坚战造成了压力，但其"两不愁三保障"的坚实基础没有动摇，返贫、致贫风险总体可控。

（二）**主动暴露问题解决问题，确保补齐"3＋1"短板。**贵州省在去年基本解决"3＋1"问题的基础上，全面开展查漏补缺，把 4、5、6 三个月作为发现问题、解决问题的"窗口期"，"窗口期"内主动暴露问题、解决问题的，不予追究责任，发动党员干部群众，通过各种渠道尽可能多地发现和解决问题。截至 6 月 30 日，录入扶贫云问题整改系统的 15684 个问题已全部完成整改并销号。毕节市开展进村入户"大筛查"，向脱贫清零发起冲刺，七星关区、纳雍县围绕中央、省、市挂牌督战的要求，逐村制定"一图一表一方案"，实现了图管村、表管户、方案督干部的工作目标。**遵义市**于今年 3 月率先在全省实现贫困村及贫困人口"双清零"目标，提前一年完成了脱贫攻坚任务，为贵州省按时打赢脱贫攻坚战起到了较好示范带头作用。余庆县构皮滩村的一户因病因学致贫的贫困户，通过政府帮助发展产业、提供公益性岗位，家中的三名子女均成绩优异、名列前茅，几面墙贴得满满的全是学生奖状，充分体现出了教育扶贫"拔穷根"的巨大作用。

（三）多措并举巩固提升脱贫攻坚成果，坚决防止返贫和新的贫困发生。贵州省印发《关于进一步落实"四个不摘"要求巩固脱贫攻坚成果的通知》，对因疫情或其他原因容易导致收入骤减的脱贫不稳定人口和建档立卡之外的边缘人口进行监测和动态管理，提前采取帮扶措施，有针对性地补短板、强弱项。目前，全省脱贫监测户和边缘户共 10.63 万户 42.21 万人，已经初步消除返贫、致贫风险 6.2 万户 24.41 万人。**黔西南州**围绕一体推进"脱、稳、防"，结合实际探索农调扶贫险、新市民安居险、新市民就业险、防贫扶助险、农民扶助金的"四险一金"制度，确保未脱贫人口、已脱贫人口和边缘人口都更加有保障地稳定脱贫、防止致贫。**安顺市**创新农村基层组织建设，选配"兵支书"筑牢农村基层战斗堡垒，使一批复退军人充实到村支书、村主任和村两委岗位上，为巩固脱贫攻坚成果打下了坚实的组织基础。

（四）坚持不懈推进产业扶贫，夯实后 2020 发展基础。贵州省把推进农村产业革命作为促进农业经济增长、稳定农村基本面的重要举措，全力推动传统农业实现从自给自足向现代市场经济、从主要种植低效作物向种植高效经济作物、从粗放量小向集约规模、从"提篮小卖"向现代商贸物流、从村民"户自为战"向形成紧密相连的产业发展共同体、从单一种植养殖向一二三产业融合发展的"六个转变"，为稳定、可持续脱贫提供有力的产业支撑。**黔南州**通过"文化＋旅游＋扶贫"新模式，把文化和生态优势转变成旅游资源和经济优势，形成了"旅游强乡高桥模式""红色＋绿色经济"玉屏模式等多个典型发展模式。**六盘水市**加大经营主体培育力度，涌现出全国 500 强合作社 5 个、国家级示范社 15 个、省级示范社 18 个，盘州市普古银湖种植养殖农民专业合作社入选全国农民合作社典型案例。黔东南州探索社会帮扶多种模式，丹寨县与万达集团携手开启"企业帮县、整县脱贫"创新模式、澳门特别行政区政府对口帮扶从江县模式等成功经验在全国、全世界都产生了重要影响。

三、发现的问题和困难

（一）疫情对脱贫攻坚影响不容忽视。新冠疫情对项目复工、务工就业、产销渠道等方面的消极影响仍未全部消除，通过开发公益性岗位、发展扶贫车间等方式增加就业岗位，方式和效果难以持续。随着全球疫情的发展，疫情对脱贫攻坚的主要影响已经从短期的、直接的影响逐步转向长期的、潜在的影响。此次疫情和洪涝灾害也再次暴露出了贫困地区基础设施短板明显、医疗卫生等公共服务历史欠账多、农业产业受自然气候条件影响过大等问题。提升贫困地区应对重大疫情和次生灾害能力也是脱贫攻坚和下一步乡村振兴的重大课题。

（二）仍然存在一定的返贫致贫风险。就业扶贫方面，企业需求与劳动力素质不匹配的就业结构性矛盾突出，农村劳动力组织化程度不高，劳动力就业困难，致使贵州劳动力稳定就业保障水平不高。因病、因灾致贫和无劳动能力贫困户，自身发展能力弱，对政策和资金投入依赖较大，特别是农村老年贫困人口基本生活保障水平较低，空巢现象严重，是最为弱势的贫困群体。在现有建档立卡贫困户基本脱贫的情况下，原有边缘户由于政策保障较少，存在着一定的致贫风险。

（三）多种因素造成贫困地区发展后劲不足。由于基础设施改善和脱贫攻坚投入较大，地方配套资金、自筹资金压力凸显，多数地方政府财政吃紧，持续投入能力不足，债务风险较大。部分地区由于能源环保政策、交通条件的限制，产业发展和转型进展缓慢，企业活力和地方发展后劲不足，不利于从根本上巩固脱贫攻坚成果，实现区域性的脱贫致富。区域统筹发展力度不够，贫困村与非贫困村之间缺乏公共基础设施互联互通和产业协同，无法实现村寨集群发展。易地扶贫搬迁安置房产权登记工作进展缓慢，影响搬迁群众切身利益，关系到脱贫攻坚成果的稳固。个别地区对搬迁户的承包地、山林地未能及时流转使用，造成部分群众两边住两边跑，也导致了旧房拆除难度增大。

四、对贵州省的工作建议

（一）科学研判和应对疫情对脱贫攻坚的影响。对疫情长期影响进行深入研究，针对产业和就业形势变化提前制定应对预案，预判和掌握因疫情导致收入减少情况，及时将符合条件的家庭或人员纳入动态监测覆盖范围，出台有针对性的援企稳岗就业措施和脱贫保障政策。结合实际制订预防和处置突发事件返贫致贫的应急响应机制，增强抵御自然灾害、公共卫生事件等风险的预警和处置能力，防止因灾、因疫而返贫、致贫。同时，更要"危中寻机、化危为机"，把疫情冲击作为加大产业布局调整、加快新产业新业态发展的机遇，千方百计推动发展资源向欠发达乡村流动，出台政策和奖励措施鼓励和吸引本土人才和外部人才充实乡村建设队伍。

（二）尽快解决易地扶贫搬迁后续问题。尽快完善易地扶贫搬迁安置住房产权制度，加快制订易地扶贫搬迁安置住房不动产登记办法，尽快明确所有权人和使用权人，遏制产权风险和纠纷。积极探索易地扶贫搬迁安置社区的治理新路径，针对易地扶贫搬迁社区制定相关政策，在人员编制及工资待遇上给予倾斜政策。依法有序开展基层民主自治，建议对群众认可的现有工作人员，可依干部本人意愿将户籍迁入所服务的小区，参加基层自治选举。

（三）注重做好脱贫攻坚工作经验总结宣传。讲好脱贫攻坚故事不仅是宣传鼓劲的需要，本身也可以成为发展资源。如遵义市依托全国"时代楷模""2017年全国脱贫攻坚奖奋进奖"获得者、老支书黄大发的事迹故事，大力发扬苦干实干、顽强斗争和"当代愚公"精神，传承他"干部要退休、党员不褪色"优秀品格，开发大发渠景区，成立大发渠党性教育基地、精品农旅文示范区，注册"大发"农特产品商标，促进当地产业发展"，践行大发精神，实现了群众在家门口就业创业、在家门口脱贫致富。建议贵州省有关方面深入挖掘总结脱贫攻坚故事和人物及其所体现的时代精神、民族精神，梳理工作经验模式，讲好脱贫攻坚故事，激励更多的人投入到脱贫攻坚、民族复兴的伟大事业中来。

五、对中央的政策建议

（一）对脱贫攻坚政策实施差异化调整。建议2020年以后，三至五年内保持现有扶贫政策和范围总体稳定，在此基础上将特惠性扶贫政策适度调整为普惠性的民生政策，将产业扶贫政策整合优化为乡村振兴支持政策。运用脱贫攻坚普查结果和大数据技术，以脱贫监测对象和边缘户为重点，建设常态化的相对贫困动态预警和识别平台，从源头上筑牢返贫致贫"防火墙"。动态调整现有兜底保障政策的实施保障范围和水平，将其纳入城乡统一的、与本地经济发展和群众收入水平相适应的低收入家庭保障体系。在贫困户致贫因素逐步消除的过程中同步退出教育、医疗、住房、就业等临时性救助政策，同时逐步提高农村地区教育医疗等领域的公共服务和资金投入水平，形成长效医疗保障机制，适当提高大病、慢病治疗和医疗护理费用的报销比例，既防止过度保障，又避免因病返贫。建议将县乡村组道路、安全饮水等农村基础设施纳入城乡统筹的市政设施管理养护体系，解决其后续维护费用问题，使这些投入巨大的基础设施项目能够持续发挥作用。总结梳理脱贫攻坚中成熟的实践经验和理论成果，强化可续性的扶贫政策并通过立法予以固定，同时纳入乡村振兴政策体系和制度框架，实现脱贫攻坚和乡村振兴战略的无缝衔接。

（二）以"十四五"规划巩固脱贫攻坚成果。建议"十四五"规划调整产业产能布局思路，加快出台西部资源密集地区工业经济发展优惠政策，给予企业政策优惠，降低实体经济生产成本。引导劳动密集型产业向贫困地区转移，增加当地就业机会。允许贵州及其他有"西电东送"任务的省份在电力资源丰富的地区实施留存电量政策，用于支持当地经济社会的发展。强力推进农村信息化建设，建议将农村信息化建设纳入新基建布局中统筹考虑，让城乡共享新基建红利，缩小城乡数字鸿沟。加快云计算、大数据、物联网、人工智能等新一代信息技术与种植业、养殖业、农产品加工业的全面深度融合应用。充分利用现有农业大数据资源，特别是土地确权成果，建立农村金融风控模型及信用评价体系，实现金融机构和农户在风险保障、成本优化、程序便捷等多方面的共赢。进一步完善东西部发展协作制度，推动东部优质教育、医疗等方面资源向西部欠发达地区加快流动。建议将泸遵及遵铜铁路纳入国家"十四五"规划，巩固乌蒙山区及武陵山区集中连片贫困地区脱贫攻坚成果，助力乡村振兴。

（三）多措并举化解地方政府债务。高度重视地方债务化解，准确评估地方政府财政收支平衡情况，科学合理制定化解政策措施，对政府债务实施分类核算，对基础设施建设投入形成的债务逐步由中央财政分年度按比例转移支付偿还，对其他债务采用延长还贷时间、降低利率等措施，缓解地方政府还债压力，以支持地方巩固脱贫攻坚成果。采用以奖代补的形式给予资金支持，缓解地方财政压力，降低地方财政金融风险。

民革中央关于 2020 年
贵州省脱贫攻坚民主监督工作的报告

2020 年，民革中央认真学习贯彻习近平总书记在决战决胜脱贫攻坚座谈会上的讲话精神，按照 2 月 18 日各民主党派中央脱贫攻坚民主监督工作座谈会部署积极开展工作，围绕巩固脱贫攻坚成果、夯实乡村振兴基础等课题深入调研，全力做好最后一年的脱贫攻坚民主监督工作。通过调研我们看到，作为全国脱贫攻坚主战场，贵州始终坚持以脱贫攻坚统揽经济社会发展全局，探索总结出了一系列精准管用的"贵州战法"，书写了减贫奇迹的精彩篇章。几年来，民革中央围绕脱贫攻坚重点难点问题提出了若干意见建议，得到了中共贵州省委、省政府的高度重视、积极反馈，在贵州省打赢打好脱贫攻坚战的过程中发挥了积极作用。

一、工作情况

（一）善始善终，在脱贫攻坚最后阶段持续强化工作部署。2020 年 2 月 18 日，汪洋同志主持召开各民主党派中央脱贫攻坚民主监督工作座谈会，对围绕支持打好贫困乡村疫情防控和脱贫攻坚总体战开展民主监督、确保如期完成脱贫攻坚历史性任务作出部署。万鄂湘同志在会上代表民革中央汇报了工作情况，提出了意见建议。6 月 3 日，民革中央在贵州省毕节市召开脱贫攻坚民主监督 2020 年工作推进会，郑建邦同志出席会议并讲话，对全年的脱贫攻坚民主监督工作进行了有针对性的部署推进。民革中央先后下发了《关于民革中央脱贫攻坚民主监督 2020 年有关工作安排的通知》，要求继续强化定点监测、驻村调研等工作形式，强调越到最后关头越要保持不获全胜决不收兵的意志、苦干实干加油干的劲头。

（二）克服困难，答好脱贫攻坚的加试题和思考题。根据中央统战部的统一部署，民革中央研究确定了 2020 年脱贫攻坚民主监督重点课题，一是准确评估新冠肺炎疫情对脱贫攻坚的影响，二是精准脱贫政策过渡期相关政策的延续和退出。在 2 月份新冠疫情防控最为严峻的时期，民革中央委托贵州民革各级组织开展疫情对贫困地区脱贫攻坚影响及对策的调研，随后又委托民革贵州省委会就年度监督重点课题开展了预调研。6 月3 日至 4 日，郑建邦同志带队赴毕节市开展脱贫攻坚民主监督专题调研，实地考察脱贫主导产业、农民技术培训等项目，走进田间地头，与务工群众、技术专家、企业负责人深入交流。在人员跨省流动不便的情况下，民革中央组建的 8 个调研组、联络组克服疫情困难，于 6 月和 9 月先后顺利完成了两轮重点调研工作。2020 年，民革中央共开展调研 64 次，走访 52个县的 159 个村，入户 441 户，召开会议 54 次，访谈县乡村干部 218 人，考察 147 个产业项目和 46 个搬迁安置点，在 24 个村开展了驻村调研，提出意见建议 80 条，向有关方面报送调研报告 2 篇。根据调研成果，形成了《关于新冠肺炎疫情对脱贫攻坚影响及其对策的建议》报送中央统战部，向全国政协十三届三次会议提交了《关于应对新冠病毒肺炎疫情对脱贫攻坚工作后续影响的提案》和《关于建立"后 2020"时期稳定脱贫长效机制的提案》。

（三）积极作为，着力讲好民革脱贫攻坚民主监督故事。民革中央积极参与"统一战线助力决胜全面小康、决战脱贫攻坚"主题宣传活动，组织参与脱贫攻坚民主监督的干部和工作人员撰写文章、提供报道线索，用民主党派参与脱贫攻坚亲身经历讲好中国共产党为人民谋幸福的故事。中国新闻社 2020 年 10 月 16 日发表专题报道《民革中央对口帮扶贵州：寓监督于帮扶之中 寓帮扶于监督之中》，引起了积极反响。民革中央还安排相关人员与中央统战部一局有关人员、中央社会主义学院研究人员座谈交流民主党派脱贫攻坚民主监督经验、共同研究探讨民主党派开展专项民主监督的思路和制度设计问题。民革中央还将召开专题会议，对过去五年脱贫攻坚民主监督的民革探索进行总结，形成专项工作总结报告和理论研究成果。

二、整体评价及经验做法

经过艰苦卓绝的持续奋斗，贵州省贫困人口由 2012 年的 923 万减少到 30.8 万，累计减贫 892 万、每年减贫超过 100 万，贫困发生率从 26.8% 降至 0.85%，57 个贫困县脱贫摘帽，在国家脱贫攻坚成效考核中连续 4 年综合评价为"好"。民革中央通过调研了解到，截至 2020 年 10 月底，贵州全省贫困县、乡、村和建档立卡贫困户已全部清零，脱贫攻坚战已经取得决定性、全面性的胜利，贵州省各级干部和群众在脱贫攻坚中探索形成的一些经验做法值得深入研究总结，可以在今后的各项工作中加以运用和推广。

（一）形成了一套农村工作的完整战法。贵州省在全国率先颁布施行《贵州省大扶贫条例》《贵州省精准扶贫标准体系》，及时出台精准扶贫"1+10"等系列配套文件，按照"五步工作法"稳扎稳打，压茬推进"攻坚行动"，逐步探索形成了一套科学务实、卓有成效的工作方法，特别是建起了一支战斗力强、群众基础深厚的农村基层工作队伍。遵义市于 2019 年最早实现整市全员脱贫，率先建立市、县、乡、村四级防贫监测预警帮扶平台，对符合纳入防贫监测对象家庭进行跟踪管理、监测预警、精准帮扶。湄潭县在退出贫困县序列以后，坚持党建引领，以群众居住习惯为单元划分村寨，创新采取"3+N"模式推动"寨管家"管理，推动镇村力量和重心向寨子下沉。**六盘水**市在贵州省率先安排市、县两级部门班子成员1.6万人（次）驻村轮战，实现5.8万名帮扶干部与建档立卡贫困户结对帮扶全覆盖。**安顺市**在工作中总结出了"塘约经验""大坝模式"，从退伍军人中选出精兵强将到基层担任"兵支书"，典型经验得到了肯定和推广。在抗击新冠肺炎的工作中，贵州各地迅速将脱贫攻坚体系转为疫情防控体系，脱贫攻坚队员就地转为疫情防控员，表现出了其在基层农村治理体系中的突出作用。

（二）**铺开了一张基础设施全面提升的大网**。脱贫攻坚战打响以来，基础设施的提升是贵州最为显著的变化之一。2015年底，贵州省在西部地区率先实现县县通高速，之后又用两年多时间建成7.87万公里"组组通"硬化路，惠及1200万农村群众，打通了贫困地区脱贫致富"最后一公里"。2018年启动的农村饮水安全攻坚决战行动覆盖288万农村人口，目前已全面解决群众的饮水安全问题。与交通基础设施提升同步推进的是产业配套基础设施的完善，如毕节市威宁县建成111个产业水项目，陆续建成投用了育苗中心、蔬菜加工、冷链物流中心、现代农业物流园、包装厂等一批产业配套基础设施，为形成高水平的蔬菜产业体系打下了基础。

（三）**打响了一场农村产业革命**。2018年初，贵州省提出深入推进农村产业革命，以"八要素"促传统农业向现代农业的"六个转变"，特色产业发展实现了重大突破，成为产业扶贫的主要支撑。近两年，贵州省农业增加值和农民人均可支配收入增速一直位居全国前列，为决胜脱贫攻坚、实现乡村振兴提供了产业基础。**铜仁市**德江县潮砥镇因地制宜地提出"脐橙下坝、香柚镶间、花椒上山"，取得了良好经济效益。**黔南州**荔波县洪江村以村民闲置老房和传统村落遗存为媒介，探索"非遗洪江、艺术洪江、匠人洪江、生态洪江"，已成为寻找乡愁和诗意栖居的"网红村"。长顺县依托四好路网，使高钙苹果、绿壳鸡蛋等特色农产品走出大山，实现了"修好一条路，发展一片产业，带动一方群众"。**黔东南州**创新农村信用联合社和农民专业合作社"社社联建"模式，通过信用社派出产业指导员和财务指导员、同时以金融服务吸纳合作社存款的方式，走出了良性互动、共赢发展的农村金融服务脱贫攻坚的新路子。

（四）做好了一篇易地扶贫搬迁文章。贵州省从 2015 年 12 月起开展大规模易地扶贫搬迁，目前已有近 200 万群众搬出贫困大山。贵州省将易地扶贫搬迁前半篇文章着眼"搬得出"、斩断穷根，将 95% 搬迁人口集中安置在城镇，高水平建设搬迁安置点及配套公共服务设施；后半篇文章发力"稳得住，逐步能致富"，重点关注后续产业发展和就业扶持，使易地搬迁成为成效最显著的脱贫攻坚办法。**遵义市**正安县引导支持返乡农民工创业，建成吉他产业园，为解决集中安置点群众就业问题发挥重要作用。**黔西南州**设立"新市民就业险""新市民安居险"，织牢稳定就业"保障网"和意外事故"补损网"，目前已对疫情影响未能正常返岗就业的保险对象及时赔付 43.69 万元。毕节市织金县创新管理机制，探索推行"七彩标记"管理楼栋，用七种不同颜色将党员、留守儿童、空巢老人、残疾人、低保户等进行分类标记，公示责任人信息，提供全天候的服务。

三、发现的问题和困难

（一）脱贫攻坚成果需加以巩固。确保贵州省已脱贫建档立卡贫困人口和边缘人口不返贫致贫仍然是一项艰巨的任务，需要对相关人口开展常态化动态监测，分类精准施策。现有部分扶贫产业规模化、品牌化程度不高，产品特色不鲜明、附加值低、产业链短，在稳定销售渠道方面还需进一步发力，部分扶贫产业实际是由地方政府"包产包销"，市场竞争力和抗风险能力不足。新冠疫情对务工就业、产销渠道等方面的消极影响仍未全部消除，其长期、潜在的影响尚待观察。贫困村与非贫困村之间的投入差距和政策失衡，对巩固脱贫成果和社会稳定有着不利影响。易地搬迁后续面临"融入+就业"挑战，居民自治体系的建立、完善和就业岗位开发、跟踪服务仍需加大力度；搬迁农民"三块地"（承包地、林地、宅基地）的盘活管理问题须加以妥善研究解决、特殊对待，否则易产生新的社会矛盾或问题。

（二）推进乡村振兴仍面临诸多发展难题。贵州省深入开展农村产业革命，推动思想观念、发展方式、工作作风实现革命性转变，为决胜脱贫攻坚提供了产业支撑，为推进乡村振兴夯实了基础。在脱贫攻坚基础上推进乡村振兴仍需着力解决以下难题：一是山区土地破碎，农业用地、建设用地紧张，形成规模化、现代化产业的基础条件差，部分地区由于能源环保政策、交通条件的限制，产业发展和转型进展缓慢，企业活力和地方发展后劲不足。二是农村人才外流严重，招才引才难度大，职业培训体制不完善。近年来安排的"第一书记"、驻村干部对打赢脱贫攻坚战起到了重要作用，但没有从根本上改变农村基层治理人才不足的问题。三是"三保障"软件建设仍需加强。当前义务教育、医疗保障的硬件设施已经普遍得到提升，乡村的居住和生活环境得到改善，但相应的教育、医疗、社区服务、公共设施维护等专业人员不足，造成脱贫攻坚的巨大投入尚不能充分转化为乡村振兴的基础。今年的疫情和洪涝灾害再次也暴露出了贫困地区基础设施短板明显、医疗卫生等公共服务历史欠账多、农业产业受自然气候条件影响过大等问题。提升贫困地区应对重大疫情和其他各类自然灾害能力也是脱贫攻坚和下一步乡村振兴的重大课题。四是财政投入压力和债务风险不容忽视。由于基础设施改善和脱贫攻坚投入较大，地方配套资金、自筹资金压力凸显，持续实施奖补政策、设置公益岗位的主要资金也来源于各级财政投入，多数地方政府财政吃紧，持续投入能力不足，地方政府举债现象比较普遍，债务余额较大。

四、工作建议

（一）尽快明确解决相对贫困问题的总体安排。2020 年后，国家应在三至五年内保持现有扶贫政策和范围总体稳定的基础上，逐步取消贫困、非贫困政策差异，将特惠性扶贫政策逐步调整为普惠性的民生政策，将产业扶贫政策整合优化为乡村振兴支持政策。动态调整现有兜底保障政策的实施保障范围和水平，将其纳入城乡统一的、与本地经济发展和群众收入水平相适应的低收入家庭保障体系。在贫困户致贫因素逐步消除的过程中同步退出教育、医疗、住房、就业等领域超常规帮扶政策，同时逐步提高农村地区教育医疗等领域的公共服务和资金投入水平，形成长效的农村教育保障和医疗保障机制，适当提高大病、慢病治疗和医疗护理费用的报销比例，尽快全面落实即时结算。针对因病致贫、因病返贫的顽疾，推动地方政府在县乡两级医院基础上建设一批专门收治失能老人、失能病人的"失能特护医院"，以提升乡村社会医疗保障能力和对困难群体的关怀救助能力。

（二）适时调整农村工作有关制度和政策体系。建议吸收借鉴脱贫攻坚中建立的责任体系、投入体系、动员体系、监督体系、考核体系、容错机制等好经验好做法，作出长期性的制度安排。加强政府主导下多元主体共同参与的乡村治理的模式探索，进一步提升乡村自主发展的能力。毕节市提出的"四个留下"（留下一支永远不走的工作队、留下一批活力强劲的合作社、留下一份殷实厚重的村集体资产、留下一套高效管用的乡村治理体系），安顺市开展的优秀复退军人担任"兵支书"的探索都是很好的工作思路。根据农业生产的自然规律和农村工作的实际需要，确定下一阶段农村工作的任务考核体系，增强结果实效导向。高度重视地方债务问题，建立地方政府偿债准备金制度，构建政府债务风险预警体系和债务监控指标体系，对政府债务实施分类核算，科学合理制定化解政策措施。深入推进财政管理体制改革，促进地方各级政府财权与事权相匹配，按照基本公共服务需求确定转移支付规模，缓解地方政府财政压力。持续关注易地扶贫搬迁集中安置点可能出现的经济社会问题，有序推进"十三五"易地扶贫搬迁安置住房不动产登记工作和搬迁群众原属"三块地"确权工作。

（三）在脱贫攻坚成果基础上调整区域发展和产业规划布局。 在进一步加强对国际贸易形势和新冠疫情影响深入研判的基础上，为推动形成以国内大循环为主体、国内国际双循环相互促进的新发展格局，在国家层面加大产业布局调整力度，将新增经济建设、社会建设的重大项目更多布局在中西部县城，着力培育一大批新的区域发展极。将东西部扶贫协作转变为发展协作，进一步贯彻落实习近平总书记在东西部扶贫协作座谈会上提出的"东部地区要在基础教育、职业教育、高等教育等方面，通过联合办学、设立分校、扩大招生、培训教师等多种方式给予西部地区更多帮助""东部地区可以通过援建医院、培训医生、远程诊疗、健康快车等帮助西部地区"的指示精神，引导东部优质教育、医疗资源向中西部地区流动。按照"东部企业＋西部资源""东部市场＋西部产品""东部总部＋西部基地""东部研发＋西部制造""东部人才＋西部创业"等模式，推动东部生产要素向中西部欠发达地区加快流动，形成高水平、高质量的国内大循环。建议进一步完善生态功能区财政转移支付政策，科学适度提高生态功能补偿力度，将西部地区的后发优势、生态优势转变为发展动力。

（四）以乡村振兴为主线增强农村发展的长期动力。乡村振兴必先振兴乡村教育。建议加大定向培养地方公费师范生的力度，通过加强舆论宣传和政策设计，引导城市优秀教师到农村任职任教，引导更多城市大学生、青年公务员、退休教师到西部偏远地区支教。建议大力支持贵州省继续坚定不移纵深推进农村产业革命，进一步推进包括"资源变资产、资金变股金、农民变股东"这样的体制机制创新，着力壮大农村集体经济，推进农村各类产权制度改革创新，引导规范城市工商资本和城市人才到农村发展现代农业、特色农业，发展生态产业、康养产业、文旅产业、创意产业等各种非农产业。建议将县乡村组道路、安全饮水、环境卫生等农村基础设施纳入城乡统筹的市政设施管理养护体系，解决其后续维护费用问题，使这些投入巨大的基础设施项目能够持续发挥作用。

（五）着力打造毕节贯彻新发展理念示范区、多党合作示范区。毕节作为全国贫困人口最多、贫困程度最深、脱贫难度最大的地级市之一，也是贵州省脱贫攻坚主战场的"硬骨头"，通过集中力量、整合资源、尽锐出战，已如期彻底解决区域性整体贫困问题，在全国脱贫攻坚工作中具有典型意义。下一阶段，要进一步贯彻落实习近平总书记批示精神，从推动绿色发展、人力资源开发、体制机制创新等方面，推进毕节从"试验区"到"示范区"的转型升级。建议国家出台相关支持政策，在建设毕节贯彻新发展理念示范区、多党合作示范区的同时，将毕节建设率先成为乡村振兴示范区。

（六）下大气力讲好脱贫攻坚故事。中国共产党领导人民打赢脱贫攻坚战，是中国共产党政治优势和执政能力的充分展示，是新时代中国特色社会主义制度优越性的集中体现，也是中华民族伟大复兴历史进程中的一部伟大史诗，是人类征服自然、改造社会的一个重大历史事件，应当成为中华民族子孙后代汲取精神力量的宝贵资源。脱贫攻坚工作不仅创造了巨大的物质财富，也创造了巨大精神财富，涌现了大批先进人物和可歌可泣的感人故事。讲好脱贫攻坚故事的意义在当代，也在未来；不仅在我国，也在世界。县以上领导机关一定要组织各类新闻工作者、文艺工作者、社会科学研究者等专业人员，深入实际调查研究、观察体验生活，精心打造、打磨出一大批各种形式的纪实作品、文艺作品和社会科学研究成果，全方位深度展示中华民族征服贫困的伟大历史进程和伟大民族精神。

各调研组、联络组调研报告选登

民革中央脱贫攻坚民主监督
第一调研组 2017 年调研报告

2017 年 6 月 23 日，习近平总书记在太原主持召开深度贫困地区脱贫攻坚座谈会上指出，"脱贫攻坚工作进入目前阶段，要重点研究解决深度贫困问题"。习总书记的重要讲话深刻分析了深度贫困地区存在的突出问题和产生原因，并提出了破解之策，为今后全国脱贫攻坚工作指明了正确的方向，确保深度贫困地区与全国同步小康如期完成。同时也标志着我国脱贫攻坚工作进入一个"攻坚拔寨啃硬骨头"的决战决胜关键阶段。

为贯彻民革中央万鄂湘主席在民革中央对口贵州脱贫攻坚民主监督工作座谈会上的重要讲话精神和民革中央脱贫攻坚民主监督工作小组关于做好 2017 年下半年脱贫攻坚民主监督工作的通知要求，民革中央脱贫攻坚民主监督第一调研组始终以习近平"7·26"重要讲话精神为指导，提高政治站位，坚持"寓监督于帮扶之中，寓帮扶于监督之中"工作方针，有所为有所不为，努力探索民主监督实现的有效性和针对性。第一调研组于2017 年 9 月 13—16 日在民革湖北省委副主委、湖北经济学院陶前功教授带领下赴黔东南州开展脱贫攻坚民主监督第三次专题调研。调研组成员由民革中央社会服务部、民革湖北省委会、民革贵州省委会有关专家组成。着重围绕"产业扶贫""易地搬迁""两率一度""精神扶贫""东西部协作扶贫"内容开展调研。本次调研的重点是聚焦深度贫困地区脱贫攻坚开展情况。调研组一行先后深入深度贫困县榕江县和 2017 年摘帽县镇远县调研，走村入户 10 户，参观了镇远县龙头企业贵州花酒公司、青溪镇铺田村玫瑰花种植基地、古城镇远文化旅游、榕江县栽麻镇苗寨大利村民俗旅游等项目，先后召开两次专题座谈会，听取州扶贫办和榕江县和镇远县主要领导汇报，还与当地基础干群深入交换意见，发现问题，提出建议，精准施策。本次调研工作，中共黔东南州委、州政府高度重视，吴坦副州长亲自安排，州委统战部、州扶贫办等相关部门密切配合，竭诚为党派履行职能搭建平台和提供优质服务，第一调研组对此表示衷心感谢。下面，现将调研的有关情况及下一步工作建议报告如下。

一、黔东南州深度贫困地区脱贫攻坚基本情况

黔东南苗族侗族自治州总面积 3.03 万平方公里，总人口 458 万，辖 1 市 15 县，其中国家扶贫开发重点县和滇桂黔石漠化片区贫困县 15 个（除凯里市外），属少数民族深度贫困地区，脱贫攻坚任务十分艰巨。其中雷公山、月亮山"两山"地区贫困人口较为集中，贫困面较大，属于典型的集中连片特困地区。黔东南州现有深度贫困县 3 个，分别是从江、榕江和剑河。省级极贫乡镇 4 个，深度贫困村 1038 个。截止到 2016 年底，全州深度贫困地区还有贫困人口 41.37 万人，占全州贫困人口 69.8 万人的 59.27%，贫困发生率达 27.56%，比全省平均水平高 16.96 个百分点。目前已经实现 10 个贫困县省级标准减贫摘帽。重点贫困乡镇 155 个，已经实现省标减贫摘帽 119 个，剩余贫困乡镇 36 个，贫困乡镇发生率为 18.37%；全州有 4 个省级极贫乡镇，占全省 20 个的 20%。全州现在剩余重点贫困村 1781 个，贫困村发生率 51.72%，高于全省 13.4 个百分点；全州有深度贫困村 1038 个，占全省的 37.61%。2016 年，农村居民人均可支配收入 7584 元，比全省的 8090 元少 506 元，比全国的 12363 元少 4779

元，比去年同期增加 721 元，同比增长 10.5%，增长速度全省第一。

2017 年脱贫目标：全州计划国标减贫摘帽 1 个县（镇远县）、国标出列 244 个贫困村、减贫人口 15.38 万人。

黔东南州是贵州省乃至全国深度贫困脱贫攻坚工作的主战场，是贵州省贫困人口分布集中，贫困面大、贫困程度深的地区之一。为深入贯彻习近平总书记在深度贫困地区脱贫攻坚座谈会讲话精神，2017 年 8 月 6 日，贵州省召开全省深度贫困地区脱贫攻坚推进大会，省委书记孙志刚对重点打好"四场硬仗"提出明确要求，会后发布了《贵州省深度贫困地区脱贫攻坚行动方案》及《贵州省提升基层医疗服务能力助力脱贫攻坚三年行动方案（2017—2019 年）》《贵州省进一步完善医疗保障机制助力脱贫攻坚三年行动方案（2017—2019 年）》《贵州省提升基层公共卫生服务能力助力脱贫攻坚三年行动方案（2017—2019 年）》等三个行动方案，着力打好七大战役。黔东南州始终牢牢把握战略定位（守住生态和发展两条底线，用好民族文化和生态环境两大宝贝，打造国内外民族文化旅游目的地），以大扶贫为统领，迅速行动部署，因地制宜，采取措施，落实中央和省委、省政府部署，印发了《黔东南州深度贫困地区脱贫攻坚实施方案》《黔东南州脱贫攻坚秋季攻势行动方案》和《黔东南州脱贫攻坚秋季攻势行动方案责任分解》。州委州政府、县委县政府主要领导及四大家领导迅速深入一线，蹲点基础调研指导，研究解决实际问题，推进工作抓落实，干群一心泰山移，奋发有为，成效显著。

二、黔东南州深度贫困地区脱贫攻坚主要做法

调研组通过贫困户深度访谈、实地考察项目和召开座谈会，深深地感到黔东南州已吹响了开展深度贫困地区脱贫攻坚集结号，可谓行动之快、力度之大、作风之实、规模之广、影响之深，前所未有。

（一）以秋季攻势为抓手，深入推进七大战役实施。继 2017 年"春季攻势""夏季大比武"之后，黔东南州又开展了"秋季攻势"。结合实施七大战役，深入推进扶贫工作纵深发展。一是大抓农村"组组通"公路建设。截止到 2017 年 9 月 17 日，黔东南州累计开工"组组通"公路建设 2102.23 公里，完成 2018 年 8000 公里通组公路的项目梳理和储备工作，计划投资 32 亿元；二是大抓产业扶贫。全州以秋冬绿色蔬菜、茶叶、生态家禽、食用菌、中药材为重点，抓特色，抓龙头，抓市场，抓冷链，产业扶贫成效显著；三是易地扶贫搬迁有序推进，有效破解了易地搬迁与保障住房关系。2016 年项目建档立卡户入住率 95.2%，2017 年 33 个项目只有 1 个未进入实质性开工，同时提前谋划了 2018 年易地扶贫搬迁项目建设。四是农村危房改造和住房保障方面扎实推进。目前全州农村危房改造累计开工建设 39952 户，累计消除了 19987 户农村危房安全隐患。五是大力推行旅游和电商扶贫。通过景区带动 7200 人就业，开展乡村旅游从业人员培训 8060 人次，全州建成 1284 个乡镇村级综合服务站，施秉县、麻江县入选国家级电子商务进农村示范县；六是完善教育医疗和农村劳动力培训体系。2017 年秋季开学共减免包括学费、教科书费和住宿费共 7587.76 万元，面向深度贫困地区开办 2017 技能培训班，招生 840 人；七是精准医疗扶贫稳步推进。一是建立健全涵盖"基本医保、大病、慢性病、特殊群体"的四重医疗保障制度，保证贫困人口 100% 参合和 100% 家庭医生签约服务，构建"4+2"医疗救助体系，保证贫困人口在县级、州级、省级自付费用分别不超过 1000 元、3000 元和 5000 元。

（二）各级领导深入基层靠前指挥，压实责任转作风树标杆。政治路线决定后，干部是决定因素。在深入推进深度贫困地区脱贫攻坚大背景下，黔东南州委书记黄秋斌、州长冯仕文及州、县四大班子领导第一时间到自己联系的深度贫困点开展蹲点调研，靠前指挥率先垂范，在第一线研究解决问题，起到了很好示范作用。据调查，州县党政班子成员蹲点调研 588 次 1344 天，其中党政主要领导带头蹲点 84 次 192 天，全州 1914 个部门 52364 名干部回访 24.7 万户 87.8 万贫困人口，把解决贫困群众生活困难作为中心任务。通过选派优秀干部到乡镇挂职，加强驻村干部和第一书记管理，加强干部线上培训和动态管理等，逐层压实干部责任。调研组通过实地调研发现，上至州、县及相关部门领导，下至村委会及驻村干部，对扶贫政策、产业项目及贫困户情况都如数家珍，贫困户和周围群众对帮扶干部和帮扶措施也都十分满意。通过实施脱贫攻坚"大比武"等活动，极大调动各级干部尤其是基层干部的工作积极性，尽管经常是"5 加 2，白加黑，夜总会"，但各级干部力争走前列、转作风、作示范、树标杆。

（三）统筹好脱贫攻坚帮扶资源，合力抓好社会扶贫工作。动员社会一是加大涉农资金整合力度。截止到 2017 年 9 月，黔东南州已整合 35.5 亿元扶贫资金，其中 4 个极贫乡镇累计到位脱贫攻坚资金 6.75 亿元，累计完成投资 9.88 亿元，投资完成率 146%。二是加大招商引资。黔东南州在 2017 年 9 月 8 日贵洽会签约 33 个项目，投资总额 90 亿元，8 月 31 日至 9 月 5 日，黔东南州赴深圳、香港、澳门、珠海开展招商活动，深圳实现项目签约 13 个，投资金额 33.9 亿，香港实现签约项目 10 个，投资金额 22.2 亿。三是社会扶贫成效显著。中组部从杭州市选派教师队伍和医疗队伍进驻台江，并安排专人分别担任县高级中学校长和县人民医院院长，当地的教育水平和医疗技术有了显著提升，思想观念、管理理念也有了明显改变；中央财经办围绕剑河生态脱贫组织编写 9 个专门规划，协调落实 24 个项目涉及资金 43.7 亿元；杭州市对口帮扶黔东南州，下发了两地对口帮扶工作联席会议纪要，深化了两地长期帮扶协作机制。2017 年安排 6500 万元帮扶专项资金支持黔东南州 80 个贫困村，多渠道、多形式对口帮扶黔东南州，在资金项目、产业帮扶、社会事业帮扶、人才智力帮扶、结对帮扶、常态化交流机制方面做了大量卓有成效的工作；大型企业万达集团投入 14 亿元在丹寨实施整县帮扶，出资 9 亿元在丹寨捐建万达职业技术学院和旅游小镇，每年保底分红 5000 万元，惠及 1.08 万户、3.86 万贫困人口。

（四）强化督导督查问责制，做好先进典型表彰宣传报道。一是针对国家和省督查发现的问题，制定整改任务清单和责任清单，明确整改期限和整改责任人，目前已全部整改到位；二是组建强有力的督查队伍，按照战区负责制原则，黔东南脱贫攻坚划分为 5 个战区，每个战区由州四大班子领导任指挥长，战区内设督察组，分别由 1 名副厅局领导带队，狠抓督查，促进脱贫攻坚工作的落实；三是强化问责，下发《关于印发〈黔东南州扶贫领域"促民生，护脱贫"监督执纪问责专项行动实施方案〉的通知》，明确总体要求，目标任务、方法步骤、措施和相关工作事项，对专项行动进行总体安排部署，扎实开展"访村寨、重监督、助攻坚"专项行动，截止到 2017 年 8 月，州县两级纪检监察机关班子成员，共走访村民 18394 户，为扶贫工作起到保驾护航作用；四是展开专题宣传，秋季攻势开展以来，黔东南日报、黔东南广播电视台等媒体在重要时段、重要版面开设"脱贫攻坚 秋季攻势"专栏活动，目前主要稿件推出 70 余篇，电视专栏播出 42 条，广泛深入宣传深度贫困地区涌现出的好经验好做法；五是每年开展脱贫攻坚先进典型评选表彰活动，广泛宣传黔东南州脱贫攻坚中涌现出的先进单位和个人。

三、黔东南州深度贫困地区探索脱贫攻坚成功模式

（一）打造产业扶贫"六抓模式"。发展产业是实现脱贫的根本之策，

黔东南州始终将培育产业作为推动脱贫攻坚的根本出路，在实践中不断探索出一条深度贫困地区产业扶贫的"黔东南模式"。**一是抓龙头**。产业发展，龙头先行，黔东南州始终将培育和引进龙头企业作为产业扶贫的首要任务，加大市场主体培育，通过"龙头企业＋合作社＋基地＋贫困户"这一形式，带动农户精准脱贫。目前，黔东南州有国家级扶贫龙头企业4家，省级扶贫龙头企业97家，组建农民专业合作社2407家，有社员97755名，其中贫困群众社员71176名；**二是抓品牌**。目前黔东南州获国家地理标志保护产品16个，获得贵州省名牌产品58个，有效期内名牌产品44个，均位居贵州省前列；**三是抓项目**。大力开展"一十百千万"工程，农产产业基础进一步夯实，产业扶贫规模得到进一步提升；**四是抓旅游**。完成申报旅游类脱贫攻坚产业扶贫基金项目24个，项目总投资298.9亿元，通过生态旅游实现精准脱贫6800人；**五是抓渠道**。农超对接、农校对接采购共签订购销合同和协议45个，金额13.27亿元；**六是抓培训**。全州共完成农村劳动力职业培训42722人，其中贫困劳动力22958人，占参训总人数的53.74%。

（二）**"四重医疗保障"助力健康扶贫**。2015年剑河县在中央财经办的帮扶下，探索了四重医疗保障制度，先后在黔东南和贵州推行，人民群众医疗保障水平逐步提高。所谓"四重医疗保障"，一是完善"第一重基本医保"补偿政策。提高贫困人口门诊，住院补偿比5%，减免县域内或经转诊至县外住院起付线，将康复综合评定、日常生活动作训练等28项残疾人医疗康复项目纳入基本医保范围；二是完善"第二重重大病保险"补偿政策，从2017年4月1日起，取消大病保险50万元封顶线，降低普通人群大病保险起付线由原来的6000元下调至5000元，对贫困人口降低大病保险起付线由原来的6000元下调至3000元，提高大病保险各费用段补偿比 10%，保底补偿由原来的 100 元提高到 200 元；三是医疗救助"第三重医疗保障"工作稳步推进。截至 7 月底，全州精准识别 11 类精准扶贫对象 66.25 万人，获得救助 6.67 万人次，总补偿 1.79 亿元，其中，基本医疗补偿 1.48 亿元，大病保险补偿 779.73 万元，民政救助 2162.79 万元，计生扶助 150.57 万元，精准扶贫对象经"三重"医疗保障救助后政策范围内保障水平达 94%；四是建立完善慢性病医疗扶助"第四重医疗保障"制度。在基本医疗保险、大病保险和医疗救助"三重医疗保障"制度基础上，创新建立了财政兜底的 53 种慢性病医疗扶助"第四重医疗保障"制度，对贫困人口全部实行医疗兜底保障。创新实施的贫困人口慢性病医疗扶助财政兜底政策，得到了中央领导和省委、省政府主要领导同志的充分肯定，并在全省推广。

（三）丹寨县"四增到户"综合发展模式。丹寨县探索所谓"四增到户"综合发展模式是指能力增强到户、产业增效到户、资源增多到户、政策增进到户。首先，把"励志"与"扶智"作为脱贫攻坚的重要抓手，以开展"三转"（懒转勤、勤转能、能转富）活动为载体，实现"能力增强到户"，让贫困群众立下脱贫志、身怀脱贫技，让贫困孩子摆脱贫困链，激发贫困群众脱贫攻坚的内生动力；其次，围绕民族文化和生态环境"两个宝贝"做好产业文章；积极引进优强龙头企业，延长产业链条，提升产业效益。将产业发展与贫困户脱贫有机衔接，实现精准扶贫由"输血式"向"造血式"的转变；三是用好扶贫社会资源和干部扶贫资源，提高资金效率，盘活脱贫攻坚的存量资源，扩大增量资源，增强发展动力，是脱贫攻坚的基本着力点。要紧紧抓住机遇，瞄准致贫症结，开展"资源增多到户"行动，把资源精准配置到户，解决贫困群众发展资源不足的问题，增强发展后劲；四是切实把中央、省州关于脱贫攻坚的一系列好政策作为重大机遇抢抓落实，立足用好用足用活上级政策，健全完善本级配套政策，进一步具体化、程序化、精准化措施，实现"政策增进到户"。

（四）台江县"十户一体"党建发展模式。一是**"十户联体、合理配置"**。按照村"两委"和"居住相邻、技能相似和产业发展意愿相同"的原则，将10户左右农户组建成一个发展主体。同时，均衡配置贫困户、一般户、富户和党员、非党员等几类农户到一个发展主体中；**二是支部引领，主体承担。**村党支部结合本村党员参加产业发展情况，把全村党员分为莲藕养鱼产业体、刺绣产业体、外出流动党员等8个学习党小组，党支部引领学、党小组参与学，并严格"三会一课"制度，丰富学习内容，提高综合素质。同时，按照"村党支部＋十户一体＋产业体＋契约＋农户"模式，在契约式管理约束下，各个发展主体共同承担村级发展事务，形成互相监督、互相制约和互相帮助的管理机制。**三是党员示范，协调带动。**每个发展主体配备1名党员或能人作为"户长"，"户长"带领群众整治环境卫生、调节矛盾纠纷、发展产业。每名党员还结对帮扶产业体内1—2户贫困群众共同发展。全村党员分布在不同发展主体中，优秀党员为"户长"；**四是强化监督，提高效率。**一些村级事务的评比结果直接与惠民政策及各项利益分配挂钩，成立了评议监督小组，定时、不定时对各发展主体、"户长"、党员履职情况及产业体项目落实情况进行监督打分。

（五）"一步搬到位，五个全覆盖"易地搬迁模式。一是**统筹城乡整村搬迁，实现一步搬到位农民变市民。**把县城作为集中安置的重点，科学规划、精心选点、认真实施，使搬迁移民变成城市市民一步到位。2016年全州安置到县城区的搬迁群众56808人，占搬迁群众总人数的84.62%；**二是融合发展，实现产业全覆盖。**因地制宜发展特色产业，引导群众自愿有偿流转土地经营权给专业种养大户、家庭农场、农民合作社等，或者以土地作价入股，结成联股、联利的共同体，按股分享经营收益。探索整合迁入地社会资源。将市场发展前景好、有收益的停车场、洗车场、加油站、农贸超市、农产品加工厂、景点旅游开发等优良资源，支持搬迁群众开发易地产业扶持；**三是多措并举，实现就业全覆盖。**实施"一户一就业"工程。确保每户至少有 1 人以上就近就地就业，鼓励搬迁能人带头组建劳务公司，打造移民的哥、建筑、家政、陪护、保安、导游、绣娘等搬迁群众劳务品牌。**四是立体帮扶，实现对象全覆盖。**实现干部帮扶精准到人、部门帮扶精准到户、对口帮扶精准到点、社会帮扶精准到村。**五是转变观念，实现培训全覆盖。**减轻搬迁群众的思想压力，实现搬迁群众"稳得住"，组织开展农家乐、月嫂、家政服务、老年陪护、电子商务等培训。**六是搭建平台，实现服务全覆盖。**建立综合服务管理机构，健全教育医疗服务机制，强化城镇社会保障体系，搭建电子商务服务平台。总之，易地搬迁实现一步到位，产业、就业、帮扶、培训、服务五个全覆盖机制，确保贫困户搬得出、留得住、能致富。

四、黔东南州深度贫困地区脱贫攻坚面临的困难和问题

虽然黔东南州脱贫攻坚取得显著成效，但仍然是贵州省贫困发生率最高的地区，由于自然条件、基础薄弱、区域性贫困广等客观因素制约，脱贫攻坚任务依然十分艰巨，形势严峻。调研组发现面临主要困难和问题如下。

（一）**基础设施薄弱脱贫攻坚资金缺口大。**黔东南州贫困程度深，由于交通、水利、人居环境改善等基础设施历史欠账多，点多面广，国家投入资金不足，主要靠政府融资贷款解决，发展压力大，脱贫攻坚资金缺口较大，严重制约了当地经济社会发展。

（二）**龙头企业带动能力弱产业扶贫瓶颈突出。**调研发现，目前虽各

县市陆续在培育像丹寨县茅台集团、麻江县三辣明洋有限公司、镇远县花酒集团有限公司等龙头企业，但黔东南州过亿规模的龙头企业较少，特别是科技含量高、创新能力强具有后发优势潜力的龙头企业更少，显然脱贫攻坚带动力不足，产业扶贫短板明显。

（三）品牌意识不强宣传力度不够。黔东南州生态环境极好，民族风情浓郁。森林覆盖率达 65.03%，为全省之冠；有 309 个村寨列入中国传统村落名录，数量位居全国地州市之首。是全国、全省有机农产品、旅游产品品牌打造最具竞争力的地方。但由于产业包装、科技支撑、品牌意识弱、宣传力度不够等因素影响，黔东南的优势特色产品还存在数量不多、品牌不响亮的短板。

（四）贫困群众脱贫意识不强内生动力不足。让贫困户脱贫致富是党和政府工作出发点和落脚点，也是脱贫攻坚最根本的任务。据调研发现，由于历史习惯，部分贫困群众"等靠要"的思想依然存在，特别是深度贫困的偏远农村地区，贫困户自我感觉良好，满足基本生存状态，"幸福指数高"，不思进取，内生动力明显不足。

四、对黔东南州深度贫困地区下一步开展脱贫攻坚工作建议

针对上述调研中发现的问题和困难，调研组认为要尽快补齐发展短板，实现弯道超越。为此，对黔东南州下一步开展脱贫攻坚工作提出初步建议：

（一）建议中央和贵州省加大对深度贫困地区基础设施、产业发展、民生保障等投入力度。强化措施，可考虑设立深度贫困地区国家扶贫专项基金和贵州省产业扶贫发展专项基金，对少数民族深度贫困地区实现差异化扶持政策，重点是加快推进深度贫困地区交通、水利、饮水等基础设施建设和产业发展，打通农村人居环境整治"最后一公里"，加大中央财政

资金对乡镇敬老院建设力度，从政策上解决编制机构问题，提高农村特困供养对象的集中供养率。同时根据贫困地区各地实际情况，因地制宜推动中央"三个新增"（资金、项目、措施）政策的贯彻落实。

（二）建议完善东西部扶贫协作机制，创建精准扶贫国家或贵州省产业示范区。随着东西部扶贫协作机制不断深化，已探索了不少成功的扶贫开发模式，如闽宁产业扶贫模式，杭州市对黔东南州帮扶也取得好的经验。一方面要加大东部发达地区人才的引进和支持力度，可安排干部交流学习，特别是企业、机关管理干部和专业人才到深度贫困地区任有职有权实职进行工作帮扶，规定一般为3—5年，使其与干部使用相结合。二方面要加大对少数民族深度贫困地区招商引资力度，从东部发达地区引入有实力的农业龙头企业，解决市场和技术两个核心问题，实现农业产业发展"后发赶超"。三方面实现飞地经济发展模式，鼓励和引进东部城市规模企业到西部深度贫困地区办产业基地分厂，在经营上给予政策支持，加大结构性减税和补贴力度。通过示范区创建带动，对改变深度贫困地区落后面貌将发挥重要作用。

（三）建议国家扶贫办会同中宣部尽快联合出台《关于激发内生动力加快精神扶贫行动方案（2017—2020年）》或指导性意见，激发贫困群众脱贫内生动力，大力开展精神扶贫。建立脱贫激励机制，开展"我脱贫我光荣""星级文明户""脱贫致富能手""五好模范家庭"等评选表彰活动。开展破陋习整治活动，加强思想教育，提升精神境界，建设贫困群众精神家园。充分发挥贫困户主题作用，推进贫困群众参与扶贫项目建设过程，增强收入、提升能力、增强脱贫信心。

（四）建议中央加快推进依法扶贫顶层设计，保障脱贫攻坚任务如期完成。目前，脱贫攻坚作为党和政府中心工作，态势空前。作为重大的政治责任、重大的政治任务、重大的发展机遇、重大的民生工程没有法治保障是不行的。因此，要倡导和招募大批大学生作为扶贫志愿者，提供公益性岗位，参与社会实践，缓解就业压力，同时聘请法律工作者做公益律师顾问团，走进扶贫工作一线，提供优质法律服务。

（五）建议加大对民主党派参与脱贫攻坚民主监督宣传力度，提高社会各界关注度。民主监督是中共中央赋予民主党派一项重要政治任务，责任重大，使命光荣。要不负重托，敢于善于监督，体现民主监督性质是政治监督。要让监督工作置于阳光下，将脱贫攻坚考核成效纳入民主监督重点内容之一，民主党派成员参与脱贫攻坚考核、巡查和暗访，监督脱贫攻坚政策措施落实情况。

民革中央脱贫攻坚民主监督
第二调研组 2016 年调研报告

脱贫攻坚民主监督是中共中央赋予各民主党派的一项新任务，是民主党派履行民主监督职能的新领域，意义重大，体现了中共中央对多党合作的高度重视，是各民主党派发挥民主监督作用的有益探索，是各民主党派服务大局的充分体现。各民主党派中央开展脱贫攻坚民主监督工作，是各民主党派履行职能，助力中共党委和政府打好脱贫攻坚战的重要形式，是发挥自身民主监督功能对扶贫攻坚所做出的一大工作创举和力量贡献。民主监督促进脱贫攻坚，脱贫攻坚检验民主监督。为认真贯彻落实《中共中央、国务院关于打赢脱贫攻坚战的决定》，积极参与统一战线凝心聚力"十三五"行动，根据民革中央脱贫攻坚民主监督工作方案和实施意见，民革四川省委作为民革中央脱贫攻坚民主监督第二调研组，认真开展关于贵州省六盘水市的脱贫攻坚民主监督工作。现将有关调研情况报告如下：

一、民革中央脱贫攻坚民主监督第二调研组工作情况

（一）加强组织领导。为确保此次脱贫攻坚民主监督工作取得实效，民革中央脱贫攻坚民主监督工作第二调研组高度重视，赓即成立了调研领导小组，由全国政协委员、民革四川省委专职副主委、四川省旅发委副主任郑学炳任组长，民革中央联络组副部长张仲华任组长，民革四川省委副主委曹丰平任副组长，民革四川省委社会服务处处长崔羽任秘书，民革贵

州省委办公室主任文西屏任联络员，选派民革雅安市委主委、四川农业大学食品学院院长、教授李诚，民革泸州市委主委、泸州市人大常委会副秘书长刘旭晴，民革党员、四川省人大常委会信访办办信处副处长王小莉等作为调研组成员。

（二）行动迅速。9月22日至23日，参加完民革中央在贵阳召开的脱贫攻坚民主监督工作座谈会后，民革中央脱贫攻坚民主监督第二调研组迅速行动起来，由副组长、民革四川省委副主委曹丰平带队，率先赴六盘水市实地开展脱贫攻坚民主监督对口调研。22日，在贵州省六盘水市会议中心会议室召开调研座谈会，曹丰平通报了民主党派开展脱贫攻坚民主监督的工作情况，并传达全国人大常委会副委员长、民革中央主席万鄂湘在民革中央脱贫攻坚民主监督工作座谈会上讲话精神。23日，调研组一行赴水城县玉舍镇海坪易地扶贫搬迁点、米箩镇猕猴桃种植基地等进行实地调研，详细了解了六盘水市精准扶贫方面工作情况，充分肯定了六盘水市精准扶贫工作中提出的凉都"六法""五定五看""三变"改革等措施和做法。

10月24日至25日，在民革中央脱贫攻坚民主监督工作培训会召开前，民革中央脱贫攻坚民主监督第二调研组组长、全国政协委员、民革四川省委专职副主委、四川省旅发委副主任郑学炳率队，赴贵州省六盘水市六枝特区开展第二次脱贫攻坚民主监督调研。24日，调研组一行深入六枝特区大用镇骂冗村、落别乡纳骂村等村社，走访贫困户，详细了解贫困户的家庭基本情况、老人身体健康及孩子受教育情况、家庭种养植及收入情况、家庭致贫原因及下步致富增收措施等。25日，召开了脱贫攻坚民主监督座谈会，听取了六盘水市关于脱贫攻坚工作汇报。郑学炳充分肯定了六盘水市脱贫攻坚工作"基础好、队伍好、路径好、措施好、群众好"，成效明显，并表示，下一步将组织民革四川省委有关专家，进村入户对贫困对象和标准开展精准识别，发挥四川民革人才优势，组织新农村建设、乡村旅游发展等方面专家，赴六盘水市调研，加强技术指导，加大项目支持力度。

二、贵州省六盘水市基本情况

六盘水市位于贵州西部乌蒙山最高处，地处贵州贵阳市和云南昆明市两座省会城市中间，国土面积9965平方公里，总人口334万，其中山地占国土面积的97%，石漠化面积达32%，属滇黔桂石漠化集中连片特困地区。全市4个县（特区、区）中，有3个国家扶贫开发重点县（六枝特区、盘县、水城县），1个省定重点县（钟山区），全市有68个贫困乡镇（拆并建后60个），615个贫困村，截止2015年末，尚有贫困人口14.5万户41.65万人（按"五个一批"分类：其中发展生产脱贫18.27万人、易地搬迁脱贫5.65万人、生态补偿脱贫1.88万人、发展教育脱贫2.5万人、社会保障兜底13.35万人），贫困发生率为15.67%。"十二五"期间，全市共减少贫困人口55.87万人，贫困发生率下降了23.5个百分点。今年预计减少农村贫困人口10万人。

三、六盘水市开展脱贫攻坚工作主要做法

（一）以精准识别为前提，做细做实基础攻坚工作。为进一步夯实精准扶贫工作基础，六盘水市创新提出凉都"六法"（入户调查法、实地踏勘法、比对排除法、民意问卷法、联合审核法、公示公告法）和"五定五看"评价体系（定人头看责任、定地头看产业、定龙头看就业、定户头看保障、定年头看成效），扎实开展遍访、回访、增访、核访工作，算准贫困户的生产、就业、收支、保障"四笔账"，做到扶贫脱贫"看得见、摸得着、可感知、能见效"。为了让扶贫脱贫做到情况明白、责任清楚、保

障到位、措施精准，全市聚焦精准扶贫基础工作，明确了攻坚月和攻坚季，围绕核清核准建档立卡数据、规范"三变"改革等为主要工作内容，组织成立市、县、乡、村四级干部建立 "业务指导专班"＝"乡镇专班"和"3＋N"村工作专班，并确定76家市直部门联系包保全市扶贫开发任务重的76乡镇，实现一对一包保全覆盖，把贫困户的基础信息搞准搞实，甄别出两有户（有资源、有劳动力）6.37万户23.85万人，两因户（因学因病）2.55万户7.54万人，两无户（无力无业）6.5万户13.35万人，两缺户（缺基础设施、缺技术资金）7.55万户23.61万人。

（二）以"三变"改革为引领，推进资产收益扶贫。 六盘水市对照瓶颈短板，精准聚焦贫困农户，牢固树立"打破才能得生机"的改革意识，积极应对农村经营体制遇到的新挑战，积极应对持续增加农民收入遇到的新挑战，积极应对发展山地高效农业遇到的新挑战。紧紧围绕如何提高财政扶贫资金使用效率、如何发展壮大村集体经济、如何将各种资源、资产、人力资本等要素所形成的收益更加精准地向弱能、失能的群体倾斜，创造性地开展了农村资源变资产、资金变股金、农民变股东"三变"改革，作为资产收益扶贫的有力探索实践，发展壮大村集体经济，加快贫困群众脱贫奔小康步伐，共享改革发展成果。一是入股分红增加收益。农民通过资产、资金、技术、土地承包经营权等入股经营主体，按照股比参与分红。2014年以来，农民股东股权收益共计4.75亿元，人均每年收益1200元以上。二是平台务工增加收益。围绕土地入股后农民去哪里，组织和引导农民到农业园区、龙头企业、农民专业合作社等"三变"产业平台务工，增加工资性收入。2014年以来，全市共有29.2万农民在产业平台务工，其中贫困人口12.38万，人均每年工资收益达到1.23万元，4.57万贫困群众通过务工实现脱贫。三是创业就业增加收益。引导和支持外出务工人员、农村能人、贫困群众通过"三变"平台创业就业，鼓励劳动致富。2014 年以来，全市外出务工返乡创业就业的农民达 13.5 万人，人均增收 2.3 万元。"三变"改革以来，全市共有 121.6 万亩承包地、52.49 万亩集体土地、10.27 万亩林地入股经营主体，共整合扶贫、发改、农业、林业、水利等部门的涉农资金 6.61 亿元参与成为股金，集中投入打造优势特色产业，通过股权收益带动 22 万人脱贫。如六枝特区以"三变"改革为引领，进一步规范利益联结机制，推进资产收益扶贫。全区共有 18 个乡（镇）、213 个行政村（贫困村 60 个）、3 个居委会、80 个经营主体参与"三变"，整合各级资金 4.2 亿元（财政资金 6775 万元），撬动 11.25 亿元社会资金投入；实现 20.09 万亩土地资源、6250 平方米水域面积、59 辆运输车等资源变资产；实现农民变股东 57620 户，惠及农户 212885 人（贫困户 19552 户 62379 人），占全区农业人口的 36.08%，参与"三变"贫困人口占全区现有贫困人口的 75.7%，带动农户务工 13827 户 22023 人。

　　（三）以调整产业结构为重点，夯实产业基础。六盘水市按照"产业生态化、生态产业化"的思路和"生态价值、经济价值、社会价值、旅游价值"四个价值最大化的理念，大力实施特色农业产业"3155"工程，坚持特色经果布产业、林下经济稳产业、"接二连三"强产业的步骤，大力发展山上经济、林下经济和水中经济，以核心拳头产品促进产业带建设、以产业带拉动产业链条发展，着力产业结构调整，切实解决贫困群众有业可扶的问题。目前累计完成猕猴桃、刺梨、核桃、人生果等"八大特色"产业 320.75 万亩，覆盖农村人口 137.18 万人，其中覆盖贫困人口 19.3 万人，带动脱贫 9.3 万人。集中打造了 852 个优势产业平台，形成了全省最大猕猴桃基地、全省最大刺梨基地、全省最大车厘子基地。打造了六枝万亩精品水果、万亩茶叶，盘县万亩核桃、刺梨，万亩软籽石榴，水城县百里猕猴桃、百里刺梨、百里核桃等多个"百里"产业带和产业长廊，实现了特色农业产业全覆盖。六盘水市结合山地资源优势、气候资源优势，把生态建设与人文环境、生物多样性相结合，围绕打造"山地公园市"目标，引导村集体充分利用自然资源风光、风物名胜、古树名木等资源折算价值后入股景区景点企业参与分红，并就地就业，实现农村变景区、农舍变宾馆、农民变导游。目前，全市共有三十余处自然风光入股旅游企业，规划建设了梅花山、野玉海、牂牁江、乌蒙大草原等山地旅游景区景点，"无中生有"打造了玉舍林海雪原、梅花山冰雪童话、乌蒙云上雪野3家高山滑雪场。按照旅产一体化标准建成了175个旅游村寨，全市旅游接待游客从2010年的444.38万人次增长到2015年的1250万人次，年均增长35.3%，旅游总收入从30.9亿元提高到73.82亿元，年均增长47.4%。2014年以来，通过旅游业带动12万贫困群众增收，直接促进脱贫0.8万人。其中野玉海、乌蒙国际旅游度假区等10个景区纳入省100个旅游景区建设项目，直接带动29个贫困村，1650户贫困户4987人贫困人口就业增收。

（四）以整合力量为手段，构建产业扶贫大格局。六盘水市始终把引入社会力量参与作为打赢脱贫攻坚战的重要战略举措，尤其以7月20日全国东西部扶贫协作座谈会议在贵州召开为契机，进一步抢抓机遇，用好外力，更加扎实有效地做好社会扶贫工作。精准帮扶方面，精准选派"三支队伍"，认真开展同步小康驻村工作，共引导3.2万名干部与扶贫对象结对帮扶；企业参与方面，动员1509家企业参与扶贫开发，累计投入帮扶物资35.1亿元，帮助贫困地区发展产业，解决实际困难和问题1.73万余起，2015年以来动员了6家优强企业结对帮扶全市6个一类贫困乡镇。还探索推行由2家国有企业整合不低于1亿元资金、帮助1个乡镇党委实施项目、发展产业的"211"模式；对口帮扶上，积极主动对接沟通，加强双向互动，形成互利共赢、共同发展的扶贫协作格局。引进大连万达集团投入资金 16 亿元建设六盘水万达广场，目前到位资金 8000 多万元；定点帮扶方面，强化对外借力，加强与中央、省定点帮扶单位对接，争取在资金、技术、人才等方面的帮扶，争取中科院帮扶六枝、中国科技大学帮扶水城，争取到攀钢集团资金 150 万元，对盘县 12 个乡镇、14 个村进行产业扶持，争取到省直定点帮扶单位资金 450 万元，实施扶贫项目 9 个。易地扶贫搬迁方面，瞄准深山区、石山区贫困人口这块"硬骨头"，把易地扶贫搬迁作为新一轮脱贫攻坚的"当头炮"，紧扣"建房、搬迁、就业、保障、配套、退出"等关键环节，确保移民搬迁贫困户"搬得出、稳得住、能致富"。2016 年度两个批次搬迁任务为 6503 户 25274 人（其中建档立卡贫困人口 4871 户 18385 人，占比 72.74%），项目覆盖 39 个乡镇 117 个行政村，整村（寨）搬迁 65 个，目前 44 个建设安置点已全部动工，建成住房 3662 套。水城县玉舍镇野玉海安置点已基本建成，首批 65 户 286 人已搬迁入住。社会兜底方面，以推进标准衔接、程序衔接、保障衔接为抓手，继续加强农村低保与扶贫开发两项制度有效衔接工作，做到按月互通贫困人口动态管理、数据变化情况，农村低保对象发生变化的，确保进出有序、台账统一、衔接到位。截至目前，全市现有农村低保对象 20.66 万人，其中需要长期兜底的"两无"贫困人口 13.35 万人（五保对象 0.65 万人、重点保障对象 12.7 万人），其他符合农村低保保障条件的一般保障对象 7.29 万人。2016 年发放农村低保金 37814.71 万元，117012 户 213791 人。医疗扶贫方面，完善医疗设施，为农村计生"两户"、特困供养人员、精简退职老职工、低生活保障对象代缴参合金，全市共计代缴 355583 人，代缴参合金共计 1617.90 万元。通过提标扩面，

2016 年新农合补偿报销政策在 2015 年基础上门诊和住院是报销比例均提高 5 个百分点，新农合报销封顶线提高到 30 万元。全市贫困人口农合报销 1790.69 万元、大病赔付 12250.53 万元、民政补偿 36.15 万元。

（五）以创新监管机制为手段，管好用实扶贫资金。六盘水市围绕农业、农村、农民三个重点工作，紧盯贫困区域和贫困人口，突出提高扶贫资金的使用效益和融资效益。一是分配上注重"公平"。按照中央和省的分配方式和原则，既充分考虑贫困人口规模、贫困发生率高低，体现公平性、公正性，同时又兼顾绩效考核情况。二是投向上注重"精准"。按照习近平总书记"六个精准"的要求，围绕"五个一批"，聚焦贫困区域和贫困人口，大力实施"六个到村到户"，重点围绕"三变"改革、产业发展、基础设施、教育培训、金融扶贫、易地扶贫搬迁、扶持农民专业合作社等新型农业经营主体等方面，蹄疾步稳破解扶贫脱贫重点、难点问题。2016 年已投入财政扶贫资金 3.14 亿元。三是使用上注重"规范"。严格按照省规定的"七步骤、十流程"，严把项目申报、审批、实施、验收等关口，全面落实乡级报账制，落实乡镇"专户"管理、规范乡级报账制、加强检查验收和后续管理、坚持公示公告接受群众监督。四是监管上注重"严格"。 完善了《财政扶贫项目资金管理办法》，出台了《六盘水市关于在全市民生领域开展整治铸廉三年行动的意见》，对侵害群众利益的行为坚决查处，加大对违纪违规使用扶贫资金问题的查处力度，对侵害群众利益的行为坚决查、重点查、全面查，绝不手软、绝不留情。2016 年，市纪委共组织 600 多名纪检监察干部开展为期 3 个月的小额信贷扶贫专项监察工作，针对发现问题，严肃问责处理 112 人，29 人主动上交违规享受贴息资金 3.837 万元。同时，开通了"扶贫专线"，畅通了贫困群参与监督的平台通道，建立互联网 + "三变"大数据扶贫云，全程监管扶贫项目实施和资金使用，全程监测评估。

四、存在的问题

（一）**脱贫条件差，基础设施弱**。六盘水市人均耕地少、生态脆弱、山高坡陡、土地产出率低、工程性缺水严重、城乡二元结构矛盾突出等情况仍然存在。部分贫困村在深山区、石山区，群众居住分散，自然条件差，基础设施建设滞后，抵御自然灾害能力较弱，行路难、饮水难、上学难、就医难等问题突出。

（二）**资金投入少，发展能力弱**。扶贫项目资金投入不足，建设标准难以达到规范化要求，影响扶贫项目建设效益的发挥，配套资金和稳定的增加投入、行业扶贫资源整合难度较大，制约发展要素多，带动和摆脱贫困难度大。

（三）**防御返贫难，服务保障弱**。六盘水市城乡二元结构突出，贫困程度深的边远地区对教育、卫生、文化等基本公共资源和公共服务体系的需求短时间难以得到有效解决，因病因灾因教致贫返贫现象仍然突出，贫困人口脱贫与返贫相互交织，贫困人口脱贫抗风险能力弱。

五、对策及建议

（一）**进一步夯实精准识别基础，提升脱贫攻坚的精准度**。认真开展贫困人口界定和统计工作，摸清现有贫困人口规模、分布、构成和特点等基本情况，因户制宜，分类指导，逐村逐户地制定帮扶措施，切实把"精准"落到实处。集中力量优先扶持有强烈脱贫愿望和具备一定劳动技能的贫困户，提高扶持标准，引导和鼓励发展见效快、能持续增收的好项目。因残疾、疾病致贫或无劳动能力、劳动能力低的贫困户纳入社会保障，并与农村低保、医疗救助、危房改造、就学资助和应急救助等结合起来，确保住有所居、病有所救、学有所教。加强教育和引导有劳动能力但好逸恶劳、坐等靠要致贫的贫困户，激发、激活他们过上好生活的内在动力，最大限度地调动其生产生活的主动性和积极性，促进增收致富。

（二）加快基础设施建设，切实促进产业发展。加大基础设施建设资金投入，创新资金运管机制，建立逐年财政专项扶贫资金增长机制，进一步完善规范扶贫开发互助资金管理制度，综合运用多种政策积极引导信贷资金和社会资金向贫困地区、贫困人口倾斜。集中人力、物力、财力，统筹各类资源，优先解决贫困地区道路不畅通、农田水利设施老化、电力质量不高、信息化落后等突出问题。加快发展农业产业化项目，支持猕猴桃、刺梨、核桃等见效快、持续增收的产业化项目，延长产业链，提升产品质量和综合效益。

（三）强化宣传教育培训，全面提升贫困户创业就业素质技能。以贫困户发展致富产业为需求，与厂企联合、就业从业相结合，点到点指导，增强实用性，为实现农村变景区、农舍变旅馆、农民变导游提供人才支撑。积极宣传推广扶贫先进典型和成功经验，引导和鼓励社会力量以多种形式参与扶贫事业，激发贫困地区干部群众脱贫致富的信心和活力，让扶贫事业人人皆愿为、人人皆可为、人人皆能为。

（四）整合各种资源，培育多元扶贫主体，形成工作合力。积极整合各方面的资源，充分发挥整村推进、结对帮扶的引领作用，调动群众参与积极主动性，多元培育社会扶贫主体，引导资金、技术和管理向扶贫村倾斜，形成帮扶与协作、输血与造血、制度建设与项目实施相结合的扶贫开发工作机制。健全组织机构，加强扶贫队伍建设，充实、稳定扶贫力量，增强扶贫工作统筹协调能力。

民革中央脱贫攻坚民主监督
第三调研组 2020 年调研报告

按照《民革中央办公厅关于印发民革中央脱贫攻坚民主监督 2020 年第二轮重点调研及有关工作安排的通知》要求，民革中央脱贫攻坚民主监督第三调研组于 2020 年 9 月 27 日至 9 月 30 日在贵州省遵义市开展调研。调研组与遵义市政府召开座谈会，听取 2020 年脱贫攻坚工作开展情况介绍，并赴湄潭县、凤冈县走访易地扶贫搬迁安置点，驻村入户实地调查，考察脱贫产业项目。现将调研有关情况报告如下。

一、遵义市脱贫攻坚工作总体情况

截至 2019 年底，遵义市 8 个贫困县全部摘帽，871 个贫困村全部出列，92.22 万建档立卡贫困人口全部脱贫，提前一年完成了脱贫目标。2020 年，遵义市坚持一手抓疫情防控、一手抓脱贫攻坚，在常态化做好疫情防控基础上，采取有效措施重点抓好脱贫成果巩固提升工作，确保了摘帽县和出列村巩固提升不反弹、脱贫户稳定脱贫不返贫。在脱贫工作取得成效的同时，调研组也注意到扶贫产业低端化同质化等亟须重视解决的问题。

二、主要做法和经验

（一）坚持"四个不摘"，统筹推进脱贫攻坚巩固提升工作。保持组织领导、政策落实、驻村帮扶、脱贫监管"四个力度不减"，突出抓好农村产业革命、防贫平台建设、特困群体保障、基础设施管护、沪遵扶贫协作、易地搬迁后续扶持、激发脱贫内生动力等七项举措，着力构建脱贫质量提升机制。在全市集中开展脱贫攻坚大走访大排查专项行动，进一步举一反三、查漏补缺。

（二）坚持"问题导向"，全面提升"两不愁三保障"水平。以大走访大排查专项行动发现问题的整改为突破口，建立"双台账"、落实"双责任"，着力补短板、强弱项。实现贫困人口教育资助、农村学前教育和义务教育营养改善计划全覆盖，贫困村和易地搬迁安置点的卫生室规范化建设全覆盖，推进农村危房改造和老旧住房整治"回头看"，开展农村饮水安全查漏补缺和补短板工作，扎实推进农村千人以下饮用水水源地保护整治任务。

（三）坚持"稳岗增收"，纵深推进农村产业革命和劳务就业扶贫工作。以坝区建设为重点，调整农村产业结构。深入实施农村产业扶贫全覆盖工程，确保每户贫困户有一个稳定增收的长线产业和两个短期见效的短线产业。融合推进农村集体产权制度改革和"三变"改革，积极推广"股份经济合作组织＋三变改革"发展模式。在常态化做好疫情防控基础上，突出抓好以稳岗就业、持续增收为重点的劳务就业扶贫工作。

（四）坚持防患未然，着力构建防贫监测预警帮扶和兜底保障工作机制。建立市、县、乡、村四级防贫监测预警帮扶平台，对符合纳入防贫监测对象家庭进行跟踪管理、监测预警、精准帮扶。进一步促进农村低保制度和扶贫开发政策有效衔接。全面发挥农村低保制度兜底保障作用，着力完善落实低保政策，确保建档立卡贫困人口应保尽保。分类落实兜底保障政策。

（五）坚持党建引领，积极探索乡村治理新思路。调研组了解到，遵义市湄潭县在退出贫困县序列以后，坚持党建引领，从村寨管理入手，以群众居住习惯为单元，将一个村合理划分为几个村寨，创新采取"3+N"模式推动"寨管家"管理。镇党委指派1名镇干部担任"指导员"，村"两委"选派1名村干部担任"包保员"，寨子推选1名寨长或副寨长担任"管理员"；保洁员、管水员、护路员、安全员、护林员等成员担任具体"管事员"，推动镇村力量和重心向寨子下沉。同时，建立财政为主、统筹为辅的经费保障机制，到一线去、从一线来的选人用人机制，数据说话、作风吃饭的考评激励机制，确保常态化推进、长效化落实。

（六）**坚持廉政建设，着力防范化解重大风险**。严格落实扶贫领域的党风廉政建设"一岗双责"，切实提高廉政建设工作水平。进一步加强扶贫项目资金的监督检查，深入开展漠视侵害群众利益问题专项整治行动，扎实做好脱贫攻坚问题整改工作。将扶贫领域资金项目监管作为巩固提升脱贫成果的重要内容，建立工作责任体系，制定完善运行管护机制，做好财政专项扶贫资金项目的规范化、制度化、科学化管理使用和组织实施。

三、调研中发现的主要问题

（一）**扶贫产业经营水平较低**。遵义贫困地区集中连片土地少，大部分农村处在高山深谷之间，产业发展规模存在"散、小、弱"的问题。又因缺乏大型龙头企业引领特色优势农业产业发展，连接生产和市场的桥梁和纽带作用发挥不好，对农业生产和农民增收带动有限，加之历史和自然等因素，产业抗风险能力比较差。

（二）**农村人才队伍建设滞后**。遵义农村人才外流严重，流入缓慢，招才引才难度较大。人才分布以传统产业为主，新兴产业人才短缺，职业培训体制不完善。虽近年来组织机关干部到村任"第一书记"、发展驻村干部，但是难以从根本上改变农村基层党组织后备人才不足的问题。

（三）**易地搬迁后续风险增多**。据调研组了解，易地搬迁后续主要会面临"融合 + 产业 + 就业"三大风险。相比城镇居民，易地安置社区群众对现代社区生活方式、生活习惯、邻里界限等都需要一个逐渐适应的过程。前期基层干部提供保姆式服务，后期居民自治将是一个难题。同时，易地搬迁地区企业难引进、难发展，人口素质普遍较低、职业技能缺乏，后续稳定就业难。

（四）地方债务风险上升。遵义作为革命老区，长期处于贫困状态。在短时间内提高基础设施建设水平，做好"两不愁三保障"等民生工程，地方配套资金、自筹资金压力较大。目前，多数县区政府财政吃紧，债务风险上升。

四、有关建议

（一）加快扶贫产业升级，积极融入国内大循环。目前，新冠肺炎疫情仍在海外延续，中国经济面临的外部环境存在较大的不确定性。应当加快扶贫产业升级，促进扶贫产业更加市场化，切实提高农民收入，形成以国内循环为主的"双循环"发展格局。要研究解决当前东西部扶贫协作工作中存在的困难和问题，加强在工业项目、技术、人才等方面的合作。加强产销对接，借助东部地区供销体系、电商平台成功营销经验和专业管理人才，助推优质农产品走出大山，带动贫困户增收致富。

（二）持续推进后扶工作，做好易地搬迁"后半篇文章"。坚持问题导向和稳字优先原则，尽快构建社区融合政策体系，帮助易地群众尽快融入新生活。深入开展社区移风易俗行动，引导搬迁群众逐步养成文明习惯。加强顶层设计，制定出台易地扶贫搬迁安置房产权确定和登记实施办法，妥善解决搬迁后人口增减引发的住房面积变动问题。同时，夯实产业发展基础，助力易地搬迁群众稳定增收，强化就业促进政策体系建设，持之以恒做好易地搬迁群众技能提升工作。

（三）**完善农村医疗保障制度，防止群众因病致贫返贫**。疾病是致贫的主要原因。长期来看，新农合制度在防范群众因病致贫返贫方面仍存在薄弱环节，应进一步考虑贫困人口的现实情况，加快完善农村医疗保障制度，确保在扶贫工作中充分发挥托底功能。加快城乡医疗保险制度并轨，针对贫困人口适当提高大病保险保障力度。尽快全面落实即时结算，在医保体系之中统筹考虑医疗救助问题。

（四）**多措并举化解地方债务，巩固脱贫攻坚成果**。强化对地方的政策支持和资金保障，通过延长还贷时间、降低利率等措施以支持地方脱贫攻坚工作、巩固脱贫攻坚成果。

（五）**以乡村振兴为引领，全面推进农村人才队伍建设**。乡村振兴，以人才为根本。要通过加强宣传舆论工作，转变观念，把乡村振兴人才队伍建设当作一项重要任务来抓。发挥典型示范作用，推广先进经验，以产业为导向进一步调整乡村人才结构，不断加强特色经营、休闲农业、乡村旅游等专业实用人才开发培养。积极利用农村电商、农业互联网等新业态、新平台，挖掘农村人文资源；加快农村教育改革，大力发展农村中等职业教育，因地制宜、按需施教。建设有利于乡村人才发展的政策环境，打造扎根农村的带不走的扶贫工作队。

（六）**持续抓好总结宣传，讲好脱贫攻坚中国故事**。习近平总书记在决战决胜脱贫攻坚座谈会上强调："脱贫攻坚不仅要做得好，而且要讲得好。"打赢脱贫攻坚战，意识形态工作不能缺席，要向世界讲好脱贫攻坚的中国故事。应全面总结脱贫攻坚的成功经验和典型事迹，收集整理脱贫攻坚工作各类档案资料，更加注重充分挖掘小人物在脱贫攻坚时代潮流中的所作所为、所思所想，以小见大、以点带面，以真事诉真情，以真情感人心。

民革中央脱贫攻坚民主监督
第四调研组 2020 年调研报告

按照民革中央脱贫攻坚民主监督 2020 年有关工作安排，第四调研组于 2020 年 5 月 30 日至 6 月 2 日，9 月 20 日至 23 日共两次赴贵州省安顺市普定县、西秀区、紫云自治县围绕准确评估新冠肺炎疫情对脱贫攻坚的影响、脱贫攻坚质量及稳定性、精准脱贫政策过渡期相关政策的延续和退出、脱贫攻坚民主监督典型案例和经验模式等重点课题开展调研，听取了市政府工作情况汇报、实地走访考察相关项目和产业，与县、乡、村干部进行了面对面访谈，并在 7 个点上入户 30 户贫困户、搬迁户了解情况，现将调研工作情况报告如下：

一、安顺市基本情况及主要措施和成效

安顺市全面扛起打好打赢脱贫攻坚战的历史担当。始终坚持把脱贫攻坚作为首要政治任务和第一民生工程，全面推进大扶贫战略行动落实措施，持续按照"五抓五强"（抓责任、强担当，抓产业、强增收，抓保障、强支撑，抓协作、强合力，抓党建、强基础）开展问题专项治理，积极围绕落实"四个不摘"，常态化巩固提升脱贫成效，确保全市所有建档立卡贫困人口"两不愁三保障"达标，全面实现脱贫奔小康路上不落一人。2015 年以来，全市减少贫困人口 32.57 万人，贫困发生率从 17.72% 降低到 0.73%，剩余 1.82 万贫困人口已全部实现"两不愁三保障"，达到脱贫标

准，西秀、平坝、普定、镇宁、关岭5个县区先后如期实现脱贫摘帽，紫云自治县计划在今年11月份脱贫摘帽。2019年度国家脱贫攻坚成效考核贵州省，安顺市平坝、紫云、西秀、关岭分别接受了东西部扶贫协作交叉考核、第三方评估、资金绩效检查，考核中安顺获"好"等次。在产业结构调整上，安顺市坚持全市一盘棋，大力推进蔬菜、茶、食用菌、辣椒、金刺梨、中药材、水果、生态畜牧、生态渔业九大主导产业和500亩以上坝区农业结构调整，一县一主业、一乡一样板、一村一平台规模化产业布局基本形成。在基础设施建设上，聚焦"高质量"脱贫，全面补齐农村公共基础设施、供水保障、人居环境、教育质量、医疗卫生服务、社会保障、公共文化服务、生态环境8个方面的短板，实现全市贫困家庭适龄儿童失学辍学动态"清零"，合格村卫生室、村医及贫困人口医疗保障实际覆盖率达100%，提前一年完成全市"十三五"规划易地扶贫移民搬迁82104人搬迁任务，彻底结束"一方水土养活不了一方人"的历史，完成农村危房改造45651户、透风漏雨整治11091户，人畜混居整治3837户。大力实施农村饮水安全和巩固提升工程，基本实现"市州有大型水库、县县有中型水库、乡乡有稳定水源、村村有安全用水"的目标。全市30户以上村民组实现"组组通"全覆盖、新一轮农村电网改造全覆盖、4G信号全覆盖、安全用水全覆盖。在农村基层党建引领及组织形式创新问题上，安顺对全市129个软弱涣散基层党组织进行集中整顿，在先进村建立"领头雁"实训基地，全覆盖实训基层党组织书记；安顺从退伍军人中选出精兵强将到基层担任"兵支书"，总结的典型经验得到中央领导同志肯定；"塘约经验"入选中央组织部《发展壮大村集体经济案例选》，上榜全国"改革开放40年地方改革创新40案例"；"大坝模式"得到省委主要领导肯定。调研组认为，安顺市工作推进有力，各级干部队伍得到锤炼，干群关系及干部作风得到进一步提升，脱贫攻坚成效显著，能够如期圆满完成脱贫摘帽、同步小康目标。

二、工作开展情况及取得的成绩

5月31日至6月1日，民革中央脱贫攻坚民主监督第四调研组，就准确评估新冠肺炎疫情对脱贫攻坚的影响及精准脱贫政策过渡期相关政策的延续和退出两个主要问题，深入到普定县、紫云自治县调研。9月20日至23日，调研组就脱贫攻坚质量及稳定性、精准脱贫政策过渡期相关政策的延续和退出和脱贫攻坚民主监督典型案例和经验模式三个重点课题，深入西秀区、紫云自治县开展调研。调研期间，调研组始终坚持民革中央"寓监督于帮扶之中，寓帮扶于监督之中"工作原则，两次调研期间共发放贫困户慰问金3600元，联系每年1万元圆梦助学金资助贫困大学生1名。

（一）扶贫产业发展情况

调研组一行在普定县新中田坝考察韭黄产业、西秀区东屯乡"稻＋N"产业、紫云自治县白石岩坝区"红芯红薯"产业、湾坪村肉牛养殖产业、四大寨乡养蜂及青枣种植等产业，实地走访了12户贫困户家庭，对项目负责同志及村干部进行访谈。各地产业均按安顺市一县一主业、一乡一样板、一村一平台产业布局推进，调研中可明显看出，各产业较往年调研时，产业科技含量更高，高校、科研所参与产业发展程度更深，产品质量明显提升，产品市场竞争力明显提高，职业农村经纪人队伍逐步壮大，集中采购、网络零售、订单农业占比显著提升，主动对接成、渝、湘及东部沿海城市市场，省外"1+N"县区联动营销渠道初步打通，省内农贸市场直销档口及农批市场直销通道不断完善，销售模式及销售渠道更为稳定。

（二）易地扶贫搬迁项目情况

调研组在普定鑫旺社区、西秀区鸡场乡启新小区、紫云城南社区、云岭社区四个易地扶贫安置点进行了实地调研，实地走访了 7 户搬迁户家庭，调研各安置点扶贫车间运转情况，对安置点行政管理机构负责同志进行了现场访谈。各社区为实现"搬得出、稳得住、可致富、能融入"的目标，紧紧围绕易地搬迁"五个体系"建设内容，全力做好易地搬迁"后半篇文章"，各调研点均按照市政建设的标准，同步配套了社区路、水、电、讯等基础设施，同步建设了文化广场、金融网点、综合集贸市场，调研点附近全面配套中、小学及医院（卫生院），能够满足搬迁户及辖区内居民就近就学、就医需求。各调研点均按市相关工作要求，结合省内外企业用工需求和贫困劳动力特点，统筹各相关部门培训资源，强力推进搬迁劳动力全员培训，提升就业技能，借助安置点扶贫车间，引进如纺织、初级电子产品加工等劳动密集型产业落地，各易地扶贫移民搬迁社区全面实现有劳动力的家庭 1 人以上稳定就业。

（三）农村基层组织创新情况

本次重点调研普定县穿洞街道靛山村及西秀区旧州镇茶岭村"兵支书"工作情况，实地走访了 11 户贫困户家庭，现场访谈镇（街道）党工委书记、村第一书记。在安顺市委组织部、军分区及退役军人事务局统筹安排下，选配一批政治过硬、作风硬朗、纪律严明、热爱农业农村工作、奉献意识强的复退军人充实到村支书、村主任和村两委岗位上，分批选派"兵支书"到大坝、塘约等"领头雁"实训基地跟岗实训提升实战能力，各县区同步开展"兵支书"技能培训、岗位练兵，采取实战培训、学历提升培育过硬本领，激活"兵支书"的活力，筑牢农村基层战斗堡垒。在实际工作中，各地"兵支书"能发挥"退伍不褪色，换装不换志"的本色，继续保持对党绝对忠诚的红色基因，继续保持敢打必胜的军人血性，奋勇当先，团结带领全村党员、村组干部、退役军人和广大群众扎实推进脱贫攻坚各项工作，实现全面小康。

（四）新冠疫情给脱贫攻坚工作造成的影响

调研期间，调研组针对新冠疫情给脱贫攻坚工作造成的影响对县、乡、村干部及各产业扶贫项目负责同志进行现场访谈，各地均表示因地方习俗及扶贫产品特性，除疫情最为严重的1个月影响如蔬菜等少部分农产品销售外，全市各扶贫产业基本未受到疫情影响；部分地区贫困户存在疫情前期短期外出务工延迟，但各地均通过地方扶贫产业消化、就近就业引导、政府集中"点对点"输出、开发公益性就业岗位、扶持返乡创业等方式化解，全市未发现因疫返贫、因疫致贫情况；各地此次新冠疫情对地方脱贫攻坚工作造成的实际影响主要是部分扶贫项目实施进度慢，项目前期申报、立项、审批及后续手续资料跟进有所延迟。

三、存在的问题和困难

第四调研组经过两轮实地调研、座谈、约谈、访谈，并结合组员自身的专业、工作经验积累等，调研组一致认为，安顺市脱贫攻坚工作尚存在以下问题和困难：一是未脱贫及刚脱贫地区基础设施建设仍需进一步加强；二是产业集群发展规划意识不强，集群经济及地方劳动力成本优势难以彰显；三是受生态红线限制，地方开发强度受限，第二产业难以发展壮大；四是未摘帽地区乡镇中心城镇人口较少，基础设施和生活服务配套不足，易地移民搬迁人员生活水平有待进一步提升。

四、意见建议

（一）继续加大未脱贫及刚脱贫地区基础设施建设。当前安顺市经过历年脱贫攻坚补短板工作，基础设施得到较大完善，长期困扰贫困群众的出行难、用电难、上学难、看病难、通信难、吃水难等老大难问题得到普遍解决。但因长期处于较深程度贫困，各项基础设施历史欠账较多，地方财力投入有限，各项基础设施仅能满足现阶段群众生产生活基本需要。未脱贫及刚脱贫地区路网建设、供水及电路保障等不能满足地方群众进一步改善生活质量及扶贫产业壮大发展的需求。建议继续提高未脱贫及刚脱贫地区公共服务水平，加强水、电、路等基础设施建设。

（二）加强产业引导工作，有针对性联系引进东部劳动密集型产业向西部转移，充分吸纳贫困地区劳动力，促进贫困人口就近就业；进一步提高产业集群规划水平，探索建立飞地工业园区，集聚引进和整合产业上下游关联产业，打造衔接上下游紧密合作的"产业链"，通过产业集群，进一步扩大西部贫困地区政策及劳动力成本优势，推动城乡现代化进程，激发地方经济活力，助推地方脱贫攻坚、同步小康。

（三）加强顶层设计，不断完善生态功能区财政转移支付政策，进一步加大生态功能补偿力度。安顺市贫困程度较深的镇宁自治县、关岭自治县、紫云自治县均属于桂黔滇喀斯特石漠化防治生态功能区，根据相关规定，该地区开发强度受到严格控制，工业产业招商和发展受到较大制约。与此同时，因生态功能区生态补偿标准较低，地方财政收入短期内难以得到较大提升，建议完善生态功能区财政转移支付政策，综合考虑生态功能重要性及生态红线保护区面积等因素，进一步提高生态功能补偿力度，缓解地方财政压力。

（四）当前易地移民搬迁均为在县区集中安置，但因县区中心城镇人口较少，且集中安置点大多规划在城镇边缘，搬迁群众现有生活环境有较大改善，但离较高质量生活水平仍有一定差距。建议结合地方实际继续深入开展易地移民搬迁工作，进一步做大县区中心城镇人口数量，提高公共服务水平，完善生产生活设施配套。

（五）进一步加强农村基层党组织建设工作。继续扩大"兵支书""塘约经验""大坝模式"等先进典型经验成果，继续实施市、县、乡镇公职人员中选派村第一书记工作，充分发挥基层党组织扶贫开发战斗堡垒作用。

五、对"后 2020 时期"的思考

（一）关于基层组织建设的建议。由于村干部素质参差不齐，一些基础薄弱的困难村很难持续发展，且有重新返贫的风险。建议：对类似这样的村子，由乡镇直接选派优秀的年轻干部下去，以任命制的方式，一次五年，巩固和推动困难村稳步发展。

（二）关于产业、就业发展的建议。认真做好安顺市"十四五"项目规划，重点加强交通、水利、电力设施建设，同时注重防治污染；加大长三角、珠三角项目梯度转移承接能力，尤其是劳动密集型产业的承接；做好与贵阳市一体化发展规划，着重发展旅游、康养、休闲一体化以及大数据、智慧城市等产业。

（三）逐渐摆脱依靠政府托底的模式，引导资源向市场化配置发展。公有制经济在安顺市脱贫攻坚工作中，发挥了巨大的作用，如绿野芳田公司，但这些公司依靠的主要是政府托底模式，不可持续。如何使这些公司在市场运营机制下，保持资产保值增值并继续为农业生产做好服务，是重要的转型过程。

民革中央脱贫攻坚民主监督
第五调研组 2019 年调研报告

2019 年 8 月 21 日至 25 日，民革中央脱贫攻坚民主监督工作第五调研组在民革中央调研部副巡视员、第五调研组组长周丽萍率领下赴贵州省黔南州开展 2019 年度第二轮重点调研。民革中央常委、民革广东省委会副主委、东莞市人民政府副市长黎军，黔南州委常委、州府副州长肖青华，黔南州人大常委会副主任、民革黔南州委主委陈有德，中共黔南州委统战部、黔南州扶贫局、民革黔南州委等部门相关负责人参加调研。

调研组先后进入罗甸县所辖木引镇把坝村、优质李扶贫项目基地、易地搬迁安置点，长顺县所辖长寨街道磨油村、江楠蔬菜基地、联韵智能声学科技有限公司、镇和街道易地搬迁安置点进行调研。在都匀召开了一场座谈会，听取了州、县分管领导和相关职能部门介绍脱贫攻坚工作开展情况；在罗甸县和长顺县进行两次访谈，对县级主要领导、县级分管领导、县级职能部门负责人、村级干部、驻村第一书记共 11 人进行访谈。

本次调研聚焦"两不愁三保障"工作开展情况，重点关注脱贫攻坚成果巩固的长效机制。调研组在罗甸县的木引镇天纯农旅开发有限公司和优质李扶贫项目、长顺县的贵州江楠绿基农业科技开发有限公司和贵州联韵声学材料科技有限公司进行扶贫项目实地调研；在罗甸县学府家园易地扶贫搬迁安置点、长顺县广顺镇易地扶贫搬迁安置点和长寨街道易地扶贫搬迁安置点进行了调研访谈，参观搬迁点的扶贫车间和农特产品经营户。入户访谈木引镇把坝村和长寨街道磨油村20户，涵盖产业和就业脱贫户、医疗救助贫困户、低保户社会兜底户、脱贫后参与乡村振兴的带头人、乡贤等户。

一、黔南州脱贫攻坚工作的近况

黔南州下辖12县（市）和1个省级经济开发区，总面积2.62万平方公里，总人口420万，其中少数民族人口占58%。全州除都匀、福泉外，其余10个县都是贫困县，贫困村836个（深度贫困村349个）。2014年农村籍建档立卡的贫困人口73.6万人，2018年降至16.26万人，农村贫困人口发生率从2014年20.07%下降至2018年的4.65%，共631个村出列。2018年底瓮安、龙里两县实现脱贫摘帽。2019年初，惠水县、贵定县摘帽退出。

着力解决"两不愁三保障"突出问题。一是211个乡镇卫生院完成标准化建设，剩余40个村卫生室在建，届时将实现全州村级卫生室全覆盖。农合参合率达100%。二是，截至2019年8月份，全州义务教育阶段辍学学生的秋季学期开学前已全部劝返复学。建立贫困学生跟踪机制；东西部教育扶贫协作实现结对帮扶全覆盖，267所乡镇中心校与广州等地260所学校建立教育扶贫协作；全州11个县（市）易地扶贫搬迁安置点完成教师培训，招聘"特岗计划"教师899个。三是，农村危房改造竣工率97.14%，农村老旧房透风漏雨整改竣工率91.06%。建成安置点109个，配套建成安置点学校40所，医疗服务场所50个，就业创业服务中心79个，乡愁馆30个，扶贫车间115个。四是，实施164个饮水安全项目，农村集中供水率95%，自来水普及率92%，解决32.9443万人饮水不安全问题。饮水安全工程运营管理和管护机制正在逐步推进。

纵深推进农村产业革命。结合黔南实际精准选择产业，推进 260 个 500 亩以上坝区农业结构调整。土地流转面积 12.2 万亩。截至 2019 年 7 月，全州培育农业龙头企业 755 个，新增农民专业合作社 422 个，累计 7060 个；100% 贫困户参加合作社，有效推动"龙头企业 + 合作社 + 农户""合作社 + 农户"组织方式，实现农民专业合作社行政村全覆盖。

东西部扶贫协作成效显著。通过广州市扶贫资金、产业合作、劳务协作、学校医院结对帮扶、广东—贵州产业园区建设、旅游协作活动等，2019 年广州市财政对口帮扶资金已到位 5.24 亿元，惠及贫困户达 13.85 万；与广州签订《粤港澳大湾区菜篮子建设合作框架协议》，成立"广东援黔企业家联合会"，引进企业 12 家，投资额 10.22 亿元。

强化党建引领。选派 3490 名驻村干部到 698 个贫困村开展驻村轮战；创新基层治理，社区治理推进网格化管理机制，帮助搬迁群众稳得住、融入社区，激发内生动力。健全激励保障机制。贫困群众满意度不断提升，全州全面小康实现程度达 96%，脱贫攻坚工作取得明显成效。

二、主要工作特色和亮点梳理

（一）"五举措"解决易地搬迁后续扶持难题

实行与"与新型城镇化发展相融合、与工业园区建设相融合、与公共服务配套相融合、与和谐社区建设相融合和与商业业态相融合""五个融合"的方式，基本完成搬迁任务。以罗甸县学府家园安置点为例，设立了基层治理领导小组、社区综合服务中心、社区"两委"等管理服务机构，完善基本公共服务、便民服务、社区治安服务、文明文化服务、党建服务等"五个体系"建设，选派政治素质过硬、熟悉扶贫政策、善做群众工作的党员干部担任安置点社区书记，将易地扶贫搬迁中优秀分子、创业带富能人吸纳入党。制定活动计划表，开展送党的方针政策送文化送技能培训送志愿服务"四送四进"活动进安置点。

（二）立足资源优势，推进农村产业革命

罗甸县加大产业结构调整力度，全面推行"一坝一策、一坝一长、一坝一业"。共建联村党委，带动组织联建、治理联合、产业联动的"三联共建"发展模式，村合联营、破除瓶颈，抱团发展致富。探索实施了"统一技术指导，统一生产标准、统一品牌打造、统一收购包装、统一销售路径"的产销对接"五统一"模式，推动形成了罗甸火龙果国家地理标志保护产品从丰产到优产到畅销的局面。通过订单农业、产地直销和"互联网＋农业"等新业态，推进国家级电子商务进农村示范县项目建设，拓展农产品销售渠道。

长顺县以服务贵阳市民餐桌为目标，依托龙头企业，打造"菜篮子"基地。全力推进 26 个 500 亩以上的坝区农业产业结构调整。强化"农校对接""农监对接""农超对接"等产销模式，采取"五个一"模式（一个坝区、一名领导、一个团队、一套方案、一抓到底），提升"4＋N"产业（4："高钙苹果、紫王葡萄、优质核桃、绿壳蛋鸡"为主导，N：蔬菜、刺梨、中药材等为辅助的"4＋N"产业发展格局），依托广州江楠等龙头企业，打造规模化、标准化、现代化特色农产品基地，构建"公司＋基地＋农户"的生产组织模式，实现新增商品蔬菜核心面积 1 万亩以上，打造集生产、加工、物流为一体的贵州农产品集散地。

长顺县紧紧围绕"工业强县"战略目标，以承接东部沿海和贵阳及贵安周边产业转移、推进招商引资为抓手，以平台建设为载体，以重点项目建设为支撑。以贵州联韵智能声学公司为例，随着园区建成，联韵公司进驻投产带领一批新的企业入驻投产，周边农民进厂务工，组建运输、施工队伍，"农民"变成了"工人"。依托联韵耳机等本地企业及各类种养基地吸纳带动贫困户就近就业 3000 人以上。

（三）"三保障"再提升

以控辍保学为重点，以教育精准扶贫学生资助为保障，确保每个贫困家庭子女无障碍就学，阻断贫困代际传递；农村建档立卡贫困人口参合率均达 100%，按健康扶贫医疗保障救助政策实现应助尽助；全面完成危房改造、农村老旧住房透风漏雨整治和同步"三改"任务，建档立卡贫困户全部住上安全住房。

（四）推进乡村文明建设

长顺县创建"共建、共商、共管、共享"的四共治理机制，发挥党建在乡村自治和产业革命中的示范引领作用，完善村规民约，推进寨风家风文明相传、农村环境卫生治理，有效实现移风易俗。在脱贫攻坚中激发内生动力，为乡村治理留下长治之策，为乡村振兴夯实精神基础。

（五）重视乡村人才培育

长顺县打造"长顺工匠""长顺能人""长顺专家"，推进乡村人才振兴战略。培育新型职业农民，利用新时代农民讲习所、技术大讲堂等平台，整合人社局、农工局、林业局、科技局等单位和职校技术力量资源，对农民开设家政、中式烹调、电焊、农村实用技术、美容、缝纫等专业培训班，提升农民致富本领。通过交流学习、挂职锻炼等方式，重点对乡村教师、医务人员、技术骨干等实施素质教育、业务培训，提升乡村公职人员的为民服务水平。

三、调研中发现的问题

（一）帮扶政策失衡

脱贫攻坚中整合项目资金用于贫困村建设，但是对非贫困村投入较少。贫困村与非贫困村的政策失衡，逐渐滋生矛盾，对巩固脱贫成果和社会稳定带来不利影响。特别是贫困村与非贫困村之间的供水排水、电力电信以及防灾减灾和公路建设等公共基础设施建设衔接不够，解决了"最后一公里"问题，又出现了"中间一公里"问题。基础设施"重建设、轻管护"，许多基础设施虽然建得较好，但由于运行管护不到位、群众参与度不够，导致基础设施运行效率低，维护成本居高不下。

（二）产业扶贫发展后劲不足

扶贫产业项目往往由政府出面，协调整村流转农民土地，种植品种与方式统一包办，提出"包产包销"，市场没有发挥应有的作用。农村集体经济合作组织不强，带动力弱。已脱壳的村集体收入主要来源于政府、企业奖金、合作社服务提成、村闲置房产租金等，缺乏可持续发展的经济实体作支撑，收入受外部因素影响大，存在返空壳隐患。

（三）脱贫攻坚与乡村振兴战略的政策衔接问题

脱贫攻坚期间超常规的、短期的帮扶政策是否延续及延续时限，需要评估、提出预期政策。包括村第一书记派驻、教师、医护人员帮扶等人才扶持政策，医疗扶贫三重保障托底政策，教育扶贫专项资金等。"边缘群体"缺乏政策帮扶，致贫返贫概率大。

四、建议

（一）推进城乡基本公共服务标准统一

全面梳理现有脱贫攻坚政策措施，深化和延续兜底政策、普惠政策，并尝试与激励政策并行；消除影响城乡融合发展的体制性障碍；加快推进城乡基本公共服务标准统一、制度并轨，消除贫困村（户）与非贫困村（户）、边缘群体（户）的政策偏差，采取措施有效防范因病致贫（返贫）、因学致贫（返贫）、失独致贫（返贫）等意外风险。常态化监督返贫对象的基本医疗保障、危房改造后的房屋监测、易地扶贫安置社区的管理成本、乡村道路的日常管养、乡村饮用水的安全运行管护等问题。

（二）促进农村生产关系适应性变革

积极探索创新集体所有制的有效实现形式，尝试以集体经济组织直接承接产业扶贫项目，给予集体经济组织做强做大的政策保障，因地制宜将股份合作、专业合作、社区合作、区域合作有机结合推动脱贫攻坚和乡村振兴，提升产业扶贫项目的再生能力和可持续生态发展能力。

加强就业扶贫车间的规范化管理，固化和延续扶贫车间的各项优惠政策，扎实开展技能脱贫培训，巩固电子商务孵化平台推进电商扶贫，引导促进贫困人口就近就业，巩固提升带动贫困户就业能力。消除易地搬迁户贫富心理障碍，在脱贫攻坚后适时更换标识，建议将"扶贫车间"改为"致富车间"、将"移民社区"改为"安居社区"等。

（三）乡村振兴，人才先行

培育脱贫攻坚和乡村振兴人才队伍，建立健全乡镇干部、乡村干部常态化交流机制，加强乡村医生、乡村教师队伍建设，开展城乡对口交流、名师下乡交流、支医支教等活动，提升乡村医生、教师专业能力和水平。

民革中央脱贫攻坚民主监督
第六调研组 2017 年调研报告

根据民革中央的统一部署，2017 年 6 月 14 日至 17 日，民革中央第六调研组对贵州省铜仁市思南县、石阡县、玉屏县开展实地调研，2017 年 8 月 9 日至 11 日，民革中央副主席兼秘书长、民革中央脱贫攻坚民主监督工作小组组长李惠东率民革中央调研组一行来铜仁参加民革中央第六调研组脱贫攻坚民主监督专题调研，现将 2017 年度民革中央第六调研组脱贫攻坚民主监督调研情况报告如下：

一、调研背景与概况

（一）调研背景

今年 1 月，中共中央政治局委员、中央统战部长孙春兰出席在京召开的各民主党派中央开展脱贫攻坚民主监督工作座谈会讲话指出，**开展脱贫攻坚民主监督工作是以习近平同志为核心的中共中央赋予各民主党派中央的一项新任务，是民主党派作为中国特色社会主义参政党，参与国家政治生活的一种新形式**。3 月，中共中央政治局常委、全国政协主席俞正声在京主持脱贫攻坚民主监督工作座谈会，讲话强调**要深入贯彻习近平总书记系列重要讲话精神和治国理政新理念新思路新战略，充分认识开展脱贫攻坚民主监督的重要性，不断增强脱贫攻坚民主监督的针对性和实效性，为打赢脱贫攻坚战作出更大贡献**。

为此，民革中央及民革中央第六调研组和民革贵州省委会、对口监督的中共铜仁市委、市政府均对本次调研工作高度重视。民革中央副主席兼秘书长、民革中央脱贫攻坚民主监督工作小组组长李惠东率民革中央调研组一行来铜仁开展脱贫攻坚民主监督专题调研。第六调研组组长民革河南省委会副主委张全国、民革中央社会服务部副部长张长宏、民革上海市委原专职副主委李栋樑，全部参加调研并组织多位河南、上海民革党内的三农、经济等领域专家参与调研活动。副组长民革铜仁市委主委杨晓敏对接做好三县具体调研行程与内容。民革贵州省委会秘书长邓文淼与贵州民革党内专家全程参与调研。中共铜仁市委书记陈昌旭陪同调研组参加了玉屏县进村入户调研活动，市委副书记、市长陈晏在石阡县主持召开调研组赴铜仁开展脱贫攻坚民主监督工作座谈会，铜仁市扶贫办派员全程陪同调研组进行实地调研介绍情况。经各方合力，2017 年度调研工作取得了预期成效。

（二）调研村概况

1. 田冲村位于田坪镇西南部，距离镇政府所在地 9 公里，辖 12 个村民组，8 个自然村寨共 655 户，2355 人，人均可支配收入 9370 元，贫困户 108 户，324 人，其中 2016 年产业脱贫 52 户 204 人，政策兜底脱贫 35 户 53 人，共计 87 户 257 人。该村是玉屏县田坪镇 2016 年出列村。

2. 渔溪沟村位于邵家桥镇中部，地处思南县城新区总人口 308 户 1228 人，全村辖 9 个村民组，总面积 6120 亩，2016 年村级集体经济收入 47.68 万元，村级集体经济资产积累已突破 400 万元，农村居民人均年可支配收入达 9000 余元，有建档立卡贫困户 150 户 350 人，现有贫困人口 12 户 29 人，均为社会保障兜底对象。该村是思南县邵家桥镇 2016 年从贫困村出列。

3. 坪岭村位于坪山乡的东南部，行政区面积 8.5 平方公里，共 7 个村民组 174 户，总人口 867 人。属 2 类贫困村。贫困发生率 20.29％。

2016 年底已完成脱贫 6 户 29 人。现有未脱贫贫困人口 42 户 151 人。

二、脱贫攻坚的做法及成效

（一）完善了扶贫工作机制

1．成立了铜仁市脱贫攻坚指挥中心。挑起全市脱贫攻坚"参谋部""作战处""督导队"三大重任，实现指挥协调、规划统筹、产业指导、政策宣传、督导反馈五大功能。在各区县成立了脱贫攻坚指挥部及工作组。

2．出台了正向激励机制办法，引导全市党员干部投身脱贫攻坚一线建功立业，实现干部能力素质在一线锻炼、工作作风在一线检验、脱贫成效在一线彰显。明确了贫困村村干部、联系帮扶干部等脱贫攻坚一线干部，在培养使用、表彰奖励、待遇保障、人文关怀、抚恤救助、能力提升、创新创业、容错纠错八个方面实行正向激励。

3．强化督查问责机制。围绕"贫困人口识别准确率、退出准确率、因村因户帮扶工作群众满意度"，开展脱贫攻坚"大比武"。从精准识别、精准帮扶、资金拨付、管理和使用各个环节实行全过程、全方位的监督，定期通报督查结果。

（二）加大人、财、物的投入力度

扶贫投资基金实现整村推进。按照一、二、三类贫困村建档立卡贫困人口分别人均 5 万元、4 万元、3 万元和非贫困村贫困人口人均 3 万元的标准（即"5433"标准），全市融资 200 亿元脱贫基金开展以整村推进为重点的定点帮扶工作。

领导包干责任实现全面帮扶。市、县两级选派 1565 名正科级以上领导干部作为包干责任人，与所有贫困村确定包干责任关系，实现了贫困村、贫困人口"帮扶干部、脱贫基金"全覆盖。

3．贫困村提升工程实现了村美人富。通过实施扶贫精准管理、基础设施建设、特色产业发展、基本公共服务、精神文明建设、村党组织建设"六大提升工程"，激发了贫困村发展活力，改善贫困村民生，补齐贫困村短板，每个贫困村在出列时实现农村居民人均可支配收入 8000 元以上、村级集体经济积累 3 万元以上，贫困发生率降低到 3% 以内。

（三）做到了对贫困户、贫困人口的精准识别

1．发挥"铜仁精准扶贫云"基础数据平台作用，对全市 43 万贫困人口、1565 个贫困村、10 个贫困县，及 2014 年以来已脱贫的贫困人口进行动态监测，及时把不符合贫困标准的人员清退出精准扶贫信息平台，将系统外的贫困人口识别出来，实现对贫困信息的动态化、数字化、常态化精准管理。依托互联网 +，创新研发"民情信息管理系统"在全省得到肯定并推广。

2．对已完成遍访或未遍访的，再次进行走访并开展回访工作，41221名包户干部再次对建档立卡贫困户开展回访工作，回访贫困户 172252 户582612 人，纠正贫困户基本信息 50000 余条。

（四）创设精准扶贫指挥体系

建立了脱贫计划、帮扶措施、脱贫成效、工作台账等"4 本账"，绘制了县乡村户贫困现状分布图、"五个一批""十项行动"脱贫路径图、"五主五包"帮扶主体责任图、项目资金监管图、县乡村户脱贫退出销号图等"5 张图"，搭建了基础数据支撑、脱贫指挥调度、项目资金管理、精准扶贫工作巡检、资金项目整合、绩效评估工作等"6 个平台"的精准脱贫"456"指挥体系，与新华社率先在全国发布《中国·铜仁精准扶贫指数报告（2016）》，成为全国首个也是唯一一个扶贫成效评价标准。

三、脱贫攻坚的亮点做法

以调研组入户调研的玉屏县田冲村为例，该村有亮点的脱贫措施主要有：

（一）贫困户认定及退出公开透明。采取一家一户上门调查登记的方式获取农户家庭信息建立精准档案，在贫困户认定及退出时予以公示接受村民监督，对贫困户进行政策帮扶时将具体措施与帮扶对象对应列明并在固定地点张榜公示，且根据脱贫进度及时动态调整帮扶项目，公示期贯穿贫困户脱贫全程，以此方式杜绝脱贫帮扶政策落实中发生不公平现象，使村民自觉自愿在村干部带领下全力实现脱贫目标。

（二）"产金互促541"政策资金托底助脱贫。由县财政注入风险补偿基金500万元，按照每个农户给予5万元的扶贫贷款统一投资企业，由企业每年给予贫困户4000元，村集体1000元，解决每户贫困户1人以上就业。实际是对贫困户个体贷款难、就业难、创业难等问题进行综合施策，单靠村级力量脱贫难度很大，该由县、镇统筹解决的就做到统筹规划，县、镇、村各级在脱贫攻坚工作中定位准、承担任务明确。

（三）产业发展规模化。一是引进温氏种猪繁育基地落户进村，目前养猪7000头，解决就业200余人，带动贫困人口20余人，人均每月可增收2000元。二是利用民心党建基金及扶贫资金100万元入股振兴米业公司建设千亩优质水稻基地，一亩一股，每股年分红1000元，并按高于市场价10%左右与农户签订稻谷收购合同，使22户贫困户75人增收脱贫。在经济发展良性循环的基础上，探索"园区景区化、农旅一体化"规划建设"乡愁馆"景点，打造人居环境示范村。

（四）打造为电商扶贫示范街，引进贵农网、邮乐购、农村淘宝等10家电商企业入驻，并自主注册成立了"侗乡客"微商平台正式投入运营，将田冲村贫困户生产的纯天然农特产品，由电商企业统一收购、统一包装、统一销售，有效解决了物品卖不出滞销的现象，使贫困户在家就能做生意增收入，既解决了就地就近创业就业问题，又解决了空巢老人无人照料留守儿童无父母教育的社会问题。

四、脱贫攻坚存在的难点和问题

（一）主要难点

1. 财力弱与产业扶贫、基础设施建设之间的矛盾突出，在财政自给率仅为 15.8% 的低水平情况下，如何既保运转，又保基础设施建设和产业发展面临的难题。

2. 经济总量小、产业带动能力弱的问题突出，农业不强、工业不大、服务业不优是制约发展的瓶颈。

3. 自然灾害频发，给群众造成了严重的损失，同时因病致贫、因病返贫的比率较高，常出现刚越过贫困线的群众又返贫，给巩固扶贫成果带来一定难度。

4. 脱贫攻坚任务艰巨。按照国家扶贫标准，截至 2016 年底，虽然全市减少贫困人口 15.22 万人，贫困发生率下降到 11.46%，但深度贫困人口发生率仍较高，是最难啃的"硬骨头"，因此越往后脱贫攻坚的成本越高、难度越大、见效越慢。

（二）主要问题

1. 扶贫资金监管有待进一步加强。目前，扶贫资金的来源相当广泛，既有中央、省市政府下拨的扶贫资金，又有当地政府财政预算调剂融通的资金，还有金融、保险投入的资金，以及脱贫攻坚帮扶基金等，数额巨大、需要投入的项目和帮扶的对象众多，而无论是贵州省政府还是铜仁市政府，以及省市财政、审计、扶贫办等网站上，在这些部门所公开的信息渠道范围内均无法获知这些资金是如何使用的，使用程序是否规范，又有哪些措施加强监管的。由于调研组除听取座谈介绍外，无法获取更多的监管制度是否建立和有效、是否存在缺失等信息，使人无从了解各乡村对于扶贫资金的使用情况，无法获取更多的相关信息。

2. 扶贫资金的使用方式有待进一步创新。对扶贫资金，无论是掌握资金的扶贫干部也好，还是迫切需要脱贫的扶贫对象也好，都给予最高度关注，均希望资金投入成为脱贫攻坚中解决所有问题的"灵丹妙药"。使得这种传统计划经济模式下的资金运作方式还能在贫困地区或者欠发达地区继续发挥作用，虽然有可能解决暂时的问题，但不可能永远解决所有的问题，应该有所创新。

3. 农村集体资产的管理有待进一步完善。铜仁地区不少村在脱贫攻坚过程中，探索产业类经营主体培育力度，每个村建立1家农业企业、专业合作社、种养大户或家庭农场，围绕龙头企业＋基地＋农户等模式，吸收贫困群众入股企业、专业合作社等新型经营主体，落实村集体、贫困户的分红比例。村支书是村合作联社的董事长，体现党管集体资产的模式。但是，随着集体经济的逐渐发展，集体资产的保值增值问题也会日益突出，如何保证集体资产的完整性，保护农户的切身利益，似乎在各地政府的工作日程上还缺乏比较相对前瞻性的方案。

4. 产业脱贫规划应更科学，村干部能力还需进一步提升。为了确保按时完成脱贫任务，有些贫困村办起了见效快的养猪场、养鸡场（养殖业有政策扶植、市场形势好、疾病控制有力的情况下确实能及早产出效益），但是，急于求成的养殖场在科学规划、标准化建设上有欠缺。如人员进出管理、消毒设施设置、畜禽粪无害化无污染处理等不达标，饲养人员培训专业度不够，养殖风险考虑不足，一旦发生大规模的传染病，特别是人畜共患病，比如：猪的口蹄疫，鸡的禽流感，按照现有的疾控要求，其养殖场内所有的动物必须要全部扑杀、焚烧或深埋，经济损失巨大。个别村干部缺乏农村工作的实际经验，虽有高学历但如何结合本村特点开展"精准扶贫"工作的思路不明确，仍存在一些"等、靠、要"的想法。

5. 落实中央"精准扶贫"政策的积极性尚需进一步提高。中央及各级政府出台了许多"精准扶贫"的优惠政策，一些村干部能了解这些政策，但与合理运用好这些政策的要求还是有差距。比如对农民开展种、养殖业技术培训，农民既能学到技术又能获得误工补贴，但村干部组织完成此类培训的程度不一，积极性也不尽相同。

五、基于本次调研提出的建议

（一）对进一步提高扶贫政策落实的建议

1. 先啃"硬骨头"。扶贫政策瞄准最贫困的地区、最贫困的群体、最迫切需要解决的问题，把解决深度贫困摆在优先位置，以重点贫困区作为"十三五"时期扶贫工作的重中之重，集中力量打攻坚战。

2. 对村干部的选配上既要考虑政治素质、学历等，也要考虑其对"三农"的热爱，对农村的认知度，对农民的感情。更要挑选一些对"三农"有感情、懂经济、思路广、脑子活、肯吃苦的同志到村里去任职。

3. 村级组织在发展养殖业时必须要做好合理、科学的规划，必须要请专业部门做可行性研究，畜禽粪便必须要做无害化处理，使其最终变成有机肥料，决不能再走为了节省今天1万元污染设施的投入资金，而明天不得不再化100万元来治理前期污染造成的危害。同时，政府应当从扶贫资金中拿出一块来用于畜禽场规划所需的费用，以减轻村级组织新办畜禽场所承担的资金压力。

4. 各级组织应当加大对从事种、养殖业农民技术培训相关政策扶持的宣传力度，用好现有对农民技术培训的相关政策，真正让农民既能享受免费的农业技术培训，又能拿到一定的误工补贴。

（二）对有关部门进一步加大对铜仁市相关支持的建议

1．建议民革中央协调国家相关部委在基础设施建设方面给予铜仁市更多的支持倾斜。

2．建议民革中央协调更多的中直部门和大型国企驻点帮扶铜仁市。

3．建议把铜仁市列为脱贫攻坚示范试验区，在先行先试方面给予针对性的政策支持。

（三）对下一步脱贫攻坚民主监督调研工作方向的建议

1．建议发挥民主党派优势。各调研组在监督的方式、方法、成果上做到相互借鉴，数据共享。

2．在调研式监督基础上，改进调研方式为项目化监督、专项式监督，重点在于扶贫资金的专项监督及产业扶贫项目运作的监督。在今后的民主监督中，对所有县市，有关扶贫资金的管理、拨付和使用上，建立一整套严格监管系统，梳理清产业扶贫项目补贴的实际运用和总体使用状况，找出产业扶贫项目发展不平衡等关键问题的症结所在，将资金监管、扶贫产业项目化监督作为脱贫攻坚民主监督的"标配"。

3．探索调研式监督与制度化监督相结合。民主党派监督不仅需要短期的"点、线、面"的调研式监督，更需要有常态化的制度式监督，即依托当地民革组织，将党派干部以"监督员"身份直接参与到扶贫政策、项目执行的全过程中，只有全面、深入、长期的介入到实际脱贫工作的推进中，民主监督所提意见建议及监督成果才能更有针对性和有效性。

民革中央脱贫攻坚民主监督
毕节联络组 2018 年调研报告

从 2018 年年初第一次推进会至今，毕节联络组在第一轮和第二轮调研中，共开展了 20 余次调研，召开了 38 次会议，走访了 46 个村、188 户，调查了 71 个产业扶贫项目，足迹遍及毕节市 7 县、1 区、1 管委会、1 新区中除黔西县、百里杜鹃管委会外的其他所有区县（七星关、赫章、威宁、纳雍、织金、金沙、大方和金海湖）。除民革中央派员参加的两次、为期共 7 天的集中调研外，其余的日常调研都是由毕节工委、纳雍工委组织党员独立完成。今年下半年的调研，还根据第二次推进会上李惠东副主席的讲话精神，采用了一对一访谈等新形式，取得了良好效果。

现将年度调研情况总体报告如下：

一、工作进展和总体评价

调研发现，总体来说，毕节市脱贫攻坚工作正在有序推进。

（一）产业扶贫扎实推进，初见成效。各地从当地地理优势和资源禀赋出发，都制定了明确的整体产业规划，其中包括长线产业与短线产业，比如纳雍县的"33216"产业规划和织金县的"321+3211"产业规划。各区县积极做好产业扶贫的主体培育和平台搭建工作，形成"公司＋合作社＋支部＋群众"的组织经营模式，形成了比较合理的利益链接机制，使外来企业得到了发展、当地群众得到了实惠、集体经济得到了壮大。比如纳雍县议定了"6355"（即贫困户占 60%，合作社占 30%，村集体占 5%，非贫困户占 5%）的利润分配方式，织金县形成了"136"（集体一成、企业三成、老百姓六成）的利益联结机制。织金县还明确县领导责任，要求带头做好产业示范带动和引领工作。目前，不少产业项目已经初见成效。例如，织金县蔬菜种植大棚中，一棚茄子可以卖到一万三，一棚西红柿可以卖到 2 万多，采摘季农民平均一天有 100 多元的务工收入。当地还借鉴塘约模式，在全县 333 个村每个村发展 1 亩竹荪，由县里专人指导，收益归村集体。纳雍县的"一个土鸡蛋＋营养午餐"工程，每天将 15 万枚土鸡蛋送到贫困学生午餐中，促进了产业扶贫与教育发展的有机结合。

（二）易地扶贫搬迁安置到位，群众的获得感进一步提高。各地的易地扶贫搬迁工作，都是按照"识别要精准、旧房要拆除、后续发展全保障"的要求进行，特别是充分考虑到了迁入农民的就业、就医、子女上学等问题，建设了相关配套设施，并组建临时的党工委帮助搬迁户融入当地生活，例如纳雍县规定原迁出乡镇要派出 1 名干部参与党工委工作。纳雍县县委书记彭华昌在访谈中表示，易地扶贫搬迁是"五个一批"中农户得实惠最多的，有效地阻断了贫困的代际传递。调研组实地走访时看到，目前两县县城周边的易地扶贫搬迁点，都按照人均 20 平米的标准确定搬迁面积，小区宽敞明亮，户型布局合理，不少地方还配备了床、衣柜、沙发、茶几、餐桌等家具和电饭煲等必备家用电器，真正做到了拎包入住。入住的贫困户都十分感激党和政府的好政策。目前，各区县普遍通过帮助贫困户培训后外出务工、就近就地就业创业、从事公益性岗位、转为城市低保由政策兜底四种方式，来实现"一户至少一人稳定就业"。织金县全部易地扶贫搬迁任务都已经完成，当地老百姓稳定之后还把孩子挪过来上学，周边中小学、幼儿园新增 2000 多名学生。当地还引入了中蔼万家这一制衣企业，年底前就要入驻，将帮助 2000 余名群众在家门口就业。

（三）**基层干部勇于担当，积极奉献**。扶贫干部不仅熟悉相关政策，而且在实际工作中有思路有办法有执行力。他们做起群众工作十分深入细致，尤其是对易地扶贫搬迁群众的安置管理、生活方式进行手把手的引导和服务。各级干部大都信心满满、干劲十足。今年开展作风建设年以来，大多数干部反映检查填表开会的压力明显减少，甚至用国家统一数据库实现了手机办公，他们的负担也有所减轻。从上到下强有力的领导和奋发有为的作风，形成了当地良好的政治生态。

因此，调研组认为：从当前的情况看，整个毕节地区如期完成脱贫攻坚任务没有问题。

二、脱贫攻坚中存在的问题和不足

然而，调研过程中也发现一些当前脱贫攻坚工作中存在的问题，可能会影响脱贫攻坚的质量和进度。

（一）**资金瓶颈成为影响脱贫的重要因素**。虽然国家给予了大量的投入，但当地特别是深度贫困地区基础设施和公共服务欠账仍然较多。例如，织金县 112 个深度贫困村的人口，占全县贫困人口的 43%，该县县长潘发勇反映，要想完成脱贫攻坚任务，经初步测算还需要 20 亿的资金，特别是用于解决缺水问题的 5 亿和用于修建通组路的 3.6 亿急需解决。纳雍县、织金县主要领导均反映，实现"三保障"中最难的是农村住房保障，特别是危房改造，因为资金缺口大、工作阻力大。即使达到"一达标，两不愁，三保障"的基本条件后，与习近平总书记批示的做好乡村振兴的有效衔接还有很大差距，仍然需要大量资金、做大量工作。

（二）**产业扶贫中的市场风险仍然长期存在**。产业扶贫的质量是目前脱贫攻坚工作中的薄弱环节。

一部分产业项目缺少调研评估，存在盲目上马现象。特别是受地理环境、气候特点、土质等多因素影响，部分农业产业扶贫项目收效缓慢。例如，纳雍县联新村冬荪种植项目未作市场调研仓促尝试，加上管理能力低，导致产量小、产销对接不到位、产品积压，导致无法兑现资金、土地的入股分红。在猪场乡大多拱村，由于气候不够适应，产量较低，运输也成问题，数百人参与的华龙菌草种植产业至今尚未取得经济效益。

一部分产业扶贫项目仍然处在建设阶段，主要是靠政府扶持和企业奉献，基础设施建设还不完备，调动农民积极性不够，产业链不完善，长期发展的后劲不足。很多贫困村寨通过挖地窖等方式虽然解决了生活用水，但生产用水还没有完全解决。比如恒大集团帮助建设的部分大棚蔬菜点没有水源，无法正常发挥大棚的作用。

一部分产业项目缺乏品牌意识，产品附加值不够、销路不明确、市场竞争力低。织金县马场镇马家屯村村支书田义敏反映，当地虽然鼓励发展养猪产业，但由于去年生猪价格的原因，去年没养猪的农户反而收益好。一部分产业扶贫项目想搭上"黔货出山""毕货出山"的快车，但利用电子商务进行销售要做的还有很多，包括形成一年四季稳定的产量、取得相关认证、加强配套设施建设等。例如，乌蒙土鸡的销售就缺乏相应的冷链支持。

个别产业发展不当，还可能带来环保问题。以纳雍县养牛产业为例，一些企业援建的养殖场布局不合理，无粪污处理设备设施，形成了较大的环保压力。

（三）易地扶贫搬迁工作仍然有待加强，特别是安置点的后续管理和服务仍然不足。目前许多区县都只能设立临时的党工委对安置点的社区、物业管理、志愿服务、群众自治承担一定的管理责任，没有固定的行政管理机构，这样就没法压实责任，把管理和服务做到位。另外，个别应搬迁的农户忧虑就业、生活等问题，还没有开始搬迁，这说明我们的前期工作还有待加强。旧房拆除复垦工作进度也普遍落后。调研发现，纳雍县、织金县 2017 年搬迁户的应拆除旧房中，已拆除的最多不足 30%。

三、有关建议和意见

通过实地调研、一对一访谈和深入研究，联络组建议如下：

（一）**改变现阶段的转移支付方式，以适当形式增加深度贫困地区的财政投入**。建议深度贫困县整体享受国家对深度贫困地区的有关政策，不再区分深度贫困县里的贫困村与非贫困村；建议将人口数量作为确定贫困县人员编制数量和转移支付金额时的重要系数，使人口较多的贫困县特别是深度贫困县能够获得更多的政策倾斜，使转移支付的数量能够体现公共服务范围的大小，真正实现财权和事权相统一；建议适当调整深度贫困县相关项目中县级配套资金的比例，减轻其发展产业时的资金压力；建议适度考虑一些不区分贫困户与非贫困户的普惠政策，如义务教育阶段和职业高中阶段的教育费用资助政策，避免边缘户沦为新的贫困户。

（二）**要结合 2020 年之后农村振兴规划，找准结合点，加大对对口支援地区的支持力度特别是产业扶持力度**。要坚持"寓监督于帮扶之中，寓帮扶于监督之中"的方针，建立东部发展省市与贫困乡镇的对口帮扶制度，贫困地区也要结合当地的特点和优势，主动找好帮扶对接点，而不是单纯地等靠要。例如，可抓住近日教育部、财政部印发《银龄讲学计划实施方案》面向社会公开招募优秀退休校长、教研员、特级教师、高级教师等到农村义务教育学校讲学的时机，加大对贫困地区的教育扶持力度。

（三）**对易地扶贫搬迁点加大管理和服务力度**。首先，在搬迁户入住之初，就应该尽快建立固定的行政管理机构，因为易地扶贫搬迁点入住率达到一定比例后，就是城市里的一个社区甚至街道了，应建立相应的组织，发挥应有的功能。其次，要加强对搬迁户的爱国感恩和自强自立教育，通过一些户外宣传品、室内装饰品，搬迁户了解脱贫攻坚中自己的权利和义务，增强自我发展的意识和能力，树立感恩奋进、积极向上的精神风尚。最后，应配套建设一定的教育文化娱乐设施，定期开展教育培训和文化娱乐活动，包括法治宣传、教授广场舞、开展体育比赛等，让在生活方式上更快地融入城市，避免因无事而生非。

（四）对易地扶贫搬迁有关政策进行微调。原来贵州省有关文件规定，2016 年以后已经实施农村危房改造的农户不能纳入易地扶贫搬迁，但由于有些地方已经实施了整村整寨搬迁，迁出地的水电路等基础设施无法保证，建议将"十三五"期间实施整村整寨搬迁区域内、已经享受农村危房改造的贫困户，纳入易地扶贫搬迁政策的覆盖范围；一些整村整寨搬迁的村子中，有些房子是新盖的二层甚至三层小楼，可由政府统一取得产权后，适当考虑转为生产用房、护林员用房，以便合理利用资源；旧房拆除后尽快进行复垦，复垦后的土地，可以与东部有需要的省份进行置换或交易，深度贫困地区的土地交易价格可以在每亩 30 万元的基础上适当上浮；在易地扶贫搬迁工程实施中，非整村整寨搬迁的，要注重征求群众意愿，有的地方看似无法发展、可以依托当地资源发展他们熟悉的种养殖业或其他副业，政府可以通过改善生产生活条件支持其就业发展而脱贫。

（五）对扶贫干部要有更有效的激励措施和更科学的管理方法。一方面，要进一步完善"厚爱"，加强人文关怀和培训激励，实现"应提尽提"；另一方面，要进一步落实"严管"，对实名举报应立即查处，情况属实的严肃处理被举报人、情况不属实的举报人也应承担相应责任。此外，要区分受处分干部的问题性质，是党性问题、工作作风问题、工作能力问题或客观原因未完成当时的脱贫任务，避免挫伤大部分干部的工作积极性。

（六）多措并举激发群众内生动力。首先，针对"两争两隐"（争当贫困户争政策，隐瞒收入隐瞒情况）现象和其他一些不诚信行为，纳雍县猪场乡等一些地方开展了贫困户信用体系建设试点，取得了一定效果，建议继续关注并适时予以推广。其次，同样要将正向激励和反向惩处结合起来，对积极脱贫致富的农户给予"先建后补"等优惠政策倾斜，对吸毒、赌博先打击，嗜酒、懒惰怠工做思想工作。最后，建议发挥好新时代农民讲习所的作用。

民革中央脱贫攻坚民主监督
黔西南联络组 2018 年上半年调研报告

2019 年 5 月 29 日至 6 月 1 日，由民革中央社会服务部部长边旭光、民革贵州省委会副主委黄东兵、民革黔西南州主委黄榜泉带队的民革中央脱贫攻坚民主监督黔西南联络组在贵州省黔西南州开展调研。调研组选定 2019 年底即将摘帽出列的贞丰县和 2020 年底摘帽出列的望谟县进行重点调研，分别与县政府及有关部门召开调研座谈会，听取脱贫攻坚工作开展情况介绍，并赴贞丰县易地扶贫搬迁安置点、者相镇旗上村、龙场镇对门山村，望谟县易地扶贫搬迁安置点、王村等地，进行入户实地调查，同时还考察了扶贫产业项目。现将调研有关情况报告如下。

一、黔西南州脱贫攻坚工作推进情况

2018 年，黔西南州共实现 10.52 万人脱贫，142 个贫困村出列，贫困发生率从 2017 年底的 7.66% 下降至 5.02%，兴仁市顺利实现"减贫摘帽"，安龙县于今年通过省级第三方评估检查验收，并对外进行了公告。目前，黔西南州仍有 3 个深度贫困县——晴隆、望谟、册县，4 个极贫乡镇——晴隆县三宝乡、贞丰县鲁容乡、望谟县郊纳镇、册亨县双江镇，共 165 个深度贫困村。2019 年全州脱贫攻坚的目标是再减少贫困人口 11.18 万人，80 个贫困村出列，3 个贫困县实现"减贫摘帽"，奋力夺取脱贫攻坚决战之年的根本性胜利。

二、主要做法和经验

（一）强力推进脱贫攻坚"春季攻势"。今年年初，黔西南州召开州委农村工作会议暨全州扶贫开发、农村人居环境整治工作会议，发布《中共黔西南州委 黔西南州人民政府 2019 年脱贫攻坚春季攻势行动令》，全面打响脱贫攻坚问题歼灭战行动、全面落实易地扶贫搬迁新市民计划行动、全面推进振兴农村经济的深刻产业革命行动、全面实施深度贫困地区"四个聚焦"行动、全面启动劳动力全员培训促进家庭就业全覆盖行动、全面开展乡村振兴示范创建行动，明确了各大行动的目标、任务、措施及时间节点。坚持高位推动，春节期间州委领导轮流值班，深入各县（市、新区）督促指导春季攻势的开展。

（二）强力推进解决"两不愁三保障"突出问题。认真对标对表习近平总书记在解决"两不愁三保障"突出问题座谈会上的重要讲话精神，按照全省电视电话会议的部署要求，以开展一场大调研、召开一次现场会、抓好"三个专项治理"、坚持"四个不摘"、实施"五大攻坚"为主要抓手，统筹推进解决"两不愁三保障"突出问题和脱贫攻坚成效考核发现问题整改，并纵深推进农村产业革命。结合实际研究制定了全州解决"两不愁三保障"突出问题攻坚方案，并签订责任状，深入扎实解决一个个问题，以此不断巩固和提升脱贫成果。当前，"两不愁"中"不愁穿"的问题基本解决，"不愁吃"的问题主要是饮水安全方面还有一些收尾工作。

（三）强力推进易地扶贫搬迁"百日大会战"。易地扶贫搬迁，是决定黔西南州能否打赢脱贫攻坚战的关键硬仗。今年以来，州委、州政府部署打一场"百日大会战"，强力解决"搬得出"这个当前的主要矛盾，同时围绕实现"稳得住、快融入、能致富"的目标，按照省委、省政府关于建立"五个体系"（基本公共服务体系、培训和就业服务体系、文化服务体系、社区治理体系、基层党建体系）的总体部署，进一步完善并深入实施"新市民计划"，加快做好易地扶贫搬迁"后半篇文章"。目前，全州已累计搬了 30 万余人（还剩 38285 人），义龙新区、安龙县、兴义市、兴仁市、贞丰县已经提前完成搬迁任务。预计将在 6 月 30 日前全面完成搬迁任务。在推进"五个体系"建设过程中，工作班子将悬挂新旧住房对比照片作为加强"感恩教育"的重要内容，采取"统一标准、统一拍摄、统一审查、统一制作、统一悬挂"的方式，加快推进悬挂全覆盖，为每一户搬迁群众送上一幅像艺术品一样的新旧住房对比照片，让大家世代相传、永远感恩。

（四）强力推进脱贫攻坚"两业"工作。当前已进入脱贫攻坚决战决胜的关键阶段，州委、州政府在抓好易地扶贫搬迁等规定性、节点性任务的同时，将更多精力转移到抓产业扶贫、就业扶贫"两业"上来，深入推动"输血"向"造血"转变，致力从根本上解决贫困问题。今年初，明确州领导领衔研究推动食用菌、石斛、薏仁米、茶叶、蔬菜、精品水果、中药材等重点产业发展，以 58 个 500 亩以上坝区为主战场，大力建设规模化产业基地，推广"龙头企业＋合作社＋农户"组织模式，今年以来已完成籽粒玉米调减面积 56.19 万亩，占年度目标任务的 93.65%。同时，全面整合各部门、各领域的培训任务、内容、机构、经费、政策和就业岗位等资源，对贫困劳动力开展全员培训，对易地扶贫搬迁新市民开展就业技能培训和就业创业服务，确保实现有劳动力家庭一户一人以上就业，并对所有农民开展多种形式的综合素质提升和技能培训，今年以来实现充分就业 2.14 万人，占年度目标任务的 42.79%。

（五）强力推进"四个不摘"。对照中央、省的部署要求，制定一系列"四个不摘"的攻坚措施，针对已脱贫退出的兴仁市、安龙县，切实做到摘帽不摘责任、不摘政策、不摘帮扶、不摘监管。同时，针对非贫困县的兴义市和已摘帽的兴仁市、安龙县，力求在今年内让剩余的贫困人口全部实现脱贫。

（六）强力推进东西部扶贫协作。与宁波市深度对接、协作，争取到3.5亿元财政帮扶资金。通过深入谋划、精打细算，计划实施143个项目，将有31885户93582人受益，目前已启动实施项目91个，本月底将全部启动。其中，安排用于产业扶贫、就业扶贫和解决"两不愁三保障"突出问题的资金占了96%。东西部协作资金和项目的帮扶，一是带来了发展理念和发展思路的革新，解决了思想上相对落后的问题；二是确实在一定程度上解决了资金短缺、资源不足的大问题，为脱贫攻坚工作的顺利推进注入了强大活力。

各县（市）在工作中，始终坚持以脱贫攻坚统揽经济社会发展全局，全面贯彻中央、省、市决策部署，紧扣"五个一批""六个精准"脱贫路径，积极探索工作经验，坚持高位推动、力量下沉，聚焦"两不愁三保障"，压实脱贫攻坚工作责任；坚持"大建设、大动员、大搬迁、大稳定"的原则，扎实开展易地扶贫搬迁新市民计划工作；坚持"因地制宜、长短结合、以短养长"的发展思路，大力发展"一县一业"，形成了贞丰易地搬迁"六好"模式、望谟"七把梳子"对标对表以及"劳务输出五坚持"等有益的经验。

三、总体评价

调研组认为，黔西南州委、州政府深入学习贯彻习近平扶贫思想，全面贯彻落实中共中央、国务院关于打赢脱贫攻坚战三年行动的指导意见，认真落实精准扶贫、精准脱贫基本方略，坚持把脱贫攻坚当作头等大事和第一民生工程来抓，以脱贫攻坚统揽经济社会发展全局，尽锐出战、攻坚克难，全州脱贫攻坚取得了阶段性成效，经济社会发展保持良好势头，工作中许多做法和经验值得借鉴和推广。对全州"两不愁三保障"突出问题的切实解决、农村产业革命的纵深推进、夺取脱贫攻坚决战决胜的全面胜利充满期望。

四、调研中发现的主要问题和困难

（一）深度贫困地区和特殊贫困人口脱贫难度大。截至 2018 年底，黔西南州还有 175 个贫困村，4.68 万户 15.86 万贫困人口，贫困发生率达 5.02%。从贫困程度方面看，全省 14 个深度贫困县，黔西南州有 3 个，占 21.4%；全省 20 个极贫乡镇，黔西南州有 4 个，占 20%；全省 2760 个深度贫困村，黔西南州有 165 个，占 6%。深度贫困地区和剩余未脱贫人口，都是脱贫攻坚中最难啃的"硬骨头"，脱贫攻坚任务依旧很重。

（二）农业规模化经营水平低，龙头企业带动能力较弱。黔西南州属典型的老少边穷、喀斯特地区，集中连片土地少，产业发展规模"散、小、弱"，产业集中度不高，要形成区域发展、规模发展存在难于克服的现实问题。同时由于历史和自然等因素，全州缺乏大型龙头企业引领特色优势农业产业发展，连接生产和市场的桥梁和纽带作用发挥不好，对农业生产和农民增收带动有限。

（三）扶贫小额信贷大量到期，存在一定风险。2019 年是扶贫小额信贷到期还款额较多的一年，由于前期"户贷企用"、贷款资金挪用、贫困户经营不善、产业不成熟等原因，导致部分还款资金存在还款困难。

（四）易地扶贫搬迁后续工作还有待进一步发力。基本公共服务体系建设方面，配套的医疗、教育资源等建设资金缺口大。培训和就业服务体系方面，受社会经济发展现状制约，搬迁对象仍以外出务工为主。文化服务体系方面，硬件设施虽已基本满足需求，但软实力仍需进一步提升。社会治理体系方面，搬迁群众集中居住区平安风险感知系统"135"模式推进不够理想。基层党建体系方面，党员大都从农村搬迁而来，老化现象比较严重，年轻党员少。

（五）东西部扶贫协作制度优势有待进一步发挥。2018年东西部扶贫协作工作虽取得了一定成绩，但由于时间紧、任务重，在项目建设方面，存在项目推进相对过慢，档案资料收集不够完善等问题；在劳务协作方面，存在着就业供需信息存在不对称，实际就业带动力不强等问题；在招商引资方面，存在落地项目个数少，实际到位资金与投资协议存在差距，共建产业园区难度大等问题。

五、有关建议

（一）加大力度，切实推进东西部扶贫协作工作取得新的更大成绩。及时研究解决东西部扶贫协作工作中存在的一些困难和问题，推动产业合作，加强工业项目、技术、人才等方面的合作，可以在扶贫安置点谋划一批项目落地，共建工业扶贫车间，解决易地扶贫搬迁群众就近就业问题；加强产销对接，借助东部地区供销体系、电商平台成功营销经验和专业管理人才，助推优质农产品走出大山，带动贫困户增收致富；加强劳务协作，进一步建立健全劳动力就业创业信息沟通反馈机制，有针对性地收集就业岗位需求信息，共建跨区域就业岗位信息采集和发布制度，推动两地人力资源服务机构与劳务输出公司加强劳务协作；深化干部人才培训交流，开展干部和专业技术人员培训，提升工作能力和业务水平等。

（二）将脱贫攻坚与乡村振兴战略进行有效衔接。贵州省是脱贫攻坚重要地区，目前脱贫攻坚战进入决胜的关键阶段，贵州省除了做好脱贫攻坚、保证如期脱贫以外，还要考虑将脱贫攻坚工作与乡村振兴工作进行有效衔接，在稳定脱贫质量、防止返贫的基础上，做好乡村振兴，特别是产业振兴工作。建议今后可逐步从对贫困户的产业扶贫转到县域内主导产业和优势产业的培育和发展上来，并将产业兴旺与农业现代化、工业化和城镇化结合起来，对贫困户的扶贫，可以从产业扶贫转向产业带贫，使产业兴旺的结果不仅惠及贫困户，也惠及全体农户，从而达到生活富裕的目标；在生态宜居方面，在做好基础设施和公共服务的基础上，因地制宜地做好环境的绿化和美化，解决农村的各种污染问题；在乡风文明方面，在强化党建引领村庄治理的基础上，挖掘和吸引各类人才返乡和下乡，将先进文明、先进技术、先进经济形式引入到乡村振兴中，进而实现乡风文明和治理有效。在这个转换过程中，还要注意适当修复因脱贫攻坚过程中出现的村庄间和农户间的现实和心理不平衡，从而实现村庄和县域的持续协调发展。

（三）加大对国家重点生态功能区的生态保护扶持力度。如黔西南州望谟县是国家重点生态功能区、珠江上游生态屏障和贵州省主体功能区建设重点生态功能试点示范县，建议加大对"五个一批"中的生态补偿脱贫一批的岗位开发及资金倾斜力度，按规定比例增加护林员岗位及匹配资金，既可解决建档立卡贫困劳动力就近就业脱贫问题，又可做到森林防火及生态环境保护等。

（四）进一步落实易地扶贫搬迁的后续政策。帮助搬迁者完成身份转换，抓实配套服务机制，解决新市民子女入学、就业创业、医疗等基本问题；及时成立移民安置社区党支部和居委会，成立综合服务中心、警务室等，将文化服务体系建设作为服务新市民社区群众的重要内容之一，引导文明风尚。

民革中央及各调研组、联络组五年工作总结

民革中央脱贫攻坚民主监督五年工作总结

脱贫攻坚民主监督是民主党派履行民主监督职能的新内容和新任务，是中国特色社会主义新时代坚持和完善中国共产党领导的多党合作和政治协商制度，更好发挥中国特色社会主义政治制度的优越性的重要实践。根据中共中央总体部署，2016 年起民革中央对口贵州省开展脱贫攻坚民主监督工作。五年来，民革中央高度重视、建章立制、积极作为，较为圆满地完成了此项工作任务。

一、开展的主要工作

（一）**高位推动，不断强化政治担当**。五年来，民革中央始终站在坚持和完善多党合作制度的政治高度，把脱贫攻坚民主监督作为新时期全党重点工作加以推进。万鄂湘主席多次在常委会、中全会上部署相关工作，带队亲赴贵州开展专题调研，听取贵州省的工作情况汇报，与中共贵州省委、省政府主要领导同志交换意见、共同确定工作思路。民革还安排经济发达省份民革组织和中央各工作部门参与监督，通过工作推进会等形式不断深化民革全党对脱贫攻坚这一重大战略部署的理解和认同。

（二）**狠抓落实，逐步完善工作机制**。经过不断的实践和完善，民革中央逐步形成了"领导小组 + 工作小组 +6 个调研组 +2 个联络组"的"1162"工作架构，同时摸索出了每半年召开一次工作推进会，开展一轮专题调研，形成一份工作报告，进行一次交流反馈的"四个一"工作机制，形成了具有民革特色的工作模式。为了确保工作实效，民革中央与中共贵州省委、省政府经过充分沟通协商，逐步形成了多层次的日常工作联系机制、信息通报机制和成果会商机制。民革中央主动邀请贵州省各级地方党委、政府参与到监督工作的各个阶段中，既能消除顾虑、争取支持，也使监督意见更贴近政府和贫困群众需求，更容易产生实际效果。

（三）扎实推进，深入调研摸清形势。五年来，民革中央共开展各类脱贫攻坚民主监督调研 185 次，足迹遍布贵州省 8 个州市的所有贫困县，召开各类座谈会、院坝会 220 余次，走访农户 3000 余户，访谈县乡村干部 730 余人次，在 24 个村开展了驻村调研，考察产业扶贫项目 400 余个、易地搬迁项目 150 个，向各级党委政府提出意见建议 340 余条。通过座谈交流、单独访谈、定点监测、驻村调研、走访考察等形式，民革中央全面获悉了贵州省脱贫攻坚工作的总体部署和工作进展，真正掌握了基层贫困群众的脱贫诉求和脱贫成效，从而作出了全面、准确、客观的评价。

（四）把脉问诊，瞄准重难点建言献策。根据中共中央的最新部署，结合贵州省脱贫攻坚工作的进展和需求，民革中央每年都会精心选择重点调研课题，先后围绕贫困人口的精准识别、增强东西部扶贫协作实效、准确评估新冠肺炎疫情对脱贫攻坚的影响、精准脱贫政策过渡期相关政策的延续和退出等重点难点问题开展专项研究。五年来，共形成监督报告 9 篇、专题报告 3 篇。这些报告得到了中共中央领导同志的高度重视和贵州省主要领导同志的积极回应，同时也成为国务院扶贫办赴贵州省开展脱贫攻坚督查工作的重要依据。

（五）鼎力相助，用实际行动助推贵州脱贫攻坚。按照帮助贵州省发现问题、解决问题、打赢脱贫攻坚战的任务要求，民革中央提出并一直坚持着"寓监督于帮扶之中，寓帮扶于监督之中"的工作原则。民革中央多次下发通知，动员民革各级组织和广大党员积极购买贵州省贫困地区的农产品，这项务实措施受到中共贵州省委主要领导同志的肯定和欢迎。2019年，民革中央与中共贵州省委、省政府共同举办民革企业助力贵州产业招商发展大会，促成投资项目 49 个，总投资额达到 1176 亿元，以实际行动支持了贵州巩固脱贫攻坚成果、推进高质量发展。

二、工作经验

回顾五年来的工作，经过不断探索和改进，民革在工作中形成了以下几点有益的经验做法：

（一）**坚持中国共产党领导，坚决执行中共中央的统一部署**。自 2016 年工作启动以来，习近平总书记每年都对这项工作给与肯定鼓励、提出殷切期望，汪洋主席对工作提出阶段性的明确要求，中央统战部、国务院扶贫办作出具体安排、周密部署。民革中央紧紧围绕中央的政策精神，以中共中央的要求和统一部署为依据，根据脱贫攻坚战各项阶段性任务要求不断调整监督重点，坚持做到"目标不变、靶心不散"。坚持中国共产党领导，是民革开展专项民主监督、履行民主监督职能的根本前提。

（二）**采取一系列卓有成效的工作方法**。一是民革始终把"合作"作为工作切入点，与贵州各级党委政府站在一起、想在一起、干在一起，同时我们也得到了贵州有关方面的大力支持和密切协作，保证了各项工作的顺利开展。二是深入调查研究，全面考察贵州各地贯彻落实中央决策部署的全过程，深入了解中央政策精神与地方工作实际相结合过程中的问题和困难，做到知情明政。三是始终坚持民主监督的政治属性，针对机制性、普遍性、前瞻性问题提出意见建议，对于具体问题、个别问题，主要采取随时向当地干部群众反馈、推动及时解决的做法。四是力求反映基层真实想法，民革采取单独访谈的方式，深入了解基层一线干部对政策执行中的问题、改进工作方法的研究思考，了解贫困群众的满意度，以基层干部和贫困群众的所思所想作为提出意见建议的基础。五是在调研基础上深入研究问题、提炼思路。各个调研组每次调研结束前都要开会研讨，各组间也要进行交流研讨和成果会商，力求精准提出问题、提出精准建议、作出精准表述。

（三）**紧密结合自身建设推进专项民主监督工作**。民革坚持"硬抽人、抽硬人"的做法，安排优秀的干部、党员专家承担工作任务，同时注重发挥脱贫攻坚民主监督工作的教育意义，使参与工作的同志通过学习和实践感受中国共产党脱贫攻坚政策的英明正确，进一步强化坚持中国共产党领导的自觉性；学习贵州广大干部群众艰苦奋斗的精神和作风，思想上灵魂上得到提升；通过与贵州党委政府紧密配合开展脱贫攻坚工作，使民革组织各级干部参政议政能力、组织领导能力、合作共事能力得到锻炼。

三、认识体会

（一）**脱贫攻坚民主监督是提升多党合作制度效能的重要举措**。民主党派开展的脱贫攻坚民主监督，在制度设计上是具有原创性、独特性的重大举措。通过开创民主党派开展对脱贫攻坚的专项民主监督，不仅推动民主党派参与国家重大政治活动、为落实国家各项重大决策部署贡献力量，同时也推动地方党委政府和社会各方面更加了解和认同多党合作制度，使多党合作制度效能得到了进一步体现。

（二）**脱贫攻坚民主监督是推进国家治理体系和治理能力现代化的积极探索**。民主党派开展脱贫攻坚民主监督的实践充分体现了执政党对参政党进一步加强专项民主监督的高度重视。从 5 年实践来看，民主党派中央每年的年度监督报告提交以后，中共中央统战部都要牵头专门召开成果会商会，国务院扶贫办都要将监督意见转发对口省份整改落实，并作为国务院脱贫攻坚专项督查的重要依据。接受监督的地方党委政府，对民主党派的监督意见都给予高度重视，及时进行反馈和整改，实实在在推动了脱贫攻坚工作。民主党派专项民主监督的成功实践表明，其在国家监督体系中发挥了独特作用，也将在推进国家治理体系和治理能力现代化过程中发挥更大作用。

（三）脱贫攻坚民主监督是民主党派加强自身建设的重要载体和有效抓手。正如汪洋主席所指出，民主监督"既是监督别人、帮助别人、建言资政的过程，也是自我学习、自我提高、凝聚共识的过程"。参加脱贫攻坚民主监督工作，使民主党派成员能够深入了解乃至亲身参与执政党治国理政的过程，体会执政党对国家民族的高度使命感和推进重大决策部署的巨大执行力，增强坚持中国共产党领导的主动性和自觉性，是民主党派加强思想政治建设、培养锻炼成员干部的重要抓手。做好脱贫攻坚民主监督，将监督与帮扶相结合，也是民主党派做好参政议政和社会服务工作的重要推力。

四、对下一步开展专项民主监督工作的建议

（一）探索开展民主党派专项民主监督工作理论研究。专项民主监督的实践探索和理论研究对我国新型政党制度发展创新具有重要意义。建议请中共中央统战部牵头各民主党派，共同研究下一步民主党派专项民主监督工作开展的若干问题，从推动和促进新时代多党合作事业发展、制度创新的高度，着眼于将民主党派脱贫攻坚民主监督工作经验和探索成果制度化，积极探索开展相关理论研究。

（二）继续坚持业已经过实践检验的有效工作机制。要坚持中共中央的统一部署、统筹推进，各民主党派中央做到统一思想、统一步调，在同一任务目标考核体系下有序开展工作。在监督对象上，建议继续保持对口

监督的工作模式，使各民主党派中央监督对象相对固定，便于长期谋划和开展工作。在考核整改上，将各民主党派中央的监督意见及其整改情况纳入国家有关考核督查体系，以增强专项民主监督的制度效能；在业务指导上，参照国务院扶贫办在脱贫攻坚民主监督工作中发挥的作用，继续安排中央和国家机关有关部门作为专项民主监督的协调和指导单位，以增强专项民主监督的专业性和权威性；在联系协调上，强化接受监督对象有关地方党委政府与各民主党派中央的联系协调、协同保障机制，推动河长制等区域协调、管理保护机制与专项民主监督工作机制有效对接。

（三）**不断丰富和完善专项民主监督的形式和渠道**。在各民主党派开展脱贫攻坚民主监督工作过程中，广泛动员党派地方组织和成员专家参与工作、深入基层走访座谈掌握真实情况、通过多种形式掌握数据知情明政都是卓有成效的工作形式，特别是定点监测、驻村调研、问卷调查、抽样暗访等创新监督手段更是发挥了重要作用。建议开展有关工作培训，出台相关政策和保障措施，进一步鼓励各民主党派中央锻炼工作队伍、创新工作形式、增强工作实效，使专项民主监督成为各民主党派加强履职能力建设的一个重要抓手。

民革中央脱贫攻坚民主监督第一调研组
五年工作总结

　　开展脱贫攻坚民主监督工作，是中共中央赋予各民主党派中央的一项重大的政治任务。自 2016 年 6 月民革中央正式启动对口贵州省开展脱贫攻坚民主监督工作以来，先后印发了《民革中央脱贫攻坚民主监督工作方案》及实施意见，组成万鄂湘主席为组长的领导小组和六个工作组，建立了完善的监督工作机制和体系。民革湖北省委会积极响应民革中央号召，主动承担民革中央脱贫攻坚民主监督工作第一调研组牵头单位负责黔东南州脱贫攻坚民主监督工作。

　　五年来，在民革中央的坚强领导、民革贵州省委会的大力支持以及黔东南州委州政府、州委统战部、州扶贫办等部门的密切配合下，民革中央第一调研组始终坚持正确的政治方向，强化政治监督和责任担当，按照"寓监督于帮扶之中、寓帮扶于监督之中"工作方针和"帮忙不添乱"工作方法，采取调研座谈、实地考察、入户访谈等方式，深入一线调研，找准切入点、结合点、着力点，真监督、真帮扶、真建言，积极探索脱贫攻坚民主监督工作实效性，努力推进中央和贵州省扶贫政策落地生效，达到监督预期目的，取得可喜成效。

一、脱贫攻坚成效显著

　　黔东南州是贵州省脱贫攻坚的主战场，贫困人口多，贫困程度深，贫困面大，脱贫攻坚任务十分繁重和艰巨。2016 年以来，坚持精准扶贫精准脱贫基本方略，用好"五步工作法"，狠抓脱贫攻坚责任落实、政策落实和工作落实，全力确保按时高质量打赢脱贫攻坚战，取得了显著成绩。2016 年至 2019 年，全州贫困人口从 84.32 万人减少到 4.86 万人，凯里、丹寨、麻江、施秉、镇远、三穗、雷山 7 县市农村建档立卡贫困人口已全部脱贫；贫困发生率从全省最高的 21.69% 下降到 1.19%，累计下降 20.5个百分点；除从江、榕江两个深度贫困县计划 2020 年脱贫外，全州 15 个贫困县减少到 2 个；全州贫困村从 1853 个减少到 70 个，累计减少 1783个，其中深度贫困村从 1038 个减少到 65 个，累计减少 973 个。目前，从江、榕江两个深度贫困县，已通过州级贫困退出审查，并正式摘帽。全州农村居民人均纯收入从 2016 年的 7584 元增长到 2019 年的 10233 元，"两不愁三保障"等核心指标均达到脱贫标准，延续千年的绝对贫困问题得到了全面解决，与全国同步全面建成小康。

二、探索脱贫攻坚成功模式

黔东南州在脱贫攻坚战中探索出可复制可推广的经验和模式，得到中央、贵州省和当地群众的广泛认可。

（一）易地扶贫搬迁有全国示范效应。2019 年 4 月 12 日，全国易地扶贫搬迁后续扶持工作现场会在黔东南州召开，李克强总理作出重要批示，胡春华副总理出席并讲话。

（二）探索"两保一孤"人群保险工作。黔东南州瞄准兜底保障人员等重点贫困人口因病致贫返贫难题，在全省率先以州为单位创造性地开展了"两保一孤"人群保险工作，着力解决因病住院导致的收入减少，以及住院期间产生的陪护、生活费、往来路费等费用，由保险公司实行先行赔付。

（三）充分利用杭州市"组团式"东西协作帮扶模式，助推全州教育医疗事业发展。原省委书记孙志刚同志对此给予充分肯定。

（四）因地制宜探索贫困县差异化扶贫发展模式。剑河县探索"三个三"保险模式助推脱贫攻坚，并在全国率先探索出台建档立卡贫困群众慢性病兜底补助政策，在全省推广。台江县探索形成抓党建促脱贫"十攻略"，原省委书记孙志刚专门作出批示肯定做法。岑巩县探索产业扶贫"异地置业"模式，经验材料《岑巩县推行异地置业破解产业发展群众增收难题》印发全省学习借鉴。锦屏县探索农商联动"1+2＝6"扶贫模式。三穗县探索实践"五金"机制助力农村产业革命。榕江县探索社社联建模式助推信用社、合作社联合发展。麻江县探索以蓝莓为主的"农文旅"融合发展。丹寨县探索"四增到户"脱贫攻坚模式和"三个三"（三转、三育、三带）机制。施秉县实施脱贫攻坚"十个一"工程。黄平县创新"十户一体"抱团扶贫模式。

三、主要做法

（一）提高政治站位，加强统筹谋划，高位推进专项民主监督工作

民革湖北省委会高度重视民革中央脱贫攻坚民主监督工作，湖北省政协副主席、民革湖北省委会主委王红玲亲自担任第一调研组组长，作为一把手工程，举全省之力高位推进，责成机关职能部门配合，集中民革智慧，聘请党内外有关方面专家，积极参与监督调研，提出批评意见建议。每年根据民革中央年度监督工作计划和监督重点，组成精干高效调研组，主动谋划，定期开会研究，制定方案，精心筹备，组织实施。副组长由省委会专职副主委陈邦利担任，副主委张险峰、陶前功等多次前往黔东南州带队调研，结合每年脱贫攻坚工作实际，每年至少开展两次深度调研。五年来，民革中央第一调研组共赴黔东南州调研 10 次，走访黔东南州 1 市 15 个县、

72 个村，入户 108 户，召开会议 25 次，访谈县乡村干部 80 多人，考察 95 个产业项目和 26 个搬迁安置点，提出意见建议 48 条，受到当地政府和基层干部的肯定和好评，不少意见得到及时落实和改进，极大地促进了当地脱贫攻坚工作。

特别是，2019 年 7 月 25 日至 26 日，全国人大常委会副委员长、民革中央主席万鄂湘率队深入黔东南州开展脱贫攻坚民主监督调研，第一调研组组长王红玲陪同调研。万主席对黔东南州脱贫攻坚成效和第一调研组工作给予充分肯定。

（二）深入基层调研，提高监督实效，创新方式扎实开展监督工作

一是召开专题座谈会。调研组每次都要召开专题座谈会，分管副州长、相关州直各部门负责人、县主要领导参会。黔东南州和县分别汇报脱贫攻坚工作，调研组在听取完汇报后与相关部门充分探讨交流，了解黔东南州脱贫攻坚工作开展情况、遇到的问题和意见建议。

二是开展三级干部访谈。调研组每次调研都对县政府主要领导、乡镇主要领导、村书记进行了访谈，按照访谈提纲进行访谈，并填写访谈记录。每次一个主要议题，围绕"两不愁三保障"、产业扶贫、易地搬迁、东西部协作扶贫、脱贫攻坚与乡村振兴有效衔接等方面存在的困难和问题，与三级干部进行了充分的互动交流，调研组倾听基层一线扶贫干部的心声，收集了不少基础的意见和建议。

三是走访慰问贫困户。调研组每到一个县，都要走访贫困户 5—10 户，深入农户家访谈，并填写走访记录。详细询问贫困户脱贫与否，致贫原因，生产生活现状，享受到的政策、满意度以及具体帮扶措施等等，鼓励贫困户坚定信心，今后努力奔小康。

四是实地考察扶贫项目。调研组每次都要就产业扶贫项目和易地扶贫搬迁项目展开实地调研，填写考察记录。调研组详细了解产业发展和带领贫困户增收情况，易地搬迁安置情况，扶贫车间生产、就业、市场情况等。

五是创新监督形式，聚焦监督重点，提高民主监督实效。开展考察调研、提出意见建议、参与专项监督评估、加强日常联系、进行政策宣讲等是脱贫攻坚民主监督的主要形式。我们坚持问题导向、突出监督重点、与民主党派履职相结合，联合武汉大学、中南财经政法大学、湖北大学等高校专家组成的调研组，每次调研主要采取召开专题调研座谈会、深入贫困村入户访谈、考察扶贫产业、易地搬迁项目等形式，掌握第一手资料，查实情、找问题、提建议，调研后及时形成调研报告反馈给黔东南州，并报给民革中央。

（三）发挥"直通车"政治优势，坚持脱贫问题导向，积极建言献策

调研组每次调研邀请相关专家参加，带着对人民真情，踏着泥土芬芳，手握真实数据，靠调研发声和监督发力，发现问题精准。我们提出的建议专业性强，建议实，针对性强，受到了黔东南州领导充分肯定。同时，我们调研组在监督调研中被扶贫斗争精神所感动和受教育，也是民主党派参与社会实践生动思想政治教育课。

五年来，第一调研组撰写了 10 份调研报告，提出监督性建议 48 条，涉及扶贫立法、产业扶贫、精神扶贫、少数民族文化保护、深度贫困地区扶贫发展、扶贫作风建设和形式主义、防止贫困户脱贫返贫、脱贫攻坚有关问题风险机制、脱贫攻坚与乡村振兴有效衔接、防范新冠肺炎疫情影响等事关全局性建议，如建议国家尽快出台《扶贫法》，为依法扶贫提供法治保障；完善政策性农业保险制度，助力脱贫攻坚农业产业发展；聚焦深度贫困地区，着力补齐"两不愁三保障"短板；完善顶层设计和保障措施，研究和破解易地扶贫搬迁后续遗留问题；进一步加大政策扶持力度，探索多样化的生态补偿机制；完善东西部扶贫工作机制，深入推进东西部扶贫协作各项工作；支持黔东南建立全国少数民族健康产业大市场、中医药大市场和物流中心；探索建立"2020后"时期稳定脱贫的长效机制；建立"平战结合"脱贫后过渡期政策衔接机制；建立新冠肺炎疫情风险预警监测机制；建议中央设立国家中西部少数民族深度贫困地区产业扶贫基础夯实重大工程；建议国家给予中西部少数民族深度贫困地区差别化的产业政策；建议设立国家中西部农村贫困地区基础设施建设与管护重大攻坚计划；建议实施西部少数民族贫困地区人才培养工程提升计划；建议国家发改委和扶贫办将黔东南州纳入"光伏扶贫"试点区；讲好扶贫扶志扶智故事等。上述一些建议上报民革中央，有的受到国家领导人批示。此外，我们还建议贵州省设立农产品精深加工扶贫专项资金、尽快出台《贵州省委省人民政府关于加快推进农产品品牌建设的指导意见》、建议贵州省实施包括产业扶贫在内的脱贫攻坚人才建设工程等。

四、工作体会与经验

（一）坚持中国共产党的领导，把握正确监督方向是开展好工作的前提。民主党派开展脱贫攻坚民主监督工作始终做到坚持中国共产党的领导，把握正确的监督方向，这是政治原则，也是政治规矩。民主党派脱贫攻坚民主监督有别于纪律监督、政府监督、社会监督和第三方评估等，是来自参政党的监督，性质属政治监督，本质是协商式监督，是工作的支持，既严肃认真做好监督者，更亲力亲为做好支持者、维护者、实践者、推动者。在具体工作中全面落实习近平总书记对民主党派履职提出的"三好""四有"要求。

（二）坚持沟通凝聚共识，争取当地党委的领导和支持是做好工作的

基础。黔东南州是贵州省唯一没有民革组织的地区，地方党委的领导、支持和配合是开展好脱贫攻坚民主监督工作有力组织保障。建立常态化协商沟通机制，保持良好的工作环境和氛围十分重要，可以说，五年来，我们与黔东南州结下深厚情谊，相互理解、相互支持、相互帮助，特别是疫情期间，黔东南州政府派员专门送农产品到鄂州支持抗疫传为佳话。民主党派作为监督方要争取中共党委的领导同时，更要加强与被监督方的工作联系，明确责任主体、监督对象及政治任务，形成党委重视、政府支持、党派参与、部门配合的民主监督工作格局。根据"五个一批"政策推进，找准监督的切入点，做到中共的工作部署到哪里，民主党派的监督就跟进到哪里，工作力量就汇聚到哪里。

（三）**坚持问题和结果导向，确定监督重点是开展好工作的关键**。根据每年民革中央民主监督工作安排和贵州省脱贫攻坚工作任务推进重点，深入学习贯彻习近平总书记关于扶贫思想论述及中央有关脱贫攻坚新政策、新精神、新进展，将此作为开展好脱贫攻坚民主监督工作的重点切入点，选准主体，开展深入调研，不走老路，每年确定一个新的调研主题再去开展工作，画好靶子再射箭。如 2016 年关注精准识别、2017 年聚焦深度贫困地区、2018 年加强扶贫领域作风建设、2019 年"两不愁三保障"突出问题、2020 年脱贫攻坚成果巩固与乡村振兴战略实施有效衔接等问题。

（四）**坚持高位推进组织体系，压实政治责任是开展好工作的重要保障**。五年来工作实践，我们积极探索专项民主监督工作规律性和工作方法。领导力就是主要生产力。自开展脱贫攻坚民主监督开展以来，成立了高规格的组织领导体系，高位推进，压实责任、形成合力。王红玲组长先后参加民革中央 2 次工作小组会议和 1 次工作座谈会议，并多次参与黔东南州调研工作。陈邦利专职副主委也多次前往黔东南州参与调研，调研组多次邀请相关部门领导和专家参与调研。在实践中，我们摸索出行之有效的五步工作法，即：组织强（领导挂帅、专家水平高），主题明（监督重点突出鲜明），调研深（查摆问），问题准（精准），建言实（不虚功）。

（五）坚持寓监督于帮扶之中，推动民主监督工作与参政议政工作相互促进。"三农"是民革参政议政工作的三大重点领域之一，开展脱贫攻坚民主监督工作很好地将该项工作与民革"三农"领域地参政议政工作结合起来，民革"三农"专家团队能为脱贫攻坚民主监督工作献计出力，脱贫攻坚民主监督工作中总结的经验、发现的问题，又能够为"三农"领域的参政议政提供素材。二者是相辅相成，相互促进的。

五、对下一步民主监督工作的建议

（一）建议中央统战部牵头召开各民主党派中央脱贫攻坚民主监督总结表彰大会。民革中央总结五年来贵州脱贫攻坚民主监督工作的实践经验，挖掘其理论和现实意义。通过表彰先进，大力宣传扶贫故事和脱贫成果，努力营造我国民主党派参与国家重大战略实施履行民主监督职能的良好政治氛围。

（二）建议建立常态化民主监督工作机制。要从国家治理现代化以及多党合作和协商民主制度建设的高度，立足国家战略实施，围绕重大国计民生问题，开展常态化专项民主监督工作，并形成工作机制和国家制度安排。

（三）建议党中央、国务院发文《支持各民主党派中央开展专项民主监督工作的若干意见》，要求各级党委、政府予以重视。建立与相关部门的专题会商制度和信息反馈机制，互通情况，了解专项监督工作进展和整改落实情况，协商解决问题的办法，真正做到知政出力，使监督工作切实不表面。通过政策、文件、制度等来保证民主监督工作不流于形式。

（四）建议建立国家民主监督专家智库，加大培训力度，提高监督能力。专项民主监督工作性质是政治监督，既要强调专业性更要强调政治性，绝不是是一般意义上监督（舆论、纪律等），因此，加强对参与民主监督工作的专家定期进行业务学习与培训，发挥专家团队作用，增强监督有效性和针对性十分必要。

（五）建议加强我国民主监督理论研究，推动专项民主监督工作实践。要进一步总结经验，构建后疫情时代返贫监测机制和巩固脱贫成果与乡村振兴有效衔接机制，积极探索民主党派参与民主监督工作的新机制、新方法、新手段，把民主监督与参政议政、社会服务等职能有机结合起来，不断提高监督实效，为我国"十四五"规划的实施贡献民主党派的力量和智慧。

民革中央脱贫攻坚民主监督第二调研组
五年工作总结

为贯彻落实《中共中央、国务院关于打赢脱贫攻坚战的决定》，参与统一战线凝心聚力"十三五"行动，根据中央统战部、国务院扶贫开发领导小组办公室《关于支持各民主党派中央开展脱贫攻坚民主监督工作的实施方案》，民革中央于 2016 年 9 月制定了《民革中央开展脱贫攻坚民主监督工作方案》并组建了 6 个脱贫攻坚民主监督调研组，在贵州省除毕节、黔西南两地和省会贵阳市之外的其他 6 个市州开展调研和民主监督工作。

自 2016 年以来，民革中央脱贫攻坚第二调研组严格按照民革中央每年关于脱贫攻坚民主监督工作的计划安排和重点内容，负责对贵州省六盘水市开展日常调查研究和脱贫攻坚民主监督工作。现将 5 年来的工作总结如下。

一、脱贫攻坚民主监督工作开展情况

（一）把握政治引领，强化政治监督。对标对表习近平总书记对脱贫攻坚的重要指示和中共中央关于脱贫攻坚的重大决策部署，从三个层面强化对六盘水市脱贫攻坚的政治监督。一是全市上下把脱贫攻坚作为头等大事和第一民生工程的政治任务落实情况，二是坚持尽锐出战，确保久久为功的全面部署情况，三是"下足绣花功夫"，做深做实做细脱贫攻坚的工作举措情况。

（二）突出问题导向，深入调查研究。第二调研组始终坚持以推动中央和贵州省脱贫攻坚各项决策部署在六盘水市的落实落地为核心，以帮助六盘水市党委政府发现问题、解决问题为工作的出发点和落脚点，通过现场考察产业发展、易地扶贫搬迁、查阅工作台账、开展问卷调查、走访贫困群众、访谈扶贫干部、进行座谈交流等多种形式开展调研和民主监督。2016 年 9 月以来调研组先后 9 次赴六盘水市，深入 4 个区县的 20 个乡镇、23 个贫困村、8 个产业园、7 个易扶搬迁点、3 个农民专业合作社，访谈县区党委和相关职能部门主要负责人 36 人（次）、基层干部 40 余人（次），走访群众 300 余户，发放调查问卷 200 余份，在 2 个村开展驻村调研，建立监测点 2 个，先后围绕"两不愁三保障"主题，调研督导政策的制定、执行和落实；围绕"搬得出、稳得住、能致富"主题，调研督导易地扶贫搬迁工程的实施；围绕"产业支撑、产业致富"主题，调研督导扶贫产业的发展情况及脱贫摘帽的实绩实效。围绕医疗、教育、兜底等民生保障主题，调研督导脱贫攻坚各项政策措施落地落实。

（三）发挥智力优势，精准建言献策。第二调研组紧扣六盘水市脱贫摘帽达标短板、城乡二元差异大城镇化水平较低导致城乡要素流通不畅、部分贫困群众脱贫内生动力不足、加强人才培训，盘活人力资源、产业发展多样化和个性化相结合等环节进行重点关注和监督，并针对这些问题深入开展调研，聚焦加大政策支持优化政策设计、继续加大产业培育、乡村振兴与脱贫攻坚有机衔接、加强志智双扶等提出意见建议 20 余条，与六盘水市党委政府共同协商研究，明确工作方向、制定工作方法、落实工作举措、确保工作实效。我们向六盘水市提出的改善薄弱地区基础建设、做大做强扶贫产业、整合资金提高使用效率、防范并逐步化解债务风险等几条意见建议推动了六盘水市相关政策举措的落实落地，为脱贫攻坚取得全胜提供了重要智力支持。

（四）开展真情帮扶，助力地方发展。第二调研组按照民革中央"寓帮扶于监督之中，寓监督于帮扶之中"的要求，发挥资源优势，结合六盘水实际做实帮扶工作。针对六盘水市独特的地貌自然特征、优良的生态气候环境，引进了四川 318 集团投资近 2 亿元建立六枝 318 浪哨缘房车营地，助推当地旅游产业发展，带动当地农民增收致富。邀请六盘水市有关部门来川考察交流，赴成都市郫都区、崇州市及自贡市等多地深入了解学习当地产业发展、美丽乡村建设等工作经验。引领六盘水市到同为三线建设发展起来的能源型工业城市攀枝花考察其康养立业发展情况，现场深入学习了解"百里钢城"如何变为"阳光康养之都"的成功经验，为六盘水市拓宽产业转型发展思路提供了有益借鉴。先后招收 10 名六盘水市乡村英语女教师到四川中山学院进行一年的免费培训，促进当地教师教学能力的提升。

在 5 年来的民主监督和有关调研工作中，我们亲历和见证了六盘水市 3 个国家扶贫开发重点县（六枝特区、盘州市、水城县）和 1 个贵州省扶贫开发重点县（中山区）相继脱贫摘帽，全市由 2014 年建档立卡时的 615 个贫困村、60.37 万贫困人口到现在的贫困村全部出列、贫困人口全部消除、率先在乌蒙山区实现市域整体脱贫的整个历程。我们认为，六盘水市紧紧围绕党中央、国务院和贵州省省委省政府的重大决策部署，把脱贫攻坚作为最大的政治责任、最大的民生工程、最大的发展机遇，调动一切力量、集中一切资源戮力攻坚，压紧压实政治责任、精准做实政策设计、抓细抓实攻坚举措、落实落地攻坚目标，较好地完成了各项脱贫目标任务，为实现全面小康夯实了基础。

二、脱贫攻坚民主监督工作的主要做法和体会

（一）**坚持政治站位，巩固多党合作思想基础**。民主监督的过程就是各民主党派在中国共产党领导下围绕同一个目标增进共识、共同奋斗的过程。第二调研组在六盘水市开展民主监督的过程中，认真学习、深刻领会习近平总书记对脱贫攻坚的重要论述和中共中央关于脱贫攻坚的重大决策部署，始终牢牢把握"协助党委政府如期打赢脱贫攻坚战"这一根本目标，肩负起"好参谋、好帮手、好同事"的责任担当，根据六盘水市脱贫攻坚战阶段性任务不断调整监督重点，从六盘水市把脱贫攻坚作为头等大事和第一民生工程的政治任务落实情况、尽锐出战久久为功全面部署情况、"下足绣花功夫"做深做实做细脱贫攻坚的工作举措情况等三个方面持续强化民主监督，对脱贫攻坚这一重大战略部署的理解和认同也随着脱贫攻坚民主监督工作的推进不断深化，充分体现了中国特色社会主义政治制度和新型政党制度凝聚共识谋大事、集中力量办大事的优势，也进一步增强了民革坚持中国共产党领导、坚定维护我国新型政党制度的决心和信心。

（二）**广泛凝聚人心，彰显多党合作制度优势**。脱贫攻坚民主监督是新形势下彰显多党合作制度优势、丰富发展民主监督内容的一项创新举措。民主党派作为中国共产党领导的统一战线中的重要力量，智力密集、人才荟萃、视角独特，由民主党派开展的民主监督具有层次较高、范围广泛、形式灵活的特点，具有较广泛的代表性。第二调研组在开展脱贫攻坚民主监督的五年里，广泛组织党内各界别代表人士和骨干来到六盘水市，亲眼目睹了贫困地区翻天覆地的变化，亲耳聆听了贫困群众对中国共产党和政府的高度评价，亲自体察了广大扶贫干部的巨大付出，亲身感受了贫困群众的艰辛不易，受到了深刻的思想教育。同时通过他们在走访和座谈过程中开展广泛的脱贫攻坚及脱贫攻坚民主监督工作的宣讲、宣传，努力讲好

中国共产党领导的脱贫事业伟大故事，充分彰显了多党合作的制度优势。

（三）深入调查研究，丰富多党合作建言成果。脱贫攻坚民主监督，为民主党派开展建言献策、履行参政议政职能提供了新的路径。这项工作目标明、时间长、责任重，有利于民主党派在一段时期内集中智慧和力量做好一个专项工作。第二调研组对六盘水市开展脱贫攻坚民主监督以来，在长期实践中调查研究能力逐步提升，建言献策的形式、内容和方法不断完善。我们向六盘水提出的改善薄弱地区基础建设、做大做强扶贫产业、整合资金提高使用效率、防范并逐步化解债务风险等小系列意见建议推动了六盘水市相关政策举转措的落实落地，为脱贫攻坚取得全胜提供了智力支持。

三、对下一步民主党派开展专项民主监督工作的建议。

（一）深入总结经验，建立制度机制。认真总结5年来民主党派参与脱贫攻坚民主监督所取得的成就和经验，探索建立民主党派开展民主监督工作规范化、常态化、制度化的制度机制，在条件成熟时可研究制定民主党派民主监督工作条例，对民主监督的主要对象、适用范围、方式方法、时间周期、监督成果等出台工作细则，更好地指导和规范民主监督的开展和运行。

（二）加强自身建设，适应工作需要。围绕党的中心工作开展民主监督是新型政党制度赋予民主党派的新的历史责任，要求我们民主党派必须加强自身建设，提高开展民主监督的政治素养、理论水平和工作能力。一是明确职能职责。根据工作需要，在党派职能部门或专委会中明确开展民主监督工作的职能职责。二是建立民主监督人才队伍。在职能部门或专委会的牵头组织下，根据专项监督工作的需要，汇聚党派内的专业知识分子组成专兼职的民主监督人才队伍。三是加强民主监督工作的培训。在开展民主监督工作专项培训的同时，在民主党派各级名类的人才培训中，增民主监督工作的课程内容和实践。

（三）围绕中心工作，明确监督重点。紧紧围绕中共中央的重大决策部署和国家重要发展战略，找准切入点，抓住关键环节，在党的坚强领导下，积极有效地开展民主党派民主监督工作，如：围绕社会法制建设、生态环境保护、金融风险防控、乡村振兴战略等方面开展专项民主监督工作。

民革中央脱贫攻坚民主监督第三调研组
五年工作总结

自 2016 年民革中央脱贫攻坚民主监督工作启动以来，第三调研组在民革中央脱贫攻坚民主监督领导小组的领导下，按照万鄂湘主席"寓监督于帮扶之中，寓帮扶于监督之中"的要求，通过与遵义市政府召开座谈会，深入各县（市、区）产业扶贫项目、易地扶贫搬迁安置点调研，走访贫困户，访谈县、乡、村三级干部，发放问卷调查等方式开展民主监督，在查找问题的同时，帮助总结提炼脱贫攻坚工作经验，与基层干部共商脱贫致富之策，助力遵义市打赢脱贫攻坚战，圆满完成民革中央交办的脱贫攻坚民主监督工作任务。

一、遵义市开展脱贫攻坚工作总体情况

据调研组了解，遵义市 2014 年建档立卡时，全市共有 8 个贫困县。其中，国家级贫困县 4 个（务川县、正安县、道真县、习水县），乌蒙山、武陵山片区贫困县 4 个（桐梓县、凤冈县、湄潭县、赤水市），871 个贫困村，92.22 万贫困人口，贫困发生率为 13.75%。近年来，遵义市在中共中央和中共贵州省委、省政府的领导下，坚持精准扶贫精准脱贫基本方略，以脱贫攻坚统揽经济社会发展大局，深入实施大扶贫战略行动，聚焦解决"两不愁三保障"突出问题，举全市之力、尽锐出战，高质量打好脱贫攻坚产业扶贫、基础调研建设、易地扶贫搬迁、教育医疗住房保障"四场硬

仗", 书写了遵义在全省率先实现全面脱贫、精彩脱贫的"时代答卷"。2016 年底赤水市率先在全省 66 个贫困县中脱贫摘帽, 2017 年桐梓县、习水县、湄潭县、凤冈县 4 个县脱贫摘帽, 2018 年务川自治县、道真自治县脱贫摘帽, 2019 年深度贫困县正安县脱贫摘帽。截至 2019 年底, 遵义市实现 8 个贫困县全部摘帽、871 个贫困村全部出列, 92.22 万建档立卡贫困人口全部脱贫, 贫困发生率下降到 0%, 革命老区彻底撕掉了千百年来绝对贫困的标签。

调研组认为, 全市发扬敢想敢干的"遵义精神", 大力弘扬深耕细作的"工匠精神", 各级党委、政府领导干部以身作则、率先垂范、起到了模范带头作用; 干部群众思想统一、信心坚定、扎根基层、主动参与、措施有力、众志成城, 探索出了赤水市"九不"增"九感""八个机制创新"等扶贫、减贫、脱贫工作经验, 其中, "划分战区、成立指挥部"的"遵义战法"在这场脱贫攻坚战中得到精彩演绎。

二、脱贫攻坚民主监督工作开展情况

五年来, 由民革重庆市委原副主委、西南大学资源环境学院博士生导师谢德体, 民革中央宣传部副部长蔡永飞, 民革浙江省委专职副主委计时华、刘净非任组长, 遵义市人大常委会副主任、民革市委主委朱庆跃任副组长的民革中央脱贫攻坚民主监督第三调研组, 根据《民革中央开展脱贫攻坚民主监督工作方案》要求, 坚持每年赴遵义市 2 次开展脱贫攻坚民主监督。调研组先后同遵义市委、市政府及有关职能部门召开座谈会 9 次, 了解全市各个阶段脱贫攻坚工作, 先后 9 次深入遵义市 15 个县市区(贫困县 8 个, 非贫困县 7 个)33 个乡镇开展调研, 走访贫困家庭 86 户, 发放调查问卷 1100 份, 访谈县级干部 37 人次、乡镇干部 72 人次、村干部 72 人次, 访问产业项目负责人和村民 216 人次, 实现民主监督全覆盖。第三调研组深入产业扶贫项目、易地扶贫搬迁安置点调研，走访贫困户，面对面倾听群众心声，关注贫困家庭生产生活状况，了解"两不愁三保障"、新冠疫情对脱贫攻坚影响、东西部扶贫协作、产业扶贫效果、过渡期有关政策的延续和退出等情况，发现存在上级检查多、填报资料多、脱贫标准不统一、贫困县和非贫困县扶贫政策差距较大、基层干部发展产业积极性不高等问题，形成调研报告9篇，向中央、省、市级层面提出意见建议60余条，采纳落实率达80%以上。

五年调研大事记如下：

1. 2016年11月2—3日，调研组组长谢德体、蔡永飞、计时华，副组长朱庆跃带领组员李光全、余德平、黄勇、张鸿翔、王恩泽、郑翔前往湄潭、凤冈，对万亩茶海脱贫产业项目进行考察，后分两路开展调研。组长谢德体、蔡永飞同志率队前往湄潭县，在永兴镇分水村，与干部群众进行座谈；到分水村村民娄方品、颜克华家中进行走访，详细询问了解贫困户家庭生活情况，以及政府有关帮扶措施；赴湄江街道金花村调研农村产权制度改革和旅游脱贫产业发展，前往兴隆镇龙凤村、田家村调研新农村建设，实地考察了湄潭县脱贫攻坚取得的成效。组长计时华同志率队前往凤冈县与干部群众座谈，到贫困户郭兴敏家走访，了解临江村精准扶贫工作实际情况；赴凤冈县龙滩口集团肉牛标准养殖示范点和凤冈县茶海之心"东有龙井·西有凤冈"茶旅一体示范园区进行考察，了解凤冈县以茶叶、肉牛等为代表的扶贫产业发展情况和取得的成效。

2. 2017年6月12—14日，调研组张长宏、黄东兵、姚红艳、徐秋岩、余德平、李光全、艾岩、郑翔、万亿与遵义市政府召开座谈会，听取2017年上半年脱贫攻坚工作开展情况介绍，并赴湄潭县复兴镇随阳山村、桐梓县马鬃乡龙台村进村入户实地调研。

3．2017 年 8 月 27—30 日，调研组组长谢德体、副组长朱庆跃带领组员余德平、刘启仁、姚红艳、李剑、李光全、艾岩、郑翔、刘晨先后深入正安县瑞溪镇木盆寺村、习水县良村镇大安村、赤水市大同镇华平村，进村入户实地调查，同时，调研了脱贫攻坚产业扶贫企业正安县神曲乐器制造公司、贝加尔乐器有限公司、习水县嘉荣牧业有限公司、希望集团德康牧业，赤水市大同镇林下生态乌骨鸡养殖场、华平村旅游停车场扶贫项目等产业扶贫企业，并分别在三县市召开调研座谈会，听取有关职能部门负责人脱贫攻坚工作情况介绍。

4．2018 年 5 月 22—24 日，调研组组长谢德体、蔡永飞，副组长朱庆跃带领组员陈晓恒、文西屏、冉隆仲、李光全、艾岩、郑翔、刘晨、罗维勇先后深入务川县石朝乡京竹村，凤冈县永安镇田坝村、龙泉镇柏梓村贫困户家中，重点了解致贫原因、帮扶措施、产业发展、扶贫政策落实情况，了解住房危险危房改造实施、因病致贫医疗保障、因学致贫子女就学等帮扶措施落实情况。深入务川自治县山青社区移民安置点、凤冈县龙泉镇凤翔社区易地扶贫搬迁安置点调研易地扶贫搬迁工作，听取安置点社区负责人情况介绍，走访移民搬迁安置户，了解搬迁户生活和就业等情况，深入务川自治县甘禾村蔬菜种植基地，凤冈县秀姑茶叶有限公司、茶海之心调研，了解扶贫产业带动贫困户增收情况。

5．2018 年 9 月 17—19 日，调研组组长谢德体、蔡永飞、刘净非，副组长朱庆跃带领组员邓文淼、文西屏、陈晓恒、李光全、艾岩、刘启仁、郑翔、刘晨、罗维勇与遵义市政府召开座谈会，听取当前遵义市脱贫攻坚工作开展情况介绍，并赴道真仡佬族苗族自治县阳溪镇、上坝土家族乡移民安置点，正安县和溪镇马鞍村、安场镇瑞濠村移民安置点等地，入户实地调研，并与县、镇、村有关负责人进行单独访谈。

6．2019年4月22—25日，调研组组长谢德体、蔡永飞，副组长朱庆跃带领组员黄东兵、文西屏、刘金伟、罗江红、李光全、艾岩、田维燕、罗维勇与遵义市政府及有关部门召开调研座谈会，听取脱贫攻坚工作开展情况介绍，并赴贵州深度贫困县正安县瑞濠易地扶贫搬迁点、格林镇永长村，非贫困县绥阳县经开区易地扶贫搬迁点、温泉镇公平村，已脱贫摘帽县（市）赤水市两河口镇黎明村等地，进行入户实地调查，同时还考察了脱贫产业项目。

7．2019年8月7—9日，调研组组长谢德体、蔡永飞、刘净非，副组长朱庆跃带领组员黄东兵、李剑、陈晓恒、李光全、潘双迪、刘晨、罗维勇与遵义市政府及有关部门召开调研座谈会，听取脱贫攻坚工作情况介绍，并赴深度贫困县正安县神曲乐器制造有限公司、台湾产业园、芙蓉江镇集体经济项目、芙蓉江镇龙泉村，非贫困县余庆县松烟镇二龙村万亩茶园、凤香苑茶业有限责任公司、松烟镇二龙村等地，针对“两不愁三保障”等突出问题，进村入户调查，现场调研扶贫产业项目、易地扶贫搬迁集中安置点，访谈县镇村三级干部等。

8．2020年5月29日—6月2日，调研组组长谢德体、蔡永飞、刘净非，副组长朱庆跃带领组员陈前林、徐秋岩、李剑、温赢、李光全、杨琴、田维燕、刘晨、罗维勇与遵义市政府召开座谈会，听取2020年上半年脱贫攻坚工作开展情况介绍，并赴余庆县、道真自治县、播州区走访易地扶贫搬迁安置点，驻村入户实地调查，考察脱贫产业项目。

9．2020年9月27—29日，调研组组长谢德体、蔡永飞、刘净非，副组长朱庆跃带领组员陈前林、於忠祥、文西屏、李光全、张鸿翔、杨琴、田维燕赴遵义市湄潭县、凤冈县调研。先后赴湄潭县兴隆镇庙塘坝村欧标茶园、潘家桥易地搬迁安置点、黄家坝官堰坝区香葱交易市场，凤冈县凤翔社区、崇心村、田坝、星丝路生物科技有限公司、凤冈县大宗茶精致拼配中心等走访了解易地搬迁安置点、村集体经济、生产经营企业、东西部产业扶贫项目，入户访谈贫困户和移民搬迁户，全面准确评估脱贫攻坚质量及稳定性、精准脱贫政策过渡期相关政策的延续和退出。调研组对湄潭县、凤冈县、镇、村三级干部进行了访谈，深入了解产业扶贫项目的市场前景、主要风险、贫困群众的实际参与度；易地搬迁安置点的入住进度、公共服务、社会管理机构的建立、安置点群众的就业和收入；目前贫困发生率、对脱贫人口的动态监测措施、返贫比例、疫情对脱贫攻坚的影响；脱贫攻坚取得决定性胜利的主要经验；

三、调研组提出的主要意见建议

（一）多措并举巩固脱贫成果。一是强化政策支持，加大对贫困地区精准扶贫财政倾斜力度，制定脱贫攻坚政策"差异化退出"机制，确保3-5年内现有扶贫政策的总体稳定。根据经济社会发展程度，从国家顶层设计建立起与我国经济水平相适应的教育、医疗保障体系，从根本解决因学因病致贫问题；二是集中安置与分散安置有机结合，稳步推进易地扶贫搬迁工作。根据实际，尊重贫困户意愿，提供就近镇、村所在地安置、投亲靠友安置等选择方式，分解集中安置压力。加强集中安置社区管理，增加就业岗位，做好配套服务；三是加快农村产业发展，坚持因地制宜推进农村产业结构战略性调整，创新完善利益联结机制，加大对贫困户职业技能培训力度，注重从农民中培养致富带头人。同时，千方百计增强产业扶贫的实际效果，推广"政府列单、农户点餐"的精准扶贫超市模式，统筹考虑和安排农业生产、供应和销售活动，完善对扶贫企业的筛选机制，加强对参与产业扶贫企业的监管，统筹协调保险公司开展农副产品价格波动类保险业务；四是进一步挖掘东西部扶贫协作潜力，引导东部优质资源向中西部地区流动，打通国内大循环通道，并建议借鉴浙江、江苏等地与国外大学创办中外合作大学的经验，恢复重建浙江大学遵义（湄潭）校区；五是要注意激发脱贫内生动力，创新用好新时代农民讲习所、村民大会、群众会、坝坝会等载体宣传和贯彻扶贫政策，进一步加大扶贫经验推广，讲好脱贫攻坚的中国故事。

（二）推进全面脱贫与乡村振兴有效衔接。对相对落后农村地区的扶持政策要适时调整导向，坚持普惠性、发展性政策为主，扶持性、补助性政策为辅。在部分脱贫攻坚政策不退出的同时，淡化贫困户与非贫困户、贫困县与非贫困县之间的区别，使扶持政策更多地向壮大村集体经济、支持农村基础设施建设、提升乡村公共服务水平方面倾斜，通过区域发展带动群众生活水平提高。

（三）严管与厚爱相结合，实实在在为一线干部降压、减负。调研组通过民革遵义市委以在市政协大会发言方式向党委、政府提出"强化基层党组织的示范引领作用；加强基层干部培训，发挥致富带头人作用；建立激励机制，解决干与不干一个样的问题；破解发展产业前期资金筹措难和项目资金使用难的问题；建立完善考评机制和容错纠错机制"五个方面的建议，中共遵义市委常委领导领衔督办解决。同时建议减少基层表格填报，统一脱贫标准，不重复检查、不多头检查，工作不折腾，切实减轻基层干部负担。

（四）严控债务风险，努力化解地方政府债务。强化对地方的政策支持和资金保障，通过延长还贷时间、降低利率等措施以支持地方脱贫攻坚工作，严禁上形象工程、面子工程、政绩工程。

（五）强化资源优势，积极探索生态发展新路子。针对遵义部分发电企业不能满负荷生产，造成资源和资产浪费问题，向国务院建议同意贵州和有"西电东送"任务的省份在电力资源丰富的地区实施留存电量政策，用于支持当地工业经济发展，帮助地方政府缓解财政压力，解决社会和民生领域急需解决的问题。同时，建议国家发改委关心支持遵义铁路建设，把泸州至遵义高铁、遵义至铜仁铁路纳入国家"十四五"规划，力争项目尽早开工建设，推动沿线旅游发展。

四、工作经验

（一）争取地方党委政府的支持，为工作开展提供组织保障。在调研组与中共遵义市委、市政府共同努力下，2016年11月，遵义市率先在全省成立了以市委副书记、市长任组长的"协助民革中央开展脱贫攻坚民主监督工作领导小组"，要求各相关部门和县市区全力配合民革中央脱贫攻坚民主监督工作，为工作开展提供强有力的组织保障。遵义市这一做法，为全省开展好脱贫攻坚民主监督提供了参考。2017年4月，中共贵州省委办公厅、贵州省人民政府办公厅联合印发《关于配合民革中央做好脱贫攻坚民主监督工作的通知》，在全省各级形成了积极支持民革中央开展脱贫攻坚民主监督工作的良好氛围。

（二）明确监督目标原则，全力助推遵义发展。按照万鄂湘主席"寓监督于帮扶之中，寓帮扶于监督之中"要求，调研组先后邀请中植集团高管团队、318房车集团和北京水木九天科技公司，到遵义与市政府召开项目推介会和实地调研，促成总投资55亿4个项目（投资3亿的318房车营地项目落户习水县，投资38亿的"花舞遵义·欢乐小镇"项目落户汇川区，投资8亿的茶旅一体项目落户湄潭县，投资6亿的水本九天辣椒产业项目落户新蒲新区）落户遵义；充分发挥组内成员专业技术和联系广泛优势，帮助贫困山区发展蜜蜂、生态鸡养殖，食用菌、生态水果种植。调研组在务川、道真、正安等深度贫困县调研，经常被贫困家庭顽强拼搏、积极向上的心态和充满正能量的语言感动，纷纷伸出援助之手；在身患疾病的贫困户家中，朱庆跃副组长现场联系医生，并支付药费。通过用心、用情的帮扶，让民主监督调研真正与当地脱贫攻坚融为一体。

（三）围绕地方经济社会发展参大政议大事。**一是**全力助推赤水河生态经济示范区创建。在民革中央和云贵川三省政协共同主办下，已连续5年在流域地区召开工作推进会，齐续春同志两次出席会议、郑建邦同志三次出席会议并率队调研，三省四市共同保护赤水河流域共识进一步深化，流域沿线生态环境逐步向好，生态经济稳步发展，为全国跨省流域生态文明建设进行了一次有益探索；**二是**助推遵义教育发展。2016年底调研组组长蔡永飞同志一篇"建议恢复重建浙江大学湄潭校区"的文章，引起社会广泛关注，李惠东副主席到湄潭专题调研，并以民革遵义市委会的名义向中共市委提出"恢复重建浙江大学遵义（湄潭）校区的建议"，2017年12月中共遵义市委常委会决定采纳建议，并成立工作专班推进，形成了良好的社会影响；**三是**起草"泸州至遵义、遵义至铜仁高铁纳入国家"十四五"规划"和"发挥电力资源优势，加快贵州工业发展"2个专题报告，帮助呼吁解决遵义高铁路网建设滞后和电力制约工业发展等问题。

（四）充分发挥民革地方组织优势开展定点监督。民革遵义市委作为第三调研组的桥梁和纽带，把脱贫攻坚民主监督工作与全市民革组织社会服务、参政议政有机结合起来，在市委会定点帮扶的3个县市区（正安县、仁怀市、播州区）4个乡镇13个村建立民主监督监测点，通过对每一个监测点进行定点监测，分析样本，把原本阶段性的工作变为日常工作，探索出了一条"以点带面、由表及里"的脱贫攻坚民主监督之路。

例如：遵义民革第五支部自2017年起，持续帮扶遵义市红花岗区松林镇黄钟村残疾特困户孙忠海一家（孙忠海当时已瘫痪在家十余年）。支部通过帮扶发展蜂糖李产业，每年送两头猪仔，每年开展三次以上慰问等方式，帮助该户于 2018 年脱贫出列。虽然已脱贫，但脱贫不脱帮扶，支部帮扶还将持续开展下去。

遵义民革第八支部自 2018 年至今，持续跟踪帮扶火石镇团山村特困无房户刘富明一家。刘富明全家 7 人每月收入 2000 元（妻子是盲人，五个孩子），全家挤在一间快要倒塌的危房里，生活之疾苦常人无法想象。通过支部两年多持续跟进，与当地党委政府座谈，为该户在仁怀市区凤凰平安小区争取到了一套 140 平方米的安置新房，支部仍坚持每年回访帮扶。

以上这两个例子，是遵义民革基层组织把民主监督与社会服务工作结合起来的典型代表，民革组织所做的工作在当地传为佳话。

五、工作体会

（一）必须坚持中国共产党领导，把握正确监督方向

民主党派民主监督有别于纪律监督、政府监督、社会监督和第三方评估等，是来自参政党的监督，要把民主监督工作的出发点和落脚点放在帮助地方党委和政府推进工作上来，进一步巩固和增强党的执政基础；要通过深入调查研究，提出建设性建议和批评意见，帮助地方政府加强和改进工作，积极推动中央重大决策部署得到全面、准确、及时地贯彻落实；要主动向同级中共党组织汇报，听取对开展工作的指示，做到中共的工作部署到哪里，民主党派的监督就跟进到哪里，工作力量就汇聚到哪里；要争取同级中共党委的领导和支持，加强沟通和联系，及时反馈信息、理顺关系，努力形成党委重视、政府支持、党派参与、部门配合的民主监督工作格局，扎实有序推进民主党派民主监督工作开展。

（二）必须发挥党派资源优势，寓帮扶于监督之中

脱贫攻坚民主监督不同于一般的监督，民革中央万鄂湘主席在贵州召开的脱贫攻坚民主监督调研座谈会上要求，要坚持"多帮忙，少添麻烦，不添乱"的原则，要寓支持于监督之中，集中全党智慧和力量，助力贵州省如期完成脱贫攻坚任务。必须与地方民革组织日常工作结合起来，建立监测点，推进民主监督工作常态化。一是充分积极发挥人才、智力、资源等优势，通过多种形式开展民主监督，帮助发现问题，助推脱贫攻坚各项政策措施运行到位；二是调动上下、内外、直接和间接的一切力量、一切积极因素，整合各方资源，推动形成强大合力；三是加大宣传，消除基层党政干部顾虑，把存在困难和问题真实的反映出来，共同寻找解决问题的办法；四是明确工作目的，突出工作重点，选准工作方式，真正将监督的过程变成发现问题、研究问题、解决问题的过程，把民主监督过程变成支持中共党委、政府推动脱贫攻坚工作的过程。

（三）必须围绕工作大局和民生问题，找准切入点

脱贫攻坚民主监督内容包括落实脱贫攻坚责任情况、政策措施执行情况、扶贫资金管理使用情况、贫困人口精准识别和精准脱贫情况等多方面，坚持问题导向，把监督过程变成发现主要矛盾、解决主要矛盾，发现关键问题、解决关键问题的过程。通过开展调查研究、参加专项评估、加强日常联系等多种方式全方位深入参与脱贫攻坚工作，及时准确掌握脱贫攻坚的新举措、新进展和新成效等，将此作为实施好民主监督的切入点。强化工作职责，突出工作重点，坚持鲜明问题导向，围绕脱贫攻坚中的薄弱环节、重点难点问题和群众普遍关心问题，充分发挥民主党派智力密集优势，从中敏锐发现问题，并针对发现的问题，深层次研究，提出言之有据、言之有理、言之有益的意见建议。

（四）必须加强人才队伍建设，提升民主监督质量

打造一支"敢监督、能监督、善监督"的民主监督人才队伍，提升监督质量。这是实现有效监督的重要人才支撑。监督是在行家面前找问题，摆事实，提建议，我们必须要有过硬的本领，坚定的政治立场和高效的沟通能力。

（五）必须发挥地方组织作用，实行常态化监督

民主党派的民主监督要依靠地方（基层）组织，发挥身在基层、熟悉基层、了解基层的优势，把专业民主监督与地方（基层）组织的参政议政、社会服务等日常工作有机结合起来，建立监测点，通过地方（基层）组织在日常工作开展中发现问题，推进民主监督工作常态化。

六、对民主党派开展专项民主监督的思考

（一）积极争取中共各级党委对民主党派开展民主监督工作的支持

民主监督作为民主党派三大基本职能之一，长期缺乏工作开展的载体和抓手。自各民主党派中央开展脱贫攻坚民主监督以来，总结和积累了一些经验，以民革为例，民革中央对口负责贵州省脱贫攻坚民主监督工作，省委省政府印发文件，要求全省各级各部门要积极支持和协助民革中央做好脱贫攻坚民主监督工作，遵义市专门成立协助民革中央开展脱贫攻坚民主监督工作领导小组，为工作的开展提供了组织保障。这一做法可以借鉴。

（二）建立联席会议制度

为了确保民主监督工作取得实效，建议建立领导小组联席会议制度，把相关政府职能部门纳入领导小组成员单位，定期召开工作联席会议向领导成员通报有关工作开展情况，加强信息沟通，便于更好地研究问题、解决问题，实现事中监督与日常监督相结合。

（三）建立与党政沟通机制

建立与同级党委、政府领导定期沟通工作机制，听取当地党委政府对开展专项民主监督的意见和建议，以更好地围绕中心、服务大局，把握正确工作方向。

（四）探索专业监督

一是积极选派本党派优秀专家学者参与专项监督。二是受民主党派专业特色的制约，人力资源有限，建议借助"外脑"联合开展民主监督工作，提升监督质量。

民革中央脱贫攻坚民主监督第四调研组
五年工作总结

　　脱贫攻坚民主监督是中共中央赋予各民主党派的一项全新的政治任务，也是民主党派履行民主监督职能和参与国家政治生活的新实践。2016年，民革中央确定脱贫攻坚民主监督第四调研组对口安顺市开展脱贫攻坚民主监督工作以来，第四调研组在民革中央领导下和民革贵州省委、中共安顺市委市政府的支持配合下，梳理思路、贯彻落实民革中央要求，紧紧围绕精准扶贫精准脱贫工作部署进行民主监督。

　　安顺市辖西秀区、平坝区、普定县、镇宁县、关岭县和紫云县6个县（区），另有经开区、黄管委2个县级派出机构，均属国家规划的滇桂黔石漠化集中连片特困地区，6个县区都属于贫困县，其中4个扶贫开发重点县，53个贫困乡镇，569个贫困村，2015年全市贫困人口43.83万人，贫困发生率17.72%。该市由于地理、历史等原因造成贫困人口多、脱贫难度大。第四调研组经过认真讨论，形成了"12345"五年工作总体思路："树立一个意识 抓住两个重点 汇聚三方力量 建立四项机制 实现五年目标"。即牢固树立脱贫攻坚民主监督是重大政治任务这一意识，抓住监督与帮扶两个工作重点，凝聚民革共识、集聚专家智慧、汇聚企业家资源等三方力量，建立调研、监督、帮扶、协调等四项工作机制，实现脱贫攻坚民主监督五年目标。按此思路，第四调研组全面压实脱贫攻坚民主监督工作责任，为推动安顺市精准扶贫精准脱贫发挥了应有的作用，探索形成了一些经验和做法。

一、讲政治、善监督、谋布局，建立脱贫攻坚民主监督工作机制

（一）提高站位，充分把握脱贫攻坚民主监督政治刚性。脱贫攻坚民主监督是中共中央委托各民主党派开展的对国家大政方针的专项监督，也是民主党派作为参政党参与国家政治生活的一种新形式，对于加快脱贫攻坚、全面建成小康社会具有重大政治和现实意义，是一项不折不扣必须完成的政治任务。为此，调研组以高度的责任感，切实把思想和行动统一到中共中央、民革中央工作部署上来，迅速拿出方案，组建调研队伍，深入调研，积极反馈，督促落实。坚持问题导向，对照工作标准和监督重点，逐一核查，对发现的作风不扎实、工作不到位、结果不真实等问题如实报告，确保脱贫攻坚民主监督不走过场。

（二）深化认识，准确把握脱贫攻坚民主监督柔性特点。在监督过程中，调研组准确定位自身角色，牢记监督效果"不是靠说了算，而是靠说得对、说得准"。注重与当地党委政府的沟通协作，不在一旁指手划脚或摆架子走形式，而是亲身参与到脱贫攻坚、实实在在帮助安顺打赢脱贫攻坚这场硬仗，以实际行动解除当地党委政府的思想顾虑，赢得他们的信任与称赞。

（三）明确分工，建立协调高效的脱贫攻坚民主监督工作机制。第四调研组发挥民革各级组织优势和特色，从民革江苏省委、民革贵州省委、徐州市委会、安顺市委会等各级民革组织机关中选取政治意识强、工作水平高的同志组成脱贫攻坚民主监督调研小组；加强与农科院、农产品加工销售企业的联系，邀请相关专家和负责人组成专家库，助力脱贫攻坚帮扶；邀请安顺扶贫办相关业务处室负责人专门就脱贫攻坚相关知识开展培训，

让小组成员熟练掌握脱贫攻坚具体业务；确定组成单位、组成人员各自职责，通过微信群、视频会议等方式定期协调部门和对接人，实现在工作中精准对接、密切配合，保障工作顺利推进。

二、察实情、建诤言、献良策，切实做好脱贫攻坚民主监督工作

（一）倾听民声察实情。五年来，第四调研组行程 5000 余公里，每个县区至少走访调研 3 次以上，先后开展 9 次 100 余人次前往 63 个乡镇、村居、移民安置点开展集中调研，10 次 30 人次驻村调研，走访贫困户、村组干部、党政领导 400 人次，进行问卷调查 14 次。深入了解安顺市脱贫攻坚的总体情况，分析安顺脱贫攻坚的开展情况、突出问题和主要困难，听取市、县（区）、乡镇和村干部对扶贫工作的具体建议，为进一步做好脱贫攻坚民主监督工作奠定基础。在大量走访调研的基础上，注重素材的积累，为党和政府进行脱贫攻坚的相关决策提供第一手的资料，为党委政府"对症下药"，提高精准扶贫、脱贫攻坚的精准度和针对性服务。

（二）"身入"监督建诤言。在开展民主监督过程中，第四调研组每一位同志不畏山高路远、坡陡路滑，坚持自主选择调研时间、调研地点、调研对象及调研内容，深入到县、乡、村及农户家中，查阅档案资料，摸清实情；发放、回收调查问卷，有针对性地收集基层干部群众对本区域脱贫攻坚工作的意见建议；调研组在监督过程中，往往兵分两路，一组听取汇报、查看台账，另一组随机走访贫困户、约见基层组织负责人，掌握了大量第一手资料。对走访过程中，群众反映的弄虚作假、形式主义、工作作风飘浮等问题及时向当地党委政府进行了反馈。

（三）把握大势献良策。围绕安顺脱贫攻坚和经济社会发展之需，聚焦工作靶心，一直以来都是第四调研组履职尽责的心头大事。围绕基础设施建设、脱贫攻坚专业技术人才培育、易地扶贫搬迁就业安置、"东西协

作"项目衔接、脱贫攻坚质量及稳定性、精准脱贫政策过渡期相关政策的延续和退出等共向民革中央报送意见建议 42 条,经过反馈中共党委政府后推动了安顺脱贫攻坚工作发展。第四调研组全体成员为此付出了巨大努力,也见证了安顺脱贫攻坚事业的发展。2015 年以来,安顺市减少贫困人口 42.01 万人,贫困发生率降低到 0.41%,剩余 1.2 万贫困人口已全部实现"两不愁三保障",达到脱贫标准,西秀、平坝、普定、镇宁、关岭 5 个县区先后如期实现脱贫摘帽,紫云自治县计划在今年 11 月份脱贫摘帽。在此过程中,第四调研组助力发掘、推广了安顺"塘约经验"、"大坝模式"、"兵支书"经验、"三定三化"扶贫模式、"彩虹模式"等一些典型做法,为其他地方脱贫攻坚工作提供经验。其中,安顺从退伍军人中选出精兵强将到基层担任"兵支书",总结的典型经验得到中共中央领导同志肯定;"塘约经验"入选中共中央组织部《发展壮大村集体经济案例选》,上榜全国"改革开放 40 年地方改革创新 40 案例";"大坝模式"得到中共省委主要领导肯定。

三、凝共识、集众智、聚众力,全力做好脱贫攻坚帮扶工作

(一)凝聚民革共识,全力帮扶安顺。寓监督于帮扶之中,对口帮扶安顺是民革中央交给第四调研组的一项重要任务。通过凝聚共识,把民革组织和民革党员的积极性充分激发调动起来,把民革的力量汇聚起来为帮扶安顺服务。2017 年 3 月,民革徐州市委会与民革安顺市委会签署了《推进民革"徐·安合作"促进安顺发展》合作共建协议。5 月,民革徐州市委动员企业家党员捐资 5 万元给紫云县火花镇磨安小学。8 月,调研组推动"紫云红芯红薯助推脱贫攻坚产业发展论坛"在安顺举办,并促成了紫云县政府与国家甘薯产业技术研发中心签订战略合作框架协议。2018 年,徐州市委会协调民革党员企业与紫云红芯红薯种植合作社签订供销协议,

同时与安顺市开展"黔货出山——安顺、江苏农产品产销对接"系列活动。2019年5月，徐州市委会发起"助力脱贫攻坚·博爱同心捐助，交纳特殊党费"的倡议，组织党员交纳6.2万元特殊党费，1.2万元用于慰问20户贫困户，5万元捐赠到关岭县同康社区，用于社区住户劳动就业技能培训。2020年9月，第四调研组在紫云县调研过程中得知贫困户艾小丛家中有两名子女在大学就读，经济压力很大，当场促成党员企业家捐资助学，承担其一名子女四年大学所有学费、住宿费及部分生活补助费，第一年10600元已支付。之后按年支付，帮助其顺利渡过难关。第四调研组还助力民革青岛市委会驻安顺扶贫协作办事处、青岛民革中山书画院安顺写生基地及青岛民革企业家联谊会驻安顺扶贫协作办事处落户关岭等。

（二）集聚专家智慧，倾力群众科技致富。科技是第一生产力，第四调研组紧扣农业农村技术服务需求，"牵线搭桥"贵州省和江苏省农业专家精准指导安顺种植养殖业发展，通过扶贫扶智助推农民增收致富，实现脱贫攻坚。紫云县历来有种植红薯的传统，但传统的种植技术无法避免红薯遭受病虫害，村民自给自足的生产模式使得红薯产业不能做大做强。对此，第四调研组邀请民革党员、江苏徐州农科院副院长李强及贵州省农科院李云教授提供免费的技术指导，对红薯及其种植土壤进行实验研究，培育出紫云红芯红薯，明显增强了红薯的防病虫害能力，提高红薯产量和品质。还帮助村居建立农村专门合作社，实现红薯有产有销。带领江苏民革党员企业家参与调研，促成合作社与江苏企业签订供销合同，打开红芯红薯的江苏市场。在提供科学的种植养殖技术培训的同时，还一次性发放贫困户家庭1万元的产业启动资金，鼓励贫困户家庭因地制宜开展种植养殖，助力贫困户脱贫。

（三）汇聚企业界力量，助力推进当地产业发展。产业扶贫是实现稳定脱贫的根本之策。第四调研组深刻认识到授人以鱼不如授人以渔，脱贫攻坚既要"输血"，又要"造血"。第四调研组利用江苏产业和项目资源丰富的优势，抓住产业转移契机，为安顺党委政府招商工作牵线搭桥，有力地促进了地方经济发展。2019年，贵州省人民政府与民革中央联合开展了招商引资活动，安顺市成立以市政府分管副市长为组长的"民革招商引资项目"专班，市投促局，市民革、市委统战部共同参与。市领导尹恒斌带队拜访了民革江苏省委，市领导廖晓龙到青岛拜会了青岛民革同志，并分别在两地召开了招商引资推介会。这一年，安顺市"民革项目"招商引资额达到了90亿元。

四、脱贫攻坚民主监督工作一些心得

（一）**脱贫攻坚民主监督顺利实施有赖于中国共产党的正确领导和大力支持**。在五年的工作中，我们深感："党政军民学，东西南北中，党是领导一切的。"坚持中国共产党领导是民主党派脱贫攻坚民主监督工作顺利开展的关键保证。在中共中央的正确领导下，地方各级党委、政府主动为我们开展脱贫攻坚民主监督工作创造条件，自觉接受监督，营造宽松民主的协商环境。对我们监督中发现的问题，各级党委政府也虚心接受、认真研究、积极整改，并促进相关政策的完善，实现了脱贫攻坚成果巩固的长效机制。

（二）**脱贫攻坚民主监督有助于补齐参政党民主监督履职短板，提升参政党履职能力**。一直以来，民主监督是民主党派三项基本职能的薄弱环节。脱贫攻坚民主监督具有不同以往的委托式、专项性、非对称性、阶段性等新特点，解决了参政党有压力不敢监督、没有动力不愿监督、能力不足不善于监督、监督结果无约束力等影响民主监督实效的"老问题"，是对多党合作制度理论和实践的重大完善。

（三）脱贫攻坚民主监督有益于发挥多党合作制度功能，完善国家治理体系。开展民主监督的过程，也是民主党派成员知情明政、参与国家政治生活的过程，在此过程中通过执政党与参政党的良性互动，有助于凝聚政治共识，赢得民主党派成员人心，扩大执政党的社会基础；在脱贫攻坚民主监督实践过程中，民主党派运用提供咨询、提出建议意见、反映问题等形式，发挥了咨询、反馈、警示等民主监督功能，是参政党参与国家治理的集中体现。

民革中央脱贫攻坚民主监督第五调研组
五年工作总结

　　脱贫攻坚民主监督是中共中央赋予各民主党派的一项政治任务，是民主党派首次对国家重大战略开展专项监督，也是民主党派开展的规模最大、时间跨度最长的民主监督专项活动，并成为中国共产党领导的多党合作的一个重要品牌，是坚持和完善中国共产党领导的多党合作和政治协商制度的重要实践。2016 年以来，受中共中央委托，民革中央对口贵州开展脱贫攻坚民主监督工作。根据民革中央主席万鄂湘指示"要发挥优势，务实开展脱贫攻坚民主监督。勤于思考，提高对脱贫攻坚民主监督工作的思想认识；善于创新，探索脱贫攻坚民主监督工作的方式方法；密切配合，形成民革脱贫攻坚民主监督工作的合力；务求实效，防范脱贫攻坚民主监督工作流于形式"，民革中央脱贫攻坚民主监督工作第五调研组在民革中央调研部副巡视员周丽萍长和广东省委会主委程萍两位组长的率领下，自 2016 年开始赴贵州与对口的中共黔南州委州政府进行对接，每年开展 2 次专题调研。调研中，以对县、乡、村干部的单独访谈作为主要调研方式之一，直接和扶贫一线干部深入交流研讨，编写访谈提纲和项目考察记录，量化扶贫产业项目和贫困农户实地考察要求，采用驻村调研、定点监测和随机抽查等多种工作方式开展调研工作。调研组总结好经验、好做法及涉及全局工作的问题，提出解决问题的办法和建议，向中共中央和贵州省委、省政府反映分析研究调研中反馈的情况。随着黔南州脱贫攻坚工作的步步推进，调研组关注重点从贫困人口精准识别情况、贫困县摘帽情况、扶贫资金项目管理使用情况，逐步细化到"两不愁三保障"落实情况、扶贫产业和农村集体经济组织发展等问题。2020年"决战决胜脱贫攻坚、全面建成小康社会"收官之年，第五调研组全力聚焦脱贫攻坚成果巩固的长效机制，确保兜底保障等帮扶措施到位，贫困群众基本生活不受影响，保持脱贫攻坚政策稳定、继续推进全面脱贫与乡村振兴有效衔接、运用好脱贫攻坚的工作经验和工作队伍等问题。

截至2020年9月，第五调研组共进行了调研9次，深入黔南州的惠水、罗甸、龙里、三都、贵定、荔波、独山、长顺、平塘、瓮安十个县，赴23个村入户访谈共120多户，涵盖了贫困户、党员模范户、产业和就业脱贫户、医疗救助贫困户、低保户社会兜底户、脱贫后参与庭院经济建设的带头人、艺术振兴乡村的艺术家们等；访谈县乡村干部50余人次，召开各类座谈会19场，考察产业项目37个、易地搬迁点17个，了解十个县的扶贫产业发展、易地扶贫搬迁、农村基层组织形式创新、"两不愁三保障"落实等脱贫攻坚相关工作开展情况，形成了9份调研报告，对黔南州的脱贫攻坚工作进行了评价，提炼出十县脱贫攻坚工作的亮点，指出了脱贫攻坚工作存在的问题和困难，提出了针对性和前瞻性的意见建议。

一、黔南州五年脱贫攻坚工作的概况

黔南州下辖12县（市）和1个省级经济开发区，总面积2.62万平方公里，总人口420万人，农业人口占86%，境内居住有布依、苗、水、瑶、毛南等43个少数民族，少数民族人口占59.8%。全州有10个县属滇桂黔石漠化连片特困地区，其中国家扶贫开发工作重点县6个、深度贫困县2个、极贫乡镇2个、贫困村836个，其中深度贫困村349个。

2014 年至 2020 年之间，黔南州用好广州扶贫协作、中央和省定点帮扶等各类资源，全面完成易地扶贫搬迁 24.73 万人任务，人口较少民族聚居村率先小康顺利通过省级验收，长顺、平塘、独山、荔波、三都、罗甸等 10 个贫困县相继摘帽，836 个贫困村全部出列，建档立卡脱贫人口 90.54 万人，贫困发生率从 24.12% 下降到 0.68%，历史性地低于全省平均水平，提前摆脱区域性整体贫困，在全省三个自治州中率先实现贫困县全部脱贫摘帽。

2020 年是脱贫攻坚收官之年，是全面建成小康社会决战之年，黔南州按照"四个聚焦"攻克深度贫困堡垒，"两不愁三保障"问题基本解决，落实"四个不摘"要求，靶心不散，建立巩固脱贫成果长效机制，截至 6 月底，剩余贫困人口 23856 人全部达到脱贫条件、有返贫致贫风险的边缘户 2.08 万户 8 万人风险动态化解；全面落实易地扶贫搬迁后续扶持，持续提升乡村整体形象，深度贫困短板不断补齐。守好发展和生态两条底线，全面做好"六稳"工作，保持经济持续健康发展和社会大局稳定，高质量完成了脱贫攻坚战，为打造民族地区创新发展先行示范区厚植了根基。

二、主要工作特色和亮点梳理

黔南州积极探索多元化精准扶贫新路径，提出了"深化认识、统揽全局，提高站位、担好责任，尽锐出战、力量下沉，动态摸排、掌握底数，完善机制、体系作战，问题导向、整治前行，智志双扶、群众主体，社会帮扶、形成合力，网格管理、到户到人，激励问责、质量为先"十条精准打法，在精准政策上出实招、精准推进上下实功、精准落实上见实效，为打赢脱贫攻坚战贡献了"黔南方案"。惠水县探索形成了盘活"三地"、落实"三就"、衔接"三保"、建好"三所"、完善"三制"的易地扶贫搬迁"五个三"机制，得到汪洋等党和国家领导人的肯定，国家发改委转发"五个三"做法在全国推广，中央电视台大型政论片《将改革进行到底》进行了深度报道。

2020 年 9 月 22 日，在以"决战脱贫攻坚"为主题的"中国共产党的故事——习近平新时代社会主义思想在贵州的实践"专题宣介会上，对黔南州惠水县县委常委会研究佛手瓜产业发展、讨论特色扶贫产业产销对接问题进行了全球直播，拉美 16 个国家 200 余位领导人通过网络视频连线参会，开创了中国共产党党史上首次将地方会议作为揭秘中国共产党为民谋幸福的先例，展现了中国共产党地方党委以习近平新时代中国特色社会主义思想为指导，带领民众在脱贫攻坚奔小康过程中，发挥的战斗堡垒作用，展现中国共产党致力于为人民谋幸福、为人类共同发展贡献智慧和力量的自信开放的大国大党形象。

长顺县以提升农村公路路网综合服务水平为主线，充分发挥交通扶贫脱贫攻坚基础支撑作用，因地制宜规划了一批特色路、产业路、扶贫路、旅游路，推动建好、管好、护好、运营好"四好农村路"创建。通过交通扶贫，一条条道路修进了贫困村组，一个个扶贫产业、一处处安置点在公路沿线悄然形成，贫困群众走出大山，摆脱贫困，走上致富路。依托四好路网，高钙苹果、绿壳鸡蛋等特色农产品走出大山，实现了"修好一条路，发展一片产业，带动一方群众"，四好农村公路正成为长顺百姓的脱贫路、发展路、幸福路。正是由于长顺县农村公路建设的巨大成就，2020 年 10 月 21 日，全国推动完善"四好农村路"高质量发展体系现场会在长顺县召开，全国政协副主席、交通运输部党组书记杨传堂出席会议并讲话。

长顺县大力推行定产业布局、定生产规模、定组织方式，统筹要素保障、统筹技术服务、统筹收购方式的"三定三统"工作法，让农民实现零成本参与、零风险种植、零距离就业，实现了小农户和现代农业发展的有机衔接，为按时打赢脱贫攻坚战提供了强有力的产业支撑。

三、五年调研中发现的问题

决胜脱贫攻坚的重点在于巩固脱贫攻坚的成果，而巩固脱贫攻坚成果的重点在于防止返贫。与脱贫攻坚战中的扶贫工作不同的是，防止返贫工作以及决胜脱贫攻坚的关键在于逐步建立应对贫困的长效机制。除了在特殊情况下对贫困群体施以紧急援助，扶贫工作应当成为经济社会发展中的日常行动。在脱贫攻坚战解决绝对贫困问题之后，相对贫困是最主要问题。巩固脱贫攻坚成果的长效机制建设，涉及一系列新的经济社会发展的机制问题。

（一）**城乡一体化的就业制度建设欠缺**。随着越来越多的贫困群体进入非农产业，如果没有促进贫困群体就业的制度，已经摆脱贫困的群体还有可能返贫，新的贫困问题就会发生。这是扶贫长效机制的一个重要方面。以疫情后劳动力的闲置引流和安置问题为案例。疫情后，对务工人员双向流动的评估和预案不足。务工收入是黔南州贫困地区的主要增收途径，长期农村劳动力单向流出，村寨空心化。受新冠肺炎疫情的影响，企业用工缩减，无法外出务工的人数已有摸底评估。但是针对复工外出人员有多少实际失业、滞留外地、返贫致贫、收入不稳定等，缺乏评估和应对预案。

（二）**缺乏与市场需求匹配的扶贫产业**。在脱贫攻坚战中，产业扶贫大部分是在政府推动下开展的，具有很强的行政推动性的特点，也是形成"行政性脱贫"现象的重要原因。从长远、可持续发展角度来考虑，则需要建立一个能适应不断发展变化的市场需求的扶贫产业。

（三）**如何留下本土人才和外部人才充实乡村建设队伍，需要配套政策支撑**。如何构建全方位、多层次的人才支撑长效机制，多渠道引流人才开展农村治理工作，从而激活新思维、新业态，带出乡村振兴新活力，将是乡村振兴的重要课题，也是契机。由于贫困地区的人才较为缺乏，在脱贫攻坚战中通过帮扶单位和第一书记驻村，极大地改善了贫困乡村在领导和管理方面的人才匮乏问题。但是从长效机制的角度考虑，如何确保贫困乡村具有稳定的人力资源供给，也是巩固脱贫攻坚成果的一个重要方面。

（四）脱贫攻坚与乡村振兴战略的衔接问题。

1. 帮扶政策失衡，扶贫帮扶政策叠加等问题，贫与非贫问题，贫困户与非贫困户、贫困村与非贫困村的政策失衡，对巩固脱贫成果和社会稳定影响重大。下一阶段需要在利益均衡和共享发展上，明确"普惠式"共享发展的政策导向。

2. 区域统筹力度不够。为了实现脱贫目标，各类建设资金项目整合，集中用于贫困村建设，但是对非贫困村投入较少，特别是贫困村与非贫困村之间的供水排水、电力电信以及防灾减灾和公路建设等公共基础设施建设衔接不够，解决了"最后一公里"问题，又出现了"中间一公里"问题。需要尽快探索促进贫困村与非贫困村协同发展产业，建立共建共享的区域利益均衡机制，实现村寨集群发展的路径。

3. 产业扶贫的短期化突出和波动性强，扶贫产业同质化、过度追求规模化，欠缺符合贫困地区又具有市场竞争力的优势特色产业体系。全产业链建设开始（贵州卡布集团），但更多的产业还是分散，缺乏在生产、加工、运储、营销等各个环节的相互连接，衔接配套，不利于提升产业发展的综合效率。

4. 农业产业化和科技水平化水平不高。土地碎片化程度高，连片规模较小，农业规模化、集约化、机械化不高，农副产品精加工深加工企业少、规模小，农业产业发展的科技培训和服务水平较低。

（五）**农村用地制度困境**。激活贫困地区相对富余的农村土地资源，构建贫困地区新的发展动能，特别是针对传统村落的保护和旅游开发利用，需要用地政策的配套。农村宅基地和集体经营性建设用地入市，现状面临地方有政策，法律没依据的困境。洪江村艺术扶贫的模式能否复制，要在立法层面突破农村用地制度的困境，宅基地和农民房屋使用权流转的制度需要进一步突破。

（六）**集体产权制度缺位**。制约了农村集体经济组织发展壮大。贫困地区农村集体经济组织面临着清产核资、成员界定、股份量化等问题的合规化制度完善，农村集体产权制度改革，承包地"三权"分置，提高农村土地资源配置效率等问题的破冰。

（七）**急需重大疫情、公共卫生应急管理和救治体系**。贫困地区由于农村空心化、人才资源不足、村卫生站医疗物资储备缺乏、农村公共卫生中的防疫隐患大，应对重大疫情和次生灾情的能力明显不足。社会治理和服务重心缺乏向基层下沉的战略预备，基层医疗救治能力、农村治理效能无法应对重大危机和突发灾情。在公共卫生突发事件中，农村家庭往往是卫生突发事件的避难所，农民在家里能得到来自家庭成员的基本护理。如何解决农村基层医疗卫生机构物资储备、乡村医疗队伍的应急储备、理顺县级医药卫生体制，改革疾病预防控制体系，提升疫情监测预警能力，健全重大疫情、公共卫生应急管理和救治体系，强化应急体系和应急能力建设，将是农村疫情应对的重大课题。

（八）**易地搬迁安置房产权登记问题**。易地扶贫搬迁安置房产权登记问题影响所有搬迁户切身利益，妥善解决安置房产权问题，关系到脱贫攻坚成果的稳固。截至五月，贵州省关于易地搬迁安置房产权登记的配套规定尚在制定中。因用地（供地）手续、规划手续不全或者改变土地用途、改变规划项目，搬迁安置房确权登记需要通过调规、土地置换或者补地价才能确权过户，需要地方配套规定；搬迁户因农耕生产需要保留旧房、传统村落整体保护后保留旧房，依法依规集约用地和农村宅基地一户一宅政策出现客观矛盾如何解决？安置点建设前期资金保障压力大、地方用地指标不足等等问题，需要一地一策制定解决方案。

（九）政府财务与债务压力大。政府性债务风险叠加，财政收支矛盾较为突出，"三保"压力加大；安全生产、生态环境的风险隐患依然存在。

四、建议

（一）巩固脱贫攻坚成果，衔接乡村振兴战略

1. 从源头上筑牢返贫致贫"防火墙"。严格按照防止返贫监测和帮扶机制的精神和要求（《国务院扶贫开发领导小组关于建立防止返贫监测和帮扶机制的指导意见》），着力有效控制脱贫户返贫、边缘户致贫和因病、因学等返贫致贫的年度贫困增量，精准施策，切断返贫、致贫的根源。

2. 从根本上将特惠性扶贫政策适度调整为普惠性的民生政策。总结梳理脱贫攻坚中成熟的实践经验和理论成果，强化扶贫政策可续性并通过立法予以固定，同时纳入乡村振兴政策体系和制度框架，实现脱贫攻坚和乡村振兴战略的无缝衔接。

3. 保障各类扶贫资金使用和政策延续。优先将各类扶贫资金适时充足纳入当地政府财政预算安排使用，将单纯针对贫困户的扶持政策适度调整为对农村低收入群体的常态化扶持政策，将产业扶贫政策整合优化为乡村发展支持政策。

4. 进一步提升贫困乡村"自主脱贫"能力。培养村民的内生动力，提升文化自信和价值观重建，激活乡情、活化乡村，构建乡村整体发展框

架，实现家庭、社区和产业同步发展。充分利用当地农业资源、生态资源、传统技艺、民俗文化、历史人文等独有资本，大胆探索政府主导下多元主体共同参与的脱贫攻坚与乡村建设模式，以发展集体经济作为凝聚农户利益、共享乡村发展红利的重要方式，拓展集体经济组织收入来源，优化农户生计来源结构。

5. 深入推动东西部扶贫协作结对帮扶的后续扶持工作。强化乡村产业、人才、文化、生态、组织等"五个振兴"任务的顶层设计，深入推广和推进实施东部地区成熟有效的经验做法。在产业帮扶合作上，鼓励引导沿海发达地区的绿色生态类优势产业布局黔南州，为黔南州的乡村振兴夯实产业基础；人才交流方面向下延伸，建议采取双向挂职、两地培训方式，促进受帮扶地区干部思想能力实质提升。扶贫协作项目的资金方面创新，实现协作资金与产业发展。贫困户获益紧密联结，发挥协作资金的最大效益。

6. 培育脱贫攻坚和乡村振兴人才队伍。一是密切关注脱贫后乡村的产业发展、人才培育、文化建设、绿色生态和组织保障等工作，实现脱贫攻坚工作与后扶贫时代工作、乡村振兴工作的有效接续。二是建立健全乡镇干部、乡村干部常态化交流机制，加强乡村医生、乡村教师队伍建设，开展城乡对口交流、名师下乡交流、支医支教等活动，提升乡村医生、教师专业能力和水平。三是建立东西部扶贫协作一线扶贫干部的激励机制。特别是对长期在基层工作且成绩突出的扶贫干部，应加大职务晋升、选拔任用和表彰力度，树立正确用人导向，为下一步实施乡村振兴战略做好人才储备。四是加大资金扶持养老服务业人才培养，广州对口帮扶，引进养老服务产业龙头企业，开展示范点。结合贵州省"打造全国养老基地、世界关注的养老市场"目标，建议加大资金扶持养老服务业从业人员的培养，提供培训补贴，民政部门提供资金，教育、人力资源社会保障部门引导职业技术院校和职业教育培训机构开办养老服务专业课程，人力资源社会保障部门适当倾斜安排公益性岗位。建议广州对口帮扶，由养老产业龙头企业开展示范点建设，培养一批养老管理服务人员，提升农村敬老院供养服务能力，并借助广州成熟的养老服务产业参与构建贵州省养老服务产业发展基金投融资平台、贵州省养老服务产业发展投资有限公司发展平台、互联网＋智慧养老综合信息服务管理平台三大平台建设。

7. 产业扶贫项目要因地制宜，结合当地实际，以确保后续扶持工作的有效接续。一是要高度重视环境保护，避免高耗能和高污染产业带来的危害。高耗能和高污染产业虽然对东西部扶贫协作项目在工业产值和脱贫就业人数上有所增长，但对西部地区生态环境、产业可持续发展、职工劳动保障等带来不可避免的危害。二是要把节约资源放在首位，避免过度依赖资源的开发。过度透支西部地区自然资源承载力，降低了产业发展对价格波动、能源衰竭、替代品出现等市场风险的抵御能力，不利于西部地区社会经济生态循环可持续发展。三是要同步推进产业结构调整，避免产业过度集中于低端产业和产业链的低附加值环节。传统的手工业、加工业和一般商品制造，压低了劳动力、资源等生产要素价格，不仅不能留住易地搬迁农民就近务工脱贫，反而会造成易地搬迁农民再度返村务农或者执意回迁原址。四是要同步推进品牌战略和人才战略的实施，避免"重投资、轻技术"和"重招商、轻嫁接"的倾向，整体考虑深加工等产业链配套，克服产业扶贫同质化问题，实现由"输血式"扶贫向"造血式"扶贫转变。

（二）适度放宽农村用地政策，发挥集体产权制度优势

1. 以赋权赋能为核心，加快农村土地市场化改革进程。突破深层次体制机制障碍，加快推进农村产权制度改革进程，完善农村土地产权交易服务机制，同步推进农村宅基地管理制度改革，扩大集体经营性建设用地入市改革覆盖范围。对于农民自愿退出的合规宅基地，加快制定相关的制度安排和政策措施，打通宅基地退出与集体经营性建设用地入市的连接渠道。建立集体经营性建设用地有偿出让转让制度，允许符合条件且自愿退出的宅基地有条件地转换为集体经营性建设用地，并在其入市后纳入集体经营性建设用地予以管理，有效激活贫困地区有限土地资源，吸引更多社会资本进入。

2.将国家公益林和地方公益林管理政策并轨。同价补偿，并适当增加生态护林员名额，提高生态保护林补偿标准。为切实加强黔南州森林资源管护，建议适当增加中央财政生态护林员名额，全力助推脱贫攻坚。目前，国家生态保护林的补偿每亩 15 元，地方生态保护林补偿每亩只有 8 元，并且由省、州、县三级筹集，影响地方护林积极性。建议将国家公益林和地方公益林管理政策并轨，同价补偿，并逐步提高补偿标准。

3.促进农村生产关系适应性变革。积极探索创新集体所有制的有效实现形式，尝试以集体经济组织直接承接产业扶贫项目，给予集体经济组织做强做大的政策保障，因地制宜将股份合作、专业合作、社区合作、区域合作有机结合推动脱贫攻坚和乡村振兴，提升产业扶贫项目的再生能力和可持续生态发展能力。加强就业扶贫车间的规范化管理，固化和延续扶贫车间的各项优惠政策，扎实开展技能脱贫培训，巩固电子商务孵化平台推进电商扶贫，引导促进贫困人口就近就业，巩固提升带动贫困户就业能力。消除易地搬迁户贫富心理障碍，在脱贫攻坚后适时更换标识，建议将"扶贫车间"改为"致富车间"、"移民社区"改为"安居社区"等等。

（三）完善易地扶贫搬迁政策法规，真正体现安居乐业

1．理顺易地扶贫搬迁户房屋权属。易地扶贫搬迁户安置房要尽快明确所有权人和使用权人，加快制订易地扶贫搬迁户不动产登记办法，遏制产权风险和纠纷。

2．采取更加灵活的易地搬迁政策，切实解决搬迁农户的后顾之忧。一是安置人口要实行迁入地属地管辖，包括户籍管理、教育医疗、就业服务、技能培训、养老服务、社会保障、民主选举、征兵工作等实行迁入地统一管理，并根据集中安置点人口规模设立街道办事处或者社区委员会等行政管理机构。二是安置用房要及时明确所有权人和使用权人，及时办理安置房产的不动产权登记。三是优先在安置点周边发展当地特色产业，增加安置地中的扶贫车间数量，保障充足的就业岗位供应。四是把易地扶贫搬迁与实施乡村振兴战略作为推进新型城镇化和城乡融合发展结合的坚固基础。

3．易地扶贫搬迁工作不宜"一刀切"。一是适当延长旧房拆除期限，既可使搬迁对象有较长的适应期，又可更细致地思想动员减少返居拒拆；二是适当保留特色民居和建筑，当地有特色的民居不少，如果一刀切地对没有纳入保护的传统村落、旅游开发村落大面积拆除十分可惜，建议加大认定传统特色建筑的力度，保留更多具有本村特色的民居和建筑，以便深度发展乡村旅游，同时照顾搬迁对象的乡愁情结。

4．易地扶贫搬迁工作应与建立产业扶贫生态体系有机结合。围绕"农业强、农村美、农民富"的乡村振兴目标，建议黔南州将乡村旅游发展作为乡村振兴的产业支撑之一，依托乡村优质生态资源、优势区位条件和特色民俗文化，盘活乡村特色房屋和土地等闲置资源等要素，引导串点连线成片、规模＋特色的发展态势，拓宽产业扶贫思路和引进社会资本的路径。

5、提升农村基本公共服务均等化水平。继续加大对教育、医疗、基础设施、危房改造等民生投入，加快弱化贫困户和非贫困户之间基本公共服务的差异并能够同等享受特惠和普惠政策。

（四）夯实产业扶贫基础，支撑乡村振兴实施

1. 支持地方融资扶贫政策，出台支持西部贫困地区产业发展扶持政策。不断深化产业扶贫，引导贫困农户依靠产业发展实现增收脱贫。切实抓好种植业、养殖业、农产品加工业、乡村旅游业、电子商务、一二三产业等项目建设。按照"宜农则农、宜工则工"的产业发展要求，坚持走山地特色农业产业化道路，大力发展农特产品加工业、抓好农业产业品牌培育。针对产业发展的重点领域引进专业技术人才，破解产业发展中遇到的"瓶颈"与"障碍"，提升产业发展水平。以产业发展为平台，成立涉农资金整合领导小组，制定出台涉农资金工作方案，管理办法，凡是能整合的涉农资金全部进行整合集中向贫困村产业优势区域投入使用，从项目谋划、申报、审批、实施、验收各个环节着手，强化资金监管力度，让各类涉农资金对农业产业发展发挥最大效益。建议统筹协调保险公司开展农副产品价格波动类保险业务，为产业带动的贫困户实现预期脱贫目标服务。

2. 出台相关政策大力推广"政企合力整体脱贫攻坚"模式。2017 年12 月 27 日，中国社会科学院在京发布《扶贫蓝皮书：中国扶贫开发报告（2017）》。其中，恒大集团帮扶贵州毕节大方县的"政企合力整体脱贫攻坚"模式入选扶贫蓝皮书。蓝皮书指出，恒大一改过去局部式、间接式、单一式社会帮扶为整县式、参与式、立体式、滴管式社会帮扶，投入人力、物力、财力参与扶贫全过程，并通过市场化手段盘活了农村的存量资源。恒大以企业自身的资源、渠道优势，引入更多社会力量参与扶贫，特别是引入上下游龙头企业，化解了产业扶贫中的市场风险和自然风险，帮助贫困户持续增收、稳定脱贫，从而"创造了高质量的扶贫效率"，是"国内甚至国际上公益领域中的一个创举"。蓝皮书还指出，在恒大结对帮扶毕节的实践中，充分发挥党委政府的政治优势和制度优势，以及企业管理优势、决策执行效率高的优势，通过政企联席会议的方式，确保政府与企业各司其职、优势互补、高效协作，"在扶贫领域创新性地实现了政府与企业的合作"。恒大扶贫"方案精准、措施精准、用人精准"，其"龙头企业＋合作社＋贫困户＋基地"产业扶贫模式，实现了"供、产、销"一体化经营，确保了贫困户持续增收、稳定脱贫。恒大扶贫成功探索了可复制、可借鉴的"政企合力整体脱贫攻坚"模式，建议出台相关政策大力推广。

3. 转变发展模式，进一步调整产业结构。深入推进即土地向专业合作社集中、工业向园区集中、人口向县城和小城镇集中，包括贫困村、贫困户除用土地与村级集体经济入股合作外，可采取转包、租赁和入股等形式，向工商企业、科研机构、机关事业单位、城镇居民等流转土地，增加和稳定贫困户收益；由集体经济组织对无能力经营土地的贫困户进行承包土地经营权"托管"和"保底"，在双方认可或村民评议土地转包、租赁和入股价格的基础上，保障老弱病残贫困户土地收入，切实解决老弱病残贫困户可持续脱贫问题。另一方面，注重特色支柱产业扶贫总体规划，借力小城镇建设，建设返乡农民工创业园，发展农特产品加工，增加附加值；着力打造"跨乡联县"特色支柱产业，形成每个贫困乡镇有拳头产品，每个贫困村有致富项目，贫困户依托特色支柱产业增收脱贫。

4. 通过精准安排优势扶贫项目增强自我发展能力。负责挂钩帮扶的地区应积极协助贫困地区招商引资，吸引一些大型知名企业到贫困地区发展并形成旅游、金融等产业，以带动地方经济发展，帮助贫困户早日脱贫奔康。一是帮助实施景区旅游扶贫示范工程，将适宜发展旅游的贫困村纳入项目建设名录，通过旅游景区扶贫项目实施，探索量化到户、股份合作、入股分红、滚动发展的利益链接方式，大力培育一批省级山地旅游扶贫示范区（村）、山地旅游扶贫重点村和乡村旅游扶贫示范户（点），鼓励景区业主吸纳贫困人口就业和带动增收。二是帮助实施旅游扶贫精准营销工程，以各地重要民俗节庆活动、地方特色文化活动和少数民族传统体育赛事为平台，加大山地旅游宣传促销力度，扩大旅游扶贫景点景区的影响力和知名度。三是帮助推出多种农村小额信贷服务，为贫困户提供短期免抵押、免担保、基准利率放贷、扶贫资金贴息、建立风险补偿的小额信贷，避免短期脱贫后又返贫。四是引导企业深入周边贫困村镇投资兴业，提倡贫困户与能人大户结对子，将农业产业化经营与金融扶贫工作相结合，重点发展现代都市型农业、设施农业和休闲观光农业，在区域内整合资源，解决农村分散经营，效益低下的问题。五是在贫困地区积极开展职业农民培训，结合当地的龙头企业和生产大户进行典型示范，提高贫困农民的职业技能和创业实践水平，更好地参与地区脱贫过程。

5. 产业扶贫项目应着力打造品牌文化。结合黔南州资源特色和文化亮点，以茶文化、蔬果文化、生态文化等要素为支撑，赋予产品文化内涵，提升产品品位，赢取稳定的市场，增强企业竞争能力，促进产业扶贫项目可持续发展。

6. 以"全域共融"发展理念为导向，着力打造主导产业生态集群。充分依托黔南州多元化绿色产业、多民族民俗文化和丰富自然生态资源，结合东西部扶贫协作和对口支援，深入推进各大产业供给侧结构性改革和产业结构调整，实施"点、线、面"相结合和"全区域、全要素、全产业链"共发展的"全域共融"发展战略思路，采取跨界（县、市）融合、跨业（行业、产业）融合、"飞地"融合等措施，集中有限资源和人才，着力打造全州大旅游产业、大物流产业、大健康产业等生态集群。

（五）建立健全各项管理体系，防范化解重大风险

1. 加快信息化建设。一是建议国务院扶贫办协调，增加国家"扶贫云"系统带宽，确保建档立卡动态管理。二是打通扶贫建档系统与公安户籍网、卫计农合网、民政兜底网、住建危房改造网等部门信息平台链接，实现最低生活保障、特困人员救助供养信息系统和建档立卡贫困人口信息管理系统无缝衔接，低保对象、特困人员与建档立卡贫困人口台账数据互联互通、资源共享、实时监测。确保信息比对精准，帮扶、退出信息实时准确。三是推动农业产业化、现代化过程中的信息服务的支撑作用。对现有涉农数据进行有效整合，通过大数据的分析为涉农产业扶贫提供更为坚实的基础。四是"十四五"期间信息化建设要重点向农村倾斜，着力加大农村信息化基础设施建设水平。在目标制定时，不仅要有覆盖面的要求，也要有信息服务质量的要求。要将农村信息化建设纳入新基建布局中统筹考虑，让城乡共享新基建红利，缩小城乡数字鸿沟。五是进一步加大云计算、大数据、物联网、人工智能等在农业生产经营管理中的运用推广，促进新一代信息技术与农业种养业、种业、农产品加工业全面深度融合应用，打造智慧农业、精品农业、绿色农业、品牌农业。六是充分利用现有农业大数据资源，特别是土地确权成果，整合土地确权数据、农机数据、种植者补贴数据，建立农村金融风控模型及信用评价体系，降低贷款信用风险及农户信息采集和验证成本，实现金融机构和农户在风险保障、成本优化、程序便捷等多方面的共赢。

2. 发挥财政资金引领作用。进一步完善扶贫产业发展贷款风险保障体系，破解扶贫产业贷款难的问题。一是降低产业发展基金门槛，允许合作社以承包权益、信誉等担保；参考高新技术担保公司的运营模式，建议当地政府设立政策性农业扶贫产业担保公司，专门负责对包括扶贫贷款在内的各项政策性银行贷款的担保业务，减少贷款投向盲目性，达到减少贷款风险、支持农业扶贫产业发展的目的。二是建立农业保险公司或在现有保险公司业务中增加农业保险险种，扩大农业保险的业务范围，为扶贫产业发展建立长效机制服务，为防范贷款风险提供保障。

3. 提升贫困地区应对各类风险的能力。结合实际制订预防和处置突发事件返贫致贫的应急响应机制，增强抵御自然灾害、公共卫生事件等风险的预警和处置能力，防止因灾、因疫而返贫、致贫。建立健全全域产业风险多部门联防联动机制，及时主动应对市场环境变化导致的产业风险和企业经营风险。

4. 建立低保户、五保户与脱贫政策的衔接机制。在住房、医疗上给予贫困户更切合实际的扶助办法。一方面，有效改善居住和生活条件，充分利用现有村校、村委会等闲置公共服务设施，加快推行农村互助老人幸福院和敬老院建设，对适宜集中供养的特困对象尽最大可能集中供养，提高农村特困供养水平和集中供养率；另一方面，对相关贫病者分"正在治疗"和"因病负债"两类情况给予救助，从减少医疗费用和解决因病导致家庭收入降低两端用力，让生病者看得起病，让因病负债者减轻负担，着力从机制上解决因病致贫问题。

5. 推进城乡基本公共服务标准统一。全面梳理现有脱贫攻坚政策措施，深化和延续兜底政策、普惠政策，并尝试与激励政策并行；消除影响城乡融合发展的体制性障碍；加快推进城乡基本公共服务标准统一、制度并轨，消除贫困村（户）与非贫困村（户）、边缘群体（户）的政策偏差，采取措施有效防范因病致贫（返贫）、因学致贫（返贫）、失独致贫（返贫）等意外风险。常态化监督返贫对象的基本医疗保障、危房改造后的房屋监测、易地扶贫安置社区的管理成本、乡村道路的日常管养、乡村饮用水的安全运行管护等问题。

6. 强化扶贫监督工作。依托贵州省政府电子政务网，建立省、市（州）、县（区、特区）三级精准扶贫数据中心，通过数据采集、分析、挖掘，不断提高精准扶贫的针对性、有效性。包括按照中央、省有关脱贫标准，建立脱贫识别标准化数据体系和数据采集报送体系，以村支两委为基础建立数据采集、报送网，村干部、驻村队员按照识别标准化数据规范，入村到户采集数据，统一报送省、市（州）、县 （区、特区） 精准扶贫数据中心，帮助各级政府提高精准扶贫科学决策水平。另外，政府和社会需及时关注和照顾到新时期精准扶贫对象中的"特殊"人群，如已纳入社会保障的无劳动力的低保户、五保户，贫困户的留守儿童，处于贫困户临界线但未能列入贫困户的人群等，确保贫困群众在物质层面和精神层面的完全脱贫。并且，对扶贫工作走过场的单位及个人进行问责，并量化驻村干部及各级干部扶贫工作考核指标。

民革中央脱贫攻坚民主监督第六调研组
五年工作总结

根据民革中央脱贫攻坚民主监督工作安排，民革中央组建了 6 个调研组，以调研组为抓手开展具体工作，其中第六调研组对口联系铜仁市。5 年来，第六调研组围绕民革中央年度工作任务和要求，对铜仁 2 区 8 县进行了全覆盖监督，有的区县开展工作 2 次上，圆满完成了历次工作任务。

一、工作情况

（一）**组成情况**。第六调研组整合了民革中央社会服务部、河南、上海及贵州等省市民革组织、相关领域党员专家等多方力量，坚持"全面部署、逐步深入、以点带面、解剖麻雀"的工作原则，按照年度主题按县、乡、村顺序向基层推进的方式，通过开展调查研究、提出意见建议、参与专项监督评估、加强日常联系和进行政策宣讲等形式，对贫困人口精准识别精准脱贫、重大政策执行、扶贫资金项目管理等情况进行监督，切实推进民革中央对口贵州省脱贫攻坚民主监督工作。

5 年来，第六调研组共开展集中调研 9 次，走访碧江、万山 2 区 8 县的 36 个村，入户 360 户，召开会议 11 次，访谈县乡村干部 119 人，考察 37 产业项目和 18 个搬迁安置点，在 2 个村开展了驻村调研，建立监测点 2 个，提出意见建议 55 条。

（二）运用"X34412"工作法开展民主监督工作。第六调研组紧紧围绕"一达标两不愁三保障"，总结提炼出"X34412"工作法开展脱贫攻坚民主监督：X为民革中央规定动作，入村三看，入户四看四问，一查，二反馈。第六调研组每次到铜仁市均分两个大组分别到两个县（区）开展具体工作。每个组再分几个小组，其中一个小组完成民革中央规定的访谈工作，其他小组进村开展脱贫攻坚民主监督活动。调研组入村后首先进行"入村三看"，一看村容村貌，了解环境卫生、基础建设、村组路建设；二看产业发展，了解产业结构调整情况；三看村医务室，了解村医务室人员配备、设备和药品配备情况，老百姓就医情况，查看就医记录。通过"入村三看"了解村集体经济发展，贫困户经济收入和医疗保障情况。然后分组深入农户家中进行入户"四看四问一查"，四看是一看住房安全保障，查看是否透风漏雨；二看身上穿的，家里摆的，床上铺的；三看锅里煮的和柜里存粮，了解贫困户是否吃得饱，穿得暖，不愁吃不愁穿；四看饮用水，了解是否用上了自来水，饮水安全有没有保障。四问是一问就医情况，了解贫困户就医情况，医保交费情况，就医报销比例，大病和慢性病医治情况；二问子女就学情况，了解国家、政府教育资助政策落实情况；三问国家惠民政策落实情况、干部的帮扶情况；四问家庭收入。一查是查一户一卡、一户一袋。核对致贫原因，帮扶措施，收入情况，扶贫政策落实等情况。二反馈：一是向县、乡、村反馈民主监督意见，入户调查后，调研组汇总各小组意见，集中向乡镇、村委会反馈民主监督的意见，肯定成绩指出不足。二是向市县反馈意见，在铜仁市政府分管副市长主持的座谈会上，调研组听取市政府、抽查的县政府介绍脱贫攻坚工作情况后，由调研组将两组汇总后的调研意见反馈给参会的同志。

（三）以脱贫攻坚民主监督为抓手，做好社会服务工作。第六调研组在工作期间坚持"寓监督于帮扶，寓帮扶于监督"的工作原则，凝聚智慧，助推铜仁地方经济发展。一是调研组在入户调查的过程中，积极帮扶贫困村、贫困户解决生产和生活中出现的实际困难，民革上海市委对 6 户因病致贫返贫的贫困户，每户捐助了 5000 元大病医疗临时救助资金。民革铜仁市委筹资 5 万元帮助石阡县坪山乡坪岭村发展集体经济，选派 10 名党员深入一类、二类贫困村以驻村、包村的开展帮扶活动。二是创建示范点，持续开展帮扶活动。民革贵州省委、民革铜仁市委先后创立了松桃迓驾镇马安村等 3 个"同心战贫困·聚力大帮扶"行动示范点。民革贵州省委为江口县抹茶产业发展协调建设资金 400 万元。贵州民革首个党史教育基地、党员教育基地、民革前辈故居在松桃欧百川故居落成。民革铜仁市委发动全体民革党员以交特殊党费的形式，募集到特殊党费、爱心捐款 34 万余元，为石阡县坪山乡坪岭村发展枇杷产业、渔业养殖。

（四）积极提出意见建议，注重调研成果的转化。在工作中，第六组调研组把铜仁在脱贫攻坚好的做法、取得的成效上报到中央，让中央能听到铜仁的声音。同时针对铜仁产业基础弱、经济总量小，部分贫困户发展意识差，存在"等、靠、要"思想等问题，提出了开展精准医疗扶贫、完善基础设施建设落实到村、"一对一"精准化产业帮扶等意见建议，为民革中央、中共贵州省委决策提供了理论依据和合理化建议。如针对"农村基础设施建设薄弱"的问题，提出了"完善基础设施建设落实到村"的建议，被民革中央报告吸纳进"推进农村基层基础设施建设"中。"针对性脱贫措施仍需完善，产业帮扶要'一对一'精准化"等建议，被民革中央报告吸纳进"强化精准脱贫举措的带动作用"中。"村级组织在发展养殖业时必须要做好合理、科学的规划，必须要请专业部门做可行性研究"的建议，被民革中央报告中"以市场为导向科学实施产业扶贫"一条所吸纳。"易地搬迁社会管理风险大，建议尽快设立社区基层组织，配备人员、资金，并探索搬迁农户融入城市社群的管理模式"，被吸纳进民革中央报告中"因势利导，不断推进易地搬迁农民融入城市"。了解到铜仁对建档立卡的贫困学生实行兜底资助，让寒门学子0元就读全日制学历教育的情况，调研组开展了调研，并形成专题材料，传播铜仁助学"好声音"。发现铜仁乡村医生存在人员老化、待遇低、任务重等问题，马上组织开展专题调研，并在中共铜仁市委书记与政协委员座谈会上进行交流发言，得到中共铜仁市委主要负责人的高度重视。发现易地搬迁小区路面积水严重，安置房外立面和落水管也有一定程度损坏。座谈会反馈意见后，铜仁市有关部门立即进行了翻修、整改，确保了安置小区的安全稳定。

二、工作经验体会

（一）当地党委政府对脱贫攻坚民主监督工作的高度重视，保证了调研工作的顺利开展。第六调研组在铜仁开展脱贫攻坚民主监督工作以来，得到中共铜仁市委、铜仁市人民政府的高度重视，党委政府迅速响应、积极配合，为第六调研组工作提供全面保障，确保了第六调研组圆满完成民革中央布置的各项工作任务。市委市政府支持的工作机制走在全省市州前列，可以说，第六调研组所取得的工作成效是在中共铜仁市委、铜仁市人民政府的重视和支持下取得的。

（二）创新民主监督工作机制。第六调研组将铜仁2区8县分为重点监督县、非重点监督县两部分，重点监督县由民革中央第六调研组直接开展调研和监督工作，其他区县由民革铜仁市委开展调研和监督工作。每年开展2次的重点监督县调研，每次调研由1—3位组长带队，每位组长每年至少参加1次重点调研，每次调研重点监督县的2—3县。针对发现的问题，当场提出意见和建议，推动各项目标任务落实，切实把监督的过程变成发现和解决问题的过程，确保人民群众真正受益。

（三）根据铜仁具体情况，不断探索完善工作机制。第六调研组在工作中提炼出"X34412"工作法。通过"X34412"工作法，规范了调研组进村入户调研工作，每次新加入的调研组成员上手快，能够精准开展工作，确保对"一达标、两不愁、三保障"进行全面的调研了解，监督有力出实效，因此所提出的问题和意见建议，切合实际，具有针对性，得到了当地党委政府的重视。

三、对下一步民主党派专项民主监督工作的建议

（一）建议发挥民主党派专家成员的优势，各调研组在监督的方式、方法、成果上做到相互借鉴，数据共享。

（二）下个五年当中，建议围绕脱贫不久的地区巩固脱贫成果、实现"乡村振兴"以及地方治理体系和治理能力现代化这一主题，继续开展民主监督工作，以发现问题、交流经验，进一步帮助这些地区在"摘帽"的基础上逐步实现赶超式的新的发展。调研形式可采取"总体方案确定与现场确定对象相结合"，便于更多了解情况。

（三）探索调研式监督与制度化监督相结合的方式。民主党派监督不仅需要短期的"点、线、面"的调研式监督，更需要有常态化的制度式监督，即依托当地民革组织，党派干部以"监督员"身份直接参与到扶贫政策、项目执行的全过程中。只有全面、深入、长期的介入到实际脱贫工作的推进中，民主监督所提意见建议及监督成果才能更有针对性和有效性。

民革中央脱贫攻坚民主监督毕节联络组
五年工作总结

2017 年以来，按照民革中央的安排部署，民革中央脱贫攻坚民主监督毕节联络组积极开展脱贫攻坚民主监督工作，四年来，共组织调研 8 次，深入毕节市七星关区、纳雍县等 7 个县区、30 余个乡镇（街道）、60 余个村（社区）、30 余个易地扶贫搬迁安置区，组织调研座谈会 40 余场，实地考察产业扶贫项目 20 余个，入户走访近 200 人，较好地掌握了毕节市脱贫攻坚工作成效，以及存在的问题和困难，完成调研报告 8 篇，社情民意信息 3 篇，共提出意见建议 40 余条，其中"做好易地扶贫搬迁后续工作""进一步做好精准识别"等意见建议被民革中央年度脱贫攻坚民主监督调研报告采用。此外，联络组调研后形成的《关于进一步做好易地扶贫搬迁工作的建议》等社情民意信息被全国政协采用。

一、监督原则

根据《民革中央开展脱贫攻坚民主监督工作方案》要求，在中共毕节市委及统战部门的高度重视和大力支部下，民革中央脱贫攻坚民主监督毕节联络组按照"坚持正确的政治方向、坚持鲜明的问题导向、坚持从实际出发，突出工作重点、坚持与履行参政党职能相结合、坚持工作公开、科学、规范，坚持监督于帮扶之中、帮扶于监督之中"的工作原则，在毕节市全面开展脱贫攻坚民主监督工作。

二、监督内容

重点围绕毕节市"贫困人口精准识别情况，贫困人口精准脱贫情况，贫困县、乡、村摘帽情况，落实脱贫攻坚责任制情况，重大政策措施执行情况，扶贫资金项目管理使用情况，以法治为保障，推进村民自治、议事协商，组织群众自觉参与扶贫开发情况"等重点内容开展监督工作。

三、监督方式

根据《民革中央开展脱贫攻坚民主监督工作方案》的有关要求和民革中央 2017 年 1 月 14 日在贵阳召开的"脱贫攻坚民主监督工作推进会议"安排，在毕节组建了"民革中央脱贫攻坚民主监督毕节联络组"，负责配合民革中央做好对毕节试验区的脱贫攻坚民主监督工作。为此，民革毕节市工委为更好地配合民革中央做好对毕节的脱贫攻坚民主监督工作，参与中共市委、市政府打赢"113"脱贫攻坚战，按照"寓帮扶于监督之中，寓监督于帮扶之中"的原则，突出工作重点，选准工作方式，把民主监督的过程变成共同发现问题、研究问题、解决问题的过程，变成推动政策落实的过程。在深入开展调查研究过程中，通过座谈、走访、进村入户听取意见、查阅资料文件等形式了解实情，找准问题、理清责任、提实建议。为推动毕节市精准扶贫工作规范、有效开展各项扶贫政策真正落到实处，贫困群众真正得到实惠的目标，联络组指导民革毕节市工委制定了《毕节脱贫攻坚民主监督工作实施方案》，明确指导思想为：在中共毕节市委的领导下，在市委统战部的指导下，充分发挥民革参政议政、民主监督职能，进一步在全市范围内开展精准扶贫工作调研，掌握贫困人口基本现状和贫困程度；了解贫困人口脱贫愿望、群众及基层干部对有效开展精准扶贫工作的建议和要求，有关精准扶贫政策的贯彻落实情况，扶贫项目、资金的到位和使用情况，扶贫项目工程实施的质量和成效等；本着在监督中发现问题、研究问题、解决问题的原则，积极通过各种方式建言献策，提出合理化的意见建议，助推毕节试验区决战决胜贫困、同步小康。

工作中，联络组发动、组织毕节全市民革党员深入贫困乡村，通过召开乡村组干部及群众座谈会、走访贫困群众、进行问卷调查、查阅资料文件、实地查看等方式，收集第一手资料。对照精准扶贫相关政策、文件及项目的实施要求，帮助贫困乡村找准存在的问题和困难。了解已出列贫困村和脱贫农户后续发展情况，了解是否存在返贫现象，分析返贫原因。对有关部门及乡村精准扶贫工作提出合理性的建议意见。在重点联系村设置和公开脱贫攻坚民主监督工作热线电话，长期反复听取群众意见建议。

从 2017 年以来，重点对每年出列的贫困乡村开展民主监督工作，按照建档立卡贫困农户总户数随机抽取不低于 10% 的贫困农户开展深入调研走访，访谈县、乡、村主要领导、分管领导，了解国家、省、市、县精准扶贫政策的贯彻落实情况，了解精准扶贫政策农户知晓率、贫困人口精准识别准确率、产业扶贫项目贫困农户参与率、贫困对象精准退出准确率是否符合要求，了解脱贫攻坚责任制、精准扶贫项目、资金到位情况等内容。

为保障工作顺利开展，民革毕节市工委成立了"脱贫攻坚民主监督工作小组"，制定工作计划，明确监督工作任务。原则上以支部为单位，每个支部选一个乡镇随机抽 1—2 个贫困村作为脱贫攻坚民主监督工作联系点开展监督工作。市工委在纳雍县选三个重点贫困村（即：董地乡青山村、骟岭镇平箐村、化作乡枪杆岩村）作为重点监督工作调研点。纳雍县工委五个支部、市直第一、二支部、贵工程学院支部分别在纳雍县各选一个乡镇随机抽 1—2 个贫困村作为监督工作联系点，金沙县支部、威宁县支部、七星关区支部分别就近就地选 1 个乡抽 1 个以上贫困村作为监督工作联系点开展监督工作。即：纳雍县工委第一、二、三、四、五支部分别选定董地乡、昆寨乡、水东乡、曙光镇、新房乡，市直第一、二支部、贵工程学院支部分别选定纳雍县化作乡、纳雍县董地乡、大方县新龙乡，金沙县支部选定金沙县大田乡，威宁县支部选定威宁县双龙镇，七星关区支部选定七星关区田坝镇作为脱贫攻坚民主监督工作联系点，有序开展脱贫攻坚民主监督工作。

　　每年联络组除全力开展两次重点调研活动外，还要求市县工委和各支部采取集中和分散调研相结合、定时和不定时相结合的方式开展脱贫攻坚民主监督调查研究工作。根据各村的年度脱贫攻坚计划，以支部为单位，每季度开展一次以上由市或县工委领导带队的调研活动。调研过程中，认真听取当地党委和政府及有关部门的工作介绍，并就其中的重点问题进行深入研究分析，汇总提炼成调研报告、社情民意等提交相关部门作为工作参考。同时积极争取参加市、县、乡党委政府及相关部门有关脱贫攻坚的工作部署会、经验总结会、情况通报会等，深入全面了解所联系的县乡村开展脱贫攻坚工作取得的重要经验和进展成果。坚持发现问题与研究对策相结合，提高脱贫攻坚民主监督工作水平。

　　监督工作中注重成果汇总和信息报送。每年的脱贫攻坚民主监督工作成果汇总分两个阶段进行，6月份前为调查研究第一阶段，并形成第一阶段的调研报告，8—10月份为第二阶段，形成较为成熟的调研报告上报。在开展民主监督工作过程中，联络组注意随时将民主监督工作情况、发现的问题、解决问题的方法以及典型材料、工作情况等内容编辑作为社情民意信息上报，不断提升工作质量。

　　同时，要求民革毕节市工委严格实施脱贫攻坚民主监督工作考核机制，将各支部开展脱贫攻坚民主监督工作情况纳入支部年度工作考核的主要内容，记入支部工作的实绩档案。

四、监督成效

2017 年以来，联络组指导民革毕节市工委 13 个支部深入 58 个村开展调研 312 次，其中：非贫困村 12 个，贫困村 46 个，走访贫困户近 1560 户 6240 余人，参加市级座谈会 6 次、县级座谈会 24 次，召开乡村座谈会近 620 次，到县扶贫办专题调研 3 次，访谈县领导 75 人次，访谈乡村干部 650 余人次，走访易地扶贫搬迁点 50 余个，产业扶贫项目点 300 余个，各类媒体刊发脱贫攻坚民主监督工作信息 400 余次，形成专题调研报告 30 余篇，发现总结问题和困难 50 余个，提出意见建议 50 余条，形成提案建议、社情民意信息 80 余件等。有的建议受到了有关部门的高度重视和采纳，助力了毕节市脱贫攻坚进程。比如：《关于精准选择产业项目是实施产业扶贫的关键的建议》《关于精准做好易地扶贫搬迁点上群众工作的建议》《加大困境儿童精准支持力度的建议》《推进乡村振兴战略有效实施的建议》《毕节市农村集体经济组织发展情况调研报告》等。

为更好地践行民革中央提出的"寓监督于帮扶之中、寓帮扶于监督之中"的工作原则，民革毕节市工委结合全市民革党员的特长优势，成立了法律服务中心、中山博爱艺术团、茶文化交流中心等社会服务团队开展各类社会服务工作。2019 年，为响应中共贵州省委省政府发出的"来一场深刻的农村产业革命"的号召，民革市工委充分发挥从事农业工作的民革党员的优势，成立了"民革毕节市工委农业技术服务组"，根据发展类别分设畜牧业发展、农作物栽培和田间管理、经果林种植、茶产业发展、特色种植、动物疫病防控、农田基础设施建设 7 个农技服务小组，有针对性地在全市范围内开展农业产业发展技术服务工作。

五、今后工作建议

中共十九届五中全会明确提出二〇三五年基本实现社会主义现代化远

景目标，对"十四五"时期我国发展作出系统谋划和战略部署。实现巩固拓展脱贫攻坚成果同乡村振兴战略有效衔接是当前和今后一段时间内，各级党委政府的中心工作之一，建议，积极借鉴脱贫攻坚民主监督工作成果，继续就相关工作开展专项监督。

民革中央脱贫攻坚民主监督黔西南联络组
五年工作总结

　　开展脱贫攻坚民主监督，是党中央赋予各民主党派的一项新任务、民主党派履行民主监督的新领域、彰显多党合作制度的新实践，是拓宽民主监督渠道的有益尝试，也是各民主党派协助地方党委政府打好脱贫攻坚战的重要形式。2016 年以来，根据民革中央、民革贵州省委的指示精神，民革黔西南州工委始终按照万鄂湘主席提出的"多帮忙，少添麻烦，不添乱"的要求，寓支持于监督之中，集全体党员的智慧和力量，助力全州脱贫攻坚任务的完成。民主监督工作中，州工委紧紧围绕全州脱贫攻坚的重点难点，主要有产业发展基础仍较薄弱；搬迁群众农村"三块地"因分散盘活困难较大；少数贫困户自主发展动力不足，"等靠要"思想仍然存在；巩固提升脱贫成效还须持之以恒、常抓不懈等等问题，深入调查研究，认真做好监督，积极建言献策，为助力党委政府打赢脱贫攻坚战、推动经济社会发展提供了有力支持，并取得了明显的成效。

一、脱贫攻坚基本情况

　　黔西南州坚定不移以习近平新时代中国特色社会主义思想为指导，大力培育和弘扬新时代贵州精神，把脱贫攻坚当作头等大事和第一民生工程，以脱贫攻坚统揽经济社会发展全局，认真贯彻落实精准扶贫、精准脱贫基本方略，狠抓责任、政策、工作"三落实"，统筹打好未脱贫人口脱贫攻坚战、已脱贫人口巩固提升保卫战、预防欠稳脱贫人口返贫和非建档立卡低收入人口致贫阻击战"三场战役"。始终按照"五个一批""六个精准"要求和党中央、国务院省委省政府关于脱贫攻坚的系列决策部署，主攻"四场硬仗"，着力"四个聚焦"，抓实"三方支持"，坚持"四个不摘"，精准攻坚打法，脱贫攻坚成效明显。从 2016 年至 2020 年，累计减少贫困人口 47.09 万人（含新识别的贫困人口），贫困发生率从 13.75%降至 0%，7 个贫困县全部"摘帽"，629 个贫困村出列。

二、民主监督主要做法

（一）加强领导，完善民主监督工作机制。

民革黔西南州工委认真贯彻民革中央、民革贵州省委、黔西南州委关于加强脱贫攻坚民主监督的文件要求，切实加强对民主监督工作的组织和领导。一是每年主动将监督的议题和工作安排向中共黔西南州委请示汇报，向州政府报告，征求党政领导意见，不断充实完善民主监督课题。二是及时成立了黔西南州脱贫攻坚民主监督工作领导小组，定期召开领导小组工作会议，听取各支部脱贫攻坚民主监督工作情况汇报。三是统筹协调制定了《黔西南州脱贫攻坚民主监督工作实施方案》，对开展民主监督工作总体方向、民主监督工作机制建设、不同阶段的工作重点进行梳理，通过建立和完善民主监督工作制度，使民主监督工作不断走向规范化和程序化，推动民主监督工作的开展。让全州脱贫攻坚与民主监督工作齐头并进、形成合力。四是充分利用州级脱贫攻坚指挥部平台、州督察局的大数据平台，对脱贫攻坚相关数据进行梳理、分析、研判，针对发现的问题，制定相应的工作方案和措施，切实加以解决。

（二）提高民革党员素质，增强民主监督的实效。

民革党员是州工委开展民主监督的主要力量。为了提高党员素质，增强民主监督实效，州工委从三个方面抓好党员素质提升。一是加强对党员的教育培训。认真组织党员学习中央的路线方针政策和各项重要部署，集中学习中央关于民革工作的制度文件，学习民主党派的基础理论和业务知识，着力提升党员素质，提高深入调查研究、提出意见建议的能力水平，使党员在履职民主监督职能中既正确地反映问题，又提出切实可行的建议，得到有关部门的高度重视和采纳落实，提高了民主监督的实效。二是增强党员的监督意识。通过召开座谈会、协商会、情况通报会等，使党员全面了解社情民情，熟悉政策，从而能够从更多的角度去分析思考问题，提出意见建议，提高民主监督的质量。三是开展走访党员活动。建立联系党员制度，每年由州工委委员、支部主委带队走访党员，了解党员工作和履职情况，征求党员民主监督工作的意见，协调解决党员工作中遇到的困难。通过走访党员活动，凝聚人心，激发热情，促进民主监督工作。

（三）立足党派优势，寓支持于监督。

一是加强调研提案。从全州民革党员中选派从事农业、文化、教育、工程建设、设计规划、法律、企业管理等相关领域具有一定工作经验和参政议政能力较强的民革党员，组成脱贫攻坚民主监督专家组，由民革州工委领导带队，对全州脱贫攻坚工作情况开展专项监督调研，动态获取第一手资料，并形成高质量的调研报告。重点围绕兴仁县田边村、新寨村、杨柳井村；晴隆县孟寨村、规模村；兴义市锅底村、板万、南龙、普梯、并噶村；贞丰县洛艾村；册亨县央亚村等村镇和杨士屯、三丫口；望谟县蟠桃园新市民社区、新屯等乡镇社区建设、搬迁群众安置、就业培训等工作开展脱贫攻坚民主监督和帮扶工作。通过实地调查了解研究，及时发现存在的问题，提出意见和建议。完成《关于黔西南州乡村振兴战略的调研报告》《解决精品果业发展中销售难的对策建议——加速推进粤港澳大湾区

"菜篮子"生产基地建设》《民革黔西南州工委关于中药材产业现代化实践路径探析》等调研报告。州工委主委黄榜泉结合担任全国政协常委、州级河长，在全国政协提交保护生态、建设水库，充分用好总书记的"两山"理念，破解工程性缺水难题，让绿水青山成为金山银山等提案。同时，结合黔西南身处"老少边穷"的西南少数民族地区，底子薄、任务重，发展内生动力不足、地区环境复杂多样等实际情况，提出了《关于启动红水河水运大通道扩能建设的建议》《加强西部少数民族贫困地区文化扶贫工作的建议》《加大对深度贫困地区金融扶贫力度的建议》，为打通西南少数民族地区南下水上通道，为沿途群众摆脱贫困建言献策。到了广泛关注，在全州影响巨大。

二是紧紧围绕脱贫攻坚民主监督，积极推动黔西南州"星火计划、科技扶贫"实验区各项工作。民革州工委结合"星火计划、科技扶贫"，多次邀请民革中央领导参与黔西南州山地扶贫、旅游、体育、农业产业发展等论坛会议，为我州脱贫谋划助力。近年来，齐续春副主席亲临试验区，开展"大力发展生态产业，促进黔西南喀斯特国家公园建设"调研。何丕洁副主席多次深入试验区开展调研指导。傅惠民副主席、李惠东副主席等领导，以及社会服务部、调研部等部门负责同志多次深入试验区，围绕"大扶贫""大山地旅游""大数据"等工作开展调研，为试验区建设注入了强大的精神动力和发展活力，充分发挥联合推动组组长、秘书长单位的引领作用，加大对万峰林峰会的指导力度，帮助呼吁推动贵阳至兴义高铁等重大项目建设；帮助协调北京一商马连道茶城与万峰报春茶业集团签订《战略合作协议》，为"普安红"在北京设置国际专场推介并设立销售中心，助推试验区茶产业升级；帮助举办"发展农业产业、助推山地旅游扶贫研讨会""黔西南试验区山地旅游与旅游扶贫研讨会""创建黔西南山地旅游示范区发展研讨会"等重大活动,为试验区产业扶贫建言献策、出谋划策,有力推动了试验区加快发展。

三是积极探索民主监督有效形式,助力脱贫攻坚。州工委主要把握好三个阶段:第一是开局阶段要监督做好精准识别,特别是贫困对象和标准的精准识别;第二是过程阶段要监督做好扶贫政策执行和责任落实,特别是在产业扶贫、教育扶贫、心理扶贫等方面,发挥我州民革党员优势,多帮忙出力;第三是结果阶段要开展调查研究,对真脱贫还是假脱贫进行监督,真正推动脱贫攻坚落到实处。

第一阶段自启动脱贫攻坚民主监督工作以来,组织脱贫攻坚民主监督专题培训。由工委、支部负责人多次带头深入镇村组户开展问卷调查、入户访谈、院坝会议、实地核查、查看档案、问题反馈等工作方式,围绕责任制落实、精准识别、精准脱贫、易地扶贫搬迁、产业发展等方面开展专项督查,对贫困乡镇进行全覆盖,有力推动了一批重难点问题的整治解决。

第二阶段围绕脱贫攻坚民主监督工作,州工委坚持"到位不越位、帮忙不添乱、切实不表面"。强化问题导向,找准工作切入点,精心调研、精准监督,发现问题、直面问题,协商研究、合力解决,为全州脱贫攻坚献计出力。围绕全州打赢脱贫攻坚战这一根本目标,先后组织党员赴兴仁县马马崖镇、晴隆县沙子镇调研小城镇建设,赴望谟蔗香、晴隆江西坡调研三农问题,赴兴义乌沙普梯村、革里村、南盘江镇南龙村调研山地旅游扶贫,赴兴仁大山、贞丰龙场、义龙新区雨樟等调研历史文化遗产保护等。通过深入全州30余个贫困村调研调查,形成量化评估数据,努力把制约脱贫的困难问题找准。民革黔西南州工委积极与州直相关部门、地方党委政府沟通会商20余次,报告监督调研发现,共同研究解决对策。广大民革党员在民主监督的实践中，履职能力得到有效锻炼，政治信念得到净化升华。在深入推进脱贫攻坚监督工作中。如在兴仁县马马崖镇民主监督工作中，就对推动香蕉种植、建矿泉水厂、皇竹草加工和盘江小黄牛养殖项目上进行了帮扶。

第三阶段成立专项调研组，重点对黔西南州已经摘帽出列县、镇、村进行脱贫攻坚民主监督重点调研。主要了解产业扶贫、产业发展、务工就业、利益联结、产业运营、群众就业增收、易地扶贫搬迁、扶贫车间生产、东西部扶贫协作项目、乡村振兴等情况。采取分别与县委、县政府及有关部门现场交流访谈的形式，听取脱贫攻坚工作开展情况汇报，提问题。先后对普安县易地搬迁茶园街道纳茶社区、地瓜镇白叶一号种植基地，晴隆县林下菌药产业基地、三宝乡整体易地搬迁、阿妹戚托小镇感恩馆、建隆摩托新能源有限公司、山水服饰有限公司等产业项目现场调研，获取第一资料。同时，邀请贵州社会学专家熊宗仁到我州举办民族文化、团结助推民族村寨脱贫攻坚知识讲座；邀请广州大学教授漆平到兴义开展《国际山地旅游城市视野下的新型城镇化思考》专题讲座。联系专业部门专家学者就黔西南州历史名人故居开发利用，对周围村寨的旅游经济助推发展等进行调研座谈；推荐民革专家学者积极参与脱贫攻坚第三方评估工作等。

四是发挥民革智力密集的优势，加强民主监督社会服务。在参与脱贫攻坚工作的过程中，注重广泛宣传各级党委、政府关于脱贫攻坚工作的方针政策，帮助贫困地区干部群众知晓政策、落实政策、用好政策，进一步坚定脱贫攻坚的信心和决心。开展了科普进校园、"双创"活动、义诊等50余次社会服务工作。支持安龙县洒雨镇堵瓦村活动室建设5万元；支持兴义市丰都办赵家渡村活动室5万元；支持兴义市洒金村、锅底河村7万元；支持州布依学会出版助推村镇旅游脱贫图书3万元。引进中民投到黔西南州投资建设"兰花小镇"项目、引进方程式赛车运动股份有限公司赴义龙考察投资。对黔西南部分贫苦老兵进行走访慰问。对兴义有民革渊源的刘王何三大家族后人春节慰问。配合民革贵州省委赴安龙陇西捐款2万元。联系民革东莞市委会赴黔西南州册亨县弼佑乡开展"同心·博爱行"贵州助学三农扶贫调研活动；联系省内外民革党员开展捐资助学活动，在兴义、普安资助共32名贫困高、初中学生。积极推进对党员和帮扶村民的法律援助和维权工作，利用工作站与相关部门建立更加紧密的联系。

（四）充分发挥作用，做好全面监督。

一是监督贫困人口精准识别。由于农户收入渠道多且细，农户皆有藏富的思想，不愿真实上报财产及收入，以农户收入为主的贫困户识别标准在实际操作中却显得困难重重。要切实摸清家底，进行全面普查，以户为单位，综合考虑劳动能力、住房、健康、教育等方面因素，科学认真分析，甄别致贫原因，重点聚焦贫困家庭和贫困人口，切实防止虚报、错报、假报、瞒报、漏报等不良识别信息发生。

二是监督贫困人口精准脱贫。始终树立"一盘棋"思想，统筹兼顾，坚持因户施策、因人施策，根据不同贫困家庭、不同贫困类型实施差异化帮扶。加大对扶贫户，尤其是对返乡农民工、脱贫带头户、致富带头人的培训力度，扶贫扶"志"，扶贫扶"智"，加大"造血"功能，致力于转变穷人观念的精神扶贫和"授之以渔"的造血扶贫。

三是监督脱贫责任精准落实。脱贫责任制的落实关键在村，责任在人。充分整合"第一书记"、驻村工作队、结对帮扶干部和村支两委力量，汇聚成一股"以村为单位"的扶贫攻坚合力。切实发挥"第一书记"领导作用，驻村工作队真正沉下基层，吃在村、住在村、工作在村，带着感情为群众办实事。在对接帮扶中，将"第一书记"、驻村工作队、结对帮扶干部扩大行政区域级别的对接选派、对口帮扶，安排驻村工作干部与原单位工作脱钩，切实解决好其驻村基本生活、住宿、交通问题，使之安心工作。同时，加强对驻村工作人员的管理任用，进一步明确工作职责，严格工作考核，在津补贴和干部任用晋升上给予激励优先机制。

四是监督政策措施精准执行。在脱贫攻坚工作中，建立健全了脱贫后续扶持长效机制，坚持精准扶贫精准脱贫工作的可持续性。形成以政府为主导，各部门、各单位、党派团体、各行各业及全社会齐抓共管的工作体系，加大考核力度，为精准建立脱贫后扶机制做好后续保障，极大地注重"返贫"帮扶。

五是监督扶贫资金精准使用。用现代手段建立扶贫信息沟通共亨网络平台，统筹各种扶贫资金，保证资金合理拨付，便于部门间的了解和群众的知情。将扶贫帮扶与低保帮扶相结合，由扶贫部门统一安排，更为精准。建立专门的扶贫项目资金，加大基础设施、产业、物流等专项扶持资金力度。建立相应专项特殊资金，加大特困人口、"失独"家庭、残疾人等"输血"专项资金的"兜底"补助。

新实践 新探索 助推决战决胜脱贫攻坚
——民革贵州省委参与民革中央脱贫攻坚民主监督工作概述

　　打赢脱贫攻坚战，既是执政党的崇高使命，也是参政党的重要职责。2016 年，民革中央受中共中央委托对口贵州开展脱贫攻坚民主监督工作，肩负着重大而光荣的使命。民革贵州省委十分珍视难得的历史机遇，高度重视这一重大政治任务。五年来，深入贯彻落实中共中央和中共贵州省委、省人民政府关于脱贫攻坚工作部署，集全省民革之力、全省民革之智，协助民革中央开展好脱贫攻坚民主监督工作，积极投身于脱贫攻坚民主监督新实践，坚持"寓监督于帮扶之中，寓帮扶于监督之中"原则，深入参与全省经济社会建设，出实招，办实事，不断创新工作举措，为助力贵州打赢脱贫攻坚战贡献民革力量。

一、凝心聚力，发挥脱贫攻坚民主监督实效

　　（一）统一思想，聚焦脱贫攻坚民主监督。一是完善组织机构。成立了以主委任组长、班子成员任副组长的领导小组和以分管副主委任组长、民革党员中参与脱贫攻坚任务及农业、审计、法律等方面专业人员组成的专家工作组，制定了《民革贵州省委关于积极参与民革中央脱贫攻坚民主监督工作方案》，召开动员会，明确任务，举全省民革之力参与民革中央脱贫攻坚民主监督工作。二是加大对相关人员的培训。通过邀请第三方评估专家介绍全省脱贫攻坚现状、长期从事脱贫攻坚工作领导作专题讲座、

与民革基层一线工作的同志座谈等，加强了专家工作组成员和各市州委同志开展脱贫攻坚民主监督工作的能力建设。三是发动各市州委、各基层组织积极参与脱贫攻坚民主监督工作。全省各级组织结合本地实际，开展形式多样的活动，形成"立足本职、全员参与、积极帮扶"的新高潮。如：民革黔南州委确定两个贫困县作为常态化开展脱贫攻坚民主监督与帮扶工作相结合的联系点，持续开展"发现一个问题、总结一条经验、提出一件合理化建议"的"三个一"活动，财政安排专项经费给予支持。民革毕节工委组织所属基层包村进行定点民主监督，开展"做好一个公开、做好一个调研、做好一个宣传、做好一个联动、做好一个支持"的"五个一"活动。民革遵义市委在4个乡镇13个村建立民主监督监测点，通过定点监测、样本分析，探索出"以点带面、由表及里"的工作方法，等等。各基层组织全员参与到脱贫攻坚民主监督工作之中，这些活动的开展，既是民革围绕中心服务大局，积极参与地方经济社会发展的具体体现，同时，也是民革聚焦贵州的脱贫攻坚事业，助推贵州打赢脱贫攻坚战的具体行动，为贵州与全国同步建成全面小康社会注入更多活力。

（二）密切联系，不断完善工作机制。民革省委加强上下协调、左右沟通，积极为开展脱贫攻坚民主监督创造条件和保障。推动成立省联络协调小组，由省委常委、分管副省长分别担任组长，与省委统战部、省扶贫办等相关部门建立多个层面的知情明政、日常对接联系、信息通报、成果会商等沟通联系机制。2017年以来，贵州省相继出台了《关于配合民革中央做好脱贫攻坚民主监督工作的通知》《关于进一步配合民革中央做好脱贫攻坚民主监督工作的通知》《关于进一步支持配合民革中央做好脱贫攻坚民主监督工作的通知》《关于印发〈贯彻落实各民主党派中央脱贫攻坚民主监督工作座谈会精神要点〉的通知》4个文件，为民革中央参与贵州脱贫攻坚民主监督工作提供了良好条件和有力支持。推进各市州中共党委、政府出台支持开展脱贫攻坚民主监督工作的文件，并成立支持开展脱贫攻坚民主监督工作领导小组。五年来，形成"领导小组＋工作小组＋2个联络组＋6个调研组"的"1126"工作架构。始终保持每半年召开一次工作推进会，开展一轮专题调研，形成一份工作报告，进行一次交流反馈的"四个一"工作机制。同时，也推动贵州形成一些好的工作方法和模式，如民革贵州省委在工作中总结出"三争取""三加强""三个问""二转变"的工作机制。民革铜仁市委紧紧围绕"一达标两不愁三保障"，总结提炼出"完成规定动作、入村三看、入户四看四问、一查、二反馈"的"X34412"工作法。民革安顺市委形成"树立一个意识、抓住两个重点、汇聚三方力量、建立四项机制、实现五年目标"的"12345"工作思路，常态化开展调研、监督、帮扶、协调等四项工作。民革纳雍工委探索出"三问""三定""三解""三回"的四个三机制，经过整理成为贵州改革情况交流材料。可以说民革在贵州的脱贫攻坚民主监督工作已经形成一套良好的工作模式，在助力贵州精准扶贫精准脱贫方面取得较好成效。

（三）深入调研，积极建言献策。五年来，万鄂湘主席、郑建邦常务副主席、李惠东副主席等民革中央领导多次深入贵州扶贫工作一线调研，详细了解当地脱贫攻坚工作情况，有力地推动了脱贫攻坚民主监督工作。民革贵州省委发动省内专家、民革基层组织和广大党员，广泛参与所在地区的日常监督工作，同时，参与民革脱贫攻坚民主监督调研组、联络组下沉到基层一线，进村入户，先后开展了200余次专题调研，足迹遍及贵州省8个州市78个县340个村。举办协商、座谈、答复反馈等会议300余次，形成一批高质量的调研报告、提案。通过每半年、年度两个工作报告，民革中央既对贵州省的脱贫攻坚工作作出了整体评价，提出了针对性和可操作性更强的意见建议，又对脱贫攻坚中的普遍性、系统性、苗头性问题进行了研究探讨。民革贵州省委先后提出了《贵州省农业种植业结构调整优化情况调研报告》《推动农民专业合作社健康发展和壮大农村集体经济打赢脱贫攻坚战的建议》《关于加快推进我省农业龙头企业品牌化发展的建议》《贵州山地中药材现代化实践路径探析》等一批高质量的调研报告、提案等，为贵州贫困群众增收致富，打赢脱贫攻坚战发挥了良好的助推作用。这些活动的开展，进一步深化了中国共产党领导的多党合作和政治协商制度的内涵，使民主党派的民主监督职能有了清晰具体的对象，从务虚走向了务实。

（四）民生优先，帮扶与监督并重。民革各级组织在履行好监督职能的同时，践行"寓监督于帮扶之中，寓帮扶于监督之中"原则，积极参与贵州经济社会建设，为贵州经济社会发展作出积极贡献。通过线上"博爱扶贫云商城"平台和线下开展消费扶贫、订单采购等活动，助力贵州销售农特产品 3000 多万元。民革中央在纳雍创建并实施"7+1+1+N"定点帮扶联系机制，开展包括智力、产业、教育、医疗等帮扶项目 200 多项，涉及资金上亿元，有力地助推纳雍经济社会发展。2017 年 5 月，在北京举办贵州省产业扶贫项目推介会，邀请了 400 余名企业家参会，对宣传贵州产业扶贫政策和优势资源取得了良好效果。特别是 2019 年 11 月，成功举办了"民革企业助力贵州产业招商发展大会"，签约投资金额 985.02 亿元，虽受新冠疫情等因素影响，截至 2020 年 12 月 14 日，已开工项目 30个，开工率达 69.8%，实际到位资金 108.4 亿元，为助力脱贫攻坚、推动贵州经济实现高质量发展贡献了力量。连续四年举办"博爱牵手情暖童心——中山博爱夏令营"活动，为毕节提供价值千万元的教育信息化测评服务，引进上海新纪元教育集团、重庆涪陵计算机学校等教育机构开展师资培训累计数万人次等，援助家庭困难学生 3000 多人次。2019 年 10 月 26 日，中共中央书记处书记、中央统战部部长尤权赴贵州调研时，对民革在贵州开展的脱贫攻坚民主监督工作，北京等 7 个省市级民革组织与纳雍县羊场等 7 个贫困乡镇结对帮扶等工作给予了充分肯定。

二、总结提炼，丰富脱贫攻坚民主监督内涵

（一）脱贫攻坚民主监督是拓展民主党派履行职能的重要路径。脱贫攻坚民主监督，是中共中央赋予民主党派的新任务，是民主党派第一次对一项国家重大战略工程和重要政策落实进行监督，把民主党派的民主监督纳入脱贫攻坚监督体系，体现了中共中央对多党合作事业、对民主党派工作的高度重视。民主党派紧紧围绕中共党委和政府的中心工作开展脱贫攻坚专项民主监督，让民主党派的民主监督职能有了清晰具体的对象，从务虚走向了务实。地方各级党委和政府主动为民主党派开展脱贫攻坚民主监督工作创造条件，自觉接受监督，营造宽松民主的协商环境。也正是因为明确了工作的抓手和目标，突出了工作重点，搭建了新的平台，确保脱贫攻坚民主监督工作取得了实实在在的效果，拓展了民主党派履行职能的平台和空间，探索民主党派参与民主监督的方式和渠道，丰富了多党合作的实践形式，彰显了中国新型政党制度的优越性，从而进一步深化了中国共产党领导的多党合作和政治协商制度的内涵。

（二）脱贫攻坚民主监督是加强民主党派自身建设的有益探索。脱贫攻坚是一项艰巨性、复杂性、系统性的工程，它涉及了经济、政治、文化、社会和生态文明建设的全过程。对这样一项重大战略工程进行监督，对民主党派自身来说也是一项重大挑战，没有可以遵循的经验做法，需要积极探索，稳步推进，有序有效开展。在开展工作的过程中，建立健全工作机

制作为工作的重中之重，各民主党派中央与各对口省区都协商建立了包括知情明政、日常对接联系、信息通报、成果会商机制等沟通协商机制。这些措施，在为脱贫攻坚民主监督做好保障的同时，客观上为民主党派拓展了知情民政的渠道，建立起了工作的长效机制，总结出了一整套可行的工作机制。同时民主党派在开展工作中，充分发挥专家学者优势，采用科学方法和数据分析脱贫攻坚中存在问题的原因及改进方案，客观上为民主党派培养和锻炼专家型人才提供了平台。

（三）脱贫攻坚民主监督是提高民主党派扶贫精准度的有效渠道。将建言与践行相结合，在产业扶贫、教育扶贫、精神扶贫等方面帮助党委政府干实事是提高监督成效的有效渠道。在开展脱贫攻坚民主监督工作中，各调研组、联络组以更灵活的方式深入到一线基层，突出工作重点，坚持鲜明问题导向，更真实的了解基层群众的呼声，围绕脱贫攻坚中的薄弱环节、重点难点问题和群众普遍关心问题，充分发挥民主党派智力密集优势，从中敏锐发现问题，针对发现的问题，深层次研究问题，将扶贫与扶志、扶智结合，既"输血"，又"造血"，提出应对之策、解决之方，提高脱贫成色。在监督中发现开展精准帮扶，在帮扶中深入调查研究发现的问题，整合力量，合力扶贫，通过这种方式，引导社会各方力量积极参与到精准扶贫中来，力促形成各种资源融合联动、各方共同助推的精准扶贫局面。

脱贫攻坚民主监督作为民主党派深度参与脱贫攻坚的新平台，解决了一些影响民主监督实效的问题，是对多党合作制度理论和实践的重大完善。由于专项民主监督工作是一次新探索，也是彰显我国多党合作制度优势的新实践，涉及的政策性、专业性较强，我们还存在着人员专业特色不够合理、监督范围不够全面、角度定位不够准确等不足。下一步，我们要更加紧密的团结在以习近平同志为核心的中共中央周围，进一步增强政治把握能力、进一步健全完善工作机制，进一步加强工作队伍能力建设，明确监督重点，聚焦问题导向，发挥民主监督的优势和特色，攻坚克难，履职尽责，为巩固拓展脱贫攻坚成果，推进乡村振兴作出新贡献。

第五部分

工作心得体会

参与黔东南州脱贫攻坚民主监督工作有感

2016 年 9 月，根据民革中央的安排，民革湖北省委会王红玲主委任民革中央脱贫攻坚民主监督第一调研组组长（之一），对口贵州省黔东南州开展脱贫攻坚民主监督工作。王红玲主委随即把这项工作作为民革湖北省委会的工作，安排民革湖北省委会机关干部，并抽调部分民革党员参加调研组工作。2020 年，贵州省黔东南州所有贫困县都全部脱贫摘帽，标志民革中央脱贫攻坚民主监督第一调研组圆满完成了脱贫攻坚民主监督工作任务，取得了可喜的成绩。我作为一名工作人员，有幸参与全过程，见证了黔东南州整体脱贫的巨大变化，感到无比自豪和幸福，收获满满，感悟多多。

经过五年的工作实践，我亲眼见证了脱贫攻坚民主监督实现了预期效果；深刻感受到中国共产党心系群众、改善民生的决心；感受到一线扶贫干部敢教日月换新天的勇气和辛苦；看到了各级党委政府苦干实干、坚决打赢脱贫攻坚战的信心和成效；感受到党和国家各种惠民利民的大好政策；真切感受到了苗乡侗寨人民获得感和幸福感；感受到了黔东南州人民对民革中央民主监督工作的高度认可。整个过程，树立了民革良好的社会形象，充分体现我国多党合作的巨大政治优势和民主监督的有效性。同时为今后探索民主监督工作积累了宝贵经验。

民革作为参政党，始终与伟大的中国共产党想在一起、干在一起、站在一起。我们不负习总书记嘱托，积极投身我国伟大脱贫攻坚事业。我作为亲历者，实践者、参与者、维护者、宣传者，见证了黔东南州脱贫攻坚伟大实践，给我留下终身不可磨灭的难忘记忆。扶贫课更是人生课。近几年，所见所闻所思所想，对我感触最深、最难忘的还是这些人，讲述几个故事与大家分享如下：

领导率先垂范深入一线调研建言献策

自脱贫攻坚民主监督工作启动以来，民革中央和民革湖北省委会高度重视，2019 年 7 月全国人大常委会副委员长、民革中央主席万鄂湘，民革中央副主席李惠东，民革中央组织部长、第一调研组组长叶赞平专程前往黔东南州调研。第一调研组组长湖北省政协副主席、民革湖北省委会主委王红玲，湖北省委会专职副主委陈邦利、副主委张险峰、陶前功等多次前往黔东南州进行调研，每次调研我们都精心安排专家学者陪同调研。每次调研民革中央还拟定了重点课题、调研提纲、访谈问卷、贫困户调查表等，做得非常详细、细致，每年还提交 2 份沉甸甸的脱贫攻坚民主监督调研报告给党中央、国务院。民革中央社会服务部干部牟洪建、潘双迪陪同了我们 5 年调研，民革贵州省委会李剑、文西屏和当地各级党委政府给与了极大支持。

五年来，我们按照万鄂湘主席"寓监督于帮扶之中寓帮扶于监督之中"的要求扎实调研，撰写了 10 份调研报告，提出监督性建议 48 条，涉及扶贫立法、产业扶贫、精神扶贫、少数民族文化保护、深度贫困地区扶贫发展、扶贫作风建设和形式主义、防止贫困户脱贫返贫、脱贫攻坚有关问题风险机制、脱贫攻坚与乡村振兴有效衔接、防范新冠肺炎疫情影响等。

扶贫干部脚踏泥土芬芳与贫困作殊死斗争

黔东南州上至州领导下至普通帮扶干部，工作勤奋，作风扎实，尽管压力很大，但精神面貌非常好，抱着不脱贫不收兵的决心，能与贫困户打成一片。副州长吴坦只要到了村里，都是笑呵呵地一口口"老乡"叫着，非常亲切。去了贫困户家里，都是自己随手拿过小板凳直接坐上去然后与贫困户亲切拉家常，就像是村里的一员。第一调研组副组长湖北省民革专职副主委陈邦利去了苗族贫困户老乡家里，看到门口晾的稻谷，不顾腰椎间盘突出疼痛的老毛病，马上蹲下来用双手把稻谷堆砌成三角形状，他笑着对贫困户说："我也是半个农民，你这稻谷应该这样堆起来晾，光照面积大，才干得快。"从浙江杭州市西湖区街道前来挂职的干部陈晔在黔东南州挂职从事扶贫工作，属于东西部对口协作帮扶，一待就是几年，工作非常辛苦，头发已有点早白，老人、小孩都在杭州，也照顾不到。黔东南州扶贫办杨晓燕同志常年奋战在扶贫战线上，非常辛苦，身体也不好做过大手术，但每次陪同我们去调研精神状态都很好，工作非常扎实过硬。

向吃苦肯干的英雄的脱贫户们致敬

　　黔东南州是贵州贫困程度深、范围广、脱贫难的地区。之前见过的贫困户大多是身体孱弱、颓废懒散、面无神采的样子，而去了黔东南让我感觉到震撼，这里大多数贫困户特别是苗寨的少数民族老乡个顶个精神状态好，非常热情，灿烂的笑容常挂嘴角，看得出来很高兴，他们没有游手好闲，不是在田里干活就是在合作社忙活，有的还去了城里打工，他们都笑盈盈地夸党的政策好，感谢党和国家，精准扶贫给他们带来了好的生活，对未来的生活也很有信心。原来有人说精准扶贫在养懒汉，其实这是片面的，懒汉只是其中一部分，有很多贫困户是因为交通不便、生产条件差、学习能力差、大病等因素致贫，这些问题解决后是能够脱贫致富的。精神扶贫也很重要，扶贫先扶志，即便是懒汉，也要想办法让懒汉摆脱"等靠要"思想，让他们主动变观念、谋生计、求发展。我们去走访过一个贫困户，户主是中年男子，当年因为穷，妻子也离开他了，后来在精准扶贫的帮扶下自己建起了葡萄种植基地，不仅脱贫奔了小康还和前来采摘葡萄的女大学生喜结良缘，传为一段佳话，被媒体广泛报道。

依依惜别友谊永存

　　高铁如同一条奔腾的巨龙以每小时几百公里的时速在重重大山间呼啸而过，不多久就要离开贵州了，这就是高铁的速度，也是中国速度。窗外一片青山绿水，列车员推广着待出山的黔货，时时钻入的隧道让旅客昏昏欲睡，而我脑海中却浮想联翩，没有一丝一毫的困意，满怀着难忘与不舍。我想到了刚刚把我们调研组成员送到火车上的黔东南州副州长吴坦和州扶贫办主任龙开泉等人，想到了他们在火车旁和陈邦利副主委的依依惜别。想到了麻江漫山遍野的蓝莓种植基地，想到了丹寨县的万达小镇，想到了一栋栋崭新漂亮、干净卫生的集中安置小区楼，想到了那订单充足一片忙碌的扶贫车间，想到了大山深处开凿的那一条条硬化的蜿蜒的通村路和大气磅礴的高速公路，这是多么庞大复杂的工程啊！

遥想青春"苦大师"与中国梦

　　时光荏苒。我想到了十几年前，我大学舍友，他是贵州毕节山区人，后来到民革工作，才知道这么个地方，也是咱们民革中央定点帮扶的地区。

他很瘦，20 岁的年轻小伙不到 100 斤，家里很穷，每顿饭几乎只吃点咸菜和老家带过来的辣椒酱，一件衣服穿几年，生活很苦，那时候他也喜欢诉苦，羡慕同学有电脑可以用，自己却要打工挣生活费，毕业了还要还助学贷款，有的同学给他取了个外号——"苦大师"。但是那早已是过去时了，人家现在有一份待遇不错的好工作，买了房买了车，组建了一个幸福的家庭。后来他说，苦终将过去，年轻人不应该太多抱怨，靠自己的奋斗也获得了成功，在当今中国，只要你肯奋斗，肯拼搏，肯实干，人人都有机会，我想这就是中国梦吧！

我觉得精准扶贫与乡村振兴是中国进入 21 世纪以来的伟大战略工程，这是社会主义优越性的充分体现。精准扶贫与乡村振兴就是要逐渐缩小城市与偏远贫困山区的差距，让贫困山区也能摆脱贫困逐渐富起来，这是一个大战略大工程，也是一件功在千秋利国利民的大好事，对于能够有幸亲历见证伟大的脱贫攻坚和乡村振兴，我感到很荣耀。希望农村越来越好，人民生活越来越美好，中国越来越富强！

"寓帮扶于监督"结硕果

民革中央脱贫攻坚民主监督第二调研组

按照民革中央的统一安排部署，自 2016 年以来民革四川省委与民革中央一道组成脱贫攻坚民主监督第二调研组，负责对贵州省六盘水市开展脱贫攻坚民主监督。

在深入六盘水市调研走访的过程中，第二调研组发现当地独特的高原喀斯特地貌下风景秀丽优美，具有较大的旅游开发潜力，在当地开展座谈和交流的过程中，六盘水市各级党委政府也表示出强烈地发展旅游产业经济的意愿和需求。结合当地特色优势和产业发展需要，民革四川省委大力为六盘水市招商引资，推动引进了四川 318 集团到六盘水市投资兴业，与六枝特区旅游文化开发投资有限责任公司共同建设了 318 浪哨缘房车营地。

六枝 318 浪哨缘房车营地坐落于六枝特区落别乡，是一个集休闲度假、餐饮娱乐、观光旅游、健康康养、综合体验的大型综合性房车营地，旨在充分发挥挖掘当地环境资源，以旅游产业发展带动贫困人口增收致富。

营地占地近 1000 余亩，地处 G7611 都香高速与 S102 省道交汇处，距高速落别收费站 800 米，距黄果树瀑布景区 37 公里，离安顺黄果树机场

50 公里，距牂牁江风景区 80 公里，距贵阳 120 公里，交通便捷，地理位置优越。黄果树瀑布源头浪哒河从营地中蜿蜒而过，域内大型湿地公园占地 130000 平方米，其中水域面积 38000 平方米、湿地面积 26000 平方米，周边绿树成荫，鸟语花香，整个区域绿道环绕，互联互通，一步一景。截至目前，营地一期工程已完工，设有各类房车 21 辆，木屋别墅区美式木屋 6 栋，观景房区浪漫厢房 20 间，还配套建成 500 个餐位的浪哨宴宾厅、西餐厅、户外露营区、野外烧烤区、亲子游乐区等，并均于 2017 年 7 月开始投入试运营。现二期工程已经开始规划建设，计划打造中餐厅、山顶客栈、会议室、棋牌室和茶坊等配套服务设施，还准备新建一座大型的、超感观体验的游乐园和攀岩练习场。

六枝 318 浪哨缘房车营地项目在各方的共同努力下，目前已成为国家体育总局、国家体育总局汽摩联中心授牌的贵州唯一的全国五星级汽车自驾运动营地，为以自驾游和房车旅游为主的游客进入六枝创造了良好的接口条件，为联通贵州、西部、全国乃至世界的六盘水旅游市场注入了一剂强心针。该项目同时为当地增加就业、扶贫开发、环境保护等方面也做出着重要贡献。同时 318 集团以建好六枝浪哨缘房车营地为基点，近两年又在贵州其他贫困县区建设了房车营地，有力地带动了当地农旅结合发展。

在 4 年间的脱贫攻坚民主监督工作实践中，第二调研组精准切入各方动员的大扶贫格局中，不仅定位于当好"督战队"，更要当好"好帮手"，不局限于发现问题，更注重提供解决方案，坚持以"寓监督于帮扶、寓帮扶于监督"的工作原则开展真情帮扶。我们组织邀请六盘水市有关部门赴四川成都了解学习当地产业发展、美丽乡村建设等工作经验；到同为三线建设发展的资源型工业城市攀枝花市考察其康养产业发展情况，现场深入学习了解攀枝花如何由"百里钢城"变为"阳光康养之都"的成功经验，促进两地更加广泛深入的交流合作，为六盘水市拓宽产业转型发展思路提供有益借鉴。先后招收 10 名六盘水市乡村英语女教师到四川中山学院进行一年的免费培训，促进当地教师教学能力的提升。

脱贫攻坚民主监督的新探索

郑学炳（民革中央脱贫攻坚民主监督第二调研组组长、民革四川省委会副主委）

　　2020 年打赢脱贫攻坚、实现全面小康，是中国共产党对世界和中国人民的庄严承诺，是以习近平总书记为核心的中共中央治国理政的重要内容。民主党派开展脱贫攻坚民主监督是新时期执政党赋予民主党派的重要政治任务，是推进新型政党制度建设的新实践，是民主党派履行民主监督职能的新探索。

　　按照民革中央的统一安排部署，自 2016 年以来脱贫攻坚民主监督第二调研组由我和民革中央联络部副部长章仲华（2018 年退休卸任）、张庆盈（2019 年接任）任组长，负责对口贵州省六盘水市开展脱贫攻坚民主监督。作为组长之一，5 年来，我和第二调研组成员一起深入六盘水市开展督导调研，足迹遍及六盘水市 4 个县市区、16 个乡镇、18 个贫困村、6 个产业园、5 个易地扶贫搬迁安置点，入户走访群众 200 多户，并多次与市县乡村各级干部开展座谈交流，深刻体验到各级党委政府和广大干部群众决战脱贫攻坚的坚定信心，攻坚克难的昂扬斗志和踏石留印的工作作风，同时在实践中进一步体会到了民主党派在脱贫攻坚民主监督工作中的角色担当和使命责任。

一、当好"督战队"

民主党派开展脱贫攻坚民主监督，首要的是政治监督。对标对表习近平总书记对脱贫攻坚的重要指示和中共中央关于脱贫攻坚的重大决策部署，我们从三个方面开展政治监督。一是监督六盘水市党委把脱贫攻坚作为头等大事和第一民生工程的政治任务压实责任情况。二是坚持尽锐出战，脱贫攻坚的全面部署久久为功。三是"下足绣花功夫"做深做实做细脱贫攻坚的工作落实情况。其次是政策监督，为打赢脱贫攻坚，中央、省、市各级党委政府出台了一系列重大扶贫政策和惠民措施并给予了巨大的项目资金支持，民主监督就是要督促各级党委政府把这一系列的扶贫政策精准地落地落实、用足用够，防止在工作中政策落空和移位。三是实绩监督。紧紧围绕"两不愁三保障"的脱贫标准和目标，我们深入乡、村、社和贫困户，实地查验督导脱贫攻坚工作的实绩实效，实现对"脱贫工作务实、脱贫过程扎实、脱贫成果真实"的全面监督。

二、当好"宣传员"

习近平总书记多次深入贫困地区视察调研，发表了一系列重要讲话和指示精神，是我们不断深化脱贫攻坚工作的方向指引和行动指南，也是我们打赢脱贫坚的信心之源和力量之基。同时，随着脱贫攻坚的纵深推进，党中央、国务院制定了一系列关于脱贫攻坚的政策措施，我们在对六盘水市开展脱贫攻坚民主监督工作中充分发挥了第三方的角色优势，把党的精神和政策充分宣传到广大干部群众特别是贫困户中，把党对打赢脱贫攻坚的坚定决心传到千家万户，把党对贫困地区和贫困群众的关心关怀带到千家万户，把党对精准扶贫的政策措施讲到千家万户，树立广大群众战胜贫困的坚定信心，激发广大群众脱贫奔康的内生动力，同时引导广大群众明事理、感党恩，强化感恩教育、增强感恩意识、增进感恩认同。

三、当好"好参谋"

我们把在六盘水市的监督调研工作中发现的一些问题和存在的薄弱环节，及时地与六盘水市委政府进行了沟通和交流，并提出了意见建议。

4年来第二调研组先后7次向六盘水市党委提供了监督调研报告,有针对性地提出了30多条意见建议,如:六盘水要发挥改革创新精神,深化"三变"改革;要在脱贫攻坚工作中要进一步解决"人、地、钱"的问题,补齐人才短板,抓实农村基层干部内生动力的激发和典型的树立,培养一批推动农村发展、打好脱贫攻坚战的带头人;要处理好土地资源的数量和质量之间的关系,科学解决脱贫攻坚中的项目用地、基础设施用地、产业用地和移民用地之间的需求,做到基础强、产业兴、环境美等。相关意见建议绝大部分被六盘水市委政府采纳,并研究制定了工作措施加以落实,有力推进了当地脱贫攻坚的进程。同时在调研中也发现一些工作需要由国家层面出台政策和措施来予以支持,我们也及时向民革中央并通过民革中央上报党中央。

四、当好"好帮手"

我们按照民革中央"寓帮扶于监督"的要求,发挥资源优势,结合六盘水实际做实帮扶工作。我们针对六盘水市独特的地貌自然特征、优良的生态气候环境,推动六枝特区引进四川三一八集团投资近2亿元建立六枝318浪哨缘房车营地,助推当地旅游产业发展,带动当地农民增收致富。邀请六盘水市党委政府和有关部门来川考察交流,先后赴成都市郫都区、崇州市及自贡市等多地深入了解学习当地农业产业发展、美丽乡村建设等工作经验。组织六盘水市到同为三线建设发展的能资源型工业城市攀枝花市考察其康养产业发展情况现场深入学习了解攀枝花如何由"百里钢城"变为"阳光康养之都"的成功经验，为六盘水市拓宽产业转型发展思路提供有益借鉴。推动四川铁势力工集团到六盘市发展种养殖业，促进六盘水市农业产业规模化、标准化、现代化。先后招收 10 名六盘水市乡村英语女教师到四川中山学院进行一年的免费培训。

在中共中央和中共贵州省委的坚强领导下，经过六盘水各级党委政府的全力攻坚和民革中央民主监督的有力促进，六盘水市在 2020 年与全国同步取得打赢脱贫攻坚战，实现全面小康的胜利。通过脱贫攻坚民主监督，进一步彰显了多党合作的制度优势，有效探索和实践了民主党派开展民主监督工作的目标、路径和方法，为在新时期建设中国特色社会主义充分发挥民主党派的民主监督作用积累了经验和成果。同时，通过参与脱贫攻坚民主监督，使民主党派成员深入一线、深入基层开展实地调研、掌握实情、发现问题、提出建议等工作中得到实践锻炼，有力地促进了民主党派的自身建设。

功崇惟志，业广惟勤

潘双迪（民革中央脱贫攻坚民主监督第二调研组联络员、民革中央社会服务部综合处干部）

根据中共中央总体部署，2016 年起民革中央对口贵州省开展脱贫攻坚民主监督工作。我有幸能够参与到此项工作之中，成为中国脱贫攻坚伟大事业的见证者和参与者。回顾五年的工作，主要有如下体会：

一、脱贫攻坚战顺民意、解民忧、得民心，真正解决了贫困群众的绝对贫困难题

贫困是古今中外治国理政都需要面对并解决的一个难题。中国人民世世代代都在与贫困做着斗争，丰衣足食、国泰民安的日子，是每个华夏儿女长久的向往与奋斗。消除贫困、改善民生、逐步实现共同富裕，这是社会主义的本质要求，也是中国共产党的重要使命。"中华民族千百年来存

在的绝对贫困问题，将在我们这一代人的手里历史性地得到解决"，这是中共中央对全国人民的庄严承诺。一诺千金，言出必行。十八大以来，中共中央号召和带领全国人民"撸起袖子加油干"，尽锐出战、迎难而上，真抓实干、精准施策。2020 年 11 月 23 日，贵州省人民政府宣布，剩余 9 个未摘帽县全部退出贫困县序列，这也标志着我国 22 省区市 832 个国家级贫困县全部脱贫摘帽，全国脱贫攻坚目标任务如期全面完成。这份成绩的取得，离不开中共中央的英明决策，离不开各级干部群众的辛勤努力，凝聚着无数的付出与收获，辛酸与喜悦。

五年来，我走遍了贵州省的全部 9 个州市，看到了贫困山村翻天覆地的面貌变化，听到了扶贫干部夜以继日奋战在脱贫攻坚一线的感人故事，更感受到了大山深处贫困群众脱贫致富后的欢欣喜悦。923 万人口脱贫，66 个贫困县全部脱贫摘帽，9000 个贫困村全部脱贫出列，188 万人从大山深处搬迁到城镇——贵州这些成绩，对于我来说不仅仅是单纯的数字，而是一个个生动的图像和鲜活的事例。我曾经实地考察过一个易地扶贫搬迁集中安置小区，当随机入户访谈一户搬迁户时，家中的人员就突发了精神类的疾病。正是这个疾病造成了这个家庭的贫困，一个人生病就需要另外的 1—2 个人的全天候照料，老父亲的零工收入就成了家中唯一的经济来源。在这个贫困户占大多数的集中安置小区中，这个家庭的情况并不是个例，就在我要离开这个小区时，路上行走的一个 15 岁左右的孩子又突发抽搐，家人和邻居迅速采取了急救措施。易地扶贫搬迁的优惠政策使这些贫困群众搬离了深山破屋，搬迁后社区的公益岗位使他们获得了稳定收入，政府足额发放的低保补贴解决了他们的后顾之忧，优惠的就业创业扶持政策成为了他们的增收保障，便利的医疗条件使病人的病情得到更好的控制，齐备的教育资源使孩子们能够接受更好的教育，从而彻底摆脱贫困。

这些政策措施的落实依靠的是千千万万扶贫干部的艰苦努力和辛勤付出，他们舍小家为大家，有的人夜以继日驻守在山村，错过了孩子的降生、父母的离世，分享着贫困户中孩子的升学喜悦，却错过了自己孩子的成长。当有人问起，在大山里是否还有食不果腹、衣不蔽体的失学孩子时，我可以自信地回答：没有！

二、脱贫攻坚民主监督是民主党派民主监督职能发挥的有益尝试

民主监督是民主党派的基本职能之一。长期以来，民主党派民主监督作用的发挥，主要是在政治协商和参政议政过程中，通过协商、建议、批评和反馈等方式，起到督察、警示和鞭策的作用，从而达到民主监督的目的。脱贫攻坚民主监督是各民主党派中央首次对国家重大战略决策进行专项监督，是中共中央赋予各民主党派的新使命，是民主党派履行民主监督职能的新方式、新内容和新任务。万事开头难，没有惯例可以遵循，只能根据中共中央的要求和以往的工作经验，逐步探索开展此项工作的方式方法。经过5年的脱贫攻坚民主监督工作实践，对各民主党派民主监督职能的理解更加深刻和全面。

首先，是什么。民主党派的民主监督是一种政治监督，是在政党层面上开展的高层次的有组织的监督，监督的内容主要涉及党和国家政治、经济、社会生活中的重大问题。它是一种非权力性质的软性监督，不是靠权

力制衡，而是靠意见、建议、批评，靠真知灼见来以理服人。另外，民主党派民主监督与中国共产党党内监督相比没有权力性，与法律监督相比没有强制性，与行政监督相比它采取的是民主协商的方式解决问题，与舆论监督相比它不直接诉诸社会、告喻各界，但在整个监督体系中具有广泛性、权威性和影响力，对公共权力的监督和制约能够起到其他监督所达不到的作用。

其次，为什么。2013 年 2 月 6 日，习近平总书记在和各民主党派中央、全国工商联新老领导人和无党派人士共迎新春时指出，"要继续加强民主监督，对中国共产党而言，要容得下尖锐批评，做到有则改之、无则加勉；对党外人士而言，要敢于讲真话，敢于讲逆耳之言，真实反映群众心声，做到知无不言、言无不尽。"民主党派的民主监督是从亲密友党的独有视角对中国共产党提供一种单靠党内不容易提供的监督，是对中国共产党党内监督的有益补充。民主党派开展民主监督的根本目的是以肝胆相照、荣辱与共的精神，支持并帮助执政党和政府加强领导、改善领导、改进工作，巩固和加强人民民主政权。各民主党派成员往往具有较高的专业知识和较为丰富的社会经验，其意见建议往往能够在解决重难点问题时提供有益帮助。此次各民主党派开展的脱贫攻坚民主监督工作的出发点和落脚点就是帮助党和政府打赢脱贫攻坚战。因此，民革中央万鄂湘主席提出了"寓帮扶于监督之中，寓监督于帮扶之中"的工作原则，为民革中央的脱贫攻坚民主监督工作指明了方向。

再次，怎么办。民主监督的先决条件是知情明政。一方面，需要最大限度地争取国家相关部门和地方党委政府的支持和配合，从而获得全面准确的相关资料和信息。例如：在开展脱贫攻坚民主监督的过程中，在中央统战部的沟通协调下，国务院扶贫办会定期将脱贫攻坚进展情况通告给各民主党派，同时还会邀请各民主党派派员参加对口省份的脱贫攻坚督查巡查工作。民革中央与对口的贵州省逐步建立了多层次的日常工作联系机制、信息通报机制和成果会商机制。贵州省先后下发《关于配合民革中央做好脱贫攻坚民主监督工作的通知》等多份文件，从切实增强工作政治意识、准确把握工作主要内容和形式、建立完善工作机制、加大宣传报道力度等方面提出了明确要求和具体举措，为民革中央在省、市、县各层面参与脱贫攻坚工作提供了良好条件和有力支持。同时，民革中央在开展脱贫攻坚民主监督工作的各个阶段，也主动邀请贵州省各级地方党委、政府有关领导和部门参与，就工作安排保持密切沟通联系，既能消除顾虑、争取支持，同时也使工作更贴近政府和贫困群众需求。另一方面，需要提升自身能力，通过学习补充完善相关知识体系，通过实地调研了解掌握真实可靠的一手情况。在开展脱贫攻坚民主监督工作的过程中，民革中央每年都会召开 2 次工作推进会，组织参与此项工作的主要人员深入学习习近平总书记关于脱贫攻坚工作的最新论述和中共中央对各民主党派中央脱贫攻坚民主监督工作的最新部署，不断深化对脱贫攻坚这一重大战略部署的理解和认同。同时，五年来民革中央共开展各类脱贫攻坚民主监督调研 185 次，通过座谈交流、单独访谈、实地考察等形式，掌握了脱贫攻坚一线的大量鲜活真实资料。民主监督的工作成果是建言献策。在知情明政之后，需要对监督对象作出科学准确的评价，需要发现问题并提出解决问题的建议。针对国家层面政策的落实情况向国家部委和有关部门反映改进建议，针对省级配套政策与国家政策的契合情况向省级党委政府反馈修改建议，针对调研中发现的具体问题向市县级党委政府提出解决建议。在民主监督过程中，发现问题的目的是解决问题。五年来，民革中央共向各级党委政府提出意见建议 340 余条，为解决脱贫攻坚中的重难点问题贡献了民革智慧。

三、脱贫攻坚与乡村振兴的有效衔接仍然任重道远

推进脱贫攻坚与乡村振兴的有效衔接，是脱贫攻坚与乡村振兴交会和过渡时期的一项重大战略任务。在脱贫攻坚任务完成后，建档立卡贫困户已全部脱贫。皮之不存，毛将焉附？虽然"四个不摘"的要求为脱贫攻坚政策提供了一个过渡期，但是过渡期终究会结束。脱贫攻坚政策的作用对象是建档立卡贫困户，具有个体性、特惠性和阶段性的特点，这与乡村振兴工作整体性、普惠性和长期性的特点迥然不同。脱贫攻坚与乡村振兴在政策衔接时应当充分重视这个变化，不能只是简单的延续。在脱贫攻坚过程中，在贫困边缘户和边缘村已经积攒了一些不满情绪，如果在乡村振兴过程中继续放大这种政策落差，将会产生不良影响。同时，脱贫攻坚的优惠政策使部分贫困地区群众和干部产生了一定程度的福利依赖，以"四个不摘"为理由，对未来工作的谋划仍然基于外部帮扶资金和资源，对过渡期后的乡村振兴工作的思考也存在明显不足。应尽快为下一步工作指明方向，充分利用过渡期完成政策调整工作。各相关部门需对自行发布实施的脱贫攻坚政策进行梳理分类，将能够常态化实行的脱贫政策固化为法律和制度，将临时性的特惠性的政策在过渡期中逐渐终止和退出。同时，从制度改革层面推进乡村振兴，逐步消除城乡差距，保障乡村特色产业健康发展，整体提升乡村基本公共服务供给水平，建立健全城乡一体的民生保障体系。

"现在的日子好多了"

民革中央脱贫攻坚民主监督第三调研组

"打赢脱贫攻坚战，中华民族千百年来存在的绝对贫困问题，将在我们这一代人的手里历史性地得到解决。"这是以习近平总书记为核心的党中央向全国人民作出的庄严承诺！

2016 年初，习近平总书记在党外人士迎春座谈会上提出，积极参与脱贫攻坚，开展民主监督工作。按照总书记的讲话精神，民革中央对口负责贵州省脱贫攻坚民主监督工作。由民革中央宣传部、民革重庆市委会、民革浙江省委会组成的第三调研组负责遵义市脱贫攻坚民主监督工作。

调研组安排民革中央的统一部署，深入遵义全市 15 个县（市、区），走访贫困户和移民搬迁户，调研扶贫产业、集体经济项目，访谈县镇村干部等，全面了解脱贫攻坚"两不愁三保障"政策落实情况，实现脱贫攻坚民主监督全覆盖。在这近 5 年的时间里，调研组亲眼目睹了遵义农村发展的变化，农村环境比以前有了很大改善，家家户户通了水泥路，吃穿不愁，"两不愁三保障"得以实现，贫困户的精神面貌焕然一新！

在与县镇村三级干部访谈中，调研组了解到基层干部工作的艰辛与不易。每个县把每个乡镇划为脱贫攻坚战区来指挥和调度，把脱贫攻坚工作当成一场战争来对待，很多基层干部一两个月不回家是常事，长期坚守奋战在脱贫攻坚一线。干部把贫困群众当作亲人，倾听他们的诉求和想法，设身处地为他们解决问题。

调研组走进遵义市余庆县构皮滩镇高坡村盆土组的精准扶贫户张家云家中，在简陋装修的平房里，最吸引人眼球的就是满墙奖状，共有107张。调研组与张家云交谈中了解到，张家云早年打工让他落下了腰椎间盘突出的病根，做不了重活。为了让孩子们心无旁骛地学习，张家云和妻子放弃了外出务工赚钱的机会，全力供张宇、张敏和张永涛三个子女读书。确定为建档立卡贫困户后，张家云得到了"两不愁三保障"政策的关怀照顾，孩子上学的所有费用都得到解决。同时全家人更加努力发展产业，种植了魔芋、黄豆、水稻、辣椒等经济作物，还养了2头牛、2头母猪和3头小猪。在脱贫攻坚政策的激励下，孩子们刻苦学习，大女儿张宇考上了贵州师范大学，二女儿张敏被评为"贵州省优秀少先队员"，以全县第二名的成绩升入构皮滩中学，小儿子张永涛就读于高坡小学六年级，每学期都是班级第一名，两个上中小学的孩子共得了107张奖状，贴满了家里的三面墙。调研组被张家云一家积极向上、自强不息的精神打动，纷纷竖起大拇指点赞！调研组副组长、民革遵义市委主委朱庆跃现场为身患疾病的张家云联系医生，并支付了药费。

调研组走进国家级深度贫困县道真县隆兴镇浣溪村花园组村民刘腊群家中，经走访了解到，在2011年，刘腊群的丈夫江兴因一场车祸，导致颈椎受损严重，重残多年，瘫痪在床，因医治丈夫已家徒四壁且负债累累，家中还有三个年幼的孩子，最小的仅5岁，整个家庭立马陷入黑暗之中。在刘腊群一家最困难的时候，党和政府及时伸出援助之手，将刘腊群全家纳入农村低保。2014年，刘腊群户成为建卡立卡贫困户，享受到了国家教育补助、医疗资助，并且享受农村低保政策，家中孩子的教育和丈夫的医药费享受到了国家扶贫政策，家中的日子得到了基本保障。2019年通过公益性岗位，刘腊群当上了花园组的护林员，每月能领到800元的工资。2020年通过国家专项贷款和菌棒补助，刘腊群承包三个大棚的食用菌种植，通过同辉公司专业的食用菌种植技术培训，加上她自己的勤学苦干，一年她的大棚就丰收了，3个大棚纯收入60000以上。通过政府的帮扶和自身的努力，2019年底，刘腊群户达到脱贫标准，实现稳定脱贫。

如今，刘腊群长女江珊在读大三，二女江炎在隆兴中学读九年级，长子江腾在隆兴中学读八年级。在与调研组的交谈中，刘腊群精神饱满、毫无怨言，对党和国家的好政策，充满了感激之情。调研组被刘腊群顽强拼搏、积极向上、不向困难低头的精神深深感动。

调研组在调研中发现，镇村两级干部白天走访入户，在田间地头、山间茶园等处与贫困户交流，晚上开会研究，结合实际制定帮扶方案和措施；通过国家的大病救助、民政救助、雨露计划等方式，帮助生病群众和学生上学渡过难关，通过扶志与扶智，激发贫困户的内生动力，激发他们自强不息的精神，让贫困户对生活充满希望，充满正能量去面对现在的问题。所做的这些工作，群众看在眼里、记在心里！

调研组在各地农村看到，路修通了，自来水通了，有线电视也免费了。特别是看病难的问题得到很好解决。在很多因病致贫家庭，贫困群众普遍说到，"现在看病都不用交押金了，最后出院的时候报销完只需自己交一小部分。俺身体不好，住院报销了百分之八十以上，住院好几回，也没给自己家里带来太大的负担。"

调研组在与贫困户的交谈中，听到最多的声音就是"现在的日子好多了"，现在吃得饱、穿得暖，有住房，孩子上学不要钱，生病住院可以报销，只要不懒，就可以挣钱，通过自己的努力就可以摘掉贫困帽，挖掉穷根子！

往事越千年，换了人间。曾几何时，中国农村农民吃不饱穿不暖，在大山深处的百姓始终挣扎在温饱线上，每年都有很大一部分群众在等待着吃政府的救济粮。如今，家家户户不愁吃、不愁穿、住上了安全住房，医疗、教育有保障，那种忍饥挨饿的日子一去不复返了！

"现在的日子好多了！"这是老百姓发自内心的感受，是实实在在的感激之情！通过几年的调研，调研组真实地感受到，脱贫攻坚给农村带来了巨大的变化，给贫困群众带来了巨大的实惠。脱贫是实实在在看得见的，老百姓感受得到的现实。脱贫攻坚凝聚了人心，赢得了民意！

脱贫只是第一步，更好的日子还在后头！党的十九大报告明确提出，要实施乡村振兴战略，开启全面建设社会主义现代化国家的新征程！乡村振兴，意味着乡村的产业、人才、文化、生态以及组织等各个方面的振兴，老百姓生活将更加美好！

在全面建设现代化国家的新征程中，民主党派将继续履职尽责，当好中国共产党的好参谋、好帮手、好同事！我们相信，在各级党委、政府的坚强领导下，通过各级干部的不懈努力和全国人民的共同参与，伟大的中国人民一定能完全战胜贫困，一定能在乡村振兴和全面建成小康社会的伟大征程中，携手建设好伟大的新时代！

为助脱贫多献策
——民革浙江省委会参与贵州脱贫攻坚民主监督侧记

脱贫攻坚民主监督工作是中共中央赋予各民主党派的一项重要任务，也是民主党派丰富监督形式、提升多党合作制度效能的重要探索。为了协助贵州高质量完成脱贫攻坚任务，民革中央安排十二届民革中央常委、民革重庆市委会原副主委谢德体，民革中央宣传部副部长蔡永飞，民革浙江省委会副主委计时华（2018年卸任，由民革浙江省委会副主委刘净非接任），任民革中央脱贫攻坚民主监督第三调研组组长，民革中央委员、民革贵州省遵义市委会主委朱庆跃任副组长，对口贵州省遵义市开展脱贫攻坚民主监督。民革浙江省委会作为参加单位，自2016年起安排省委会机关数位干部参与其中，多次跨越1800余公里，深刻感受脱贫攻坚给贵州贫困地区社会面貌带来的巨大变化，深切认识人民群众对脱贫致富的迫切渴望，为推进工作建言献策。

在人们原有的印象中，贵州一直都和偏远贫困落后联系在一起。说起贵州，往往首先想到的就是连绵不断的大山和如潮的务工大军。但当我们作为监督组人员第一次深入贵州城市乡野，却完全被长达数千米的高速公路隧道，四处拔地而起的高架桥梁，延伸到乡村农户家门口的柏油公路，机场高铁等快捷公共运输系统以及日新月异的城市景象所震撼。国家为了帮助贵州全域高质量脱贫，在基础建设上通过财政转移进行了大量投入，使贵州很多地方在硬件条件上正在赶上沿海地区。

遵义是革命老区，是中国革命的重要转折地。这里山美水清空气优良，但因为地理特点和产业类型等原因，地方财政收入不足，贫困人口总量较大。硬件条件的改善，给贵州带来了新的发展机会，但脱贫攻坚的关键还是解决人的问题、产业的问题。调研组在三位组长带领下，连续数年，走遍了遵义汇川、播州、桐梓、道真、余庆、正安、湄潭、凤冈等15个县区，深入调查研究，摸清基层底数。每次民主监督，调研组都提前设计问题，列出清单，与县、镇、村三级干部面对面，深入了解产业扶贫项目的市场前景、主要风险、贫困群众的实际参与度；易地搬迁安置点的入住进度、公共服务、社会管理机构的建立、安置点群众的就业和收入；贫困发生率、对脱贫人口的动态监测措施、返贫比例、疫情对脱贫攻坚的影响；脱贫攻坚取得决定性胜利的主要经验；以及对中央、省委脱贫攻坚政策的期望和意见建议。

除了从基层干部这里了解行政部门的监测数据和总体情况，调研组还坚持第一手资料的获取。每次到遵义，调研组成员都到不同县、区，走访社区，了解农户下山后的生产生活保障如易地搬迁安置点、村集体经济来源、生产经营企业、东西部产业扶贫项目接入情况；登门入户，访谈贫困户和移民搬迁户，听取扶贫对象评价及意见建议，从而全面准确评估脱贫攻坚质量及稳定性，研判精准脱贫政策过渡期相关政策的延续和退出、完善东西部扶贫协作机制，村级党组织和专业合作社的有效合作模式等政策落地情况。

通过这些年与遵义的基层干部的交心交流及对贫困户的实地走访，浙江的调研组成员都有深切感受：遵义市脱贫攻坚工作成效显著，值得充分肯定。扶贫干部朴实敬业，把贫困户当亲人，对贫困户家庭情况了如指掌，在脱贫工作中舍小家为国家，"白加黑""五加二"常态化，有些干部累倒甚至牺牲在扶贫岗位上，很不容易，让人感动。他们产业扶贫不遗余力，不计个人得失，以心换心，确实帮助扶贫对象家庭情况和精神面貌发生重大改观，很多家庭已经根本性扭转了贫困。

浙江的调研组成员在遵义期间，多次参加随机走访脱贫挂牌家庭，原来因为各种原因致贫，如今有的承包菌菇，有的开展养殖，有的参加特岗工作，部分家庭年收入已经接近10万元，懒汉越来越少，每个人都有目标有盼头。特别让人看到希望的是，有些贫困户家庭有几个小孩，原来因大人生病造成了家庭困难，但扶贫项目解决了他们收入问题后，他们都坚持让孩子读书上学，好几个孩子考上高职、幼师、本科，有的孩子还考上了名校。贫困的代际传播被切实阻断，为贵州切实巩固脱贫成果，一揽子解决返贫，夯实社会经济快速发展奠定了基础。

通过数年的民主监督，浙江的监督组成员也基于基层一线的调研监督，对贵州完成高质量脱贫，全面克服返贫工作存在的困难与短板也有较为深入的了解：一是精准扶贫与乡村振兴有效衔接依然不足，特别是下山整体安置的农户目前缺乏产业支撑，虽然大多数壮劳力外出打工对这个问题暴露有所延缓，但安置社区在户居民普遍存在收入忧虑，对脱贫成效和社会稳定均有一定影响；二是基层政府财政负债处理缺乏来源，地方债务高悬担忧较大，一方面基础公共设施的大量投入，另一方面地方又缺乏除种养殖业以外的主导产业，地方化解债务风险能力不强，造血功能依然较弱；三是产业发展人才匮乏，产业项目引进还处于靠天吃饭的阶段，地方经济除农产品及加工业外，很难找到切入点，产业队伍不齐整，产业链短，附加值不高；四是劳动技能培训缺乏，劳动力素质普遍较低。高附加值的产业技能无人学，学不会，多数劳动力集聚于低附加值的一产生产；五是不少贫困人口存在精神贫困、内生动力不足的问题，依赖政府低保、救助的等靠要思想较为严重，阻碍了地方经济活力的自我萌发。

作为监督组成员，浙江省委会努力寓产业帮扶、智力帮扶于监督工作之中，积极对接产业和人才，支持地方以产业为核心的教育培训，同时也多次建言献策：一是处理好短期效果和永续发展之间的关系，对扶贫事业长远谋划，对贫困群众长期关注，利用脱贫攻坚工作中留下的好理念、好机制、好队伍，接续推进乡村振兴；二是以全面完善基础设施和公共服务为重点，加快补齐短板；三是摘除贫困户标签，用文化教育扶心扶志，引领脱贫群众自强自立，摆脱负面标签效应；四是接地气，借外脑，切实培育好乡土人才，为可持续发展的乡村振兴和民主公平的乡村治理提供人才支撑和智力保障；五是树立责任意识，真实客观反映脱贫攻坚中的各类问题，为国家对脱贫工作把脉问诊提供依据，建立长效机制巩固脱贫攻坚成果。

民主党派脱贫攻坚专项民主监督的工作机制、特点、作用及相关建议

——以民革中央脱贫攻坚民主监督工作为例

蔡永飞（民革中央脱贫攻坚民主监督第三调研组组长、民革中央社会服务部一级巡视员）

中共十九届四中全会通过的《中共中央关于坚持和完善中国特色社会主义制度推进国家治理体系和治理能力现代化若干重大问题的决定》提出：要"贯彻长期共存、互相监督、肝胆相照、荣辱与共的方针，加强中国特色社会主义政党制度建设，健全相互监督特别是中国共产党自觉接受监督、对重大决策部署贯彻落实情况实施专项监督等机制，完善民主党派中央直接向中共中央提出建议制度，完善支持民主党派和无党派人士履行职能方法，展现我国新型政党制度优势。"①其中"健全相互监督特别是中国共产党自觉接受监督、对重大决策部署贯彻落实情况实施专项监督等机制"的提法，显然是根据新时代民主党派开展脱贫攻坚专项民主监督的实践提出来的。从 2016 年起，中共中央赋予民主党派脱贫攻坚民主监督的新任

---

① 《人民日报》2019 年 11 月 6 日 01 版。

务，开启了民主党派履行民主监督职能的新阶段。本文拟以民革中央脱贫攻坚民主监督实践为例，对民主党派专项民主监督的特点、作用做一简要分析，并就进一步加强民主党派对重大决策部署贯彻落实情况的专项监督工作提出几点建议。

一、民主党派开展专项民主监督的理论依据及制度和政策依据

民主党派的"民主监督"的概念，由毛泽东提出的"长期共存，互相监督"这个口号中的"互相监督"演变而来。1956 年 4 月，毛泽东在《论十大关系》中，首次提出"长期共存、互相监督"的口号。1957 年 2 月，毛泽东在《关于正确处理人民内部矛盾的问题》一文中指出："各党派互相监督的事实，也早已存在，就是各党派互相提意见，作批评。""为什么要让民主党派监督共产党呢？这是因为一个党同一个人一样，耳边很需要听到不同的声音。"① 提意见、作批评，发出不同的声音，就是互相监督特别是民主党派监督共产党的含义。毛泽东的阐述为中国新型政党制度中民主党派的民主监督职能作出了经典性规范。

1989 年 12 月颁发的《中共中央关于坚持和完善中国共产党领导的多党合作和政治协商制度的意见》，首次采用了"民主监督"的概念，并对

---

① 《毛泽东著作选读》下册，北京：人民出版社 1986 年 6 月第一版，第 733 页。

"发挥民主党派监督作用的总原则"作出了阐述："在四项基本原则的基础上，发扬民主，广开言路，鼓励和支持民主党派与无党派人士对党和国家的方针政策、各项工作提出意见、批评、建议，做到知无不言，言无不尽，并且勇于坚持正确的意见。"[①] 在《中共中央关于进一步加强中国共产党领导的多党合作和政治协商制度建设的意见》中，在题为"充分发挥民主党派的民主监督作用"的第四节中，专门对民主党派民主监督的性质、内容、形式等作出了具体明确的阐述，明确界定"中国共产党与民主党派实行互相监督。这种监督是在坚持四项基本原则的基础上通过提出意见、批评、建议的方式进行的政治监督，是我国社会主义监督体系的重要组成部分。"[②]

进入新时代以后，以习近平为核心的中共中央更加重视民主党派的民主监督。2013 年 2 月，习近平在同党外人士座谈并共迎新春时的讲话中指出："要继续加强民主监督。对中国共产党而言，要容得下尖锐批评，做到有则改之、无则加勉；对党外人士而言，要敢于讲真话，敢于讲逆耳之言，真实反映群众心声，做到知无不言言无不尽。希望同志们积极建净言、作批评，帮助我们查找问题、分析问题、解决问题，帮助我们克服工作中的不足。"[③] 习近平这一重要论述，充分体现了新时代执政党对民主党派和无党派人士民主监督的高度重视和明确要求，也为新时代加强民主党派民主监督特别是开展专项监督工作指明了方向。2015 年 5 月，习近平在中央统战工作会议上的讲话中要求从制度上保障和完善民主监督，探索开展民主监督的有效形式，这一讲话也体现了中国共产党加强和落实民主党派

① 《十三大以来》，北京：人民出版社 1991 年 10 月版，第 823 页。
② 《十六大以来重要文献选编》（中），北京：中央文献出版社，2006 年 4 月版。
③ 《习近平同党外人士共迎新春》，《人民日报》2020 年 1 月 15 日 01 版。

民主监督的决心和愿望。在 2015 年 9 月 22 日发布的《中国共产党统一战线工作条例（试行）》第十四条中，再次定义"民主党派和无党派人士的民主监督是指在坚持四项基本原则的基础上，通过提出意见、批评、建议的方式对中国共产党进行的政治监督"①，并且开列 10 条主要形式，进一步细化了民主党派民主监督的路径和方式。

从 2016 年 6 月起，中共中央决定赋予民主党派脱贫攻坚民主监督任务。这是中共中央首次要求民主党派开展专项民主监督。到当年 12 月，习近平在党外人士座谈会上的讲话中指出："长期以来，各民主党派同中国共产党长期共存、互相监督、肝胆相照、荣辱与共，履行民主监督职能，在帮助中国共产党科学决策、民主决策、依法决策上作出了重要贡献。今年，各民主党派中央围绕打赢脱贫攻坚战，对口八个省份开展脱贫攻坚民主监督专项工作，取得了阶段性成果。脱贫攻坚时间紧、任务重，希望各民主党派中央继续对各项精准扶贫、精准脱贫政策落实情况进行监督，及时提出意见和建议。希望同志们切实履行民主监督职能，更好地坚持和完善中国共产党领导的多党合作和政治协商制度，更好发挥中国特色社会主义政治制度的优越性，不断为实现'两个一百年'奋斗目标、实现中华民族伟大复兴的中国梦作出贡献。"② 这是习近平首次明确肯定民主党派脱贫攻坚专项民主监督工作的做法和成绩，也对民主党派脱贫攻坚民主监督的监督对象、监督方式、监督作用和目的意义等做了阐述，为民主党派开展脱贫攻坚民主监督指明了方向。此后在 2017 年、2018 年、2019 年、2020 年与党外人士共迎新春时，习近平每次都在讲话中对各民主党派中央开展脱贫攻坚民主监督工作给予肯定和鼓励。如在 2020 年 1 月 14 日同

---

① 中共中央印发《中国共产党统一战线工作条例（试行）》。
② 《中共中央召开党外人士座谈会》人民网 –《人民日报》，2016 年 12 月 10 日。

党外人士座谈并共迎新春时，习近平说："各民主党派中央深入开展脱贫攻坚民主监督，加大定点监测、驻村调研力度，为打赢脱贫攻坚战发挥了重要作用。"[1] 这也是对专项民主监督进一步加强调查研究提出要求。在一个阶段实践基础上，中共中央政治局常委、全国政协主席汪洋评价说："脱贫攻坚民主监督是民主党派首次对国家重大战略开展专项监督，也是民主党派开展的规模最大、时间跨度最长的专项监督活动"，这项工作已经"成为中国共产党领导的多党合作的一个重要品牌"[2]。

二、民革中央脱贫攻坚民主监督工作机制、脱贫攻坚民主监督的特点及其作用

2016 年 6 月，中央统战部、国务院扶贫办联合举办了各民主党派中央开展脱贫攻坚民主监督工作启动会暨培训会，正式启动脱贫攻坚民主监督工作。随后，中央统战部与国务院扶贫办联合印发了《关于支持各民主党派中央开展脱贫攻坚民主监督工作的实施方案》，对脱贫攻坚民主监督工作原则、重点内容、主要形式等内容进行了界定，并着重对工作制度机制进行了规划设计。根据中共中央的统一部署，民革中央制定出台了《民革中央开展脱贫攻坚民主监督工作方案》，成立了由主席担任组长的民革中央脱贫攻坚民主监督领导小组，和由分管副主席任组长的工作小组。从

①　《习近平同党外人士共迎新春》，《人民日报》2020 年 1 月 15 日 01 版。
②　新华网，http://www.xinhuanet.com/photo/2019–04/01/c_1124313282.htm，2019 年 4 月 1 日。

2016 年起，民革中央确立了"寓监督于帮扶之中，寓帮扶于监督之中"的工作原则，建立了"领导小组 + 工作小组 + 6 个调研组 + 2 个联络组"的"1162"工作架构，形成了民革对口贵州省的脱贫攻坚民主监督工作机制。为体现"举全党之力"推进脱贫攻坚民主监督工作的要求，民革中央 6 个民主监督调研组由民革中央机关 6 个工作部门的负责人、民革中央三农委员会部分负责人和专家、部分民革省级组织（上海、江苏、浙江、广东、四川、湖北）负责人分别担任组长（安排每个调研组正职组长 2—3 人，一名是民革中央机关局级干部，一名是民革省级组织副主委，一名是民革中央三农委员会专家），贵州省有关市州民革组织负责人担任副组长。黔西南州、毕节市设联络组，由所在地民革组织负责人担任组长。部分民革省级组织也受当地中共党委的委托在本省开展脱贫攻坚民主监督，他们的工作安排也借鉴了民革中央脱贫攻坚民主监督工作的做法。

　　民革开展脱贫攻坚民主监督的主要做法是：**第一，广泛深入扎实开展调查研究。**民革中央主席、常务副主席每年都要分别带队到贵州开展脱贫攻坚民主监督专题调研，分管副主席每年多次参加和带队调研，每年主持召开两次工作推进、经验交流会，研究制定和指导实施工作方案，根据新情况调整工作方案。以 2020 年为例，民革中央在 2 月份新冠疫情防控最为严峻的时期，委托贵州民革各级组织开展疫情对贫困地区脱贫攻坚影响及对策的调研，随后又委托民革贵州省委会就年度监督重点课题开展了预调研。6 月初和 9 月下旬，趁新冠疫情有所缓解，民革中央安排了两轮重点调研工作，共开展调研 64 次，走访 52 个县的 159 个村，入户 441 户，召开会议 54 次，访谈县乡村干部 218 人，考察 147 个产业项目和 46 个搬迁安置点，在 24 个村开展了驻村调研。在调研考察过程中，民革中央始终严格遵守八项规定精神，优化改进监督方式，精简调研环节、调研点数量和文字材料要求。

第二，针对贵州脱贫攻坚工作中存在的问题和困难提出意见建议。 2016 年 11 月，民革中央向中共中央、国务院提交了第一份脱贫攻坚民主监督报告，得到了习近平、李克强等国家领导人的批示。从 2017 年起，民革中央每年向中央统战部和国务院扶贫办报送两篇监督报告，同时提交中共贵州省委、省政府。2018 年，民革中央结合在贵州省以及其他省份调研了解的情况，向中共中央、国务院提交了《关于防范和化解脱贫攻坚工作中相关风险的建议》的专题报告，得到了李克强总理、汪洋主席、胡春华副总理等领导人的批示。2019 年，民革中央向中共中央、国务院提交了《关于进一步加强东西部扶贫协作制度建设的建议》专题报告。2020 年在调研基础上完成了《关于新冠肺炎疫情对脱贫攻坚影响及其对策的建议》报送中央统战部，向全国政协十三届三次会议提交了《关于应对新冠病毒肺炎疫情对脱贫攻坚工作后续影响的提案》和《关于建立"后 2020"时期稳定脱贫长效机制的提案》。针对调研中发现的一些具体问题，民革中央要求各调研组、联络组和有关地方民革组织，及时向贵州有关地方党委政府反馈情况、提出意见建议。民革中央采取小切口方式，聚焦严守脱贫标准、增强贫困地区发展能力、深化东西部扶贫协作等重点问题，形成了一批高质量调研成果，这一做法得到了中共中央领导同志的肯定。

第三，对贵州脱贫攻坚提供多种形式的帮扶支持。 按照"寓监督于帮扶之中，寓帮扶于监督之中"的原则，民革中央要求各调研组和联络组在调研中发现可以帮助协助解决的具体问题，要尽可能提供帮助。民革四川省委会是第五调研组的成员单位，他们在六盘水市协助引进了一个房车营地项目，投资额达 2 亿元人民币。2019 年 11 月，民革中央与贵州省委省政府共同举办民革全国企业家助推贵州发展的招商活动，在集中签约仪式签订的投资合作金额达到 1176 亿元。

民革中央履行脱贫攻坚民主监督职能具有以下几个显著特点：

（一）着眼于研究解决政策性、普遍性、前瞻性问题。民主监督是民主党派组织实施的一种政治监督，不同于其他监督主体的监督。民革中央在脱贫攻坚民主监督工作中从研究解决问题的特点上，把民主监督和其他监督主体的监督区分开来。民革中央脱贫攻坚民主监督调研，主要研究政策性问题，即关注中共中央、国务院脱贫攻坚决策部署贯彻执行、落实落地的情况，既关注地方党委政府的执行力问题，也关注政策措施是否需要完善和改进的问题；研究普遍性问题，既关注一些个案、个别的具体情况，及时向当地领导机关反映情况、提出建议，更关注普遍存在的问题，通过多个调研组在不同地方了解情况，力求了解其中规律性的原因，从而形成政策建议；研究前瞻性问题，关注阶段性政策措施的实施成效和演进方向，也以形成政策建议为目的。这样的着眼点和着力点突出了民主党派民主监督的特点。

（二）着眼于反映地方基层干部群众的意见诉求。民革中央脱贫攻坚民主监督报告所反映的意见建议，较多体现了基层干部群众的意见诉求，许多具体建议都是从与县乡村干部和农民群众访谈中产生的，体现了民主监督的题中应有之义。比如在民革中央的一篇监督报告中提出"安排东西部扶贫协作省份进行城乡建设用地增减挂钩节余指标跨省域调剂"，就是根据与几位县长访谈时他们提出的建议提出的。2018 年国务院办公厅印发了《跨省域补充耕地国家统筹管理办法》和《城乡建设用地增减挂钩节余指标跨省域调剂管理办法》，明确规定"国家统一制定跨省域调剂节余指标价格标准"①，并且明确规定复垦为一般耕地或其他农用地的每亩30万元，复垦为高标准农田的每亩40万元等。但有一位县长反映，一位来自东部省份的挂职干部表示如果将此指标与他来自的地方进行调剂，可以增加到3000万一亩。为此民革中央在监督报告中建议允许东西部扶贫协作结对省份实行双方协商议价，在东部省份通过拍卖来自西部地方的结余指标取得较高收益时，能够让西部地方适当分享这些收益，以此缓解西部地区在脱贫攻坚冲刺阶段的财政压力。

（三）着眼于深入了解掌握实际情况，经常调整调研方法。起初开展调研工作，除了实地考察以外，主要采取召开调研座谈会的方式，与地方基层各级干部和群众座谈交流。但调研座谈会一来时间有限，不能允许每个发言人充分发表意见，二来会议场合也不便于发言人充分表达意见。从2018年起，民革中央借鉴有关领导机关的工作经验，要求少开调研座谈会，多采取县乡村干部单独访谈的形式，让其把在脱贫攻坚工作中形成的感受、感悟充分反映出来。特别是一线干部对脱贫攻坚政策措施实施的情况最了解，对政策如何落实、如何调整思考最多；通过民主党派调研的渠道来表达意见诉求，他们也没有顾忌。这一调研方法的调整对于深入实际充分了解情况起到了十分重要的作用。

（四）着眼于协助地方党委政府和基层干部群众解决问题。民革中央提出的"寓监督于帮扶之中，寓帮扶于监督之中"原则，所强调的是：监督也是帮扶，提出的监督建议是着眼于解决问题的建议，在脱贫攻坚民主监督过程中所实施的具体帮扶措施，都力求达到补短板、强弱项的目的，客观上也要达到监督其推进脱贫攻坚工作的目的；帮扶过程实际接触各方

---

① 国务院办公厅印发《跨省域补充耕地国家统筹管理办法》和《城乡建设用地增减挂钩节余指标跨省域调剂管理办法》。

面工作人员和帮扶对象，因而也是监督过程。这是民主党派民主监督的关键特点和价值所在。

（五）着眼于加强地方和基层党委政府的协作和合作。民革中央与贵州方面建立了多层次的日常工作联系机制、信息通报机制和成果会商机制，贵州省也给予了民革中央多方面支持。2017年3月，中共贵州省委办公厅、贵州省人民政府办公厅联合下发《关于配合民革中央做好脱贫攻坚民主监督工作的通知》，2018年5月，中共贵州省委统战部下发《关于进一步配合民革中央做好脱贫攻坚民主监督工作的通知》，2019年，中共贵州省委统战部、贵州省扶贫开发办公室下发了《关于印发〈贯彻落实各民主党派中央脱贫攻坚民主监督工作座谈会精神要点〉的通知》和《关于进一步支持配合民革中央开展脱贫攻坚民主监督工作的通知》，为民革中央在贵州省开展脱贫攻坚民主监督工作提供了良好条件和有力支持。每次民革中央召开脱贫攻坚民主监督工作推进会，也都邀请中共贵州省委、省政府有关部门负责人到会介绍脱贫攻坚工作情况，对民革中央脱贫攻坚民主监督工作提出建议。每次民革中央向中共中央统战部和国务院扶贫办、向中共贵州省委省政府正式提交半年度和年度民主监督报告之前，都要将监督报告初稿发到贵州省委、省政府有关部门征求意见，协商、会商民革中央民主监督调研成果的表述和落实整改意见。因此，民革中央对口贵州省的脱贫攻坚民主监督过程，也是多党合作制度的实践过程、政党协商过程。

（六）着眼于把履行民主监督职能作为加强自身建设的机遇。民革中央十分重视把履行民主监督职能的创新实践作为加强自身建设的一个重要抓手，多次强调以脱贫攻坚民主监督工作过程促进思想政治建设、组织建设、履职能力建设、作风建设、制度建设、机关建设。民革中央从民革脱贫攻坚民主监督工作推进会和民革全国脱贫攻坚民主监督工作交流会的召开、脱贫攻坚民主监督调研组和联络组工作和人员的安排、调研成果的使用和调研工作的宣传报道，等等，每一个环节都着力加强对民革全党特别是脱贫攻坚民主监督工作参与者的思想引领，加强政策和国情等等方面的思想政治教育。2019年7月，民革中央在贵阳召开专门研究民革思想政治建设问题的常委会，万鄂湘主席、郑建邦常务副主席都在讲话中要求认真贯彻落实中共中央关于脱贫攻坚民主监督工作的部署和要求，深化对脱贫攻坚这一重大战略部署和各项政策措施的理解，不断巩固多党合作共同思想政治基础，以此作为民革思想政治建设年的重要内容。通过开展脱贫攻坚民主监督，民革全党培养了一批民主监督工作骨干，为民革进一步发挥民主监督职能作用、加强民主监督制度建设、培养民主监督干部队伍奠定了良好基础。

三、民主党派脱贫攻坚民主监督的作用

（一）民主党派开展脱贫攻坚民主监督对贯彻落实中共中央关于脱贫攻坚的决策部署起到了推动作用。民主党派通过深入调研提出意见建议，脱贫攻坚民主监督对领导机关进一步完善脱贫攻坚政策措施起到了促进作用，有利于执政党和国家机关提高科学执政、民主执政、依法执政水平，有利于执政党和国家机关尊重民意、汇集民智、凝聚民力、改善民生；尽管民主监督过程中对地方党委政府和县乡村干部提出的建议以及具体帮扶措施作用也有限，但通过深入基层协助和推动工作，有利于地方政府和基层党组织提升执行力、促进中央脱贫攻坚的决策部署落地见效。具体来说，一是地方党委政府对民革中央开展脱贫攻坚民主监督十分重视，形成了工作推动力。尽管民主党派民主监督是一种柔性监督，提出的建议可采纳可不采纳、通常不提出处理干部的建议，但毕竟民革中央是受中共中央委托开展脱贫攻坚专项监督，因此地方党委政府总是能够认真汇报工作、积极提供各种资料数据，安排人员带领调研人员到县乡村扶贫产业项目、易地扶贫搬迁安置点、建档立卡贫困户以及部分非贫困户实地考察，和有关人员单独访谈、座谈交流也能够畅所欲言。二是地方党委政府特别是脱贫攻坚一线干部和贫困农民十分重视通过民主党派的民主监督调研反映他们的意见诉求。三是民革中央调研组联络组的工作人员一方面可以提出工作上的指导性意见达到帮扶的目的，同时也总是主动提出利用党派组织资源采取具体行动来帮扶，因而受到脱贫攻坚一线干部群众的欢迎，并且实际上起到了帮扶作用。

（二）民主党派开展脱贫攻坚民主监督对于推进国家治理体系和治理能力现代化具有重要意义。脱贫攻坚是执政党和国家机关的一项重大决策部署，是中国共产党推进国家治理体系和治理能力现代化的重大实践和成功案例，民主党派参与其中、发挥积极作用，对提高国家治理水平、治理成效发挥了重要作用。民主党派中央年度民主监督报告提交到中共中央、国务院以后，中共中央统战部都要专门召开民主党派脱贫攻坚民主监督成果会商会，同时安排在相关省份参观考察当地脱贫攻坚工作、交流研讨各民主党派中央脱贫攻坚工作经验，安排民主党派领导人和国务院扶贫办等有关部门负责人进行协商座谈，使民主党派民主监督意见能够得到采纳和落实，也对下一年度民主党派脱贫攻坚民主监督工作提出建议①。同时，国务院扶贫办还将民主党派中央监督报告的要点转发对口省份要求整改落实，并作为国务院脱贫攻坚工作专项督查的依据。并且每年以国务院扶贫开发领导小组办公室名义组织的脱贫攻坚工作专项督查工作，不仅将民主党派民主监督意见作为专项督查的依据，而且从 2017 年起每年邀请民主党派中央机关干部参与督查②，表明民主党派事实上已经成为国家治理体系的组成部分。同时，民主党派首次作为国家治理体系组成部分开展专项民主监督，增强和完善了国家治理的监督体系，对于进一步发展社会主义民主政治、加强中国特色社会主义民主政治制度建设，也具有重要意义。

（三）民主党派开展脱贫攻坚民主监督工作进一步提升了多党合作制度效能。通过参与定点扶贫和脱贫攻坚民主监督，社会各方面更加了解民主党派、更加认同多党合作制度。特别是地方党委政府对民主党派的作用有了更多直观认识，更加重视借助多党合作制度来推进工作、加快发展。一些地方政府官员主动找到民革中央机关，请求到当地开展调研、协助支持推进一些专项工作。民主党派自身通过开展脱贫攻坚民主监督锻炼队伍、提升了能力，为继续开展对重大决策部署落实情况的专项监督工作创造了有利条件。

---

① 比如，各民主党派中央脱贫攻坚民主监督工作研讨暨 2019 年度成果会商在云南昆明举行，会上除了会商各民主党派中央的年度脱贫攻坚民主监督调研成果、参观云南省脱贫攻坚工作，还专门介绍了农工党中央对口云南省开展脱贫攻坚民主监督的做法成效，并就做好 2020 年脱贫攻坚专项民主监督工作互动交流，见 2019 年 12 月 30 日《人民政协报》，《民主党派中央脱贫攻坚民主监督工作研讨会在云南举行》。

② 比如 2020 年 7 月 22 日至 31 日，由中央统战部副部长邹晓东任组长、中国银保监会副主席祝树民任副组长的 2020 年脱贫攻坚督查组第九组对贵州省脱贫攻坚工作进行督查，并向贵州省委书记、省人大常委会主任、省扶贫开发领导小组组长孙志刚等贵州省领导人反馈了督查情况。见 2020 年 8 月 1 日《贵州日报》，《国务院扶贫开发领导小组督查组向贵州反馈督查情况 邹晓东反馈情况 孙志刚作表态讲话 谌贻琴主持》。这个督查组中有民革中央一名局级干部、一名处级干部参加。

四、几点启示和建议

民主党派脱贫攻坚民主监督实践可以提供以下几点启示：

第一，坚持中国共产党的集中统一领导，坚持和完善中国共产党领导的多党合作和政治协商制度，符合中国国情，适应中国特色社会主义现代化建设的需要，具有显著优势。中国脱贫攻坚充分体现了中国共产党领导优势，像中国共产党这样秉持全心全意为人民服务宗旨、真诚关心关怀贫困群众的政党，在全世界是独一无二的。中国脱贫攻坚也充分体现了中国特色社会主义制度优势，只有中国的制度能够在五年的脱贫攻坚战中提供定点扶贫和东西部扶贫协作等等制度安排，迅速集中力量消除绝对贫困。尽管在许多地方现阶段的脱贫还是低水平、浅层次的，巩固脱贫攻坚成效，真正实现乡村振兴、共同富裕，还需要时间，还需要继续奋斗，但无论如何，脱贫攻坚确实使中国实现了全面建成小康社会的宏伟目标，把中国推上了构建新发展格局、推进高质量发展的新发展阶段。中国脱贫攻坚的成功昭示人们，只要坚持中国共产党领导、坚持中国特色社会主义，中国一定能够全面建成社会主义现代化国家、实现中华民族伟大复兴。

第二，中国共产党领导的多党合作和政治协商制度具有进一步发挥制度效能的巨大空间，在中国共产党领导下民主党派进一步充分发挥作用的潜力巨大。民主党派开展脱贫攻坚民主监督，也是多党合作制度创新、中国新型政党制度的创新。从民革脱贫攻坚民主监督的实践来看，多党合作制度的优越性不仅还可以进一步发挥，也一定能够进一步发挥。2019 年下半年民革中央助力贵州省开展产业招商活动，加上 2019 年上半年民革中央和广西壮族自治区党委政府共同举办产业招商活动①，民革社会服务工作的这一做法引起有关地方关注。2020 年，民革中央受邀与中共吉林省委、省政府、省政协共同举办民革企业家助力珲春海洋经济合作发展投资促进活动，集中签约引资额 1500.9 亿元②；同时受邀与内蒙古自治区党委政府共同举办民革中央助力内蒙古产业发展招商引资活动，集中签约 4653 亿元③。2019 到 2020 两年民革中央助力地方开展产业招商累计完成引资 8250 亿元。应当说民革中央的这种工作能力一直是作为一种"潜力"存在的，是脱贫攻坚民主监督工作中激发了这一潜力。随着民主党派脱贫攻坚民主监督工作的进一步开展和发挥作用，特别是随着中共十九届四中全会精神的贯彻落实，民主党派对重大决策部署贯彻落实情况实施专项监督将常态化和进一步制度化、规范化、程序化，必将在坚持和完善中国特色社会主义制度、推进国家治理体系和治理能力现代化中发挥重要作用，从而为提升中国共产党领导的多党合作和政治协商制度效能、为这一制度作为中国特色社会主义制度基本政治制度的成熟定型，作出参政党应有的贡献。

第三，**民主党派迫切需要进一步加强自身建设、提升履职能力，更加自觉担当作为，力争为在中国共产党领导下为中华民族伟大复兴中国梦作出更大贡献。**从民革脱贫攻坚民主监督工作来看，在实现全面建成小康社

---

① 《民革全国企业家广西交流合作大会在邕举行 郑建邦出席讲话 陈武致辞》，《广西日报》2019 年 5 月 8 日。2019 年 5 月 7 日，民革全国企业家广西交流合作大会在南宁举行，会上集中签约引资协议 920 亿元。
② 《民革企业家助力珲春海洋经济合作发展投资促进大会举行》，《团结报》–团结网，2020 年 9 月 11 日。
③ 《民革中央助力内蒙古产业发展招商引资项目签约仪式在呼和浩特隆重举行 郑建邦讲话 石泰峰致辞 布小林出席》，《内蒙古日报》2020 年 9 月 17 日。

会目标、中国发展进入"十四五"时期的时候，进一步发挥民主党派专项民主监督作用正当其时、迫切需要，民主党派必须进一步加强自身建设、提升履职能力，以更加饱满的精神状态，去承担更加繁重、更加光荣的专项民主监督任务。

为在总结民主党派脱贫攻坚民主监督工作基础上进一步加强对重大决策部署贯彻落实情况的专项监督工作，本文建议：

（一）推动有关方面建立巩固脱贫攻坚成效、防止返贫的长效机制，并以此项工作作为后脱贫攻坚阶段脱贫攻坚专项监督的监督内容。除了应当关注虚假式、算账式、指标式、游走式之类的虚假脱贫问题、关注脱贫攻坚成效"回头看"工作情况以外，可以重点关注巩固贫攻坚成效、防止返贫问题。尽管 2020 年脱贫攻坚任务将全面完成，但根据习近平提出的"摘帽不摘责任、摘帽不摘政策、摘帽不摘帮扶、摘帽不摘监管"的要求，摘帽也应当"不摘"民主监督。在脱贫不脱政策的后脱贫攻坚时期，继续开展专项民主监督，可以将监督对象从针对绝对贫困的脱贫攻坚工作转变为针对相对贫困的日常性帮扶工作，以此作为各民主党派在本届任期之内的专项民主监督工作。但在不存在贫困县、贫困乡镇、贫困村和贫困户的情况下，针对绝对贫困的脱贫攻坚举措将调整为针对相对贫困的日常性帮扶措施，并将纳入乡村振兴战略框架下统筹安排，脱贫攻坚民主监督内容和工作方式也应当有所调整。

（二）推动民主党派开展专项民主监督工作进一步加大力度、拓展空间。在脱贫攻坚作为中共十九大确定的三大攻坚战之一正式完成以后，建议将中共十九大确定的三大攻坚战中的另一个攻坚战污染防治攻坚战，作为民主党派开展专项民主监督的对象，以此作为各民主党派专项民主监督工作的规定动作。同时可以由各民主党派自行选择一项国家治理中的重大事项，作为专项民主监督工作对象。比如，民革中央领导人建议开展营商环境建设专项监督，并且推动有关省份已经初步开展工作，成效明显。由各民主党派自行选择专项监督事项，也更好地发挥各民主党派的特点和优势，更加自觉地履行民主监督职能。

（三）民主党派开展专项民主监督，是新时代多党合作创新实践，应当在总结经验的基础上形成成熟定型的制度规范。建议中共中央统战部适时召开民主党派脱贫攻坚民主监督工作理论研讨会，在此基础上，会同各民主党派中央协商制定《各民主党派专项民主监督工作条例》，为推动民主党派进一步积极履行民主监督职能、开展专项民主监督提供制度支持和保障。

（四）推动各民主党派把参加定点扶贫和脱贫攻坚民主监督的宝贵经验，转化为加强自身建设的重要资源。一是可以转化为加强思想政治建设的重要资源。在中国特色社会主义制度下消除绝对贫困，这是中华民族历史上的一个重大事件，充分认识和领会其重大意义、积极参与此项工作，亲身体验中国特色社会主义国家治理体系运行运作的过程，亲身感受中国特色社会主义制度的优越性，也是增强"四个意识"、坚定"四个自信"、做到"两个维护"的过程。从民主党派来看，通过讲好民主党派参加定点扶贫和脱贫攻坚民主监督的故事，可以进一步增强坚持中国共产党领导的自觉性，更加自觉地投身多党合作事业。二是转化为充分发挥民主监督职能作用、进一步加强专项民主监督工作的重要资源。一方面脱贫攻坚民主监督中培养起来的干部队伍可以更好发挥作用，脱贫攻坚民主监督实践中形成的制度机制、工作方法，包括民革提出的"寓监督于帮扶之中、寓帮扶于监督之中"的工作原则，都可以为今后开展其他专项监督提供经验支持。三是可以转化为民主党派组织建设（包括机关建设）、履职能力建设、作风建设、制度建设的推动力量。根据中共十九届四中全会精神，民主党派开展重大决策部署落实情况专项监督将成为常态化工作，应当在总结脱贫攻坚民主监督经验的基础上，根据新的工作需要加强自身建设各方面工作。其中非常重要的是要着力培养一支民主党派民主监督专家队伍。民主党派民主监督特别是专项监督，是一项政治性、专业性很强的工作，成为"民主监督专家"很不容易，不仅需要党外人士的代表性，尤其需要很强的政治把握能力、参政议政能力、组织领导能力、合作共事能力、解决自身问题能力，党派组织应当有组织、有计划地加以培养。

用民主监督助力绘就遵义七彩梦

刘净非（民革中央脱贫攻坚民主监督第三调研组组长、民革浙江省委会
驻会副主委）

　　遵义，是一个在中国家喻户晓的城市，在书本、电影、电视上不止一次读到她的名字，却从没走进过。2018 年，我作为民革中央脱贫攻坚民主监督第三调研组三位组长之一，有幸参与遵义民主监督工作，这是我第一次和遵义结缘，似乎也是在完成一个牵挂已久的心愿。

　　循着老一辈共产党人革命斗争的足迹，到遵义的第一站，我们集体瞻仰了遵义会议遗址和红军烈士陵园，表达我们的敬仰和缅怀之情，遵义在中国革命史中具有独特地位，是中国革命的转折之城，在这里，中国革命转危为安，涅槃重生。在这里，中国共产党树立了独立自主和实事求是的精神品格，在烽火战乱中为中国革命开创了一条生存发展之路。

　　在这样一个为新中国成立作出重大贡献的革命老区，我们深感责任重大，使命光荣，也感觉责无旁贷。脱贫攻坚民主监督工作作为中共中央赋予各民主党派的一项新任务，是民主党派履行民主监督职能的新领域。体现的是中共中央对民主党派的高度信任和团结合作的决心，接受了这样的任务，就是向党和老区人民、向历史作出的庄严承诺，做好脱贫攻坚民主

监督，事关革命老区和全国一道全面建成小康社会，事关决战决胜脱贫攻坚目标完成的速度和含金量。这一点，我们始终牢记在心。

脱贫攻坚越到后面任务越重，容易脱贫的都脱贫了，剩下的都是难啃的"硬骨头"，遵义市人口总数和贫困人口总量均排贵州省第2，全市780万人口中农村人口就达676万。2018年，我第一次去时，由于经济社会发展水平不高，基础资源和配置还存在短板，遵义市贫困人口仍有7.75万户23.02万人。其中因病致贫2.3万户7.2万人，因残致贫1.56万户4.44万人，因学致贫0.81万户3.15万人，需要进一步加强精准扶贫政策保障兜底力度，需要更大力度扶志扶智，激发内生动力，提振脱贫致富的信心。

走着一条从没走过的路，民革中央脱贫攻坚民主监督第三调研组的组员们，心里装的是沉甸甸的责任，按照万鄂湘主席提出的"三个阶段"重点任务和"多、少、不"的工作原则，调研组以走村入户、问卷调查、举行座谈会等多种形式开展了调研。围绕贫困人口精准识别情况、精准脱贫情况、贫困县摘帽情况、落实脱贫攻坚责任制情况、重大政策措施执行情况、扶贫资金项目管理使用情况等调研内容，问计于干部，问需于群众，在贫困人口动态管理、产业扶贫、乡土人才培育、职业技能培训、物质扶贫与精神扶贫并举等方面提出工作建议。同时，也发挥党派优势，根据本地需求，做好牵线搭桥工作，为遵义的脱贫攻坚有所作为。

为了更真实地反映基层干部和群众所思所想所思所盼，第三调研组的同志们贯彻调研驻村的要求，在遵义住在最贫困、离困难群众最近的地方，和困难群众交朋友、拉家常、察实情。详细询问贫困户家庭生活情况，以及政府有关帮扶措施。了解贫困户对扶贫项目的直观感受，从而了解项目发展前景和带动贫困户增收能力，让扶贫产业项目真正给贫困群众带来幸福感、获得感。

履不必同，期于适足，治不必同，期于利民。第三调研组的同志们积极支持遵义市根据本地实际，构建"党政领导、部门负责、群众主体、社会参与"的脱贫格局和"定点到乡、帮扶到村、捆绑发展、整体推进"的攻坚体系，对贫困人口的识别采取"五步两公示一公告"的办法做到村社有册、乡镇建簿、县区存档，实现贫困识别精准化、统计分类科学化。针对全市贫困人口，采取分类帮扶措施，实施"五个一批"脱贫路径，最大幅度减少贫困群众因病、因残、因学等致贫和返贫，同时构建好防范返贫预警机制。

值得一提的是，在遵义市湄潭县浙江大学西迁历史陈列馆，当年那段极端艰苦条件下的浙大西迁办学史深深感染了调研组的每位成员，浙大于1940年西迁至遵义办学近7年，得到了遵义人民无私的帮助，遵义是浙大"求是"的根基，如同浙大的第二故乡，遵义人民也非常珍视80年前与浙大结下的深情厚谊，自觉保护浙大在遵义的故址和文化遗迹。当年的那些人事史料被遵义人民视为珍贵的记忆得到了最好的保存和发掘，调研组高度重视这一情况，提出应当充分挖掘和利用抗日战争时期浙江大学西迁遵义湄潭办学的历史经验，加强和浙江大学的全方面合作，乃至推动浙江大学湄潭校区恢复重建，以推动遵义地区经济社会发展。这一建议得到了当地有关领导同志的认可。我当即与浙大沟通联系，商讨意见方案，在调研组及各方共同努力下，浙江大学与遵义市开展了人才教育、科技创新、文化交流等一系列合作，2020年，浙江大学"爱国主义教育基地"落户遵义，浙江大学与遵义医科大学签订了合作框架协议，浙江大学与湄潭县政府签订了校地合作协议。

两年多来，调研组深入村野山居、田间巷尾，用行动诠释党派干部的责任和担当。民之所望,监督所向,民主监督的内容早已涵盖脱贫攻坚各个领域。同时调研组尽职不越位、监督为帮忙的工作作风,也赢得了当地干部群众的尊重和赞誉。

两年多来,我们深深地感受到当地扶贫工作的不易,正如习总书记所说"每一个人都很了不起"。我们也感受着遵义在所有人共同努力下发生的深刻变化。湄潭县黄家坝街道的官堰坝区,香葱长势喜人,望去满满的绿色。凤冈县大宗茶精致拼配中心已装饰一新,已正式投产。中国家纺龙头企业水星家纺,在当地建起蚕桑种植、蚕丝加工、产品研发等蚕桑产业链。为当地百姓织出幸福生活。凤翔社区通过分类施策保障搬迁居民生计,引进劳动密集型企业实现易地扶贫搬迁"一户一人"以上的就业目标。群众的生活越来越便捷,日子越过越红火。随着民生难事一桩桩被解决,他们脱贫致富的梦想已然照进现实。

时代是出卷人,人民是阅卷人。两年多来,见证这些令人欣喜的变化,我们觉得调研组的付出是值得的,是有价值的。能够有机会参与脱贫攻坚民主监督,能够与遵义人民同呼吸、共战斗,在这片热土挥洒自己的汗水,贡献一份力量,本身就是一种洗礼、一种收获。能够在革命老区见证全面战胜绝对贫困的历史性时刻,更是我们莫大的荣幸!

民革中央脱贫攻坚民主监督工作亲历记

杨琴（民革中央脱贫攻坚民主监督第三调研组联络员、民革中央
社会服务部社会处干部）

2016 年，民革中央开展脱贫攻坚民主监督工作，要求民革中央脱贫攻坚民主监督各联络组、调研组每半年在贵州开展一轮专题调研。最初我因个人原因未能参与工作，一直心有遗憾，期待能有机会去贵州看看。到了 2019 年下半年，第三调研组的联络员艾岩自愿报名前往贵州毕节纳雍县玉龙坝镇岩脚社区担任驻村第一书记，我有幸递补为新的联络员，两次赴贵州遵义开展调研。现在这项工作已经结束，但是这段经历却难以忘怀。

可以说，在贵州的每一天，我都有新的收获、新的启发，对贵州的感情也随着每一次调研的深入逐渐升温。记得之前经常听调研组的领导同事谈到，去贵州次数多了，就对它产生了感情，慢慢地把它当成了"第二故乡"。我心里不免产生疑问：贵州地处西南边远地区，经济落后，怎么大家去了几趟贵州，会对它产生如此深厚的感情呢？经历两次调研，我发现贵州确实有很多好处：它风景优美、气候凉爽、物产丰富；聚居着 48 个少数民族，民族风情十分浓郁；特别是，贵州省建档立卡贫困人口达 923 万，是全国脱贫攻坚的主战场，贵州聚焦解决"两不愁三保障"突出问题，

举全省之力、尽锐出战，高质量打好脱贫攻坚产业扶贫、基础调研建设、易地扶贫搬迁、教育医疗住房保障"四场硬仗"，最终解决了绝对贫困问题，社会环境发生了翻天覆地的变化，值得每个人都去看一看。

记得我第一次参与调研的时间是 2020 年 5 月 29 日至 6 月 2 日。我们第三调研组来到余庆县、道真自治县、播州区走访易地扶贫搬迁安置点，驻村入户实地调查，考察脱贫产业项目。在前往道真县隆兴镇浣溪村的路上，虽然山路崎岖蜿蜒，但是路面平整开阔，畅通无阻。据随行的乡镇干部介绍，以前这都是坑坑洼洼的泥巴路，现在农村公路基本实现了村村通、组组通，去哪都是柏油路、硬化路，乡村旅游经济也跟着发展起来。到达浣溪村，一下车，我们就被优美的乡村环境、整齐的居民楼房所吸引，看着云端下的高山，呼吸着清新的空气，旅途带来的疲惫烟消云散。一路上，我们看到不少美观大方的农家乐庭院、小餐馆、小卖部，游客朋友也很多。迎接我们的村干部说："浣溪村过去很穷，一没产业，二没项目，三没劳动力，精准识别建档立卡贫困户 366 户 1409 人。近几年村里确定了'兴菜稳烟突药抓旅游'的发展思路，发展特别快。现在村里正积极与食用菌公司合作发展食用菌扶贫产业示范园，农户们种植食用菌没有什么风险，效益很高，大家都想办法多拿几个食用菌大棚。"我们到示范园一看，一排排食用菌大棚排列整齐，棚里的木架上都放满了菌棒，农户们正在紧张地忙碌着。因为食用菌效益很好，许多村民都从之前的"观望"态度转变为积极争取，主动脱贫致富的劲头很足。

在浣溪村，贫困户刘腊群一家给我们留下了深刻的印象。刘腊群家里家具不多，但收拾得干净整洁。交谈之中，我们了解道：她的丈夫常年卧病在床，失去了劳动能力，家里两个孩子上学，一家三口都需要她来操心照顾；她每天从早到晚地忙农活、忙家务，没有一刻休息时间。也许生活的磨炼早已将她打造成了一个女强人，当我们感叹她的不容易时，她只是抿着嘴不好意思地笑笑，说："现在好多了，村里帮我申请了护林员工作，家里又承包了一个菌棚，收入情况不错。我还想请村里帮助，再多承包几个。"刘腊群的女儿前年考上了重点大学，学习计算机专业，受疫情影响学校暂时还没有开学，就在家里帮着妈妈干农活。小姑娘非常开朗阳光，对未来充满了希望。我们都被这勤劳乐观的一家人感染，鼓励刘腊群继续努力，相信在扶贫政策的支持下，生活会越来越好；鼓励小姑娘努力学习，用知识改变命运。走出她们的家门，我想起了一句话："这世上有一种英雄主义，那就是看清了生活的真相，依然热爱生活。"刘腊群和她的女儿就是我们身边的"平凡英雄"，她们十多年来咬牙坚持、不断奋斗、自强不息，值得我们学习。

　　来到道真县上坝乡易地扶贫搬迁（一期）上坝安置点，我看到小区里健身设施齐全，环境优美舒适，新盖的居民楼宽敞明亮。老人们有的在广场聊天晒太阳，有的领着刚放学的孩子回家，小朋友嬉戏玩耍，非常开心。也许有人会觉得这是很普通的事情。要知道，这些安置小区的居民们都是从深山里搬出来的，他们大都思想保守、安土重迁，又数代扎根在山沟沟里，对城镇生活有着抵触心理。如何做通工作，让群众走出大山，顺利成为新"市民"，数万名基层干部深入农家庭院，跑断了腿、说破了嘴，一一解开贫困群众的心结。又为了让搬迁群众稳得住、住得惯，社区干部们俯下身子、不厌其烦，为每家每户提供着"保姆式服务"，大到千方百计创造就业岗位稳生计，小到挨家挨户帮着疏通马桶解决生活困难，都是他们的日常工作内容。在一次与县级领导的访谈中，那位领导告诉我们："易地搬迁工作任务艰巨，每搬出一户都不容易。尤其很多老人一辈子住在深山沟里，思想工作很难做通。基层干部每天都要走很远的山路做工作，回到家往往已是深夜，一天的劳累加上山路弯道多、不好走，发生交通意外的不在少数，甚至有因此牺牲的。县里一位怀孕的女干部，在一个下雪天，坚持给村里的留守老人做思想工作，在回家的路上因为劳累不幸流产了。基层干部在脱贫攻坚工作中的付出是非常大的。"说这些话时，老领导数次哽咽："但是无论面对什么样的困难，我们必须百分之百地努力去完成，因为这是党和人民交给我们的任务。不努力完成，我们就对不起党，对不起人民！"

贵州作为全国唯一无平原支撑的省份，全省 92.5% 的面积为山地和丘陵、73% 的面积为喀斯特岩溶地貌，深山里的人们遇到的困难何止上学？外出、看病、赚钱、就业都是极大的问题。为了斩断穷根，彻底破解"一方水土养不起一方人"的难题，"十三五"期间，贵州全面完成 192 万人的易地扶贫搬迁任务，搬迁人口占全国易地扶贫搬迁人口总数的近 1/5。为全力做好后续扶持工作，贵州探索实施基本公务服务体系、培训和就业服务体系、文化服务体系、社区治理体系、基层党建体系等"五个体系"，让搬迁群众搬得出、稳得住、逐步能致富，书写了中国减贫奇迹的贵州篇章。现在深山里的村民搬到乡镇，学校建在小区旁边，孩子们再也不用冒着危险去上学，他们的父母也可以就近在扶贫车间找到工作，从前的苦日子一去不复返了。

在这两次调研的过程中，我亲眼目睹了脱贫攻坚的伟大成就，见证了贫困群众生活的巨变和无数党员干部艰辛的付出，对民主党派参与党和国家大局工作也产生了更深刻的认识。我们调研组有三位组长，分别是民革重庆市委会原副主委谢德体、民革中央宣传部副部长蔡永飞和民革浙江省委会副主委刘净非。蔡永飞组长工作认真，富有幽默感，总是在大家疲乏的时候用幽默的语言讲几句笑话，疏导大家的情绪，引导大家振奋起来投入工作；谢德体组长是西南大学资源环境学院教授、博士生导师，常常用专业的知识深入浅出的给大家讲解，带领大家思考研究问题；刘净非组长务实干练、富有热情，是一个女强人，她考虑问题周全细致，很容易与群众打成一片；副组长朱庆跃是遵义市人大常委会副主任、民革遵义市委会主委，对遵义各县各区的情况都非常了解，总能提供最完整细致的素材资料，帮助我们与各地党委政府更有效的沟通交流。四位领导用自己的敬业态度和专业能力带领大家做了大量的调查研究工作。

记得刚到民革中央工作时，有同学、朋友问我，你们民革是干什么的？当时对工作体会不深，只能用政治课本上的标准答案回答。亲身经历了脱贫攻坚民主监督工作，参与到解决具体问题中来，我才真切体会到"参政议政、民主监督、政治协商"的分量和意义。我们第三调研组在万鄂湘主席提出的"寓监督于帮扶，寓帮扶于监督"原则要求下，通过与遵义市政府召开座谈会，深入各县产业扶贫项目、易地扶贫搬迁安置点调研，走访贫困户，访谈县、乡、村三级干部，发放问卷调查等方式开展民主监督，形成了调研报告9篇，在巩固脱贫成果、推进全面脱贫与乡村振兴有效衔接、为一线干部降压减负、严控债务风险、积极探索生态发展新路子等方面向中央、贵州省、遵义市共提出意见建议60余条，采纳落实率达80%以上。特别是看到地方政府在工作中有困难时，我们努力协调、想办法，尽民革的力量倾心帮扶。在调研中遇到的每一个问题，我们都没有回避，而是与地方干部、群众交心沟通，深入探讨；提出的每一条建议，都有数据、理论支撑，确保可行可信。在地方政府希望我们帮助解决困难时，我们一直坚持正面回应、不走过场、不搞形式，积极协调资源、寻找解决途径。调研组真诚、踏实的工作作风逐渐赢得了地方党委、政府的积极肯定，很多领导干部从一开始的"怕被监督"变成主动接受监督，相互建立了良好的工作关系。

通过调研，我还有很多机会深入到贵州的田间地头，聆听贵州的"人物传奇"。特别是当代"愚公"黄大发的故事，感人至深。也许大家都听说过"红旗渠"，其实在播州区平正仡佬族乡团结村也有一个天渠，叫"大发渠"。这条渠的名字就是根据修渠带头人黄大发的名字而命名的。黄大发是一名孤儿，二十多岁时被推选为平正仡佬族乡团结村草王坝的支书。当时，草王坝土地石漠化严重，常年严重缺水，长不出水稻。为了改变这种没水喝、没饭吃的现状，从 20 世纪 60 年代起，黄大发带领群众，历时 30 余年，靠着锄头、钢钎、铁锤和双手，在绝壁上凿出一条长 9400米、地跨 3 个村的"生命渠"，彻底改善了村里的生存条件，被中央宣传部授予"时代楷模"、第六届全国"道德模范"等荣誉称号。调研组来到黄大发家里，听他讲述凿渠的艰苦经历。老人回忆道："我刚当上村支书，就想要修渠引水。那时我们没有技术，没有钱，只能用黄泥修渠道，也不懂怎么去测量，修了一小段，一下雨就冲坏了，修修补补很多年没有成功，大家也就放弃了。我还是坚持要修，找不到技术，就自己去区水利站学习。没资金，就天天跑政府争项目，大冬天鞋子都磨破了，脚指头冻得发青。有时请来的施工队不敢动工，我就把麻绳系在自己身上，让人拉着吊下悬崖。为了动员村民再次修渠，我想出了一个口号'要吃大米饭，大家一起干'，把修渠分解成很多段，分包给全村每一户，一户一段。"就是这样，黄大发靠着超出常人的意志力、实践中产生的智慧，完成了开凿的壮举。

第二天，我们一起登上"大发渠"，即使走在已经修好的台阶上，还是觉得惊险万分。看着高山之间这条又细又悬的天渠，难以想象需要经历多少磨难、克服多少困难，才得以修成。我想，在这三十六年里，黄大发和他带领的乡亲们，一定解决过堪比登天的难题、遇到过踩在生死边缘的危险、感受过身疲力尽的劳累。如今，团结村开发大发渠景区，成立大发渠党性教育基地、精品农旅文示范区，实现了群众在家门口就业创业、在家门口脱贫致富。大发精神与大发渠成为了一张闪光的地方名片，从经济、文化等各个方面带动了地方的发展，深刻的改变了地方面貌。我站在大发渠终点，看着从高山另一边引来的水静静流过，心灵也得到了洗涤。一个人能为社会做些什么？现在我找到了答案：我们能做的事远远大于自己的想象，只要坚持就可以成功；一个人的成就不在于从社会获得了什么，而在于为社会付出了多少，帮助多少人走出了现实困境、走向了幸福生活。

我们在调研时还参观了湄潭浙江大学旧址。西南联大的故事大家都耳熟能详，但在贵州也有着一段"文军"长征的传奇故事：浙大西迁。1937年民国政府西迁重庆，浙江大学师生在竺可桢校长率领下，怀着"教育救国，科学兴邦"理想，踏上漫漫西迁路程，历时两年多，于1940年抵达贵州遵义、湄潭、永兴，坚持办学七年，创造了"东方剑桥"的奇迹。当时全国物资紧张，浙大西迁的队伍有四五千人，给驻留地方财政带来了巨大的压力。最后是贵州主动接纳了他们，当地人民节衣缩食，无私地支持照顾着老师和同学们。在湄潭调研时，我们参观了湄潭浙江大学旧址——文庙，看到一张老校友跪拜湄潭人民的照片，照片下方讲述了这样一段故事："2009年，浙江大学西迁遵义湄潭办学70周年纪念活动在湄潭举行，世界各地的浙大校友自发来到湄潭。一名校友对大家说：'让我们叩拜吧！我们今天的叩拜，我们是为了感谢养育了我们近7年的湄潭人民。'说完，一排排年龄在75岁以上的老人颤颤巍巍地跪下。"听解说员介绍，我们也都深受感动，我似乎看到在战火中流亡的浙大师生正通过湄江桥，从遵义进入湄潭城，彼时，在桥的那一头，湄潭的老百姓捧着采来的野花，端着煮熟的鸡蛋，欢迎这所千里之外大学的入迁。善良的贵州人，用自己的真诚和勇敢，保护了现代科学文化的种子。

　　这就是我所见闻的贵州人民，越了解他们，就会越热爱他们，越发热爱这片土地。现阶段我国农村脱贫攻坚已取得了决定性成就，并由此迈向建成社会主义现代化强国的伟大征程，真诚期盼贵州在悄然揭开的乡村振兴的序幕中再续新篇，真心祝福贵州人民日子越来越好！

孜孜不倦，久久为功，当好脱贫攻坚同路人

民革江苏省委会

开展脱贫攻坚民主监督，是中共中央赋予各民主党派的一项政治任务，也是各民主党派参与和助推国家重大战略的一项重要实践。2016年，民革中央决定成立6个脱贫攻坚民主监督调研组，第四调研组组长为民革中央办公厅主任董玉环（2018年卸任，由民革中央办公厅副主任陶相宁接任）、民革江苏省委会副主委张坚勇（2018年卸任，由民革江苏省委会陈萍副主委接任），负责对口贵州省安顺市开展脱贫攻坚民主监督。5年中，调研组七赴安顺，见证了安顺市脱贫攻坚工作的扎实推进和民革组织与党员的倾力奉献。民革江苏省委会副主委、民革江苏省徐州市委会主委陈萍担任调研组组长之后，不仅进一步这项工作作为民革江苏省委会的工作，还具体化为民革徐州市委会的一项工作，同时她还是全国人大代表、徐州市农业科学院院长，不仅安排市委会领导和机关干部、民革党员参与工作，还动员徐州市的学者专家参与和支持安顺市的脱贫攻坚，支持民革中央的脱贫攻坚民主监督工作。

一、关注教育脱贫，解决贫困代际传递

教育缺失是比收入贫困更深层次的难题。调研中我们发现，既有因病致贫等客观情况，也有贫困户思想上存在"等、靠、要"的现实因素；贫困地区的教育条件不容乐观；虽然资源丰富、特色突出，但是缺乏善于利用、善于开发、善于管理的人才。

扶贫要扶志，也要扶智。要通过教育点亮扶贫之路，让贫困地区每一个人都拥有脱贫致富的梦想，重点关注贫困地区的基础教育、职业教育，让山里的孩子们增长见识、开阔眼界，在孩子成才后，不仅能在经济上反哺家庭，而且能带动一个家庭思想观念的变化，帮助整个家族树立脱贫的信心，坚定致富的决心，彻底解决贫困的代际传递。

二、发挥党派优势，开展技术和产销帮扶

在脱贫攻坚战中，各民主党派既是监督者，更是参与者。我们所在的第四调研组充分发挥江苏民革党员的人才优势和资源优势，在"寓监于帮，寓帮于监"中比较成功的两个案例是：

技术帮扶：徐州农科院副院长、国家甘薯产业技术体系岗位科学家、民革徐州市委委员李强在多次跟随第四调研组考察紫云红心红薯种植基地，详细了解紫云县甘薯产业种植和经营销售情况，对规模化推广红心红薯种植进行专业指导。2017年8月，李强同志邀请了国家甘薯产业技术体系首席科学家马代夫同志及十余位专家参加"紫云红芯红薯助推脱贫攻坚产业发展论坛"，促成了紫云县人民政府与国家甘薯产业技术研发中心签订了战略合作框架协议，为紫云红芯红薯提供了技术保障。帮助紫云"红芯红薯红起来，农民腰包鼓起来"，为安顺脱贫攻坚工作和经济社会发展作出了贡献。

农产品产销帮扶：江苏民革党员，南京盛装农业科技集团董事长刘巧琴在调研现场与紫云红芯薯文烁植保农民合作社现场签订了供销协议，同时与安顺市农委、安顺民革等单位初步达成了开展"黔货出山——安顺、江苏农产品产销对接"系列活动前期意向。

2018年的南京，走进刘巧琴创办的中国智慧菜场样板店"刘姐菜篮子"，最受欢迎的区域就是"扶贫特色农产品直供区"。刘巧琴说"硐口生姜、紫云红心薯、板栗南瓜等等都是从贵州贫困地区的农户手上进的农产品，我们平价卖给老百姓，真正实现从地头到灶头，火得不得了"。黔货出山既丰富了江苏人民的餐桌，也大大提高了贵州贫困户的农业收入。

民革江苏省委会常委、江苏省绿色食品办公室主任徐继东曾两次跟随调研组赴安顺，是民革江苏省委技术帮扶和产业帮扶的参与者、见证者。他从专业的角度提出了"整合资源、强化培育、扶优扶强"建议，一要以市场引领方向，开发符合市场需求的产业产品。按照"政府引导推进、市场运作经营、产业集中连片、规模适度发展"原则，有计划的引导产业发展；二要以标准引领生产，政府要帮助企业或组织制定相关标准，以标准提质量、以监管促提升、以质量创品牌，不断提升已有产业建设保障能力；三要以品牌引领未来，推动扶贫成果增收增效。以贵州安顺特色资源和产业为依托，以提高产业质量为核心，提高供给体系的质量和效率，加大投入帮助扩大品牌效益，实现扶贫成果的稳定增效。

三、聚焦安顺实际，精准实施扶贫政策

安顺市脱贫攻坚仍存在一些客观的问题和困难。安顺地处西南喀斯特石漠化山区，工程性缺水是困扰农业产业发展的主要难题，尽管年降雨量1300毫米，但仍属缺水地区。近年来安顺市非常重视水利工程的建设，兴建一批大、中、小型水库，实施了饮水安全工程，基本解决了全市的饮水安全问题。但贫困山区普遍还存在水库建设数量不够，水利工程的梯级配套不完善，也就是部分县反映的"看到水，用不上"的问题，造成山区的农业、种植业、养殖业等产业用水短缺，影响了农民的收入，制约了农民脱贫致富的进程。

针对安顺市的特殊地貌，要及时开展水利工程精准扶贫，不仅安顺市水利部门要按照山区农民脱贫致富奔小康的需要，高标准编制水利工程建设及梯级配套项目方案，包括水库、塘坝、水窖、提升泵站、管网等灌排工程，向国家发改委及水利部申报。民革中央也应按照脱贫攻坚民主监督的工作要求，建议国家加大对安顺水利工程投入，督促水利部门尽好脱贫攻坚的主体责任，共同助力安顺脱贫致富奔小康。

　　总之，脱贫攻坚民主监督是一项系统工程，内容丰富、涉及面广，需要汇集多方智慧，聚合多方力量，将建言与践行相结合。

　　民主党派参与脱贫攻坚民主监督是新时期党和国家精准扶贫工作的一大亮点，打赢脱贫攻坚战，民主党派大有可为，作为脱贫攻坚的同路人，民主党派要更加紧密的团结在以习近平同志为核心的中共中央周围，孜孜不倦，久久为功，不断丰富和完善脱贫攻坚民主监督的内涵和影响，为打赢脱贫攻坚战作出新贡献。

安顺市西秀区"脱贫幸福村"调研报告

魏国良（民革中央脱贫攻坚民主监督第四调研组联络员、民革中央

社会服务部经济处处长）

坐落于安顺市西秀区蔡官镇的"脱贫幸福村"，是贵州安顺兴贵恒远新型建材有限公司（以下简称兴贵恒远公司）与安顺市政府合作，按照"有产业、有岗位、有稳定收入"的原则，利用现有成熟产业，采用装配式砌块墙体建造的易地移民搬迁小区。今年 2 月民革中央向"脱贫幸福村"授予"民革党员参与精准扶贫实践基地"称号。为深入了解"脱贫幸福村"搬迁户的生活和就业情况，总结成效和经验，民革中央脱贫攻坚民主监督第四调研组于 2018 年 5 月 25 日、26 日赴该移民安置点开展调研。现将调研情况汇报如下。

一、"感谢党、感谢政府"是易地扶贫搬迁户共同的心声

贫困户张敏今年 66 岁，丈夫去世，家中有两个儿子、一个儿媳和两个孙子，共计六口人。大儿子 42 岁了至今未婚，一个孙子还患有自闭症。张敏本人长期患病，医药费支出大，全家居住在土墙茅草房中。张敏回忆起住在旧房中的生活，一次刮大风把房顶上的茅草吹跑，冷风从四面八方吹来，一家人缩成一团，望着空荡荡的屋顶，抱在一起伤心痛哭。如今通过政府安排住进了窗明几净的新房子，家中电视、冰箱、电磁炉、电热水器等现代化的设备一应俱全，卫生间和厨房都贴上了洁白光亮的瓷砖……张敏一家的生活发生了翻天覆地的变化。

61 岁的杜页妹和 48 岁的齐明琼是一对重组家庭的夫妻。过去住在 50 年代的木板房中，由于年久失修四处漏风，只好用编织袋来修补。夫妻俩日子过得艰难，在村子里更是抬不起头。自从搬到了"脱贫幸福村"，夫妻俩不再愁眉苦脸。看到小区购物不方便，齐明琼在自家客厅开了一间小超市。齐明琼说，现在才刚刚开始，每天营业收入只有 100 多元，等将来小区住满了生意一定会越来越好的。

40 岁的高波读过初中，在村中算是高学历的人，但是因为患有小儿麻痹症，在外边很难找到适合的工作。高波曾经做过小生意、当过快递员、小吃店厨师、网吧网管员，四处奔波还难以维持生计。在当地政府安排下，

高波一家从原来的简易木板房搬迁到一栋 88 平米的两居室楼房。兴贵恒远公司根据高波的实际情况安排高波做销售部开票员，每月工资 3000 元。住房条件改善了，工作也稳定了，高波又把常年在外打工的弟弟喊了回来，推荐到兴贵恒远公司就业。这样兄弟俩在家门口就业，不但收入稳定还能共同照顾年迈的父母。

贫困户们搬进"脱贫幸福村"之后要做的第一件事情就是在自家的大门上贴上"乔迁新居"大幅红字，贴上喜庆的对联。其中一户人家的对联这样写道："慈祥送来幸福家家乐，党恩普照大地日日新。""感谢党、感谢政府给我们提供了这么好的房子，让我们过上了好日子"，这是扶贫搬迁户共同的心声。

二、"脱贫幸福村"是民革党员企业参与精准扶贫形成具有特色的易地扶贫移民搬迁新模式

贵州安顺兴贵恒远新型建材有限公司是一家从传统建筑行业转型升级，通过先进技术实现建筑垃圾废弃物资源化利用，生产装配式建筑部品部件的科技型、环保型企业。2016 年兴贵恒远公司积极履行社会责任参与精准扶贫，提出与当地政府合作建设一个可容纳 1000 个贫困家庭的易地扶贫搬迁小区（残疾人及残疾家庭占 10%），公司承诺为每一户扶贫搬迁户解决一个稳定的就业岗位，从而实现"搬得出、稳得住、能致富"的精准脱贫目标。这样既解决了贫困户住房安全有保障的问题，同时还帮助解

决贫困户就地就业、就地生活的问题，实现贫困家庭的稳定脱贫。

短短一年时间，第一期可容纳 106 户的易地扶贫搬迁小区就建成了。一栋栋二层小楼依山而建，错落有致，小区街道干净整洁，人们亲切将小区命名为"脱贫幸福村"。易地扶贫搬迁小区与兴贵恒远公司仅隔一条马路。2017 年 11 月第一批由政府选定的 6 户贫困户入住该小区后，公司为每户安排了就业，并为就业人员缴纳"五险一金"。首批就业人员中有 4 名残疾人，分别从事卫生保洁、园林绿化和销售岗位，最低收入 1680 元 / 月，最高 3000 元 / 月。还有 2 人从事生产工作，收入约 3500 元 / 月。贫困农户在移民搬迁小区实现就近就业，在从农民到工人（职员）的转变中，逐步适应和融入城镇生活。特别是企业针对贫困残疾人所做的就业安排，让他们融入社会，成为自食其力的劳动者。他们借助企业提供的就业岗位过上了体面的生活，他们是精准扶贫政策的受益者，更是精准脱贫、勤劳致富的榜样，为打赢脱贫攻坚战提供了精神力量。今年 5 月第二批又搬来 17 户贫困户。当地政府对有就业需求的搬迁户开展有关法律法规方面的培训后，又向公司推荐了 5 人，由公司进行面试和岗前培训。

易地扶贫搬迁是解决"生活在一方水土养不起一方人"的专项扶持措施，是"五个一批"精准脱贫工程中最难啃的"硬骨头"，是脱贫攻坚的主战场。民革党员企业积极履行社会责任，通过发挥自身行业优势探索"产业发展 + 精准扶贫"模式，形成了政企合作扶贫新机制和就地就近城镇化和建设绿色低碳城镇的新路径，有效解决了"怎么搬、怎么建、搬后怎么办"的难题，实现了"搬得出、稳得住、能致富"的精准脱贫目标。正如中国工程院院士、清华大学教授钱易所说，公司生产新型建筑材料，发展循环经济，保护了绿水青山，意义重大。同时，企业积极履行社会责任，把企业的发展同国家的精准扶贫政策有效地结合起来，让贫困户住上好房子，在家门口就能找到好工作，为企业参与精准扶贫提供了好样本。

三、"脱贫幸福村"需要政府主导、企业带动和社会参与共同推动后续发展

"脱贫幸福村"的"产业发展＋精准扶贫"模式得到了政府高度认可和社会广泛关注。但由于项目建设时间紧迫，建设企业经验不足，易地扶贫搬迁小区后续发展面临诸多困难，需要政府主导、企业带动和全社会共同参与帮助解决，让"脱贫幸福村"的后续发展更加健康和成熟，能够在更大范围推广和运用这一模式。

"脱贫幸福村"项目尚未完成相关法律法规手续。贵州安顺兴贵恒远新型建材有限公司是2013年贵州省八大重点招商引资项目。"脱贫幸福村"项目受到贵州省和安顺市的高度关注和大力支持。但企业未与地方政府进行充分协商，在没有办理易地扶贫搬迁建设项目立项手续的情况下，在企业获取的工业用地上建设"脱贫幸福村"项目。在多方努力下，去年底西秀区政府收储项目用地，并改变了土地使用性质。目前企业正在加紧补办立项和审批手续，预计2018年7月由西秀区政府验收项目，待验收合格后由地方政府支付项目建设费用。建议企业进一步加强与地方政府的沟通和协调，按照易地移民搬迁政策和相关法规要求，加强项目合规管理，完善项目建设规划，继续推进"脱贫幸福村"后续建设工作。

完全由兴贵恒远公司解决移民搬迁户的就业存在诸多困难。按照建设

"脱贫幸福村"的设想，公司将为每一户贫困户解决至少一个就业岗位。但是部分贫困户由于种种原因不愿意进入兴贵恒远公司就业，同时部分贫困户因自身条件不足难以安排就业。因此，由兴贵恒远公司独自承担所有贫困户的就业问题十分不现实。例如，今年5月入住的第二批贫困户共计17户，经过动员只推荐了5名拟就业人员，数量大大低于企业预期，且这5名贫困人口因身体和智力原因较难安排就业。建议开展多元化培训，促进多元化就业。由政府研究出台有关鼓励政策，引导和支持更多企业参与易地扶贫搬迁人口的就业安置。对参与就业安置帮助贫困户实现稳定脱贫的企业，给予银行贷款、场租补贴、税费减免等方面支持和鼓励政策。通过企业引领拓展更多就业渠道，为易地扶贫搬迁人口提供多元化培训，提供多元化就业选择。

"脱贫幸福村"的社区管理和公共服务尚待完善。2017年村民入住小区以来，社区行政管理未同步进入，村寨没有建立村（居）委会。小区规划的医务室、文化活动室等公共服务设施至今尚未启用。村民购买日常用品、蔬菜副食等还很不方便。小区也未实行封闭式管理，有一定安全隐患。建议当地政府加快推进"脱贫幸福村"的社区公共事业，牵头组建村居委会，协调管理公共事务，规划好教育、卫生、文化等公共服务设施，建设好商业服务网点，提高小区居住舒适度，增强居民幸福感。同时，针对小区特点增设残疾人便民服务设施。

"脱贫幸福村"的残障人口比例较高，社会弱势群体较为集中。脱贫幸福村的村民均为建档立卡贫困户，与此同时他们中的很多家庭还有身体或智力残疾的成员。居住条件的改善并未改变他们经济困难的处境。远离原来耕种的土地使他们无法发展种养殖业。大部分村民文化程度较低，没有劳动技能，在从农村村民向城市市民的角色转换过程中，面临重重困难。

建议引进社会组织开展志愿服务，关爱残障人口，扶助社会弱势群体，开展多种方式的就业辅导，开展丰富的文化教育活动引导贫困户改变陈规陋习，培养村民责任意识，增进相互沟通联系，实现社区和谐健康发展。

坚定政治领导、围绕脱贫大局、提升履职能力、增强合作共识

——参与脱贫攻坚民主监督工作有感

宣文坚（民革中央脱贫攻坚民主监督第四调研组秘书、民革安顺市委专职副主委）

民主监督是各民主党派的一项基本职能，我作为民革贵州省安顺市委会的一名专职党务工作者，有幸参与了民革中央脱贫攻坚民主监督全程工作，现就自己的亲身经历谈一谈工作体会和感受。

2016 年 5 月，中央统战部、国务院扶贫开发领导小组办公室联合印发《关于支持各民主党派中央开展脱贫攻坚民主监督工作的实施方案》的通知，这是我国首次开展民主党派的专项民主监督。此前民主监督工作相对弱化一些，工作成果主要通过调研报告、提案、建议等形式体现在了参政议政工作。八个党派中央选择了在贵州、河南、湖南、广西、四川、云南、陕西、甘肃省开展脱贫攻坚民主监督工作，民革中央对口贵州省。2016 年 9 月 21 日，万鄂湘主席在民革中央第一次脱贫攻坚民主监督工作座谈会上说到：脱贫攻坚民主监督工作是对民主党派自身能力的一次考验，意义重大。安顺市是民革中央脱贫攻坚民主监督第四调研组的对口地区，我荣幸

成为了这个小组的秘书。脱贫攻坚是中华民族五千年历史长河中一次波澜壮阔的举动，没有经验可循，没有现成的路可走，这是中国共产党在新时代进行的又一次长征。

2016 年，第四组在调研中发现精准识别问题较多。如：平坝区核准贫困对象 7433 户，2.33 万人，而省扶贫办下达的贫困对象数是 4.08 万人，两者相差 1.75 万人。到普定县、关岭县、镇宁县、紫云县调研也发现这个现象。什么原因呢？原来上述四县的低保线标准为 3060 元，贫困线标准为 2968 元，低保线高于贫困线。也就是说按照扶贫办的标准达到 2968 元的人就不是贫困对象了，而按照民政局的标准未达到 3060 元的标准的人都是贫困对象。听谁的，谁说了算？民革中央建议：两线合一，同步同口径核算并联网互享信息平台。解决这个问题不是民政部或国家扶贫办两个部门能办到的，需由国家层面统一解决。

2017 年 3 月 20 日，中共贵州省委办公厅下发了《中共贵州省委办公厅贵州省人民政府办公厅"关于配合民革中央做好脱贫攻坚民主监督工作的通知"》，要求各市（州）党委、政府和有关部门采取有力措施，积极配合支持民革中央做好监督工作。省委的高度重视，为调研组开展脱贫攻坚民主监督工作提供了巨大的支持和帮助，极大地提振了各组更加努力做好工作的信心。民革中央也从刚开始提出的"帮忙不添乱"的做法改为了"寓监督于帮扶之中，寓帮扶于监督之中"，将帮扶作为了民主监督的主基调。这是八个民主党派中央中第一个明确提出这个观点，并且得到中共中央充分肯定。当年，配合贵州省政府在北京举办了贵州省产业扶贫项目的推介会。民革中央对贵州省 2017 年脱贫攻坚工作的整体评价有采取超常规措施，聚焦深度贫困地区；构建利益联结机制，重点推进产业扶贫；易地扶贫搬迁稳步推进；大力实施生态旅游扶贫等。同时也指出了贵州省在脱贫攻坚中存在的一些困难，如：产业扶贫规划水平和实际效果有待提升。提出少数项目在选点、布局、实施、市场销售等环节缺乏科学论证，投资效率不高，市场风险大，龙头企业带动效应不强，市场品牌度建设力度不够限制了产业扶贫作用的发挥。

2018年，民革全党进一步统一了思想，认为民主监督是政治监督，是合作与帮扶。万鄂湘主席在贵州开展脱贫攻坚民主监督调研时提出，要"动员全国民革党员的力量购买贵州特色农产品"，并召开了助力"黔货出山"工作推进会。上半年，第四调研组在安顺开展工作时，也将"秀水五股"创新利益联结机制；"一村一公司，助推农村加快发展"等安顺的做法和经验写入了调研报告，同时建议民革中央向中共中央汇报脱贫攻坚民主监督工作时，提出：为了充分利用安顺市丰沛的降水，从根源上解决喀斯特地区工程性缺水问题，由国家层面开展试点，探索将人口集中地区附近的山谷修建成为小型湖泊、水库、山塘，改变有雨无水、有水无盆的现状。全国政协副主席、民革中央常务副主席郑建邦亲自到安顺开展脱贫攻坚民主监督调研。

2019年，民革中央与贵州省人民政府联合开展了招商引资工作，借着这强大的东风，我随着安顺市投资促进局到江苏省、青岛市等地招商，并搭桥中共安顺市委领导拜会了江苏民革、青岛民革领导。这一年，安顺市政府和民革安顺市委会联合招商引资1000余亿元。这一年，民革安顺市委会的工作在政府工作报告和统战部年度总结中都有浓墨重彩的体现，民革安顺市委会机关获安顺市创先争优奖。这一年，民革江苏省委会副主委、徐州民革主委陈萍，民革山东省委会副主委、青岛民革主委薛长湖分别带队到安顺开展帮扶和捐赠活动；南京民革党员企业家刘巧琴更是几次带队到安顺开展产业帮扶。

2020 年，正当我们准备撸起袖子加油干之际，新型冠状肺炎减缓了我们前进的脚步，但工作并没有停顿，我们下到基层参与防疫值守，组织捐赠帮助困难群众。更值得一提的是，2 月中旬，新型冠状肺炎形势十分严峻之际，我们按民革中央、民革贵州省委会的要求，在安顺就疫情对脱贫攻坚有何影响、存在什么困难、有什么建议开展了调研，并将调研情况上报省民革转民革中央。疫情过后，第四调研组在工作中发现脱贫攻坚战做得好的几个村支书都是复员军人担当的，就推动"兵书记"的好经验写进了民革中央脱贫攻坚民主监督报告。

在脱贫攻坚民主监督工作中，对同一件事情，每个同志的看法也不尽一致，但并不影响工作中的团结、友好、合作。经过充分讨论和认真推敲，总能达成统一一致的工作报告。脱贫攻坚民主监督工作拓宽了党派的工作内容，也是各党派自身建设和履职的一块试金石，更是多党合作共同建设富强美丽文明和谐社会的一部美丽乐章。

2020 年 11 月 23 日，当贵州省宣布包括紫云县在内的 66 个贫困县全部脱贫摘帽时，安顺与全省、全国共同携手摆脱了贫困。总结五年工作，我有以下几点感悟：（1）脱贫攻坚民主监督工作取得的成绩，离不开中共中央的坚强领导和各级党委的支持、帮助。坚定坚持中共中央的领导是民革组织的根本，这是必须永远牢记心中的政治准则。（2）脱贫攻坚是"十三五"最大的民生、最大的政治，民革组织不仅是这段波澜壮阔历程的见证者、宣传者，还是积极参与者。身在其中，我感到无比自豪。（3）通过五年的脱贫攻坚民主监督工作，使我更加深刻了解了我国的农业、农村、农民，思想上得到了洗礼，履职能力得到了提升，视野和思维也变得更加开阔。（4）脱贫攻坚全面小康的完成，是中国特色社会主义制度巨大优势的具体展现。通过工作，我也与中共安顺市委、政府的领导，以及统战部、扶贫办等部门的同志有了更多的接触和交流，锻炼并提高了自身合作共识能力。

脱贫路上　监督同行

苏燕玲（民革中央脱贫攻坚民主监督第五调研组成员，广东经国律师事务所
副主任、民革广州市委会祖统委员会副主任）

　　全面建成小康社会，最艰巨的任务是脱贫攻坚，民主党派开展脱贫攻坚民主监督，是中国共产党领导的多党合作制度优势的重要体现，是打好脱贫攻坚战的重要举措。自 2017 年至 2019 年 8 月，我作为骨干党员参加了民革中央脱贫攻坚民主监督工作第五调研组 5 次调研，作为主要执笔人之一完成了 5 次调研报告。第五调研组在民革广东省委会主委程萍、民革中央调研部副巡视员周丽萍两位组长的带领下几年来多次奔赴贵州省黔南州开展调研。我们上山入寨进村访户，扎实调研，了解真情况，发现真问题，提出有可行性的建议，第五组的足迹覆盖了黔南州喀斯特地貌贫困地区和所有深度贫困县。我感觉虽然每次工作任务很繁重，但有幸参与民革中央在贵州的脱贫攻坚民主监督调研工作，使命光荣，机遇难得，调研中很多事情让我至今印象深刻。

　　黔南州下辖 12 个县中 10 个县是贫困县，贫困村 836 个（深度贫困村349 个），脱贫难度可想而知。调研组认真学习贯彻习近平总书记扶贫重要论述，注重落实民革中央万鄂湘主席"寓监督于帮扶之中，寓帮扶于监

督之中"的工作要求，围绕精准识别、精准脱贫、"两不愁三保障"、贫困县摘帽、脱贫攻坚责任落实、政策执行、扶贫资金项目管理使用等方面，在州、县、乡镇、村组、扶贫企业多层面开展座谈调研，注重下沉到扶贫基层一线，进村入户了解情况。刚开展民主监督的时候，我们感觉地方还存在观望畏难情绪。但随着民主监督走向深入，我们看到脱贫攻坚战一步步推进，脱贫的内生动力显著增强，精神面貌、脱贫理念发生转变。我们听到最多的话就是"牢记嘱托，感恩奋进"，越来越多的县、乡镇"精彩出列"，彻底摘掉贫困的帽子。

脱贫攻坚是民心工程，付出真心得民心，解决民生实际问题是根本。长顺县深度贫困村磨油村，经国家扶贫政策为村民进行危房改造、改善人居环境，走进现在的布依族寨子，能感受到纯朴安然自得的寨风家风，寨子环境卫生干净有序，无须装扮可迎四方游客。在寨子里我们遇到了第一拨回乡参与家乡建设的乡贤们，老广东的专家们和从广东回来的乡贤如遇故知，一起谋划着特色布依族风情的农耕文化旅游民宿的脱贫产业。沿着村寨主干道往山上的坝子里走，道路间隔都设有垃圾回收桶，自来水全部入户，调研组忍不住跟驻村第一书记要真话：累吗？难吗？能长治久安吗？回复让人心安：党建选派驻村干部到贫困村开展驻村轮战，完善了村规民约，为乡村治理留下长治之策，为乡村振兴夯实精神基础。

深度贫困县独山县依靠镇、村、组三级攻坚体系，全面落实易地扶贫搬迁政策，农村贫困群众的居住条件得到极大改善。在独山县鄢家山安置区，我们遇到这对"90后"的邹元江和韦小静小夫妻，上有七十多岁的老母亲，下有两岁多的儿子，一家四口其乐融融。80平米的崭新居室中，沙发、电视、冰箱、饮水机、热水器、电脑等一应俱全，难以想象这一家曾是贫困户。老家在影山镇紫林山村新东组，山高路远，沟大谷深，自然环境恶劣，生产生活条件极其落后，父亲因故去世后，这个家陷入绝境。依托着国家政策的暖心帮扶，邹元江顺利完成中学和大学学业。2018年易地搬迁到鄢家山安置区。安置区就在县城附近，各种资源要素更加富集，各类公共服务更加齐备，创业环境也更具发展潜力和拓展空间，新婚的小两口做起了电商把独山农产品卖出大山。然而创业起步异常艰难，国家提供的5万元创业贴息贷款帮了夫妻俩的大忙，当地政府还帮助他们设立了电商服务站。"国家的好政策不仅圆了我们的安居梦，也坚定了我们的创业梦"，"90后"小夫妻发自内心地感恩党和国家的好政策，感谢扶贫干部的帮助。小两口谋划着以社区电商服务站为依托，推动更多独山农特产品、中药材上线销售，拓展原料收购、生产加工、货物流通、产品包装、仓储管理等线下业务，下一步要带动安置区更多搬迁群众一起脱贫致富。他们俩用矢志向前的精彩舞步，在"大美独山"小康图卷上镌刻下了他们奋力前进、不负韶华的幸福身影。

在大山深处的平塘县大满口村，布依族聚居地，我们看到村里以漫画、山水画、各类标语等群众喜闻乐见、浅显易懂的表现形式，一幅幅生动形象的壁画，将脱贫攻坚政策、村规民约、民族文化等内容，生动地"映"在墙上，成为了一道道靓丽的风景线，扮亮了平塘的新农村。80岁老大娘家墙上挂着毛主席和习总书记的照片，对调研组倾诉对共产党帮助她家脱贫奔小康的感恩之情。

自2013年起，广州市接棒深圳市，开始对口帮扶黔南州。在黔南州调研时，总能看见广州市选派过来的党政领导干部、专业技术人才忙碌的身影。2019年广州市财政对口帮扶黔南州的资金已到位5.24亿元，惠及贫困户达13.85万；黔南州与广州签订《"粤港澳大湾区菜篮子建设合作框架协议》成立"广东援黔企业家联合会"，引进企业12家，投资额

10.22 亿元" 2019 年广州市财政对口帮扶黔南州的资金已到位 5.24 亿元,惠及贫困户达 13.85 万; 黔南州与广州签订《粤港澳大湾区菜篮子建设合作框架协议》,成立 "广东援黔企业家联合会",引进企业 12 家,投资额 10.22 亿元。广州对口帮扶黔南扶贫协作硕果累累。

在黔南的调研行程每天都是安排得满满的,调研组每个成员都想多走几个点、多收集第一手材料,基本每天都是晚上八九点才回到招待所,回到招待所马上开会总结当天调研并根据情况调整或增加接下来调研的内容,为调研报告做好扎实调查。我们除了完成脱贫攻坚民主监督调研报告,调研组还集体梳理总结脱贫攻坚民主监督实践经验,探索完善专项监督工作制度,力求推动民主监督工作创新发展。

2020 年突如其来的新冠肺炎疫情给决战决胜脱贫攻坚带来了挑战。当前正值春耕季节,疫情直接影响下半年的丰收和收入,导致种养殖产业发展受阻。受疫情影响各地停工停产和订单锐减,加工型企业处于停滞状态,农产品滞销,对带动贫困群众就业、拉动贫困地区经济增长影响较大。调研组认真学习贯彻习近平总书记今年 3 月在决战决胜脱贫攻坚座谈会上的讲话精神,将疫情防控和民主监督工作有机结合起来,将围绕支持打好贫困乡村疫情防控和脱贫攻坚总体战开展民主监督,全面分析疫情对深度贫困地区实现脱贫目标的具体影响,为防止因疫致贫、因疫返贫,深入研究贫困地区的复产复工、税收减免、贷款贴息等振兴农村产政策,确保如期完成脱贫攻坚历史性任务,发挥民主党派人才力量、智力优势,向中共中央提出高质量的政策建议。

脱贫密码解读
——来自黔南州脱贫攻坚民主监督工作的点滴思考

刘劲宇（民革党员、华南师范大学政治与公共管理学副教授）

一、贫困之谜

　　黔南州自然物藏丰盈，风景秀丽，众多饱含民族气息的古寨昭示着这里曾经的繁华。然而，作为古代南方出海丝绸之路的重要通道，近代以来为什么衰落？面对自然禀赋、文化历史与现实状况之间的巨大落差，面对多年未决的贫困问题，有学者认为这与缺乏"选择贫穷的权利"[①]有关。也有地方干部群众认为受区位，尤其是环保压力等因素的影响，贫困地区"被剥夺"了开发权而无法脱贫。经济学家阿玛蒂亚·森曾用"交换权利的恶化"[②]来解释贫困、饥馑等现象。他认为贫困问题实质上与"能力"水平密切相关，亦即贫困个体获得生产机会、交易机会、国家赋予的权

---

① 舒圣祥：《印度穷人不仇富"与"选择贫穷的权利》［J］，《观察与思考》2006（21）：8。
② （印度）阿马蒂亚·森，王宇，王文玉译：《贫困与饥荒：论权利与剥夺》［M］，北京：商务印书馆，2011：5。

利^① 等。他以理论的方式提醒人们应当去关注更广阔的政治、法律、文化与制度等领域对贫困现象的影响。这也为我们破解"贫困密码"提供了一个视角：如何通过优化"交换权利"来提升贫困群众的"脱贫能力"？

二、贫困密码：区位、温饱与人口问题的"恶"循环

其实，黔南州早在 1996 年就实现了"面上脱贫"，亦即"基本解决温饱问题"。但是，人口的增长消耗了大量资源，导致这里陷入了"越生越穷、越穷越生"的怪圈。进入新世纪人口老龄化问题也浮出水面，扑面而来的"银发浪潮"、不断发生的返贫现象，给脱贫攻坚带来更大的挑战。确实，随着沿海地区的大开发，不仅使黔南州的传统区位优势丢失，多年来经济建设与扶贫工作的成果也在很大程度上为满足温饱需求所"消化"。贫困乡村与群众陷入了某种"能力困境"：即受原始的生产方式、单一化的产业结构、狭小的市场规模、教育程度偏低与劳动力素质不高等因素的影响，落后地区的群众只能进行简单再生产，"脱贫能力低下"导致了极贫人口始终维持在一定的数量水平上。

那么面对"能力困境"问题，仅靠一般性的政策、资金投入与物资支持，就能够真正实现脱贫吗？随着"脱贫攻坚战"的打响，更多的物资、

---

① （印度）阿马蒂亚·森，王宇，王文玉译：《贫困与饥荒：论权利与剥夺》［M］，北京：商务印书馆，2011：56。

资金与人力资源将被投入，配套的法规、制度与机制建设紧锣密鼓。但从实际情况看，黔南州遭遇了"硬骨头"。这正如习近平总书记所指出的："脱贫攻坚战不是轻轻松松一冲锋就能打赢的，从决定性成就到全面胜利，面临的困难和挑战依然艰巨，决不能松劲懈怠。"

三、解密脱贫：多管齐下提升脱贫能力

黔南州这五年间的巨大变化，证明所谓"交换权利的恶化趋势"是可以被彻底扭转的。国家从总体上改造"硬环境"，地方政府聚焦改善区域"软环境"，贫困乡村与群众积极把握机遇、主动适应环境变化，"多管齐下"使贫困地区的经济社会发生了深层次的结构变化。

（一）基础设施建设改造"交换权利的硬环境"

从"县县通—乡乡通—村村通"，黔南州用了十年时间全面建成"两条高速公路"，积极改造"交换权利的硬环境"。回溯 1996 年时，黔南州交通"九五"发展目标仅仅是"争取实现县县通油路"。[1] 但到 2000 年，不仅实现了"乡乡通"公路目标，还建成了 260 公里的高等级公路。[2] 至 2016 年，黔南州全州高速公路通车里程达 827 公里，提前实现了"村村通"目标。[3] 与实体的高速公路建设同步，一条虚拟高速公路也在悄然中

---

[1] 陆兴和：《黔南年鉴 1997》［J］，贵阳：贵州人民出版社，1997：245。

[2] 陆兴和：《黔南年鉴 2001》［J］，贵阳：贵州人民出版社，2001：291。

[3] 吴定伟：《黔南统计年鉴 2017》［J］，北京：中国统计出版社，2017：569。

建立起来。2006 年，州内光缆总里程达到 6214 公里，97% 以上的乡镇开通宽带业务。在"村村通"基站的基础上，98.15% 的行政村实现了移动网络覆盖。①

高铁、高速公路与信息网络，不仅打通了黔南州的"西南出海通道"，更大幅度提升了人流、物流与信息流的"流量"及其运行的稳定性与可靠性。各种资源"进得来·出得去"，不仅彻底流转了"交换权利恶化"趋势，更使得优质的自然资源可以得到有序开发、企业愿意来投资办厂、劳动力愿意留在当地就业，极大地改善了贫困地区与贫困群体的"交换能力"。

（二）加强制度建设改善"交换权利的软环境"

加强制度建设来改善"交换权利的软环境"，黔南州通过制度手段让贫困地区的各种资源要素"流动"起来，吸引了更多的外界资源投入到贫困地区。这里的"要素"首先指的就是土地资源。以荔波县的洪江村为例。这是一个以布依族为主，水、苗混居的省级一类"少边穷"村，拥有很多闲置的干栏式建筑，具有浓郁的民族特色。这里吸引了许多国内知名艺术家。他们有意愿扎根当地，将这里作为"艺术创作的故乡"。但是，艺术家如果要在这里长期生活，必然要投入大量的个人资源，而这种个人投入的持续性与安全性有赖于法律规范与制度性保障。

对此，荔波县在洪江村试点了以宅基地所有权、资格权、使用权的"三权分置"为主要内容的改革。这是黔南州农村集体建设用地使用权制度改革的一项内容。这项"试点"的核心内容就是让已不使用的老宅基地"活"起来。具体来说，就是在保持宅基地的所有权不变的基础上，保留农民的"资格权"，同时在集体经济组织的安排下将土地资源的使用权有

---

① 陆兴和：《黔南年鉴 2007》［J］，贵阳：贵州人民出版社，2007：345-246。

条件的转让给非本村居民。2019 年 3 月 5 日，随着朝阳镇洪江村村民委员会有关《荔波县朝阳镇洪江村集体建设用地使用权有偿使用结果公示》，发布到了县人民政府网站上。这既给打算在洪江村长期"留守"的艺术家们吃了一刻"定心丸"，亦将小小的改造民宿行为上升为一种地方政策，作为一种制度化的成果巩固了下来。

（三）层层联动优化"交换权利的内部结构"

外在环境的改变，还需要内在因素主动自觉的配合。扶贫先扶志，"扶志"一是要让群众有希望，二是要让群众能够把握住机遇。透视洪阳村脱贫的过程，蕴含了一个村民与艺术家"悄悄干"，驻村干部与村委"联手干"，上级党委与政府"放手干"的"故事"。首先，"群众有意愿、社会有想法"，独特的历史文化资源、旖旎的自然风光和肥沃的田园，吸引了最丰富的社会关注与想象。其次，"国家有政策，地方有办法"，打通进村公路，为驻村干部、艺术家、"龙头企业"等多元化资源的进驻营造了前提。第三，"村里有作为，利益可联结"，"七个三"做法① 为有效连接外界资源、激发各种扶贫资源的有机融合提供了最坚实的保障。由此所形成的"连锁反应"，不仅推动了洪江村绿色无公害蔬菜供应基地、种桑养蚕等项目的建设，也使得"龙头企业＋合作社＋农户"的发展模式越来越成熟。

脱贫只是开端，致富梦亦将成为现实。各层级联动通过优化"交换权利的内部结构"来提升贫困群众的"交换能力"，将希望转为机遇，将机

---

① "七个三"文化艺术扶贫模式。一是优化宅基地等资源配置，实行所有权、资格权、使用权"三权分置"。二是合理布局生产、生活、生态"三个空间"。三是配套建设村庄基础设施、配套建设艺术家生活设施，配套建设艺术发展及培训设施"三个配套"。四是营造好政治生态、自然生态和艺术生态"三个生态"。五是推动"艺术＋旅游"深度融合，带动村民、村集体与艺术家自身等"三个方面"的发展。六是打造节庆活动、文化乡愁记忆进和洪江风格文化"三个品牌"。七是设立多元参与的洪江国际艺术村管委会、专家咨询委员会、江国际艺术村艺术家协会等，三级"委员会"。

遇实现为发展。洪江村的文化艺术扶贫模式，作为"打赢脱贫攻坚战"的一个典型，也为世界提供了打破"交换权利困境"的中国道路与方案。

四、新思考："幸福驱动"的乡村振兴

回溯黔南州脱贫攻坚五年的艰辛历程，以"第一书记""驻村工作队"等为主要形式的制度化参与，以东西部协作扶贫、结对帮扶为主要形式的社会帮扶机制，以建档卡和大数据应用为主要内容的科技支撑，以优化资源配置结构、优化产业结构、优化劳动力结构等为主要内容的基层治理，同时作用于农村社会，而在较大程度上改变了贫困乡村的经济社会结构，改变了贫困群体的精神面貌。这正是对国家主席习近平在 2018 年新年贺词中所讲"幸福都是奋斗出来的"真实写照。

欣喜之余，仍有一些问题需要我们进一步思考与解决。尤其需要我们继续关注脱贫攻坚阶段建立起来的各种体制机制"怎样继续发挥作用？如何与乡村振兴战略对接？"等问题。阿玛蒂亚·森虽然对社会主义中国解决温饱问题给予了一定的认可。[①] 但他又将"可行能力"与"积极自由"联系了起来，提醒人们关注："你有哪些真正的机会去过你可以过的生活"[②] 等问题。他的意思很明确，依靠特定的手段尽管可以解决饥馑等浅层次的问题，但这还不是真正意义上的脱贫——人应当有能力去追求并达

① （印度）阿马蒂亚·森：《贫困与饥荒：论权利与剥夺》［M］，北京：商务印书馆，2011：9。
② （印度）阿马蒂亚·森，徐大建译：《生活水准》［M］上海：上海财经大学出版社，2007：45。

到自己所向往的生活水准与生活质量。因此，如何不断提升贫困地区与贫困群众的自主脱贫能力，激发他们面向幸福生活去提升"可行能力"，或将成为新的关注点，而贯穿于下一阶段的扶贫工作之中。

黔南州的扶贫之路是一个时代的缩影，脱贫攻坚任务的完成，亦是一个新阶段的开启。脱贫民主监督工作五年来，我们"看·听·想"，看到了成绩，听到了声音，也注意到了一些问题，提出了一些建议与意见。清贫是一种个人选择，但是贫穷绝不是一种个人权力，消除贫困是国家、社会，也是全体人民的责任与义务，而有赖于我们共同的努力与不懈的奋斗。"奋斗本身就是一种幸福。只有奋斗的人生才称得上幸福的人生。"相信，以习近平"奋斗幸福观"为指引，推动脱贫攻坚与乡村振兴在理念、政策、体制机制、技术路线等维度的有效衔接，解决相对贫困问题必将赢得"全面胜利"。

夯实民主监督新机制，助力脱贫攻坚显成效

——参加民革中央脱贫攻坚民主监督工作的几点体会

罗小坚（民革广州市委会经济委员会副主任）

乡村公路变好了，山水田园更美了，村居民宅靓丽了，农村集体富裕了，农民脸上有光了……这是我近年重游云贵高原乡村所见，贫困地区的人民走出了过去的困境和落后，开始了幸福生活和可持续发展。

这是中共领导脱贫攻坚工作取得阶段性成果带来的翻天覆地的变化！也包含了民主党派开展民主监督助力脱贫攻坚工作的历史贡献！

我有幸全程参与了民革中央对口贵州省开展为期五年（2016—2020年）的脱贫攻坚民主监督工作，成为民革中央脱贫攻坚民主监督工作第五调研组（以下简称"第五调研组"）的专家成员之一，负责黔南州开展脱贫攻坚工作情况的民主监督调研。根据万鄂湘主席的重要指示精神和民革中央的具体工作部署，按照民革中央总体调研方案和年度重点调研要求，自2016年起，第五调研组每年对黔南州开展两次专题调研（上、下半年各1次），采取座谈研讨、访谈干部、接触群众、实地调查等方式方法，在黔南州委、州政府及部分县委、县政府召开有各级、各部门负责人参加的座谈研讨会共19场次，听取各级、各部门的工作汇报、问题反映

和对策建议，共同研讨各地、各领域的成效做法和难点、痛点；访谈县级党政主要领导、分管领导、有关部门负责人、乡村干部和专职扶贫干部共50多人次，了解他们的工作、学习、生活情况和对脱贫攻坚工作的意见建议；远赴龙里、荔波、长顺、三都、平塘、独山、贵定、罗甸、惠水、瓮安等10个县，深入到23条村入户核查120多户，倾听群众的心声和了解他们的需求，包括贫困户、低保户、边缘户、脱贫户、模范户、脱贫带头人等；考察扶贫产业项目37个、易地扶贫搬迁安置社区17个，了解上述10个县的扶贫产业发展状况、东西部扶贫协作推进情况、疫情期间复工复产情况，了解易地扶贫搬迁落实情况、移民安居就业情况、"两不愁三保障"到位情况，等等。通过上述调研活动，我参与了第五调研组五年以来撰写的阶段性专题报告9篇，汇总这些专题报告，归纳出黔南州开展脱贫攻坚工作的基本情况和主要做法，提炼出各县开展脱贫攻坚工作的先进经验，剖析了各阶段脱贫攻坚工作推进中的存在问题，适时提出了有重点、有针对性、建设性、前瞻性和战略性的对策建议共27条。主要有以下几点体会：

一是充分体现了中国共产党对巩固和发展社会主义新时代中国特色社会主义民主政治制度的高度重视和执政党的政治胸襟、参政党的使命担当。 ""'虚心公听，言无逆逊，唯是之从。'这是执政党应有的胸襟。'凡议国事，惟论是非，不徇好恶。'这是参政党应有的担当。"习近平总书记说过的一席话，值得深味。在民主政治和经济建设上多领域加快创新发展参与式民主监督，社会主义新时代多党合作制度更加广纳群言、广集民智、增进共识、增强合力，为百姓传心声，为民生建真言，为国计谋良策。民革中央受中共中央委托组织开展脱贫攻坚民主监督工作以来，我们既看到近年来提出的对策建议得到采纳落地，发挥了实实在在的作用，也在开展民主监督的过程中亲身感受到新时代政党制度的巨大优越性和蓬勃生机。民革中央举全党之力、民革广东省委会举全省党员之力，遵照民革中央万鄂湘主席"寓监督于帮扶之中，寓帮扶于监督之中"的重要指示精神和要求，调动民革各级组织的社会各界力量共同参与其中，使中共中央各项决策部署始终得到不折不扣的全面落实。实践证明，确保中国共产党始终总揽全局、协调各方，充分发挥中国特色社会主义集中力量办大事的制度优势，既是打赢打好脱贫攻坚战的坚强政治保证，也是全面建成小康社会的制胜法宝。

二是民革各级领导高度重视，主动融入大局，进一步提升了民革组织建设能力和水平。 脱贫攻坚民主监督工作是中共给予各民主党派的政治任务，是民主党派服务和推进发展大局的职责所在，也是民革每一个党员的光荣使命。民革中央调研部、民革广东省委作为第五调研组的组长单位，始终坚持"政治站位、大局意识、使命担当、帮扶主导、服务跟进"等工作思路和做法，在民革中央调研部二级巡视员周丽萍和民革广东省委会主委程萍的率领下，取得了现阶段脱贫攻坚民主监督工作的目标成效。第五调研组每次到达黔南州后，集中召开预备会，明确调研重点、任务和人员分工；调研完成后，集中召开小结会，讨论调研报告的重点内容和撰写要求；初稿完成后，由副组长和带队领导审阅、双组长把关定稿。民革广东省委会把这项工作纳入重要议事日程，列入年度工作要点，牵头组织各有关市委会、各专门委员会一起研究、一起部署、一起推进。为保证监督调研工作质量，民革广东省委会抽调精干力量做好具体工作，确定年度目标、细化工作方案、跟踪工作进展、研讨问题症结、精选对策建议。同时，民革广东省委会由程萍主委挂帅，动员和召集省委会、市委会、区委会和基层组织的骨干力量，组成了人员精干、专业配置合理、五级民革组织参与的调研组、专家组，并要求每次调研都要有 1 名省委会班子成员带队参与调研，五年来共有 8 名班子成员带队参加，这也成为省委会组织调研工作的一个亮点。民革广东省委会还充分发挥民革组织资源丰富、内外连接的渠道优势，积极动员和召集在政策、产业、项目、资金和法律、经济、教育、医疗、科技等方面的党员作为人才支持，组织他们参与各阶段的调研视察活动，及时了解脱贫攻坚推进现状和贫困群众愿望诉求，为精准脱贫、精准施策提供有价值、可操作和针对性、前瞻性的意见建议，增强了党员们的履职能力，也加强了组织建设。为确保监督调研工作各阶段报告和总报告的质量要求，第五调研组相对固定苏燕玲、罗小坚两名党员全程参与调研和负责调研报告的撰写起草工作，使调研报告的目标一致、阶段接续、口径统一、内容相适、问题精准、建议到位。

三是以更强烈的责任意识、更坚定的担当精神，更充分履行参政党的民主监督职能。民主监督是民主党派的重要职能，但以往的民主监督往往因没有具体抓手，易流于形式。这次专项民主监督是实实在在地围绕一项国家重大战略，我们聚焦黔南州，具体剖析研究，工作可谓是细致、深入、持久。我们边工作边探索，逐步建立了联系协商机制、联络员制度，开展了专家会商、定点观测等多项工作。民主监督过程，既是监督别人、帮助别人的过程，也是自我学习、自我提高的过程。脱贫攻坚民主监督工作的开展，打破了以往民主党派活动范围主要在城市的局限，为民主党派提供了难得的深入农村基层、了解国情的机会。相对陌生的工作领域，也倒逼我们不断加强理论学习，努力研究扶贫政策，提升自身综合素质和工作能力。通过见证地方党委政府不获全胜、决不收兵的坚强气概，目睹基层干部群众夜以继日、驰而不息的工作状态，聆听脱贫攻坚中积极奋进、感人至深的故事，我们深深地受到洗礼。通过参与脱贫攻坚民主监督，将这种精神收获转化为推动自身建设的能量，不断提升围绕中心、服务大局的能力，以更强烈的责任意识和担当精神更充分履行参政党职能，更好为推动国家经济发展和社会进步、实现中华民族伟大复兴贡献更多力量。

四是归纳总结、积累提炼脱贫攻坚民主监督工作的经验和做法，继续借鉴做好各项调研活动。 2020 年 12 月 24 日民革中央在贵阳市召开了脱贫攻坚民主监督工作总结会，我受委托在大会上汇报了第五调研组的经验做法，民革中央常务副主席郑建邦作了重要讲话，民革中央副主席李惠东作了工作总结和下一步工作要求。今后五年是巩固拓展脱贫攻坚成果的过渡期，在过渡期内，继续实行"四个不摘"，全面打赢脱贫攻坚战消除"绝对贫困"和"相对贫困"问题。为此，在前五年取得脱贫攻坚民主监督工作阶段性成效的基础上，聚焦监督重点，研究力求破题，建议到位管用，不断在调研中积累经验，在实践中探索经验，进一步发挥民主党派优势，汇聚各方资源和力量，做好脱贫攻坚民主监督后续各项工作，为决胜脱贫攻坚、同步全面小康献策出力。

借此机会，感谢民革中央机关周丽萍、王声平、沈祺，民革广东省委会程萍、黎智明、卢惠玲、黎湘，民革广州市委会于欣伟、魏跃容等领导同志的信任和指导！感谢民革黔南州委陈有德主委、罗世斌副主委和全州民革党员的支持和配合！我将不忘初心、一如既往地履行民革党员义务，积极参与民革组织的各项参政议政、民主监督和社会服务工作，贡献自己的一份力量！

在脱贫攻坚民主监督实践中学习和成长

徐秋岩（民革中央脱贫攻坚民主监督工作小组联络员、民革中央

社会服务部综合处副处长）

按照中共中央的统一部署，各民主党派中央自 2016 年起开展脱贫攻坚民主监督工作，我作为民革中央承担这项工作任务的处室负责人，全程参与了民革在贵州开展的工作，见证了脱贫攻坚这项彻底改变我国广大农村地区面貌的重大历史事件。工作启动后，民革中央第一时间成立了由时任主要领导同志任正副组长的领导小组，汇集民革各级组织、中央各工作部门和有关领域党员专家力量组建了八个调研组、联络组，"寓监督于帮扶之中"，全力推进监督工作取得实效。

回想过往，我 2006 年随民革中央考察团第一次到贵州，当时从贵阳到民革中央的定点扶贫县纳雍县需要近一天的车程，我们沿路走访看到农户住的是茅草房、吃的是白水煮豆子，孩子们上学的教室拥挤简陋，身上的衣服破旧单薄，不禁让人心酸。2019 年，当我作为脱贫攻坚民主监督调研组成员深入到贵州的各个深度贫困地区开展工作时，贵州的乡村大地已经以充满活力与希望的姿态展现在我的面前。

十几年来，特别是脱贫攻坚战打响以来，贵州省各级党委、政府带领

广大贵州人民，抢抓机遇谋发展、兢兢业业办实事，在摆脱贫困的道路上一步一个脚印，取得了巨大的成绩。基础设施建设突飞猛进。2015 年，贵州成为西部地区第一个、中国为数不多县县通高速的省份，随着市市通机场、市市通高铁的实现，昔日"连峰际天、飞鸟不通"鼻塞边陲已一跃成为我国西南重要的交通枢纽，随着村村通、组组通地深入推进，贵州农村交通不便的状况得到了彻底的改变，当年我们走过的泥泞土路只能永远停留在我们的描述中了。易地扶贫搬迁拔掉穷根。贵州用 4 年时间实现了188 万各族贫困群众的易地扶贫搬迁和安置，是全国易地扶贫搬迁人口最多的省份，良好的居住条件和配套设施常常使调研组的同志们发出"我也希望住上这样的房子"的感叹，更为重要的是，搬迁之后环境和观念的转变、教育医疗等公共服务的提升，将彻底阻断贫困的代际传递，彻底拔掉闭塞落后的"穷根"。农村产业革命如火如荼。发展产业是实现脱贫的根本之策，贵州在脱贫攻坚战中，对产业扶贫是动了真格、下了功夫，每村都有新产业、新项目，每户都有新营生、新收入，通过农村产业革命的腾笼换鸟、关键生产要素的积极引入，一个个新的产业链条被建立起来，一项项产业配套设施得到完善，一大批产业项目、消费扶贫项目已经取得了实实在在的收益。在田间地头、工厂车间，我与贫困群众的交谈时可以欣喜地感受到，接受了外来信息和经营理念的农户，已经不是过去靠天吃饭、因循守旧的山民，对美好生活的向往和在市场中搏击的勇气已经在他们心中升起。今天的贵州，已经谱写了新时代贫困群众奔小康的幸福史诗，"两不愁三保障"即将从脱贫攻坚的达标线变成致富发展的起跑线。

在脱贫攻坚伟业即将取得全胜之时，回首几年来脱贫攻坚民主监督工作的经历和见闻，我感慨颇深。脱贫攻坚取得了中华民族历史上前所未有的成功，近一亿农民摆脱了绝对贫困，进入了全面小康的行列。这充分体现了中国共产党全心全意为人民服务的宗旨，立党为公、执政为民的价值理念和初心使命，展现了中国共产党卓越的执政能力，为中国人民在中国共产党的领导下做成大事、攻克难关提供了深刻启示，积累了宝贵经验。

一是习近平总书记饱含对人民群众的大爱深情，从实现党的第一个百年奋斗目标的战略高度，亲自谋划、亲自部署了这场脱贫攻坚战。中共十八大以来，习总书记 30 多次国内考察都涉及扶贫，连续 5 年新年国内首次考察都看扶贫，走遍连片特困地区，在重要会议、重要时点、重大场合反复强调脱贫攻坚，作出了一系列新决策新部署，提出了一系列新思想新观点，从强调扶真贫、真扶贫到"实施最严格考核评估"确保脱贫质量，从提出精准扶贫、精准脱贫方略到注重"激发内生动力"扶贫先扶志扶智，从要求省市县乡村五级书记一起抓到构建全社会"三位一体"的大扶贫格局，习总书记始终以强烈的使命担当、非凡的意志智慧确保脱贫攻坚战的正确方向和顺利推进。

二是几年间以前所未有的物力财力投入，推动脱贫攻坚稳步向前。近几年，我国每年对脱贫攻坚总投入约 1 万亿元，这样的投入力度在历史上是未见的，体现出各级地方政府是拿出真金白银为贫困群众做事，真正是以脱贫攻坚统领经济社会发展全局。资金数字或许枯燥抽象，但这些投入实实在在落实到贫困群众生活改善和收入提高上时，能够令人深刻地感受到党和政府对贫困群众的关怀和帮助。

三是派出大量帮扶干部，有效提升了脱贫攻坚一线的领导力量和工作力量。近几年国家每年选派 100 万名干部到基层，以驻村工作队、驻村干部、第一书记等多种形式充实到脱贫攻坚战的第一线，我在调研中了解到，有的村一个村就有 30 多名各种形式的驻村干部。这些干部普遍政治素质过硬、学历高能力强、行政经验丰富，有这样一支战斗力、执行力强的基层管理队伍，彻底改变了过去贫困农村常见的组织涣散、行政效率低下、干部作风漂浮、社会风气不正的状况，极大地提升了基层治理体系和治理能力，我们经常听到群众感叹"好干部回来了，好传统恢复了"。这些干部不仅对打赢脱贫攻坚战起到了关键作用，经过了脱贫攻坚战的锻炼和考验，他们更将成为未来我们解决其他重点难点问题的生力军。

四是社会各界都广泛参与到脱贫攻坚中来，其中就包括各民主党派及其成员的积极努力。无论在定点扶贫还是脱贫攻坚民主监督工作中，各民主党派都投入了大量资源。如几年来，民革中央共组织各类脱贫攻坚民主监督调研 122 批次，走访了贵州省 8 个州市 300 多个村 2000 余户贫困户，访谈县乡村干部 500 多人，实地考察扶贫项目近 400 个，每次调研都会形成调研报告，向不同层级的党委政府反馈意见建议，对推动贵州脱贫攻坚进展发挥了巨大作用。在完成工作任务之外，民主党派的各级组织和成员还发挥各自的优势，自发自觉地参与到脱贫攻坚中来。2019 年民革中央与中共贵州省委、省政府共同举办了民革企业助力贵州产业招商发展大会，会议期间民革党员及其所联系企业形成了投资项目 49 个，总投资额 1176.155 亿元，占贵州全省年度招商引资总额的五分之一强，对贵州省的产业扶贫和高质量发展给于了有力支持。社会各界力量的广泛参与与动员，正体现了中国共产党领导的政治优势和社会主义制度优势。

正如汪洋主席所说，民主监督"既是监督别人、帮助别人、建言资政的过程，也是自我学习、自我提高、凝聚共识的过程"。在参与脱贫攻坚民主监督工作的过程中，我和不少民革党派干部、党员一样，也经历了一次人生的洗礼和思想认识的升华。看到贫困农村的巨大变化，听到贫困群众对党的政策由衷感谢，我从活生生的现实中切身感受到了中国特色社会主义制度的巨大优越性。习近平总书记曾深情谈到，"在脱贫攻坚路上，谁都不能落下，谁也不能少。"这不由得让我想到我国在抗击新型冠状病毒的过程中，坚持"把人民群众生命安全和身体健康放在第一位"，即使暂停经济活动、牺牲暂时的经济利益，同样也要努力对疫情防控、病患救治"一个都不能少"，这与有些国家提出的"群体免疫"策略形成了鲜明的对比。

2020年注定是一个不平凡的年份，在中国共产党领导下，我们在这一年战胜了疫魔，同样是在这一年我们即将全面建成小康社会。我想，在时间节点的偶然之下，蕴藏着的是历史的必然，有什么样的中国共产党，有什么样的中国特色社会主义制度，国家和民族在巨大的考验和机遇面前，就必然交出什么样的答卷。而脱贫攻坚、抗击疫情取得胜利铁一般的事实，比一万篇文章、一万条"推特"更加具有说服力。

参加脱贫攻坚民主监督工作的体会和想法

朱全忠（民革上海市委会）

从 2016 年 11 月第一次参加民革中央赴贵州精准扶贫监督检查工作以来，五年时间里连续十次赴贵州（九次在铜仁参加民革中央精准扶贫监督检查工作，一次是参加民革中央脱贫攻坚民主监督工作总结会议），五年的黔之行开始对贵州有些了解，对精准扶贫工作也有一些体会，对防止已脱贫群众返贫有一些想法。

想法 1：如何解决集中安置点居民的就业问题

在脱贫攻坚工作中，所有集中安置点入住对象必须是建档立卡贫困户，且家庭无房或住危房，或居住在不适宜人居住的地方。我们去考察过的集中安置点，规模都比较大，高楼耸立、配套齐全：幼儿园、小学、医院（卫生服务中心）、商店、警署、休闲广场等（很多集中安置点的配套比上海郊区一些新建居民小区的配套还要齐全）。来自不同村落、不同乡镇乃至不同县的村民，成百上千的人集中居住在一个小区内，从山沟沟的旧房子住进几十层乘电梯上下的高楼，而且三年内是不需要缴纳物业费的，政府也承诺为每户人家至少解决一人的就业问题。在被安排的参观考察中，笔者时常会找机会接触一些已入住的住户，和相关配套服务部门的工作人员聊聊。问到治安情况，警察都会答道：治安基本正常，主要是打架的比较多，由于没有工作，没事干，很多原先在一个村的男人们时常会在一起喝酒，酒喝多了常常会为一些小事与其他村的或者是别的乡镇的人打架。

　　经济发达地区与欠发达地区、长期生活在大山里的人与长期生活在城市人的生活习惯、文化背景等是有一定不同的，融合是需要时间的、长期闲着是会添乱的。如果集中安置点居民的就业问题得不到有效解决，势必会产生新的矛盾，因为无事就会生非。

想法 2：如何吸引经济发达地区企业来落户的问题

　　沿海地区经过一段时间的产业转型、环境治理、工业用地减量化的过程，一些"三高一低"的企业（高危险、高能耗、高污染、低效益）大都关闭、迁移，一些用工量大的劳动密集型企业由于招工难、劳动力成本高等原因，不得不转移或关闭。东部地区有活没人干，而西部地区有人没活干。

　　在沿河易地扶贫搬迁安置点参观时看到，宏信服饰公司是一家为易地扶贫搬迁户解决就业的企业，政府不光提供厂房给企业，而且还负责安排员工进行技术培训、安排学生的校服由该企业负责生产，也为上海的企业做一点订单。企业为解决易地扶贫搬迁户的就业起到了一定的作用。但是由于业务量有限，开工不足 50%，等米下锅。而东部沿海地区的服装企业普遍存在有米无锅现象。笔者拜访过几位企业的老板，他们手里有业务，也想去西部地区办厂，但是面临两大问题：一是他们服装企业大都是以出口为主的，原材料、成品由东部沿海地区往西部，来回运费成本太高，企业无法做。如果政府能帮助解决来回运费的话，很多服装企业是有兴趣的；二是信息不对称，如果扶持企业的政策到位，能让企业赚到钱的话，一些用工量大的东部企业是愿意搬迁过来的，谁来做"红娘"呢？这个"红娘"必须要是企业信任的人。

想法 3：如何让扶贫资金发挥更好的作用

　　走访过贵州地区无数个村落，也了解村级经济的近况。很多村依旧是靠输血在维持生计，自身造血功能缺乏，有土地资源而没有让其发挥好的作用，有好的政策而没有能利用好。没有规模化经营的龙头企业引领，土地没有集中流转，除了外出打工外，每家每户还是各自耕耘着自己的一点点土地，村级经济薄弱。

　　江口县太平镇岑忙村"廖大侠直供粤港澳大湾区蔬菜基地"项目是一个非常成功的例子：引进浙江温州的老板，利用中央扶贫资金投入项目资金 600 万元，从农户手里流转土地 1000 多亩（每亩流转费 400 元），每天有近百名村民在基地里打工，收入 100—300 元 / 天。按照县里的规定，蔬菜基地每年向村委会缴纳基础设施投资收益 48 万元（600 万元项目资金中的 8%）。既能让村委会每年都有固定的收入，又可以让一些不愿意或不适合外出打工的人，就近找到就业机会。

贵州地区的气候条件适合在种植业上使用温室大棚。理由：（1）贵州地区的气候条件与沿海地区有很大不同，夏天不会受台风的影响，不会出现温室大棚被吹倒问题；（2）由于贵州地区 5—9 月份雨水较多，造成一些时令蔬菜（如菜心、番茄等）发生严重病虫害问题，温室大棚完全可以解决雨水过多带来的病虫害问题；（3）温室大棚可以确保冬季蔬菜的正常生长，冬季种植的反季节蔬菜可以卖出更好的价格；（4）温室大棚种植蔬菜的用工人数要相对多一点，更能解决当地村民的就业问题。

脱贫攻坚任务完成后，中央提出"四个不摘"（指的是贫困县党政正职要保持稳定，做到摘帽不摘责任；脱贫攻坚主要政策要继续执行，做到摘帽不摘政策；扶贫工作队不能撤，做到摘帽不摘帮扶；要把防止返贫放在重要位置，做到摘帽不摘监管）。习总书记在中央农村工作会议上强调：要坚决守住脱贫攻坚成果，做好巩固拓展脱贫攻坚成果同乡村振兴有效衔接，工作不留空当，政策不留空白。要健全防止返贫动态监测和帮扶机制，对易返贫致贫人口实施常态化监测，重点监测收入水平变化和"两不愁三保障"巩固情况，继续精准施策。对脱贫地区产业帮扶还要继续，补上技术、设施、营销等短板，促进产业提档升级。要强化易地搬迁后续扶持，多渠道促进就业，加强配套基础设施和公共服务，搞好社会管理，确保搬迁群众稳得住、有就业、逐步能致富。党中央决定，脱贫攻坚目标任务完成后，对摆脱贫困的县，从脱贫之日起设立 5 年过渡期。过渡期内要保持主要帮扶政策总体稳定。对现有帮扶政策逐项分类优化调整，合理把握调整节奏、力度、时限，逐步实现由集中资源支持脱贫攻坚向全面推进乡村振兴平稳过渡。中央给后续扶贫工作吃了定心丸，应当抓住机遇在引进农业龙头企业上下大力气。

想法 4：要更多关注驻村扶贫干部的身心健康

据悉，全国共派出 25.5 万个驻村工作队、累计选派 290 多万名县级以上党政机关和国有企事业单位干部到贫困村和软弱涣散村担任第一书记或驻村干部。每个贫困村都有几名乃至十几名的中青年驻村干部，被称为驻村工作队或驻村帮扶工作队。驻村工作队实行军事化管理，吃住在村里（一切都由驻村工作队自行解决），每个月一般只能回家休息两天（接触过的一位驻村干部是幼儿园老师，孩子在上幼儿园，作为母亲每月能陪伴孩子的时间不超过两天）。驻村工作队严格按照上级规定的"驻村工作队十项工作任务"来开展工作，分组负责、"建档立卡""一户一策"落实贫困户结对帮扶责任。为了早日完成帮助"建档立卡"贫困户尽快脱贫的任务，为了应对好上级的各种检查、考核，他们往往超负荷工作。由于长期处于精神高度紧张的状态之中，很容易诱发心肌梗死、中风等猝死事故。就铜仁市每年都发生几起驻村干部猝死或意外事故，导致驻村干部牺牲在扶贫的路上的事件，痛心！

贫困地区所在省、市的党委、政府一直高度关注驻村干部健康、安全，也出台专门文件（如《关于做好脱贫攻坚一线干部关怀激励工作意见》等），做到对驻村干部"政治上关心、工作上支持、心理上关怀、待遇上保障"，文件也规定对驻村干部每年一次体检，但是，由于扶贫工作的压力实在太大，再加上对文件的执行没有强制的要求，往往被忽视。

　　根据中央的要求及扶贫工作的实际情况，驻村干部还将继续驻村很长一段时间，我们的驻村干部还将继续在高度紧张的压力下工作，如何防止或减少发生驻村干部意外死亡事件呢？是否可以实行对驻村干部执行一年两次的强制体检，同时把是否执行一年两次体检纳入对所在地党委、政府及驻村干部的考核指标之中？是否可以实行对驻村干部实行每月4—5天的休息制度，并把是否执行实行每月4—5天的休息制度纳入对所在地党委、政府及驻村干部的考核指标之中呢？

向驻村干部致敬！

——参加脱贫攻坚民主监督活动有感

周小羊（民革上海市委会）

脱贫攻坚已经圆满收官，这是中国共产党领导的向贫困宣战，让人民得实惠，人民衷心拥护的伟大事业。作为一名民革党员，能够有机会参与到这一波澜壮阔的历史画卷中，我感到非常荣幸。

我多次参加了民革中央第六调研组赴铜仁开展的脱贫攻坚民主监督活动，对国家对脱贫攻坚的坚毅决心和巨大投入，对那么多干部宵衣旰食的苦干精神，以及人民群众发自内心的拥护和感谢印象深刻。

前段时间我去看了电影《我和我的家乡》，一部反映脱贫攻坚故事的主旋律电影，看了之后非常感动。尤其是最后的小故事"神笔马亮"，实践中就是有了千千万万个"马亮"，才会有脱贫攻坚的伟大胜利。

脱贫攻坚干部的贡献是巨大和无私的，我们在铜仁调研的时候尤其深刻地感受到这一点，我这里尤其想讲一讲驻村干部。驻村干部在最基层，很辛苦，很关键。通过调研我们认为驻村干部对中央的政策和精神领会得非常到位，坚决贯彻执行；对脱贫工作的具体实施也既勤恳又专业；在我们调研的时候感觉每一名干部对自己负责的脱贫事务都如数家珍，正在做的、将要做的，难点堵点在哪，清清楚楚。尤其是驻村干部的精神面貌非常好，任劳任怨、辛勤付出。

很多驻村干部都是从其他岗位抽调过来的，收入没有增加，但是工作量大了许多，而且要离开家，但是调研中观察到他们的帮扶工作做得很细、很及时、很周到，各种台账清清楚楚、一目了然。张家港市杨舍镇善港村驻沿河县中界镇高峰村的工作组给我们留下了非常深刻的印象，善港村是整村结对帮扶高峰村，工作组实行军事化管理，把张家港的优秀人才和好的项目对接过去，生根发芽。也正是有这么多的结对省市、结对乡镇和村的全力帮扶，脱贫攻坚才会完美收官。

驻村干部们的付出那么大，留下了很多可歌可泣的事迹，调研中也了解到，由于过度劳累，有一些驻村干部牺牲在了工作岗位上，让人沉痛，也让人崇敬。向脱贫攻坚中的驻村干部们致敬！

转变观念振兴乡村

陈艳（民革中央脱贫攻坚民主监督第六调研组民革上海市委会联络员）

我联系脱贫攻坚和脱贫攻坚民主监督工作以来，多次去到贫困山区，看到山乡面貌逐步改善，学校飘出琅琅书声，一派山清水美人安乐的和谐画面。但是也能看到有幼小的孩童，随同老奶奶或者老爷爷坐在屋前的凳子上，看着人来车往、尘土飞扬的马路。顽皮一点的孩子挑着一根棍子，棍子两边各挂了一个空的矿泉水瓶子，自娱自乐在玩耍。还有一次夏令营活动，给学生发放乐拼玩具，一个小小孩一直不转眼珠盯着玩具看，我们递给他玩具，他又不接，一直给他，他一直不接，最后还哭出来了。后来他做厨师的妈妈来了，把玩具递给他，方才破涕为笑，把玩具捧在手上。这些画面一直留在我的记忆里，挥之不去。

自从担任民革中央脱贫攻坚民主监督第六调研组上海组的联络员，对这项工作的重要意义和使命责任担当，有一定的认识，能够亲眼见证脱贫攻坚的伟大战役，也倍感振奋。民革中央社服部每次调研都安排得很紧凑，发下来的各种表格调研内容也很全面，通过这些调研和反复的信息反馈沟通，了解到整个脱贫过程的波澜壮阔，看到了扶贫干部的苦干实干精神，脱贫之路走得艰难但是很坚定。

国家的扶贫政策好，扶贫资金到位，为贫困地区产业发展添柴加火。发展经济是脱贫工作的重中之重，搞好教育这一块更是急中之急。三尺讲台系国运，再穷不能穷教育。在贫困乡接触到一户人家，女主人24岁，已经生好5个孩子了，跟她谈谈孩子的未来，居然完全没有一丝一毫的担忧。应该让她们看看上海学校门口和补习班门口那些斗志昂扬的父母，他们以前不了解，不认同，今后没有理由不认同，好生活都是这样拼出来的。默许孩子像他们父辈一样粗糙地生长，是教育有了盲区。这种教育的贫乏比吃不饱饭、穿不暖衣更加需要救助。

民革上海市委会在结对帮扶对口乡的过程中，也会及时掌握帮扶项目的成效，其中脱贫攻坚带头人培训班和夏令营活动反响最好。结对乡党委书记也谈到，给他们100万还不如让村里的干部走出去看看。一位驻村干部来到上海外滩，浦江两岸璀璨的灯光让他感叹，"浪费好多电哦"。一位村支书，在浙江金华打过工，回乡后带领村民种卷烟，几次三番想再要出去打工，被乡里劝住不放人。见过外面的世界，思想和行为都会发生转变，毕竟富裕的生活要靠知识和勤劳才能获得，认识到这一点才是千金不换。

脱贫攻坚民主监督是执政党赋予参政党的重要职责。建邦主席一直强调，民主党派的监督，是柔性的监督，是寓监督于帮扶之中。所以我理解监督与帮扶，是密不可分，帮扶的意义可能不亚于监督。志智双扶比产业帮扶更难，更耗费精力，不能短期见效，但这个事情是值得沉下心去做的事情。监督和帮扶同步进行。通过帮扶去监督，对方更能够接受。通过输出价值观引导他们应该去做什么样的事情，比单纯的指出不能去做什么样的事情，更能潜移默化，深入人心。

参加脱贫攻坚民主监督工作的总结和体会

（民革中央脱贫攻坚民主监督毕节联络组）

2016年以来，按照民革中央的安排，民革毕节市工委作为"民革中央脱贫攻坚民主监督毕节联络组"，民革中央社会服务部干部杨桦、何鹏担任毕节联络组的联络员，联络组的职责是对口毕节市开展脱贫攻坚民主监督。在民革中央的统一领导下，在民革中央社会服务部和民革贵州省委会的高度重视和指导下，毕节联络组积极开展工作，并按要求完成了相关工作任务。回顾五年来的工作，有很多体会。

一、认真学习、深刻领会习近平总书记关于脱贫攻坚的重要讲话精神和各级领导机关的脱贫攻坚工作文件，是做好工作的基础。 脱贫攻坚民主监督工作是中共中央赋予各民主党派的政治任务，是民主党派深度参与脱贫攻坚的新平台，是民主党派开展"不忘合作初心、继续携手前进"主题教育实践活动的新领域。毕节联络组在组织开展监督工作时，首先组织学习脱贫攻坚民主监督的相关文件、会议精神，让全市民革党员提高政治站位，掌握工作内容。围绕全市"贫困人口精准识别情况，贫困人口精准脱贫情况，贫困县、乡、村摘帽情况，落实脱贫攻坚责任制情况，重大政策措施执行情况，扶贫资金项目管理使用情况，以法治为保障，推进村民自治、议事协商，组织群众自觉参与扶贫开发情况"等重点内容开展监督工作；从2016年以来，重点对每年出列的贫困乡村开展民主监督工作，按照建档立卡贫困农户总户数随机抽取不低于10%的贫困农户开展深入调研走访，访谈县、乡、村主要领导、分管领导，了解国家、省、市、县精准扶贫政策的贯彻落实情况，了解精准扶贫政策农户知晓率、贫困人口精准识别准确率、产业扶贫项目贫困农户参与率、贫困对象精准退出准确率是否符合要求，了解脱贫攻坚责任制、精准扶贫项目、资金到位情况等内容。

二、坚持正确的工作原则和实施科学的监督方式是做好工作的前提。

毕节联络组根据《民革中央开展脱贫攻坚民主监督工作方案》要求，按照"坚持正确的政治方向，坚持鲜明的问题导向、坚持从实际出发，突出工作重点、坚持与履行参政党职能相结合，坚持工作公开、科学、规范，坚持监督于帮扶之中、帮扶于监督之中"等的工作原则，配合民革中央在毕节市全面开展脱贫攻坚民主监督工作。同时积极研究探索科学有效的脱贫攻坚民主监督工作方式，力求监督工作出实效。毕节联络组为更好地配合民革中央做好在毕节市脱贫攻坚民主监督工作，参与中共市委、市政府打赢"113"脱贫攻坚战，本着帮忙不添乱的原则，突出工作重点，选准工作方式，把民主监督的过程变成共同发现问题、研究问题、解决问题的过程，变成推动政策落实的过程。在深入开展调查研究过程中，通过座谈、走访、进村入户听取意见、查阅资料文件等形式了解实情，找准问题、理清责任、提实建议。

为推动毕节市精准扶贫工作规范、有效开展，确保各项扶贫政策真正落到实处，贫困群众真正得到实惠的目标，毕节联络组成立工作小组，设立办公室，明确专人负责，制定《毕节脱贫攻坚民主监督工作实施方案》，明确指导思想为：在中共毕节市委的领导下，在市委统战部的指导下，充分发挥民革参政议政、民主监督职能，进一步在全市范围内开展精准扶贫工作调研，掌握贫困人口基本现状和贫困程度；了解贫困人口脱贫愿望、群众及基层干部对有效开展精准扶贫工作的建议和要求，有关精准扶贫政策的贯彻落实情况，扶贫项目、资金的到位和使用情况，扶贫项目工程实施的质量和成效等，积极通过各种方式建言献策，提出合理化的意见建议，助推毕节试验区决战决胜贫困、同步小康。

工作中，采取组织全市民革党员深入贫困乡村，通过召开乡村组干部及群众座谈会、走访贫困群众、进行问卷调查、查阅资料文件、实地查看等方式，收集第一手资料。对照精准扶贫相关政策、文件及项目的实施要求，帮助贫困乡村找准存在的问题和困难。了解已出列贫困村和脱贫农户后续发展情况，了解是否存在返贫现象，分析返贫原因。对有关部门及乡村精准扶贫工作提出合理性的建议意见。在重点联系村设置和公开脱贫攻坚民主监督工作热线电话，长期反复听取群众意见建议。

为保障工作顺利开展，成立了"民革毕节市工委脱贫攻坚民主监督工作小组"，制定工作计划，明确监督工作任务。原则上以支部为单位，每个支部选一个乡镇随机抽1—2个贫困村作为脱贫攻坚民主监督工作联系点开展监督工作。市工委在纳雍县选三个重点贫困村（即：董地乡青山村、骔岭镇平箐村、化作乡枪杆岩村）作为重点监督工作调研点。纳雍县工委五个支部、市直第一、二支部、贵工程学院支部分别在纳雍县各选一个乡镇随机抽1-2个贫困村作为监督工作联系点，金沙县支部、威宁县支部、七星关区支部分别就近就地选1个乡抽1个以上贫困村作为监督工作联系点开展监督工作。即：纳雍县工委第一、二、三、四、五支部分别选定董地乡、昆寨乡、水东乡、曙光镇、新房乡，市直第一、二支部、贵工程学院支部分别选定纳雍县化作乡、纳雍县董地乡、大方县新龙乡，金沙县支部选定金沙县大田乡，威宁县支部选定威宁县双龙镇，七星关区支部选定七星关区田坝镇作为脱贫攻坚民主监督工作联系点，有序开展脱贫攻坚民主监督工作。根据各村的年度脱贫攻坚计划，以支部为单位，每季度开展一次以上由市或县工委领导带队的调研活动。调研过程中，认真听取当地党委和政府及有关部门的工作介绍，并就其中的重点问题进行深入研究分析，汇总提炼成调研报告、社情民意等提交相关部门作为工作参考。

三、地方党政部分的重视支持是开展好工作的保障。在开展脱贫攻坚民主监督工作过程中，毕节联络组积极争取中共市、县乡党政部门的大力支持，积极参加市、县、乡党委政府及相关部门有关脱贫攻坚的工作部署会、经验总结会、情况通报会等，深入全面了解所联系的县乡村开展脱贫攻坚工作取得的重要经验和进展成果。

四、发现问题解决问题是监督工作的目的。毕节联络组坚持发现问题与研究对策和解决问题相结合的目标，努力提高脱贫攻坚民主监督工作水平和监督成效。2016年以来，毕节联络组参加民革中央组织召开的脱贫攻坚民主监督工作推进会7次，深入毕节市8县区开展脱贫攻坚民主监督工作重点调研活动8次，组织全市13个支部深入58个村开展调研312次，其中：非贫困村12个，贫困村46个，走访贫困户1560户6240余人，组织召开市级座谈会6次、县级座谈会24次、乡村座谈会近620次，到县扶贫办专题调研3次，访谈县领导75人次，访谈乡村干部650余人次，走访易地扶贫搬迁点50余个、产业扶贫项目点300余个，各类媒体刊发脱贫攻坚民主监督工作信息400余次，形成专题调研报告30余篇，发现总结问题和困难50余个，提出意见建议50余条，形成提案建议、社情民意80余件等。有的建议受到了有关部门的高度重视和采纳，助力了全市脱贫攻坚进程。比如：《关于精准选择产业项目是实施产业扶贫的关键的建议》《关于精准做好易地扶贫搬迁点上群众工作的建议》《加大困境儿童精准支持力度的建议》《推进乡村振兴战略有效实施的建议》《毕节市农村集体经济组织发展情况调研报告》等。同时积极践行民革中央提出的"寓监督于帮扶之中、寓帮扶于监督之中"的工作原则，结合全市民革党员的特长优势，成立了法律服务中心、中山博爱艺术团、茶文化交流中心等社会服务团队，开展各类社会服务工作。如：2019 年，为响应中共贵州省委省政府发出的"来一场深刻的农村产业革命"的号召，民革联络组充分发挥毕节市从事农业工作的民革党员的优势，成立了"民革毕节市工委农业技术服务组"，根据发展类别分设畜牧业发展、农作物栽培和田间管理、经果林种植、茶产业发展、特色种植、动物疫病防控、农田基础设施建设等 7 个农技服务小组，有针对性地在全市范围内开展农业产业发展技术服务工作等。

不忘合作初心，做好中国共产党的"好参谋、好助手、好同事"

陈菊（民革毕节市工委干部）

贵州是全国脱贫攻坚的主战场，到 2017 年底，贵州尚有 280 万贫困人口，脱贫任务十分艰巨。

2016 年 6 月 21 日，民革中央选择贵州省作为各民主党派中央开展脱贫攻坚民主监督工作的联系点。这是中共中央在打赢脱贫攻坚战的总体部署下，赋予各民主党派开展脱贫攻坚民主监督工作的新任务，也是各民主党派履行职能、助力执政党和政府打好脱贫攻坚战的重要形式和崭新平台。同时，民革中央对接联系贵州省脱贫攻坚民主监督工作，更是中共中央对民革组织长期在扶贫开发、议政建言上发挥重要作用的充分肯定和高度信任。

自 2016 年 9 月 21 日民革中央召开会议对脱贫攻坚民主监督工作进行统一部署以来，民革中央、民革贵州省委高度重视，及时制定出台《关于进一步加强定点扶贫工作的意见》《关于进一步加强东西部扶贫协作制度建设的建议》等支持性文件和报告，召开会议部署全国、全省、全市脱贫攻坚民主监督工作，组建脱贫攻坚民主监督毕节联络组，形成全省、全市脱贫攻坚民主监督工作"民革组织主动牵头、统战部门密切配合、有关部门积极参与"的联动工作格局，始终坚持"寓监督于帮扶之中，寓帮扶于监督之中"原则，重点聚焦"两不愁、三保障"，积极参与产业扶贫、教育扶贫、医疗扶贫、政策扶贫、智力扶贫，助力贵州决战脱贫攻坚战。

一、开展多轮脱贫攻坚民主监督专题调研，梳理脱贫攻坚中存在的突出问题，向中共党委政府反馈意见建议，推动问题解决落实。民革中央主席万鄂湘、常务副主席郑建邦、副主席李惠东、民革省委主委王世杰等领导亲自率队，以及民革中央脱贫工攻坚民主监督毕节联络组多轮次分成多个调研组，以纳雍县为重点，同时分赴各县（区）开展脱贫攻坚民主监督工作，先后深入乡村、企业、农户、社区、合作社等就产业扶贫、教育扶贫、医疗扶贫、教育扶贫、全域旅游、增强全民法制意识、城镇社区建设、易地扶贫搬迁等开展实地走访调研，掌握脱贫攻坚一线实际情况，认真梳理脱贫攻坚中存在的困难和问题，形成综合性和专题调研报告，及时向当地党委政府反馈，推动问题解决落实。

二、多次召开高层次会议，推动脱贫攻坚民主监督工作落到实处，"出实招"助力脱贫攻坚。根据多轮调研掌握实际情况的基础上，一是2017年1月，民革中央脱贫攻坚民主监督工作推进会在贵阳召开。会议对脱贫攻坚民主监督工作进行全面动员部署，对监督工作的指导思想、重要意义、内容形式、原则措施等进行了明确。二是2017年7月，民革中央把民革全国脱贫攻坚民主监督工作交流会放在毕节召开。会议全面总结了民革中央对口贵州开展工作的思路、经验和主要成果，又对有关省级组织开展脱贫攻坚民主监督工作提出了具体要求。会上，民革全国各级组织对开展脱贫攻坚民主监督工作相互交流了工作经验，同时印发了中央统战部、国务院扶贫办下发的工作文件和贵州省两办为支持配合民革中央工作下发的文件，为贵州进一步组织开展好脱贫攻坚民主监督工作提供了重要的参考依据。三是 2018 年 11 月，民革中央在纳雍召开定点帮扶工作推进会，助力纳雍县脱贫攻坚战"发起总攻"。这次会议规模大（召集全国 30 个省市区民革省级组织参会）、任务实（签订 9 个帮扶协议）、成果丰（落实 100 万元农产品采购计划）。北京、天津、上海、江苏、浙江、山东、广东 7 个省市级民革组织与纳雍县羊场等 7 个乡镇签订帮扶协议。其他民革组织在民革中央的统一协调组织下，根据各自条件重点关注农村教育、医疗卫生、产业扶贫、就业扶贫、劳务输出等问题，因地制宜实施帮扶援建项目，参与纳雍县脱贫攻坚。四是 2019 年 2 月，民革中央定点扶贫县结对帮扶工作联席会议 2019 年第一次会议在纳雍县召开，就定点结对帮扶纳雍县的具体项目进行推进落实。

三、寓监督于帮扶之中，积极协调各种资源开展捐赠救助等社会服务活动，助力脱贫攻坚。民革中央在贵州开展的脱贫攻坚民主监督工作，始终将民主监督与开展调查研究、社会服务工作紧密结合起来，深入剖析脱贫攻坚工作中存在的突出问题，推动问题解决落实，聚焦建档立卡贫困村和贫困户开展捐款捐物、志愿服务、就业培训、捐资助学等形式多样的社会服务活动，助力脱贫攻坚。据不完全统计，2019 年以来，民革全国各级组织共向定点帮扶县纳雍县协调帮扶项目资金及捐赠资金 1700 余万元，培训医生、农技人员、干部 1156 人，开展义诊服务共 1035 人次，资助贫困学生 92 人，开展讲座 6 场次 800 余人，提供就业岗位 89 人。

我们坚信，在民革中央持续的关心帮助下，在全市 900 多万干部群众的共同努力下，纳雍县乃至整个毕节市、整个贵州省，一定会如期夺取决战脱贫攻坚的全面胜利。

民革中央在贵州省开展的脱贫攻坚民主监督工作，正是中国共产党领导的多党合作和政治协商的又一次成功实践，民革组织在中国共产党领导的脱贫攻坚伟大事业中，始终认真履职尽责，扮演着"好参谋、好帮手、好同事"的角色，从调查研究、发现问题、提出建议、推动问题解决落实，到积极利用自身优势号召全国民革组织助力贵州、毕节、纳雍脱贫攻坚。既监督，又帮扶，民革始终与中共党委政府"心往一处想、劲往一处使"，共同为决战脱贫攻坚不懈奋斗。

2020 年，贵州 280 万贫困人口即将全部脱贫，这是中国社会发展进程中的一项伟大事业，为国际减贫事业作出重要贡献，每一个贵州民革人都是实践者、亲历者，更是受益者。

实践是检验真理的唯一标准。民革中央在贵州开展的脱贫攻坚民主监督工作的成功实践再次充分证明：中国共产党领导的多党合作和政治协商制度具有巨大的优越性，是厚植于中国土壤的新型政党制度，是符合中国国情的伟大创造，具有强大的生命力，必须毫不动摇地坚持和发展。民革要用好政党协商这个民主形式和制度渠道，有事多商量、有事好商量、有事会商量，通过协商凝聚共识、凝聚智慧、凝聚力量。继续弘扬多党合作的优良传统，牢记合作初心，不忘参政党的职能和使命，继续做好中国共产党的"好参谋、好助手、好同事"，带头践行社会主义核心价值观，不断增强履职能力，更好履行参政党职能。

扣好"督"与"战"将民主监督
体现在脱贫一线

张明（民革贵州省晴隆县支部）

"感谢你们，让我家得到危房改造指标，修建房子更有底气，离过上好日子越来越近了。"这是我们作为业务监测组 2019 年 7 月在临近的普安县开展脱贫监督工作听到农户的感谢话。听了这话既感开心，又感身上责任重大，暗自提醒自己，以后一定更加用情用心对待脱贫攻坚，只有这样才能对得起组织的信任和人民群众的期盼。

黔西南州为了当年拟脱贫退出县高质量达到脱贫退出标准，从其他县（市）抽调工作骨干组成业务监测组帮助开展监督。上面这一幕，就是我被黔西南州脱贫攻坚指挥部选派到普安县地瓜镇开展入户业务督导，在"回头看"问题整改中的一户。在开展贫困户识别时，该户全家外出务工，以后的多轮"四逐四准"排查中，工作人员不了解该户情况，又没有深入细致的调查，将该户存在的住房问题未纳入"补齐短板"台账。通过交叉督查，我组将该户住房作为疑似问题上报州脱贫攻坚指挥部。经反馈，村指挥所、镇指挥部核实，问题属实后，立马得到整改落实。

作为一名民革晴隆县支部党员，由于工作需要 2019 年 3 月份抽调县脱贫攻坚指挥部工作。4—7月，又被抽调担任业务监测组组长到普安县江西坡镇、地瓜镇开展督导。期间共入户1622户（其中：脱贫户626户、贫困户224户、非贫困户772户），发现疑似问题817户（个），其中疑似错退175户，疑似漏评221户，疑似不认可53户，疑似错评5户，其他疑似问题363户（个）。这些问题，通过业务监测督查反馈到乡镇，经过研判都——得到解决。

脱贫攻坚民主监督是新时代统一战线和多党合作的重要实践，是各民主党派中央首次在中共中央委托下，就国家重大战略开展的规模最大、历时最久的专项监督活动。贵州省是民革中央脱贫攻坚民主监督的对口省份。"脱贫攻坚民主监督，不同于以往帮扶工作。""这次监督重点是'两不愁三保障'。""寓监督于帮扶原则必须坚持。"这是中共黔西南州委常委、州委统战部部长罗春红2019年出席"民革中央脱贫攻坚民主监督黔西南州调研座谈会"的讲话，强调了民革对脱贫攻坚的监督方式和重点。

督查就是监督，通过督战（督查出来问题执行战时纪律），确保问题得到整改。我在县指挥部督战问效组，主要工作就是督查县委、县脱贫攻坚指挥部工作部署是否落实到位、是否严格按标准落实，作为民革党员自己有意识地将民主监督同自身工作结合起来。我认真学习习近平新时代中国特色社会主义思想，中共十九大、十九届历次中央全会精神，新修订的《中国共产党统一战线工作条例》，学习中央、省、州领导关于脱贫攻坚重要指示、批示精神，贯彻好有关文件、会议对脱贫攻坚的部署，严格执行工作指令，督查帮助脱贫攻坚一线干部，将民主党派对脱贫攻坚的专项监督落实在基层。

2019年8月份以来，我作为组长参与州"同心"助攻团、"返乡"助攻团、县纪委、县移民局、县教育、县住房等组成的联合督查16次，县指挥部督战问效组人员组成的专项督查100次以上。走遍晴隆县14个乡镇（街道），96个村（社区）的91个，所有易地扶贫搬迁安置点，督查易地扶贫真搬实住、"省、州、县"三级五轮问题台账整改、新一轮"四逐四准"落实、当前重点工作（如：促进会召开、产业推进、"六支队伍"建设）、县直部门履行脱贫攻坚职责等，涉及农户6000户以上，形成专项报告约100件，上报督查问题约2500个（例），涉及各类人员约240人次。根据《晴隆县脱贫攻坚战时纪律》，对督查涉及"一达标、两不愁、3+1保障""满意度"，以及影响脱贫攻坚高质量过关的问题，一律执行战时纪律。这些纪律涉及纪委（监委）立案查处、人事调整（指挥所长调整，帮扶干部调整为网格员，县直部门调整为乡镇人员等），处罚金额，调报提醒等；无论县委、县政府主要领导（副县级以上领导包保乡镇），乡镇（街道）党政主要领导、县直部门主要负责人（县直单位包保村），还是一般职工，只要督查出现问题（县处、科级领导负连带责任）一律执行战时纪律，做到处理不留死角，形成全县干部人人肩上有责任，所有干部职工共同参与脱贫攻坚的格局。同时，通过执行最严厉的战时纪律，干部职工参与脱贫攻坚的作风得到根本转变；通过执行纪律，让影响我县脱贫退出的突出问题得到解决，惠民政策真正落到实处，老百姓得到实实在在的好处。

2020年2—3月，参加州同心助攻团到东观街道开展助攻。充分利用自身对脱贫业务熟悉和在东观街道工作的经历，对5个社区全覆盖了解指挥所攻坚打法，入户熟悉农户情况及帮扶工作开展，同第一书记会商，对优化街道指挥体系提出合理建议。针对工作中存在的薄弱环节进行研判，因业务把握不准导致工作犹豫不决等突出问题，有针对性地开展业务培训。按照"督帮、督教、督改"相结合的原则，对督查存在问题，该帮助的要帮助，该批评的教育到位，属于"3+1"保障范围的，更是严格标准督促整改，追踪问题整改时间和成效。

在东观街道助攻时，就遇到这样一个典型例子。"我对脱贫攻坚没有意见，感觉党的政策是好的。但对网格员、指挥所和街道干部有意见"，一位70多岁的老人在我们入户督查农户"满意度"时，就激动地说道。原来，这个老人的老伴过世多年，同儿子共同生活，条件比较好，"一达标、两不愁、三保障"没有问题，按条件和程序不能识别为贫困户。但是，该户隔壁就有几家是贫困户，帮扶人员、网格员、指挥所干部经常到户嘘寒问暖，帮助解决一些"微心愿"。这个老年人因年轻人外出务工养家，孙子上学经常不回来，感到寂寞，看到隔壁邻居有人上门，就产生了意见。经我们细心做工作，他知道自家不符合贫困户条件，同时也不向政府要什么，就是感觉自己是被遗忘的人群。我们马上将问题反馈给社区指挥所，要求网格员、社区干部在开展脱贫攻坚时，不要忘记非贫困户，尤其是独居的老年人，随时给以问候关心，在开"群众会""院坝会"时通知他们参加，让党温暖的阳光照耀到每一个角落。

无论是督查、助攻，还是到乡镇（街道）、村（社区）开展"三级"业务培训和前站指导，我都充分利用到普安县参与督导取得的经验和普安县在脱贫方面好的做法；同时因为督查工作全县跑，看到、听到、学到一些好的做法来同大家共同分享，让科学合理的攻坚打法、好的方法得到借鉴推广，大家共同面对困难，一起想办法解决，保证了我县顺利通过第三方预评估、州级初审、省级核查，实现了高质量脱贫退出。

同时，我也有5户贫困户的帮扶任务，利用周末假期等休息时间完善"连心袋"资料、PPP核对录入、劳动力核查、实际到搬迁点走访、"微心愿"、协助开展"四顺五清"、吃"连心饭"、2020年4月份以后每月走访不少于 8 次等规定动作完成帮扶，保证了 5 户贫困户全部脱贫。

自从被抽调开展脱贫攻坚民主监督以来，每个月都有大量的督查工作要开展，我认真落实民革中央"寓监督于帮扶之中，寓帮扶于监督之中"工作原则，做到"督""战"结合，以人民群众过上美好生活作为自己目标，打好"组合拳"，认真开展每一次督查工作。抱着督查就是参战的态度，深入脱贫攻坚第一线，不畏风雨，在监督和帮扶两个方面同时发力，为我县高质量打赢脱贫攻坚，同全州、全省同步实现全面小康贡献自己的力量！

民主党派专项民主监督长效机制研究

张林鸿（民革党员，贵州建设职业技术学院副院长、贵州大学硕士研究生导师）①

民主党派专项民主监督是指一个或多个民主党派坚持寓支持于监督之中的原则，就本级中共党委提出（或共同协商）特定的议题单独或者共同联合组织专项民主监督，形成监督结果并提出监督意见。民主党派专项民主监督是民主监督的重要组成部分，最鲜明的特点则是寓支持于监督之中，具有明显的政治性、时代性和针对性，改变了传统民主监督持续性和针对性不足的弊端，有利于进一步完善民主党派进行民主监督的形式和内容，是我国特色政党关系下监督体系的理论性和实践性创新。

---

① 作者简介：张林鸿（1972–），男，教授、法学博士，贵州建设职业技术学院副院长，贵州大学硕士研究生导师。

一、民主党派专项民主监督理论基础、实践状况 与独特优势

（一）民主党派专项民主监督理论基础

1. 民主党派专项民主监督制度基础

以 2016 年中共中央委托各民主党派开展脱贫攻坚专项民主监督为标志，我国民主监督领域逐步实践出独具中国特色的专项民主监督机制。2015 年，习近平总书记在中央统战工作会议上明确指出，要探索民主党派民主监督的新形式；2015 年发布的《中国共产党统一战线工作条例（试行）》明确了民主监督的 10 种主要形式，其中包括"受党委委托就有关重大问题进行专项监督"，这是中共十八大以来，民主监督形式的一项民主监督的制度性创新；2016 年以习近平同志为核心的中共中央赋予各民主党派就脱贫攻坚工作进行专项民主监督，这是民主监督的创新性探索；2020 年修订的《中国共产党统一战线工作条例》（以下简称《条例》）第 12 条第 3 款 ① 指出，民主监督是民主党派的基本职能，《条例》第 15 条 ② 从宏观层面规定了民主党派的专项监督。

---

① 民主党派的基本职能是参政议政、民主监督、参加中国共产党领导的政治协商。无党派人士参照民主党派履行职能。
② 支持民主党派和无党派人士在坚持四项基本原则基础上，在政治协商、调研考察，参与党和国家有关重大方针政策、决策部署执行和实施情况的监督检查，受党委委托就有关重大问题进行专项监督等工作中，通过提出意见、批评、建议等方式，对中国共产党进行民主监督。

　　《条例》第 15 条规定，"受党委委托就有关重大问题进行专项监督等工作中"，专项民主监督以此为依据，以民主党派组织为载体、以批评和建议为主要形式进行的一种"协商式监督"，是非权力性监督[①]，这是多党合作制度框架下民主监督的性质定位所在，也是其区别于人大、司法、行政、舆论等监督形式的独特之处。基于行政法的视角，强制性监督主要是享有监督权的主体以法定的监督方式[②]，对被监督对象履行特定职责实施监督，具有很强的行政强制性或命令性，就其监督的本质而言，系"刚性监督"。而民主监督的监督方式较为温和（如提出意见、建议和批评的方式），质言之，此监督方式系非强制性监督（"柔性监督"）；概言之，这种监督方式实际上是一种高层次、有组织、广泛性的非权力性监督。

2. 民主党派专项民主监督的特征

　　专项民主监督中"专项"突出监督的方向、内容和重点，"民主监督"则体现监督的形式是以民主党派为监督主体的监督。大体而言，专项民主监督具有以下几个特征：

　　一是专项民主监督的主题或内容具有明显的针对性，即针对党和国家工作战略、重大政策或重大事项进行监督。

　　二是专项民主监督具有临时性的（非长期性）性质。若某项政策实施完成或某一事项得到解决，或者是中共党委结束委托，则专项民主监督工作结束。

　　三是专项民主监督具有民主监督程序的"完备性"，包括委托、授权、启动、动员、监督、提出意见建议、督促整改等一整套体系完备的监督工作流程。

---

① 可以说，民主监督不同于有法律授权的权力监督，本质是非权力性监督和非强制性监督。
② 如党纪、政纪处分、人事任免等方式。

四是专项民主监督具有明显的绩效性。由于专项民主监督的针对性性质，专项民主监督的主题、任务、方式、程序等多较为明确，因此专项民主监督的投入、过程和结果是可绩效评价的。

（二）民主党派专项民主监督实践状况

当前，我国民主党派专项民主监督发展实践时间较短，还处于起步阶段，主要监督内容为脱贫攻坚、财政预算、生态环境等方面，为丰富民主监督提供了较多的新的实践形式①。

1. 脱贫攻坚专项民主监督

近年来，各民主党派响应中共中央提出开展贵州毕节等集中扶贫的社会服务号召，中共中央赋予民主党派扶贫攻坚民主监督的新的政治任务，给每个民主党派分一个省，监督该省的扶贫工作。2016 年 6 月，中共中央统战部与国务院扶贫开发领导小组联合下发《关于支持各民主党派中央开展脱贫攻坚民主监督工作的实施方案》，从监督授权的过程来看，中共中央委托各民主党派开展脱贫攻坚专项民主监督，即"委托—受托"关系正式确立，监督主体、被监督者、监督内容、方式、程序等也随之确定。2016 年 6 月 21 日，中央统战部召开各民主党派中央开展脱贫攻坚民主监督工作启动会，以此形式启动脱贫攻坚专项民主监督。2017 年 1 月 18 日，各民主党派中央脱贫攻坚民主监督工作座谈会在京召开，会议通过的实施方案明确列出民主党派开展扶贫攻坚民主监督工作六项主要内容和五种主要民主监督方式；各民主党派中央和相关省市也积极行动起来，民革中央在郑州召开脱贫攻坚民主监督工作座谈会，各省也制定了相关监督实施办法。整体而言，五年来各民主党派脱贫攻坚专项民主监督工作收效明显，

---

① 民建北京市东城区委课题组，张树华：《民主党派专项民主监督研究》［A］，《统一战线理论研究（2018）》［C］，北京社会主义学院，2018：13。

不仅仅为脱贫攻坚贡献民主党派的智慧和力量，也为推动我国新型政党关系下民主监督创新性发展起到巨大的推动作用。

2016 年，民革中央受中共中央委托对口贵州开展脱贫攻坚专项民主监督工作，十分珍视难得的历史机遇，高度重视这一重大政治任务，集全党之力、全党之智，积极投身于脱贫攻坚民主监督新实践，为助力贵州打赢脱贫攻坚战贡献民革力量。一是统一思想，聚焦脱贫攻坚民主监督。成立专门的组织机构，形成了《民革中央开展脱贫攻坚民主监督工作方案》，各省、市民革组织根据民革中央的工作方案和自身实际纷纷就脱贫攻坚民主监督工作出台具体方案；加大培训力度，推进脱贫攻坚民主监督工作能力建设。二是密切联系，不断完善工作机制。五年来，贵州省出台支持文件 [①] 积极配合民革做好脱贫攻坚民主监督工作；民革与统战部、扶贫办等部门建立多个层面的知情明政、日常对接联系、信息通报、成果会商等沟通联系机制；在省、市等层面成立了支持开展脱贫攻坚民主监督工作领导小组；形成了"领导小组 + 工作小组 + 6 个调研组 + 2 个联络组"的"1162"工作架构。三是深入调研，积极建言献策。五年来，民革脱贫攻坚民主监督调研组深入基层一线，进村入户，先后开展了 200 余次专题调研，足迹遍及贵州省 8 个州市 78 个县 340 个村，举办协商、座谈、答复反馈等会议 300 余次，形成一批高质量的调研报告、提案 [②]。四是坚持民生优先，帮扶与监督并重。民革各级组织在履行好监督职能的同时，践行"寓监督

[①] 譬如，2017 年以来，贵州省相继出台了《关于配合民革中央做好脱贫攻坚民主监督工作的通知》《关于进一步配合民革中央做好脱贫攻坚民主监督工作的通知》《关于进一步支持配合民革中央做好脱贫攻坚民主监督工作的通知》《关于印发 < 贯彻落实各民主党派中央脱贫攻坚民主监督工作座谈会精神要点 > 的通知》等文件，为民革中央参与贵州脱贫攻坚民主监督工作提供了良好条件和有力支持。
[②] 如《贵州省农业种植业结构调整优化情况调研报告》《推动农民专业合作社健康发展和壮大农村集体经济打赢脱贫攻坚战的建议》《关于加快推进我省农业龙头企业品牌化发展的建议》《贵州山地中药材现代化实践路径探析》等一批高质量的调研报告、提案。

于帮扶之中，寓帮扶于监督之中"原则，积极参与贵州经济社会建设，为贵州经济社会发展作出积极贡献。搭建"博爱扶贫云商城"平台，助力贵州销售农特产品；民革中央在纳雍创建并实施"7+1+1+N"定点帮扶联系机制①，开展包括智力、产业、教育、医疗等帮扶项目；举办贵州省产业扶贫项目推介会、"民革企业助力贵州产业招商发展大会"、"博爱牵手情暖童心——中山博爱夏令营"等活动，助推贵州经济社会发展。总体来说，民革五年来的脱贫攻坚专项民主监督既加强了自身建设，也积极拓展了民主党派履行职能的平台和空间、探索了民主党派参与民主监督的方式和渠道，从而进一步深化了中国共产党领导的多党合作和政治协商制度的内涵。

2. 其他专项民主监督

专项监督作为民主监督的一项重要形式，一些涉及政治、经济、文化、生态、民生等社会普遍关注的重大问题，以及事关改革发展稳定和人民群众反映强烈的热点难点问题的解决与落实等方面都可以（应当）成为专项民主监督的主题。譬如，北京市于 1996 年成立政协财政预算民主监督组，在全国开了先河。监督小组成员 14 人，民主党派和无党派人士占了 40%，20 多年来围绕财政预算提出了大量前瞻性意见，为首都经济社会发展做出了重要贡献。又如，2016 年下半年，中共上海市委首次委托各民主党派市委对全市重点工作"五违四必"区域环境综合整治开展专项民主监督，每个民主党派市委对口两个区，了解情况、发现问题、提出建议。2017 年 3 月 1 日，中共上海市委召开专题协商座谈会，听取各民主党派对开展专项

---

① "7+1+1+N"帮扶联系机制，即北京、天津、上海、江苏、浙江、山东、广东 7 个民革省级组织分别结对帮扶纳雍羊场、昆寨、锅圈岩、猪场、董地、左鸠戛、新房 7 个极贫乡，民革贵州省委结对帮扶玉龙坝镇，民革中央企业家联谊会对口纳雍县推进产业扶贫，N 个其他民革省级组织参与帮扶纳雍县脱贫，形成了"上下联动，横向互动，东西协作，内引外联"的帮扶新格局。

民主监督的意见建议。

　　专项民主监督已经存在一些中央和地方实践样本，应当及时总结现在展开的中央和地方层面的民主党派专项民族监督经验（特别是脱贫攻坚专项民主监督方面），发现问题和不足并及时化解，并最终形成相应的理论，将对进一步展开民主党派专项监督实践起到良好的促进作用，更好指导我国其他专项领域的民族监督工作开展。

（三）民主党派专项民主监督独特优势

　　民主党派开展专项监督是执政党赋予民主党派的新任务，是彰显我国新型政党制度生机活力的重要实践，是助推国家创新发展的重要探索，是体现和提高参政党履职能力水平的重要载体，也是民主党派履行民主监督职能的新领域。民主党派专项民主监督既有中国共产党领导的多党合作和政治协商制度的政治意义，也有党派服务社会的现实意义，有利于民主监督氛围的形成。概言之，专项民主监督是完善监督形式的重大创新，是保障监督实效的重要形式，是推动党委政府中心工作的有效方法，是完善中国共产党领导的多党合作和政治协商制度的重要内容[1]。

---

① 李晓霞，季萍：《民主党派专项民主监督实践及其优化研究——以九三学社上海市委专项民主监督为例》［J］，《上海市社会主义学院学报》，2020（02）：39-44.

二、民主党派专项民主监督存在的问题及成因

（一）民主党派专项民主监督机制不够健全

1. 专项民主监督形式缺乏横向联动机制

作为一种非权力监督，民主党派专项民主监督不是刚性权力监督，其监督的实际效果受被监督者的理解、支持和配合的程度的影响很大，监督方式联动性不足，法定化水平不高。以往民主党派专项监督的实践表明，由于与人大等权力性监督形式的合作不够，导致民主党派专项监督缺乏刚性；与新闻媒体的舆论监督合作不够，使民主党派的呼声难以与人民群众有效沟通，不能广泛和准确地收集社情民意，反映广大民众呼声等等。目前，民主党派专项监督缺乏与权力监督和社会监督或其他监督形式横向合作的机制或体制[①]。当前，我国专项民主监督的内容出自中国共产党的党内法规，国家法律鲜有提及，专项民主监督的主体、对象、方式、程序、责任等法定化因素仍有待作出进一步规定。

2. 专项民主监督管理体制机制不够完善

一方面，民主党派的自身建设提出了诸多挑战。在民主党派机关的部门设置上，没有专门负责民主监督的机构，从事民主监督工作的政府特约监督检查员是归口在参政议政部负责，如何确定主责部门是民主党派需要

---

① 王晓珊：《对健全民主党派专项民主监督长效机制的思考——以陕西省民主党派脱贫攻坚民主监督实践为例》［J］，《河北省社会主义学院学报》，2020（01）：18-22.

解决的首要问题。

另一方面，专项民主监督的管理体制包括专项监督目标的制定、专项监督主体的选择、专项监督方式方法的选取、监督效果的评价，专项监督后续的跟进等。建立对监督者和被监督者的考核机制，并强化考核结果的运用，增加民主党派参与专项民主监督的责任感和使命感，同时也提高被监督者支持民主监督的力度。然而，上述机制仍有很大的完善空间。

3. 专项民主监督规范化、程序化水平建设有待全面提升

规范化、程序化、制度化建设一直是民主党派民主监督工作中的薄弱环节。民主党派专项监督提出时间短，目前主要是民主党派中央确定专项监督的监督内容和监督形式，尚未出台相应细则和相关规定文件，民主党派专项监督的规范化、制度化、程序化建设道路还很长。民主党派专项监督规范化、制度化不够完善，民主党派专项监督的机制、组织保障不利，容易造成专项监督职能弱化，表现为监督主体地位不独立，获取信息能力较差，监督活动少而且缺少有效反馈，措施落实不到位。以上因素综合起来容易导致监督主体动力不足，影响民主党派专项监督的实效性。

此外，被监督单位存在错位认识、部分专家参与度不高等问题也制约专项民主监督工作的开展。

（二）部分民主党派专项民主监督工作存在认识误区

1. 监督对象指向不够明确

以脱贫攻坚民主监督为例，部分民主党派专家组赴有关省区贫困县开展民主监督工作时，无论是问卷调查，还是座谈交流，都是针对政府的工作。民主党派在参政议政工作中也习惯于向政府部门提出意见和建议，因此在民主监督的对象上，许多人认为是指向地方政府及相关部门，这里存在一定的认识误区，导致监督对象指向不明的问题。

2. 民主监督与参政议政工作区别不清

由于民主党派专家都有长期从事参政议政的经验，因此在开展专项民主监督工作的初期，很多专家习惯于提出参政议政建议，希望地方政府在某些方面加以改进和提高。这些建议往往提高标准，使地方党政部门难以落实民主党派监督组提出的整改要求或者建议。

3. 监督报告是"监督体"而非"提案体"

由于对民主监督与参政议政工作区别不清，导致在撰写监督报告时，许多报告的体例类似于参政议政的政协提案，"情况—问题—建议"，这种参政议政的报告体例不适用于民主监督工作。民主监督的工作报告应该是专门的监督体，民主党派应该用民主监督的工作思维指导民主监督工作，而不是停留在参政议政的思维，形成的监督报告应该是"监督体"而不是"提案体"。

（三）民主党派专项民主监督过程与结果公开力度不够

专项民主监督工作是中共党委委托民主党派开展的一项政治性监督工作，是向社会公开的工作。但是，民主党派形成的监督过程、监督结论、监督建议及相关的报告，这些信息公开力度不够。在多党合作制度框架下进行的民主协商，应将监督信息向社会公开，这样才能更有力地推进民主监督工作，也有利于向全社会宣传党和政府在专项工作上制定的政策及政策执行和落实情况。批评和建议相关信息的公开更有利于全社会关注专项工作。

（四）民主党派专项民主监督本领有待进一步提升

民主党派的民主监督本领也有待提高，在开展专项民主监督工作中，过于依赖少数专家，大多数民主党派成员参与较少，没有把民主监督工作与培养青年优秀人才和后备干部结合起来。部分民主党派认为，专项民主监督只是临时性工作，没有考虑专项民主监督工作将成为常态化工作，缺乏长期的民主监督能力建设。

三、完善民主党派专项民主监督长效机制路径探索

（一）坚持专项监督的定位和原则

首先，坚持中国共产党的领导。习近平总书记强调："中国共产党的领导是中国特色社会主义最本质的特征，是中国特色社会主义制度的最大优势。"必须从政治的高度把握专项民主监督的性质定位。各民主党派中央都从中国共产党领导的多党合作和政治协商制度的高度认识专项民主监督工作。作为同级中共党委交给各民主党派的重要政治任务，既是推进专项工作的一个有力举措，也是民主监督工作的一项重大突破，是各民主党派履行民主监督职能、丰富民主监督形式的重要实践探索。正确的监督方向就是要坚持中国共产党的领导，这是政治原则，也是政治规矩。民主党派民主监督有别于纪律监督、政府监督、社会监督和第三方评估等，是来自参政党的监督，属政党监督，是工作支持。详言之，一是要把民主监督工作的出发点和落脚点放在帮助地方党委和政府推进工作上来，进一步巩固和增强党的执政基础。二是通过深入调查研究，提出建设性建议和批评意见，帮助地方政府加强和改进工作，积极推动中央重大决策部署得到全面、准确、及时地贯彻落实。三是主动向同级中共党组织汇报，听取对开展工作的指示，做到中共的工作部署到哪里，民主党派的监督就跟进到哪

里，工作力量就汇聚到哪里。四是争取同级中共党委的领导和支持，加强沟通和联系，及时反馈信息、理顺关系，努力形成党委重视、政府支持、党派参与、部门配合的民主监督工作格局，扎实有序推进民主党派民主监督工作开展。

其次，坚持民主监督与社会服务相结合。自开展脱贫攻坚工作以来，地方党政部门接受了各类审计和监督。在各类监督中，地方党政部门普遍对民主党派的民主监督工作持欢迎态度，在监督工作结束后，许多地方政府又回访民主党派中央，希望借助民主党派的力量，提升科技水平，促进地区经济发展。民主党派中央也动员党派资源，捐款捐物，或是安排各类专家，开展社会服务工作，支持贫困地区的经济社会发展，这种民主监督与社会服务相结合的形式、监督者支持监督对象的做法，是民主党派民主监督特有的优势，也是多党合作制发展的一个方向。

最后，坚持监督与帮助相结合，寓监督于帮助之中。通常来说，专项工作是举全社会之力才能完成的宏伟大业。民主党派不仅是地方党委政府专项工作落实情况的监督者，也应是专项工作的直接帮助者。

（二）完善专项民主监督的体制机制

民主党派专项监督的效能要真正得到发挥，除了党政领导和民主党派自身需要思想认识上到位外，更重要的是要有相应的制度、机制建设相配套，将民主党派的专项监督纳入到制度化的轨道，以保证专项民主监督规范、有序和有效地进行；否则，专项民主监督只会停留在口头上、形式上。制定相关条例明确民主党派专项监督的性质、对象、范围、内容、形式、方法，明确民主党派专项监督的职责和权利，明确各级党委和政府接受监督和对监督做出反馈的责任；分项制定各种专项监督形式的运行程序，程序明确是制度落实的保障^①。具体如下：

一是做好民主党派专项民主监督的顶层设计，出台有关实施办法。2020年脱贫攻坚战打赢以后，民主党派专项民主监督如何落实，专项民主监督的对象和内容如何确定，这是中共中央和民主党派中央应提前通盘考虑、协商规划的工作。民主党派专项民主监督有很大的发展空间，可以在监督党和政府有关经济社会发展、重大民生问题等政策落实上做大文章，进而推进国家治理体系和治理能力的现代化。

二是加强民主党派专项监督与其他监督方式的互动性，推动专项监督向纵深发展。一方面，民主党派的专项监督作为我国整个监督体系的组成部分，同其他监督方式是相辅相成，相互促进的。把民主党派的专项监督同其他监督方式有机结合，横向合作，可增强专项监督的实效性。另一方面，借鉴民革在五年来开展脱贫攻坚民主监督形成的专业监督机制和定点监督机制。积极选派本党派优秀专家学者参与专项监督，建议借助"外脑"联合开展民主监督工作，提升监督质量；充分发挥民主党派地方组织和基层组织作用，把民主监督与参政议政、社会服务等工作有机结合起来，采用日常监督与定点监督相结合方式，开展好民主监督，提升监督时效。

三是坚持民主党派专项监督的持续性与制度化建设，破除时令性，确立规范性，破除说空话、喊口号，坚持脚踏实地、坚持服从与创新原则。监督者要有胆量，也要基于善意，具有专业水准，而被监督者要大度与坦诚，要有雅量。中国共产党要接受民主党派的民主监督，是由各民主党派民主监督的不可替代性所决定的。要解决"不敢监督"的问题，要从制度上保护监督者的正常监督权利不受外界的干扰与侵害，保证监督者能够在

① 民建北京市东城区委课题组，张树华：《民主党派专项民主监督研究》［C］，《统一战线理论研究（2018）》，北京社会主义学院，2018：55-67.

坚持真理的情况下勇于监督、敢于监督。要根据主要专项监督形式和重点监督内容，制定《民主党派专项监督条例》或《民主党派专项监督办法》，以及《重大决策专项监督办法》《专项监督工作办法》《专项民主监督考核办法》等。

四是建立专门的组织机构。以往专项民主监督多数是由参政议政部负责，建议可建立专项民主监督机构统筹专项民主监督工作，形成协调顺畅的工作机制。协调顺畅的工作机制是推进工作的基础保障。各民主党派中央切实加强对专项民主监督工作的组织领导，成立工作机构，明确主责部门，制定制度规范，全面建立与相关部委、对口省区的协调对接机制。民主党派内部应尽快成立专门的专项民主监督部门，作为长效发挥专项民主监督作用的组织基础。此外，在有组织保障的基础上建立联席会议制度，确保专项民主监督工作取得实效，建议建立领导小组联席会议制度，明确领导小组成员单位的责任，调动成员单位积极性和主动性，定期召开会议研究解决工作推进过程中的问题，实现事中监督与日常监督相结合。

五是丰富监督信息报送形式。监督报告、汇报受文本体例、时间等影响，难以全貌反映监督过程的信息，建议以再结合简报的形式报送监督过程信息。

（三）着力提升专项民主监督的能力和水平

中国共产党和民主党派是荣辱与共的政治共同体和利益共同体，专项民主监督的出发点和落脚点都是为了确保中共的领导方向正确无误，确保党和国家的决策科学化、民主化、法治化。提升专项监督能力和水平需要认识到：

一方面，中国共产党是执政党，应该清醒地认识到中国共产党单打独斗、耳边没有不同的声音，犯错的概率会更高，进一步认识到权力监督的重要性。中共领导干部应意识到"民主监督是民主党派维护其所代表和联系的社会阶层和群体利益的合法权利"，是社会不同阶层群体从不同角度对执政党治国理政的看法和评价。

另一方面，民主党派也要认识到自己的发展与社会发展和进步、执政党执政能力提升息息相关，要担起社会责任，要有敢于直言的勇气、主动批评的魄力和积极历练监督能力的高度事业心和责任感。具体而言，各级党委政府要全力配合专项监督工作，为民主党派专项民主监督提供良好的外部环境和制度保障，使其成为自家的至亲，不怕亮家底；民主党派要认识到这是让中共地方党委政府了解和重视民主党派民主监督职能的绝佳机会，要放下思想包袱；民主党派要全力以赴提升监督能力，通过监督实效展示民主监督在党和政府工作中的价值，以提升自己的社会影响力，真正成为中国共产党的好帮手、好参谋、好同事。

四、结语

民主党派的专项民主监督是新中国成立以来民主监督的继承和创新发展，虽未特别突出强调，但在传统的民主党派监督中一直以各种形式客观存在和发挥着重要的作用。《条例》规定的"受党委委托就有关重大问题进行专项监督"，为专项民主监督形式提供了理论基础和行动指南。专项民主监督机制的形成，有利于更加坚持中共的领导，发挥民主党派的优势，积极释放民主监督潜能；因此，有必要从坚持专项监督的定位和原则、完善专项民主监督的体制机制和提升专项民主监督的能力和水平三个方面，切实推进形成民主党派专项监督的长效机制，进一步发挥专项民主监督的支持与监督一体的独特功能与优势，全面开创专项民主监督新局面。

聚焦脱贫攻坚融合产业发展

刘启仁（民革贵州省委会脱贫攻坚民主监督专家工作组成员）

　　贵州作为全国脱贫攻坚的主战场，民革中央按照中共中央的安排对口贵州省开展脱贫攻坚民主监督专项工作，成立了六个调研组、两个联络组，民革贵州省委配合民革中央工作开展成立一个专家工作组，按民革中央万鄂湘主席强调的"寓监督于帮扶之中，寓帮扶于监督之中"的指导精神开展全省的专项工作，我作为民革贵州省委的专家工作组成员，有幸参与到该项工作中，并持续关注贵州的脱贫攻坚的工作，结合五年来的所见所闻，颇有深刻的感悟。

　　贵州以脱贫攻坚统揽经济社会发展全局，对标党中央战略部署，感恩奋进、精锐出战，脱贫攻坚工作取得决定性成就。2012 年，贵州省建档立卡贫困户人口达 923 万人，为中国贫苦人口最多的省，此后，贵州每年减贫 100 万人以上的速度推进脱贫攻坚。产业扶贫、生态扶贫、东西协作……一系列脱贫攻坚举措在贵州推进。仅易地扶贫搬迁，贵州就创造了搬迁 188 万人的全国纪录。随着贵州 2020 年 11 月 23 日宣布最后 9 个深度贫困县摘帽退出，虽脱贫攻坚取得阶段性的胜利，改写了贵州千百年来贫穷落后面貌，但后脱贫攻坚时代如何着力解决好"政府兜底、产业固底"，如何处理好"输血与造血"的关系，才能巩固脱贫攻坚的成果，防止返贫。在调研走访中，农村产业发展以"八要素"和"五步工作法"为重要的抓手，现就结合调研的所见所闻谈点浅显看法。

农村产业发展，必须统筹好资源、资金、人才三大要素，处理好政府、企业、村集体经济的关系，如何以市场为中心，按经济规律处理资源要素，统筹好利益关联方。

一、如何从体制机制上激发人力资源内生动力，关系到农村经济的发展和稳定，只有"非贫困人"才能带动"贫困群众"的发展思路

1. 农村产业发展村支两委、驻村第一书记是产业发展的前沿阵地，只有将经营能力强、责任心强、热爱农业农村事业、愿意奉献爱心且有一定的经济能力的干部选出来，从制度上安排产业发展的第一责任人，并且与仕途晋升，投资收益相挂钩。否则，都是只注重短期效益，不可能持续带领困难群众脱贫致富，而且自身参与的积极性、主动性也不高，需要省级政府出台人才实施计划的政策，保证有能人愿意参与到脱贫攻坚的事业发展中去。

2. 鼓励国家机关、企事业单位的公职人员到农村去发展产业，开办实体经济，阶段性保留其原有的身份，解除创业者的后顾后之忧。

3. 鼓励返乡农民工回乡创业，政府提供力所能及的帮扶。

二、建立和完善农村产业发展的产股权制度，事关农村集体经济发展和组织的建设

1. 农村集体经济组织的法人地位不明确，产股权关系有待清晰。

2. 农村集体经济组织中成员认定不清晰，集体经济组织成员只是一种松散的组织模式。

3. 出台农村集体经济的规范化管理纲要文件、财务收支管理等相关制度，既保护，也约束利益相关方的管理经营行为，明确经营主体的责权利。

三、产业发展体系规划

1. 省级政府应统筹开展产业产能调查、产业结构性风险调查、坚持产业扶贫与产业区划、规模和现有资源相统筹、扶持特色优势产业发展，加强社会化服务和政府指导的无形之手，推动各地立足自身资源禀赋、与市场需求接轨，处理比较优势和补齐短板的关系。

2. 利用好贵州生态资源要素的比较优势，立足当前、着眼长远、将短平快、立竿见影的扶贫项目与长期稳定脱贫的产业结合起来，特别是重

视生产生态协调发展，探索破解自然保护区等生态敏感区内如何实施脱贫攻坚项目的难题，统筹推进生态文明建设和脱贫攻坚，加快发展生态经济，让贫困人口在生态文明建设中受益。

3. 推动有机和无公害的特色农产品走品牌化、高端化的发展道路，避免产业扶贫的同质化、短期化和低端化趋势，推动完善新型农业经营主体与贫困户联动发展的利益联结机制，推广股份合作、订单帮扶、生产委托等的"龙头公司＋政府平台＋专业合作社＋贫困户"合作模式，实现贫困户与现代特色农业发展的有机衔接。

4. 利用好少数民族特色的文化内涵，结合实施乡村振兴战略以及名族地区专项规划，加快推进贫困乡村提升工程，推动村集体经济多渠道、多形式、多元化发展，支持少数民族特色村寨保护与发展，通过多种手段实现各族群众稳定增收，不断增强集体经济对脱贫致富的带动作用。

四、产业发展的政策支持

1. 土地红利，现行农村产业项目建设用地根据《中华人民共和国土地管理法》的相关规定，需要向贵州省自然资源厅申请农业地转建设用地的指标，获批后向项目所在地的县级自然资源局进行国有土地挂牌转让，项目公司摘牌取得国有土地使用权后，才能成为项目公司的建设用地后，方可办理建设的相关的建设规划许可证、施工图审查合格证、环评批复、水保批复、施工许可证等手续。集权化管理，加大了产业发展主体时间成本，不利于项目发展的落地和后续发展，可否由省级政府下放权限，由县级政府统筹实施，提高项目实施效率。

2．金融红利，鼓励企业招录建档立卡贫困户数量与信贷资金投放相关联，项目实施主体保证与贫困户的利益联结机制，着力解决基本生存返贫问题。

3．税收红利，加大对西部大开发的支持力度，引导东部帮扶，鼓励龙头企业、优势企业到西部地区投资兴业，着力解决资金、资本、人才的资源要素。

关于"双寓理论"的一点感想

——脱贫攻坚民主监督五年随笔

舟隆仲（民革贵州省委会脱贫攻坚民主监督专家工作组成员）

2020 年 12 月 24 日，民革中央脱贫攻坚民主监督工作总结会在贵阳召开。作为民革贵州省委脱贫攻坚民主监督专家工作组成员的我有幸参加会议，聆听民革中央和民革省委领导讲话，感触颇多，尤其是郑建邦常务副主席在会上强调："脱贫攻坚民主监督不仅是提升多党合作制度效能的重要举措，也是推进国家治理体系和治理能力现代化的积极探索，还是民主党派加强自身建设的重要载体和有效抓手。"

脱贫攻坚民主监督是民主党派加强自身建设的重要载体和有效抓手，这是多么精辟的论断。5 年来，我们寓监督于帮扶中，寓帮扶于监督中（我称之为"双寓理论"），把脱贫攻坚变成了民主党派和中国共产党共同的事业，变成了咱们的事业。就在 2020 年 11 月 23 日，贵州省人民政府宣布，包括纳雍县在内的剩余 9 个未摘帽县全部退出贫困县序列，标志着我国 22 个省区市 832 个国家级贫困县全部脱贫摘帽。与此同时，民革中央对口贵州脱贫攻坚民主监督工作这一重大使命和任务也顺利完成。

11 月 23 日，多么令人难忘的日子，这是历史永远铭记的日子。回望

　　过去，5年的点点滴滴历历在目，回想陪同兄弟省份民革省委领导、民革中央领导走过的山山水水、村村寨寨，足迹遍布黔东南、六盘水、遵义、安顺、黔南等大半个贵州。每一步足迹，我们都在记录民主监督，见证脱贫攻坚，催生我们自己成熟成长。

　　2017年，我第一次接触脱贫攻坚民主监督，满眼的疑惑。贵州是脱贫攻坚的主战场，是最难啃的硬骨头，全省上下正举全力攻坚，《贵州大扶贫条例》的法治保障，农村产业革命硕果频出，扶贫台账精准细致，脱贫成效不断突现，为什么还要开展民主监督呢？带着不解与疑问，陪同民革领导们走村串寨，与地方干部交流谈心，慢慢感受到基层的不易，如部分政策在传递过程中不断衰减，雪片式的检查调研，成山式的报表，机械式的人头打卡，冰冷的监督考核，等等，摆在脱贫攻坚干部面前，需要他们一步一步跨过。那一刻，触动着自己还算较强的内心，盘算着如果换作我，能迈过那一道一道坎吗？民主监督，是政治监督，是监督中央政策在基层的执行情况。正如，习近平总书记所说，"党中央制定的政策好不好，要看乡亲们是哭还是笑"。民革中央的"寓监督于帮扶中，寓帮扶于监督中"是我们的工作原则，也是我们的鲜明特色，我们在民主监督中就是要换位思考，把你、我变成我们、咱们，共同找到脱贫攻坚中的难点、痛点，找到问题更要提出解决问题的办法，用清醒、理智的思维，做好基层声音的传声筒，奋力当好上层决策的参谋与助手。

　　随着民主监督的深入，走访的市州也逐渐增多，结合自己平时也从事的"三农"工作的特色，看到的问题也越来越多，分析也较深入，比如部分脱贫群众房屋条件较好、收入都还不错，有的甚至还有轿车，有的还在做生意，放在之前我就会想是不是脱贫识别会不会不精准，识别过程是不是有其他问题？而开展一段时间民主监督后，我就会走访其周围群众，问询村镇干部致贫原因，与其当面交流询问收入情况，再结合当前扶贫政策，深入分析是个案还是共性问题，找出原因，是成绩就加以肯定，是问题就当面指出。摒弃了原来工作督查中的为找问题而找问题的思维局限，摆正了自己工作的位置，让自己成为群众的贴心人，真正让"帮扶"体现在"监督"中，真正践行中央的"两中理论"，使自己成为"两中理论"的宣传者、践行者，让"两中理论"深入人心。在工作过程中，曾经有的点点滴滴时常呈现于脑海，比如2020年5月的安顺之行。

2020年5月31日，我跟随民革中央脱贫攻坚民主监督第四调研组到安顺进行调研。调研过程中，"兵支书"几个字高频出现在座谈会上、地方领导的口中以及调研组成员交流中，大家热烈探讨交流，都想一窥究竟。我也不例外，利用手机百度一下，尽快了解"兵支书"概念及当地的主要做法。正如安顺原市委书记陈训华所说，"兵支书"的主要做法为"五个好"，即选好、育好、管好、用好、待好。"兵支书"在基层社会治理、助力脱贫攻坚、推进乡村振兴实践中发挥作用的做法得到了中央领导同志的肯定，在全国全省引起了强烈的反响，打造了退役军人工作的"安顺名片"，为全国退役军人工作贡献了安顺经验。汇报交流听得多，百度了解也不少，但是始终"纸上得来终觉浅，绝知此事要躬行"。

随后的调研中，我们终于见到了"兵支书"真人——普定县穿洞街道靛山村党支部书记褚代洋。在干净整洁的靛山村村委会，调研组领导与之亲切交谈，交谈中褚代洋有紧张、有激动，更有着军人特有的刚毅、果敢的特质，不时从言语、举止中流露出来。从弃商回村带领群众发展、毛遂自荐当村干部、组织退役军人为村尽责、带领群众发展产业脱贫攻坚等等，褚代洋从他的个人经历给我们诠释了什么是"兵支书"，如何当好"兵支书"以及"兵支书"发展前景。交流过程中，我借机问了他一句，当"兵支书"后悔过吗？他笑了一下，轻轻回了一句话让我记忆犹新："不当才会后悔。"是啊，看看靛山村通过"村公司＋基地＋大户＋贫困户"的模式，发展起来的韭黄基地、经果林育苗基地，以及引进茶业公司发展茶叶基地，当年该村人均增收3500元以上。群众的腰包鼓了、票子多了，村子"活"了，哪有什么后悔啊。随后，在与当地村民交流中，从他们纯朴的笑容中我也找到了答案。由此，我想到《中国共产党农村工作条例》，加强党对农村工作的全面领导，巩固党在农村的执政基础，绝不能简单地依靠原有的农村人才，而"兵支书"将是非常理想的人才源泉，同时也为退役军人安置提供了很好的工作路径，难怪安顺的"兵支书"经验得到中央领导高度肯定。我们的监督，既要发现地方政府在执行中央政策过程中的短板、弱项，更要发现、总结地方好的经验、做法，尤其是那些值得全省、全国推广的经验做法，从民主党派的角度去解读、发掘、点赞，宣传、推广。

正如脱贫攻坚民主监督过程中遇到的"兵支书"例子，还有很多很多。脱贫攻坚是中华历史长河中波澜壮阔的举动，没有经验可借鉴，是中国共产党在新时代的又一次长征。也是在此次长征中，首次将民主党派的民主监督职能真正落到了实处，将民主监督的目标、内容、平台具体化。正如郑建邦常务副主席所说，脱贫攻坚民主监督是民主党派加强自身建设的重要载体和有效抓手。我们紧紧依托"民主监督"这个平台，在脱贫攻坚的历史舞台上舞出了民革特色，发出了民革声音，展示了民革风采，在"国家事业大踏步前进的一个缩影"的贵州留下了浓墨重彩的一笔，为民革民主监督事业奠定了坚实的基础，为我国民主监督拓展贡献了民革方案。

脱贫攻坚民主监督圆满画上了阶段性的句号，而巩固拓展脱贫攻坚成果，实现巩固拓展脱贫攻坚成果同乡村振兴有效衔接的任务依然十分艰巨，我想"民主监督"的路还很长，应该说"民主监督"永远在路上，而我们

的"两中理论"将地民主监督中不断地深化、发展，将继续专项民主监督
发挥基石作用。

参与脱贫攻坚民主监督工作体会

张宏毅（民革贵州省委会脱贫攻坚民主监督专家工作组成员）

贵州是全国脱贫攻坚的主战场，全省88个县市区中有66个是贫困县。党的十八大以来，贵州坚持把脱贫攻坚作为头等大事和第一民生工程，以脱贫攻坚统揽经济社会发展全局。"贫困不除，愧对历史；群众不富，寝食难安；小康不达，誓不罢休！"中共贵州省委、省政府向中央、向贵州人民保证如期高质量打赢脱贫攻！

按照民革中央脱贫攻坚民主监督的工作安排，我作为民革贵州省委脱贫攻坚民主监督专家工作组成员，通过参与民革中央调研组、联络组织开展的专题调研及学习培训等活动，思想理论上对该项工作的认识主要有两个方面：

一、作为民主党派，开展脱贫攻坚民主监督首先要把握好政治方向，明确政治站位。民主党派的监督是以维护中国共产党的领导地位为前提的。民主党派要通过脱贫攻坚民主监督，体现参政党与执政党同心同德的亲密友党关系；体现民主监督这一中国特色监督形式的科学性和有效性；体现民主协商的优越性。从而更加自觉地接受中国共产党的政治主张、决策部署，使民主监督的过程成为推动政策贯彻落实的过程。

二、深入开展调查研究是民主党派脱贫攻坚民主监督的关键：做好脱贫攻坚民主监督，最基本的就是要"知情明政"。知情明政离不开调查研究，调研是民主监督的前置性、基础性工作。通过调研做到发现问题与共同研究对策、提出整改意见相统一。脱贫攻坚民主监督调研要努力做好基础调研和素材的积累，努力为党和政府进行脱贫攻坚的相关决策提供第一手的资料，有利于党和政府"对症下药"，提高精准扶贫、脱贫攻坚的精准度和针对性。

从 2016 年以来，作为一名土生土长的贵州人，能通过这种方式参与家乡的脱贫攻坚，为贵州如期实现全面小康，更是倍加珍惜每一次参与监督、调研的机会！我随民革中央脱贫攻坚民主监督调研组先后到黔东南黄平县、施秉县，黔南州三都县、贵定县等地就脱贫攻坚工作开展监督、调研。深入基层与村"两委"成员、驻村干部就脱贫攻坚工作面对面深入交谈；到移民搬迁安置点、移民搬出点进行入户访谈、调研。实实在在地体会到：

首先，广大的扶贫干部非常辛苦，尤其是基层干部，他们更是作出巨大的牺牲和贡献！我印象最深刻的是：2018 年 5 月，我们到贵定县的某乡开展监督、调研，发现该乡的脱贫攻坚工作开展得很好。在与该乡党委书记座谈、交流中得知，他和他的爱人都是湖南省人，前些年他们参加贵州省的公务员招考，他考进贵定县的乡镇工作，他爱人考进贵定县交通局工作，脱贫攻坚工作开始后，他战斗在乡镇一线，他爱人也被组织安排为驻村第一书记抓脱贫攻坚工作。因此，他们夫妻两人常年不能相见，吃住都住乡村，他说，已经大半年没能回到贵定县城的家了，女儿读初三，寄宿在学校，下个月就要中考了，已经有近五个月没有相见，我和她妈都想见一见，当面鼓励鼓励她，但因为工作走不开，只能托在县城的好友为女儿按时送送钱物，只能通过打电话的方式安慰、鼓励她了！看得出，说到女儿，他内心很苦楚，但表面却装平静……言者轻描淡写，听者无不动容！我也忍不住掉了泪。时常想到长期奋战在贵州脱贫攻坚战场上的基层干部，对他们为消除贵州的绝对贫困而"舍小家顾大家"的精神所感动！

其次，对民主监督工作中提出的意见建议，相关部门能够及时吸收、采纳。脱贫攻坚工作取得了明显成效的同时，在推进过程中还是存在一些问题，特别是贵州省的易地扶贫搬迁工作，最初难度较大。2018 年我们在三都县、罗甸县等地走访易地扶贫搬迁安置点群众过程中得知：搬迁群众反映得最多的问题是，搬迁后政府马上就要拆除旧房，搬迁群众都纷纷要求延长旧房拆除时间。为此我在 2019 年贵州省"两会"上提交了《易地扶贫搬迁工作开展难度较大问题得重视》的提案，其中提出易地扶贫搬迁工作不宜"一刀切"，要考虑方便搬迁群众收割其当年所种植的庄稼等因素，适当延长旧房拆除期限，既可使搬迁对象有较长的适应期，又可有更多时间进一步耐心、细致地做好搬迁对象的思想工作，减少返居拒拆。该提案中的相关建议得到了省政府相关部门的重视和采纳：如将搬迁户的旧房拆除时间延长至一年等。回想起来，我也为贵州省如期完成易地扶贫搬迁工作献过计、出过力。

2020 年年底，我看到了以下两则振奋人心的官方消息：

一、"十三五"时期贵州共实施易地扶贫搬迁 192 万人伟大历史性创举，累计建成 949 个集中安置点，建成安置住房 46.5 万套，实现了易地扶贫搬迁安置任务全面收官和后续扶持全面推进。易地扶贫搬迁是贵州脱贫攻坚工作的"头号工程"，是改变贵州城乡格局、城镇格局和产业格局的重大机遇，也是改变山区贫困群众及其子孙后代命运的重要举措。五年间，易地扶贫搬迁工作取得决定性成效，全省三分之一贫困人口通过搬迁实现脱贫，从源头上破解了"一方水土养不起一方人"的脱贫难题，带动全省城镇化率增长 5 个百分点，从要素上助推城镇化高质量发展，在拆旧的同时复垦复绿，促进迁出地生态修复，从根源上筑牢生态底线。

二、2020 年 11 月 23 日，贵州省人民政府正式宣布，贵州省紫云县、纳雍县、威宁县、赫章县、沿河县、榕江县、从江县、晴隆县、望谟县 9 个深度贫困县正式退出贫困县序列。至此，贵州 66 个贫困县全部实现脱贫摘帽，彻底撕掉了千百年来绝对贫困的标签，与全国人民一道昂首阔步迈入全面小康。

对此，我要说：向英明决策的中共中央致敬！向全力以赴开展脱贫攻坚战民主监督的民革中央领导及同志们致敬！

第六部分

工作剪影

民革中央领导调研

　　2017 年 7 月 17 日，民革中央主席万鄂湘（左三）在毕节市金海湖新区竹园乡老街社区走访贫困户，询问致贫原因。

2017 年 7 月 18 日，民革中央主席万鄂湘（居中）与时任中共贵州省委书记、省长孙志刚会见。

　　2019 年 7 月 25 日，民革中央主席万鄂湘（左三）到凯里市九黎苗妹工艺品有限公司调研民族特色产品带动脱贫情况。

　　2019 年 7 月 25 日，民革中央主席万鄂湘（右三）到凯里市上马石易地移民安置点了解易地搬迁社区建设情况。

　　2019 年 5 月 15 日，民革中央常务副主席郑建邦（右二）在六盘水开展脱贫攻坚民主监督调研，考察"三变"改革展示中心。

　　2019 年 5 月 15 日，民革中央常务副主席郑建邦（左三）在水月产业园易地扶贫搬迁安置点与雷荣国一家亲切交流。

　　2019年11月27日，民革中央常务副主席郑建邦（左四）与时任中共贵州省委书记、省人大常委会主任孙志刚共同出席民革企业助力贵州产业招商发展大会。

　　2017 年 3 月 31 日，民革中央副主席兼秘书长李惠东（左二）在贵州省黔西南州开展脱贫攻坚民主监督调研，在光照镇孟寨村贫困户家中走访座谈。

　　2017 年 8 月 10 日，民革中央副主席兼秘书长李惠东（左三）在铜仁市石阡县楼上古寨现场听取旅游产业规划建设情况汇报。

　　2016 年 10 月 26 日，时任民革中央副主席何丕洁（右四）在安顺市蔡官镇易地扶贫搬迁安置点实地考察。

　　2016 年 10 月 26 日，时任民革中央副主席何丕洁（左二）在安顺市西秀区恒远易地扶贫搬迁示范项目实地考察。

民革中央会议

2016 年 8 月 4 日，民革中央脱贫攻坚民主监督工作小组第一次会议在贵州省贵阳市召开。

2016 年 9 月 21 日，民革中央脱贫攻坚民主监督各调研组与对口州市负责同志进行座谈对接。

2017 年 7 月 5 日，民革全国脱贫攻坚民主监督工作交流会在贵州省毕节市召开。

2020 年 12 月 24 日，民革中央脱贫攻坚民主监督工作总结会在贵州省贵阳市召开。

调研组调研

第一调研组

2017 年 6 月 13 日，调研组在丹寨县委书记袁尚勇陪同下走访了王辉、潘荣平等 5 户精准扶贫户。

2017 年 9 月 14 日，调研组在镇远县调研酿酒扶贫产业。

2018 年 5 月 29 日，调研组在黔东南州施秉县白垛乡调研缬草种植示范基地。

2019 年 8 月 20 日，调研组在台江县走访贫困户。

　　2019 年 8 月 20 日，调研组在台江县考察扶贫产业项目。

　　2019 年 8 月 20 日，调研组在黔东南州召开脱贫攻坚民主监督工作座谈会。

　　2020 年 10 月 14 日，调研组调研麻江县尊榕百香果高标准示范园。

第二调研组

　　2017 年 5 月 23 日，调研组在盘州市两河街道岩角村调研走访。

　　2017 年 9 月 12 日，调研组在水城县米箩镇参观六盘水三变改革展示馆。

　　2018 年 5 月 26 日，调研组在六枝特区调研大用食用菌一二三产业融合发展项目。

　　2018 年 12 月 24 日，中共六盘水市委统战部部长刘睿应邀赴攀枝花调研康养产业发展。

　　调研组践行"双需"原则，帮助六盘水市对接优势资源，协助引进乡村旅游项目——六枝特区落别乡浪哨缘房车营地。

2019 年 5 月 11 日，调研组在钟山区水月园区易地扶贫搬迁安置点调研。

2019 年 8 月 31 日，调研组在盘州市平坝村入户调研。

2019 年 9 月 2 日，调研组在水城县野玉海易地扶贫搬迁点调研。

2020 年 9 月 23 日，调研组实地考察水城县易地扶贫搬迁点扶贫工厂。

第三调研组

2016 年 11 月 3 日，调研组在遵义市凤冈县龙滩口养牛场调研。

2016 年 11 月 3 日，调研组在遵义市湄潭县永兴镇分水村调研。

2017 年 6 月 13 日，调研组在湄潭县复兴镇隋阳山村调研。

2017 年 6 月 14 日，调研组在遵义市桐梓县马鬃乡龙台村调研。

2017 年 8 月 28 日，调研组在遵义市正安县调研吉他产业。

2018 年 5 月 23 日，调研组在务川县石朝乡京竹村与贫困户座谈。

2019 年 4 月 23 日，调研组在凤冈县走访易地扶贫搬迁户。

2020 年 5 月 31 日，调研组在道真县隆兴镇浣溪村花园组与贫困户刘腊群交谈。

2020 年 9 月 27 日，调研组在湄潭县黄家坝香葱交易市场调研。

第四调研组

2017 年 3 月 17 日，民革安顺市委会与民革徐州市委会在安顺市签订《徐·安合作协议》。

2017 年 9 月 3 日，调研组在贵州省安顺市紫云县白石岩乡调研万亩红芯红薯特色产业发展情况。

2018 年 9 月 29 日，调研组在安顺市紫云县调研乡村特色产业发展情况。

2018 年 9 月 29 日，南京盛装农业科技集团与紫云红芯薯文烁植保农民合作社签订供销协议，促进产销对接。

2019 年 4 月，江苏民革徐州市委会在全市开展"助力脱贫攻坚，博爱同心捐助"活动，共募集"特殊党费"6.2 万元。

2019 年 5 月 20 日，调研组在安顺市关岭县调研扶贫产业龙头企业。

2019 年 9 月 20 日，安顺市委统战部和民革安顺市委会到民革徐州市委会进行工作交流。

2020 年 9 月 24 日，调研组在安顺市西秀区启新小区调研扶贫车间。

2020 年 9 月 24 日，调研组在安顺市西秀区启新小区走访调研易地扶贫移民搬迁户。

第五调研组

2016 年 11 月 2 日，调研组在黔南州惠水县考察调研产业扶贫项目。

2016 年 11 月 2 日，调研组在惠水县移民安置点的移民家中访谈调研。

2017 年 6 月 14 日，调研组在罗甸县把坝村走访贫困户。

2018 年 5 月 22 日，调研组在黔南州独山县开展实地调研。

2019年8月24日，调研组在长顺县调研扶贫车间。

2019年5月8日，调研组在黔南州扶贫车间调研。

2020年9月26日，调研组在荔波县开展驻村调研。

2020年9月27日，调研组在黔南州召开调研座谈会。

2020年9月29日，调研组在惠水县扶贫车间调研。

第六调研组

2016 年 11 月 30 日，调研组出席铜仁市脱贫攻坚民主监督工作启动会。

2018 年 9 月 27 日，调研组考察沿河土家族自治县土地坳镇铁皮石斛基地。

2019 年 4 月 28 日，调研组访谈思南县主要负责同志。

2020 年 6 月 4 日，调研组在江口县德旺乡净河村走访贫困群众。

2020 年 9 月 22 日，调研组走访德江县潮砥镇贫困户。

2020 年 9 月 22 日，调研组走访沿河县淇滩镇檬子村贫困户。

2020 年 9 月 22 日，调研组考察沿河县思州易地扶贫搬迁安置点企业。

毕节联络组

2017 年 9 月 15 日，联络组来到纳雍县九黎风苎麻合作社了解苎麻生产工艺。

2018 年 9 月 28 日，联络组在纳雍县考察易地扶贫搬迁项目时入户了解情况。

2019 年 4 月 26 日，联络组对大方县主要负责同志进行访谈。

2019 年 4 月 28 日，联络组在毕节市参加座谈会，向毕节市相关部门了解情况。

2020 年 9 月 14 日，联络组在威宁县石门乡民族中学调研。

2019 年 9 月 7 日，联络组在赫章县开展调研。

黔西南联络组

2017 年 5 月 24 日，联络组在兴仁县田边村开展调研。

2018 年 5 月 18 日，联络组在望谟县召开院坝会。

2019 年 2 月 1 日，联络组在兴仁县田边村慰问贫困户。

2019 年 9 月 10 日，联络组赴安龙县调研白芨产业基地。

2019 年 2 月 22 日，联络组在普安保冲村移民搬迁点调研。

2019 年 5 月 30 日，联络组在贞丰县开展脱贫攻坚民主监督调研。

2020 年 9 月 16 日，联络组在晴隆县新能源汽车有限责任公司调研。

2020 年 11 月 11 日，联络组在晴隆县开展农业产业扶贫调研。

附录

民革中央脱贫攻坚民主监督
领导小组、工作小组、调研组和联络组
历任成员名单（2016—2020）

一、领导小组

组　长：万鄂湘

副组长：齐续春

成　员：修福金　刘　凡

　　　　傅惠民　何丕洁（2016）

　　　　郑建邦　刘家强　李惠东

二、工作小组

组　长：何丕洁（2016）　李惠东（2017—2020）

副组长：王世杰（2017—2020）

成　员：王红玲　王世杰（2016—2017）　边旭光　付悦余　吴　平
胡汉平　张坚勇　张全国　程　萍　谢德体　郑学炳　陈　勇
陈有德

联络员：徐秋岩

三、调研组和联络组

第一调研组

组　长：王红玲　叶赞平

副组长：陈邦利（2016—2017）　张险峰（2018—2020）

秘　书：陈发园

联络员：文西屏（2016—2017）　李　剑（2017—2020）
　　　　牟洪建（2018—2020）

第二调研组

组　长：章仲华（2016—2018）　　张庆盈（2019—2020）

　　　　郑学炳（2016—2019）　　曾　蓉（2020）

副组长：曹丰平（2016—2017）

秘　书：崔　羽（2016—2018）　　沈友文（2019—2020）

联络员：葛永罡（2016—2017）　　文西屏（2017—2020）

　　　　潘双迪（2018—2020）

第三调研组

组　长：蔡永飞　谢德体

　　　　计时华（2016—2017）　　刘净非（2018—2020）

副组长：朱庆跃

秘　书：李光全

联络员：艾　岩（2017—2019）　　杨　琴（2019—2020）

　　　　余德平（2017）　　陈晓恒（2018—2019）　　温　赢（2020）

第四调研组

组　长：董玉环（2016—2017）　　陶相宁（2018—2020）

　　　　张坚勇（2016—2017）　　陈　萍（2017—2020）

副组长：梅世松

秘　书：宣文坚

联络员：魏国良（2017—2020）　　任晓红

第五调研组

组　长：程　萍（2017—2020）　　周丽萍　胡汉平（2016）

副组长：陈有德　于欣伟（2017—2018）　　黎智明（2019—2020）

秘　书：罗世斌

联络员：王声平（2017—2020）　魏跃容（2017—2018）

　　　　卢惠玲（2019—2020）

第六调研组

组　长：张长宏　张全国　李栋樑（2017—2020）

副组长：杨晓敏

秘　书：田　智

联络员：徐秋岩（2017—2018）　杨　桦（2019—2020）

　　　　周卫平（2017—2020）

毕节联络组

组　长：肖远福（2017—2020）

副组长：郭正权（2017—2020）

秘　书：张贤芬（2017—2020）

联络员：牟洪建（2017）　杨　桦（2018—2019）

　　　　何　鹏（2019—2020）

黔西南联络组

组　长：黄榜泉（2017—2020）

秘　书：陈　敏（2017—2020）

联络员：潘双迪（2017）　井建军（2018—2020）